普通高等学校"十三五"市场营销专业规划教材

郝渊晓　主编

国际市场营销学教程

主　编：甘胜军　肖祥鸿
副主编：安　艳　赵永全
　　　　张晓燕　王　丹

·广州·

版权所有　翻印必究

图书在版编目（CIP）数据

国际市场营销学教程/甘胜军，肖祥鸿主编；安艳，赵永全，张晓燕，王丹副主编. —广州：中山大学出版社，2016.3

（普通高等学校"十三五"市场营销专业规划教材/郝渊晓主编）

ISBN 978-7-306-05613-9

Ⅰ. ①国… Ⅱ. ①甘… ②肖… ③安… ④赵… ⑤张… ⑥王… Ⅲ. ①国际营销—高等学校—教材　Ⅳ. ①F740.2

中国版本图书馆 CIP 数据核字（2016）第 027755 号

出 版 人：徐　劲
策划编辑：蔡浩然
责任编辑：蔡浩然
封面设计：林绵华
责任校对：杨文泉
责任技编：何雅涛
出版发行：中山大学出版社
电　　话：编辑部 020-84111996，84113349，84111997，84110779
　　　　　发行部 020-84111998，84111981，84111160
地　　址：广州市新港西路 135 号
邮　　编：510275　　传　真：020-84036565
网　　址：http://www.zsup.com.cn　　E-mail：zdcbs@mail.sysu.edu.cn
印 刷 者：广东省农垦总局印刷厂
规　　格：787mm×1092mm　1/16　23.125 印张　534 千字
版次印次：2016 年 3 月 1 版　2016 年 3 月第 1 次印刷
印　　数：1～3000 册　　定　价：39.90 元

如发现本书因印装质量影响阅读，请与出版社发行部联系调换

内 容 提 要

本书系统地介绍了国际市场营销学的基本知识、国际市场营销环境、国际市场营销调研与预测、国际市场细分与目标市场选择、国际市场营销战略、国际市场产品与价格策略、国际市场分销与促销策略、国际市场公关营销与服务营销策略等内容，对国际市场营销学从理论和实务方面进行了深入的阐述和分析。

本书内容新颖，案例丰富，体现了理论性与实践性的统一，适合高等院校市场营销、工商管理、国际经济与贸易、商务管理等专业的学生做教材，亦适合企业管理人员及营销人员使用。

普通高等学校"十三五"市场营销专业规划教材
编 写 指 导 委 员 会

学术顾问	贾生鑫	（中国高等院校市场学研究会首任会长，现顾问，西安交通大学教授）
	李连寿	（中国高等院校市场学研究会原副会长，现顾问，上海海事大学教授、教学督导）
	符国群	（中国高等院校市场学研究会副会长，北京大学光华管理学院营销系主任、教授）
主　　任	周　南	（香港城市大学市场营销学系主任、教授，武汉大学长江学者讲座教授）
常务副主任	郝渊晓	（中国高等院校市场学研究会常务理事、副秘书长，西安交通大学经济与金融学院教授）
	张　鸿	（西安邮电大学经济与管理学院院长、教授）
	蔡浩然	（中山大学出版社编审）
副　主　任	王正斌	（西北大学研究生院常务副院长、教授）
	庄贵军	（西安交通大学管理学院市场营销系主任、教授）
	李先国	（中国人民大学商学院教授）
	惠　宁	（西北大学经济管理学院副院长、教授）
	董千里	（长安大学管理学院系主任、教授）
	侯立军	（南京财经大学工商管理学院院长、教授）
	王君萍	（西安石油大学经济管理学院院长、教授）
	马广奇	（陕西科技大学管理学院院长、教授）
	周建民	（广东金融学院职业教育学院副院长、教授）
	靳俊喜	（重庆工商大学教务处处长、教授）
	侯淑霞	（内蒙古财经大学商务学院院长、教授）
	孙国辉	（中央财经大学商学院院长、教授）
	成爱武	（西安工程大学图书馆馆长、教授）
	靳　明	（浙江财经大学《财经论丛》副主编、教授）
	董　原	（兰州商学院工商管理学院院长、教授）
	徐大佑	（贵州财经大学工商管理学院院长、教授）
	胡其辉	（云南大学经济学院教授）
	秦陇一	（广州大学管理学院教授）
	闫涛尉	（山东大学威海分校科技处处长、教授）
	周筱莲	（西安财经学院管理学院营销系主任、教授）
	张占东	（河南财经政法大学经贸学院院长、教授）

普通高等学校"十三五"市场营销专业规划教材编写委员会

主　编　郝渊晓（中国高等院校市场学研究会常务理事、副秘书长，西安交通大学经济与金融学院教授）

副主编　张　鸿（西安邮电大学经济与管理学院院长、教授）
　　　　　董　原（兰州商学院工商管理学院院长、教授）
　　　　　杨树青（华侨大学工商管理学院教授）
　　　　　费明胜（五邑大学管理学院教授、博士）
　　　　　蔡继荣（重庆工商大学商务策划学院教授、博士）
　　　　　邓少灵（上海海事大学副教授、博士）
　　　　　李雪茹（西安外国语大学教务处处长、教授）
　　　　　肖祥鸿（上海海事大学副教授、博士）
　　　　　彭建仿（重庆工商大学商务策划学院市场营销系主任、教授、博士）
　　　　　李景东（内蒙古财经大学商务学院实践教学指导中心主任、教授）

委　员

郝渊晓	张　鸿	董　原	杨树青	费明胜	蔡继荣	邓少灵
李雪茹	刘晓红	肖祥鸿	彭建仿	徐樱华	邵燕斐	赵玉龙
李　霞	赵国政	郭　永	邹晓燕	薛　颖	梁俊凤	葛晨霞
常　亮	余　啸	郝思洁	张　媛	何军红	史贤华	王素侠
薛　楠	吴聪治	许惠铭	李竹梅	崔　莹	王文军	刘　仓
李　燕	张芳芳	樊建锋	宋小强	荆　炜	郭晓云	关辉国
赵　彦	周美莉	高　帆	杨丹霞	周　琳	韩小红	周　勇
赵春秀	马晓旭	高　敏	崔文丹	蒋开屏	卢长利	符全胜
祝火生	高维和	赵永全	迟晓英	张晓燕	任声策	甘胜利
李　琳	陈　刚	李景东	张　洁	唐家琳	胡　强	赵春雷
关　青	包迎春	王　磊	张守莉	孙梅红	安　艳	王　丹

总　　序

党的"十八大"以来，我国经济发展逐步告别高增长的发展模式，进入经济增长速度换挡期、结构调整阵痛期、刺激政策消化期三期叠加的"新常态"发展阶段，同时将继续"坚定不移地推进经济结构调整、推进经济的转型升级"，努力打造全新的"中国经济的升级版"。随着宏观环境的变化，科学技术的发展，特别是大数据、云计算、电子商务、移动通信技术等广泛应用，出现了诸如微营销、电子商务购物、网络团购等许多新的营销工具，这些新情况需要引起理论界和企业实务界的高度关注。

在这样的大背景下，高校市场营销专业如何培养能够适应未来市场竞争的营销人才，就成为理论工作者必须思考的问题。提高营销人才培养质量，增强学生对市场竞争的应变能力和适应能力，一方面必须进行教学方法改革，注重对学生的能力培养；另一方面要加快教材建设，更新教材内容，吸收前沿理论与知识，总结我国企业营销实践经验，以完善营销学教材体系。

为实现营销人才培养与指导企业实践融合的目标，为适应高校在"十三五"期间市场营销、贸易经济、国际贸易、电子商务、工商管理、物流管理、经济学等专业的教学需要，在中山大学出版社的建议下，由西安交通大学经济与金融学院教授、中国高等院校市场学研究会常务理事及副秘书长、西安现代经济与管理研究院副院长郝渊晓，牵头组织对2009年出版的"普通高等学校'十一五'市场营销专业规划教材"进行全面修订，出版新版的"普通高等学校'十三五'市场营销专业规划教材"。该系列教材一共10本，分别是：《市场营销学》（第2版）、《公共关系学》（第2版）、《消费者行为学》（第2版）、《现代广告学》（第2版）、《商务谈判与推销实务教程》、《分销渠道管理学教程》、《营销策划学教程》、《网络营销学教程》、《市场营销调研学教程》、《国际市场营销学教程》。

本次教材的修订，我们坚持的基本原则和要求是：尽量吸收最新营销理论的前沿知识、方法和工具；更换过时的资料数据，采用最新资料；充实国内外最新案例。本系列教材的编写，汇集了我国30多所高校长期从事营销学教学和研究的专业人员，他们有着丰富的教学及营销实践经验，收集了大量的有价值的营销案例，力图整合国内外已有教材的优点，出版一套能适应营销人才知识更新及能力提升要求的精品教材。

  作为本系列教材的主编，我十分感谢中山大学出版社对教材出版的关心和支持，我也十分感谢每本书的作者为编写教材所付出的艰辛劳动。在教材的编写中，虽然我们尽了最大努力，但由于水平有限，书中难免还有错误和不足之处，恳请同行和读者批评指正。

郝渊晓

2014年10月于西安交通大学经济与金融学院

目 录

第一章 国际市场营销概述 (1)
第一节 国际市场营销的研究方法与内容 (1)
一、国际市场营销学的形成 (1)
二、国际市场营销学的研究对象 (1)
三、国际市场营销学的研究方法 (2)
四、国际市场营销学的基本内容 (4)
第二节 国际市场营销与国际市场营销学的关系 (5)
一、市场营销与市场营销学 (5)
二、国际市场营销与国际市场营销学 (7)
三、市场营销学与国际市场营销学的比较 (7)
第三节 国际市场营销与国际贸易的关系 (10)
一、国际贸易的基本理论 (10)
二、国际贸易的功能 (11)
三、国际市场营销与国际贸易的比较 (12)
第四节 国际市场格局的变化趋势 (14)
一、国际市场竞争更加激烈 (14)
二、企业之间的并购活动频繁 (15)
三、区域经济一体化形成 (16)
四、经济全球化的趋势明显加快 (16)
本章小结 (17)
关键概念 (17)
思考题 (17)
案例 芭比娃娃的国际市场营销模式 (18)

第二章 国际市场营销的演变和经营方式 (21)
第一节 国际市场营销的演变过程 (21)
一、初始性营销阶段 (21)
二、经常性营销阶段 (21)
三、跨国营销阶段 (22)
四、全球营销阶段 (22)
第二节 企业进军国际市场的动因 (24)
一、市场竞争的需要 (24)
二、国际市场潜力巨大 (25)

三、政府鼓励出口推动企业国际化 ………………………………………… (25)
　　四、寻求新的利润增长点 …………………………………………………… (26)
　　五、整合全球资源，提高企业效益 ………………………………………… (27)
　　六、避免贸易壁垒和贸易保护主义的干扰 ………………………………… (27)
第三节　国际市场营销的合同经营 ………………………………………………… (28)
　　一、许可证合同经营 ………………………………………………………… (28)
　　二、特许经营 ………………………………………………………………… (31)
　　三、其他合同经营 …………………………………………………………… (32)
第四节　对外直接投资 ……………………………………………………………… (33)
　　一、国外装配与加工 ………………………………………………………… (33)
　　二、合作合资企业 …………………………………………………………… (34)
　　三、独资企业 ………………………………………………………………… (35)
本章小结 ……………………………………………………………………………… (36)
关键概念 ……………………………………………………………………………… (37)
思考题 ………………………………………………………………………………… (37)
案例　宝马汽车公司的营销组合策略 ……………………………………………… (37)

第三章　国际市场营销环境分析 …………………………………………………… (40)
第一节　国际市场营销的文化环境 ………………………………………………… (40)
　　一、国际市场营销中的文化因素 …………………………………………… (40)
　　二、国际市场营销中的商业惯例 …………………………………………… (44)
　　三、文化变迁对国际市场营销的影响 ……………………………………… (45)
第二节　国际市场营销的政治经济环境 …………………………………………… (47)
　　一、国际市场营销的政治环境 ……………………………………………… (47)
　　二、国际市场营销的法律环境 ……………………………………………… (47)
　　三、国际市场营销的经济环境 ……………………………………………… (48)
　　四、国际市场营销的金融与外汇环境 ……………………………………… (51)
第三节　国际市场营销的技术环境 ………………………………………………… (53)
　　一、国际市场营销的技术环境因素 ………………………………………… (53)
　　二、技术革命与国际市场营销 ……………………………………………… (53)
　　三、技术革命的发展趋势 …………………………………………………… (55)
　　四、技术进步推动国际市场营销 …………………………………………… (55)
第四节　国际市场营销的物质环境 ………………………………………………… (56)
　　一、自然环境 ………………………………………………………………… (56)
　　二、商业基础设施 …………………………………………………………… (58)
　　三、全球节能减排 …………………………………………………………… (59)
　　四、绿色营销 ………………………………………………………………… (61)
本章小结 ……………………………………………………………………………… (63)

关键概念 …………………………………………………………………… (63)
　　思考题 ……………………………………………………………………… (63)
　　案例　中国铁建公司墨西哥高铁项目风波 …………………………… (63)

第四章　国际市场消费者购买行为分析 …………………………………… (67)
　第一节　消费者市场需求和消费者购买行为 …………………………… (67)
　　一、消费者市场需求 ……………………………………………………… (67)
　　二、消费者购买行为的概念 ……………………………………………… (69)
　　三、消费者购买行为研究的发展 ………………………………………… (69)
　第二节　国际市场消费者购买行为的影响因素 ………………………… (70)
　　一、文化因素 ……………………………………………………………… (70)
　　二、社会因素 ……………………………………………………………… (71)
　　三、个人因素 ……………………………………………………………… (71)
　　四、心理因素 ……………………………………………………………… (72)
　第三节　国际市场消费者购买决策 ……………………………………… (73)
　　一、国际市场消费者的需要和动机 ……………………………………… (73)
　　二、国际市场消费者的购买动机 ………………………………………… (75)
　　三、消费者参与购买决策的角色 ………………………………………… (78)
　　四、消费者购买行为的类型 ……………………………………………… (78)
　　五、消费者购买行为过程 ………………………………………………… (79)
　　六、消费者购买行为模型 ………………………………………………… (82)
　第四节　组织市场的购买行为 …………………………………………… (82)
　　一、组织市场的类型 ……………………………………………………… (82)
　　二、组织市场的特征 ……………………………………………………… (83)
　　三、组织市场的购买行为 ………………………………………………… (84)
　第五节　网络购买行为 …………………………………………………… (87)
　本章小结 …………………………………………………………………… (88)
　关键概念 …………………………………………………………………… (88)
　思考题 ……………………………………………………………………… (88)
　案例　"双十一"购物活动 ……………………………………………… (89)

第五章　国际市场营销调研与预测 ………………………………………… (91)
　第一节　市场信息与市场信息系统 ……………………………………… (91)
　　一、市场信息及其特征 …………………………………………………… (91)
　　二、市场信息系统 ………………………………………………………… (92)
　第二节　国际市场营销调研的内容 ……………………………………… (93)
　　一、国际市场环境调研 …………………………………………………… (93)
　　二、国际市场需求调研 …………………………………………………… (93)

三、国际市场供给调研 …………………………………………………………（93）
　　　四、国际市场行情调研 …………………………………………………………（93）
　　　五、国际市场销售调研 …………………………………………………………（94）
　第三节　国际市场营销调研的程序与方法 …………………………………………（94）
　　　一、国际市场营销调研的程序 …………………………………………………（94）
　　　二、国际市场营销调研的方法 …………………………………………………（95）
　第四节　国际市场预测 ………………………………………………………………（98）
　　　一、国际市场预测的概念 ………………………………………………………（98）
　　　二、国际市场预测的原则 ………………………………………………………（98）
　　　三、国际市场预测的基本依据 …………………………………………………（99）
　　　四、国际市场预测的内容 ………………………………………………………（100）
　　　五、国际市场预测的方法 ………………………………………………………（100）
　　　六、国际市场预测的步骤 ………………………………………………………（101）
本章小结 …………………………………………………………………………………（102）
关键概念 …………………………………………………………………………………（102）
思考题 ……………………………………………………………………………………（102）
案例　《纸牌屋》 ………………………………………………………………………（102）

第六章　国际市场营销战略 …………………………………………………………（104）
　第一节　国际市场营销竞争战略 ……………………………………………………（104）
　　　一、行业竞争力量分析 …………………………………………………………（104）
　　　二、战略群组分析 ………………………………………………………………（108）
　　　三、一般竞争战略与国际竞争战略 ……………………………………………（109）
　　　四、一体化与当地化战略 ………………………………………………………（113）
　第二节　国际企业战略联盟 …………………………………………………………（114）
　　　一、战略联盟的概念 ……………………………………………………………（115）
　　　二、国际企业战略联盟的动因 …………………………………………………（115）
　　　三、战略联盟的分类 ……………………………………………………………（116）
　　　四、建立有效战略联盟的原则 …………………………………………………（118）
　　　五、跨越战略联盟 ………………………………………………………………（120）
　第三节　国际价值链与供应链战略 …………………………………………………（121）
　　　一、价值链与国际营销 …………………………………………………………（121）
　　　二、全球供应链与全球供应链管理 ……………………………………………（123）
本章小结 …………………………………………………………………………………（124）
关键概念 …………………………………………………………………………………（124）
思考题 ……………………………………………………………………………………（124）
案例　华为的国际化市场策略 …………………………………………………………（125）

第七章 国际市场细分和目标市场选择 (128)

第一节 国际市场细分 (128)
一、国际市场细分的概念与作用 (128)
二、国际市场细分的层次 (130)
三、国际市场细分的标准 (131)
四、国际市场细分的方法 (136)
五、国际市场细分的过程 (137)
六、国际市场细分的要求 (137)

第二节 国际目标市场的选择 (138)
一、选择国际目标市场的意义 (138)
二、确定国际目标市场应遵循的原则 (138)
三、国际目标市场的选择策略 (140)
四、国际目标市场的营销策略 (140)

第三节 国际市场定位 (143)
一、市场定位的概念 (143)
二、国际市场定位的步骤与要求 (143)
三、国际市场定位的方法 (145)
四、国际市场产品定位的方法 (146)
五、国际市场定位策略 (147)

本章小结 (149)
关键概念 (149)
思考题 (149)
案例 国际化市场定位 (149)

第八章 国际市场营销产品策略 (152)

第一节 国际市场营销产品策略概述 (152)
一、产品的概念和分类 (152)
二、国际市场营销产品的观念 (154)
三、国际市场营销产品的策略 (155)

第二节 国际市场营销产品的品牌策略 (157)
一、国际市场品牌的概念、种类和作用 (157)
二、国际市场的品牌策略 (160)
三、国际市场品牌的打造 (163)

第三节 国际市场营销产品的包装策略 (166)
一、国际市场营销产品包装的概念和功能 (166)
二、国际市场营销产品的包装策略 (167)
三、国际市场营销产品的包装设计 (169)

第四节 国际市场营销产品组合策略 (171)

一、国际市场产品组合的含义 …………………………………………（171）
　　二、国际市场营销产品组合的策略 ……………………………………（172）
　　三、国际市场营销产品组合的优化 ……………………………………（173）
　第五节　国际市场营销产品生命周期策略 ………………………………（175）
　　一、国际市场营销产品生命周期的概念和界定 ………………………（175）
　　二、国际市场营销产品生命周期各阶段的特征 ………………………（176）
　　三、国际市场营销产品生命周期各阶段的策略 ………………………（177）
　第六节　国际市场营销新产品开发策略 …………………………………（179）
　　一、新产品的概念和分类 ………………………………………………（179）
　　二、国际市场新产品开发过程 …………………………………………（180）
　　三、国际市场新产品开发策略 …………………………………………（183）
　本章小结 ……………………………………………………………………（184）
　关键概念 ……………………………………………………………………（184）
　思考题 ………………………………………………………………………（185）
　案例　三星 W 系列智能手机的设计理念 ………………………………（185）

第九章　国际市场产品价格策略 ……………………………………………（187）
　第一节　影响国际市场产品定价的因素 …………………………………（187）
　　一、企业定价目标 ………………………………………………………（187）
　　二、成本因素 ……………………………………………………………（189）
　　三、产品因素 ……………………………………………………………（190）
　　四、市场因素 ……………………………………………………………（191）
　　五、消费者心理和习惯 …………………………………………………（192）
　　六、政府的价格调控政策 ………………………………………………（193）
　第二节　国际市场产品定价策略 …………………………………………（193）
　　一、新产品定价策略 ……………………………………………………（193）
　　二、心理定价策略 ………………………………………………………（195）
　　三、折扣定价策略 ………………………………………………………（196）
　　四、地区性定价策略 ……………………………………………………（197）
　第三节　国际市场转移定价 ………………………………………………（198）
　　一、转移定价的概念 ……………………………………………………（198）
　　二、转移定价的目的 ……………………………………………………（199）
　　三、转移定价的方法 ……………………………………………………（199）
　第四节　国际市场产品价格变动及应对策略 ……………………………（201）
　　一、国际市场产品价格变动与策略 ……………………………………（201）
　　二、国际市场产品价格变动趋势与对策 ………………………………（203）
　本章小结 ……………………………………………………………………（205）
　关键概念 ……………………………………………………………………（205）

思考题 …………………………………………………………………… (206)
　　案例　迈宝瑞公司定价策略的失误 …………………………………… (206)

第十章　国际市场分销渠道策略 ……………………………………………… (208)
　第一节　国际市场分销渠道概述 …………………………………………… (208)
　　一、国际市场分销系统的概念 …………………………………………… (208)
　　二、国际市场分销渠道结构 ……………………………………………… (209)
　　三、国际市场分销渠道选择的影响因素 ………………………………… (211)
　第二节　中间商类型 ………………………………………………………… (213)
　　一、国内中间商 …………………………………………………………… (213)
　　二、厂商自营出口的机构 ………………………………………………… (215)
　　三、进口中间商 …………………………………………………………… (216)
　　四、国外零售商渠道的结构 ……………………………………………… (216)
　第三节　国际市场分销渠道管理 …………………………………………… (217)
　　一、国际市场分销渠道管理的含义 ……………………………………… (217)
　　二、寻找和选择国外中间商 ……………………………………………… (217)
　　三、国际市场分销渠道的控制 …………………………………………… (219)
　第四节　国际市场物质分销的目标及策略 ………………………………… (219)
　　一、国际市场物质分销的重要性 ………………………………………… (219)
　　二、国际市场物质分销的目标 …………………………………………… (220)
　　三、国际市场物质分销策略 ……………………………………………… (220)
　本章小结 ……………………………………………………………………… (223)
　关键概念 ……………………………………………………………………… (223)
　思考题 ………………………………………………………………………… (223)
　案例　2014年IBM渠道"新政" …………………………………………… (224)

第十一章　国际市场促销策略 ………………………………………………… (226)
　第一节　促销概述 …………………………………………………………… (226)
　　一、促销的概念与作用 …………………………………………………… (226)
　　二、促销组合的概念、方式及影响因素 ………………………………… (227)
　第二节　国际市场广告 ……………………………………………………… (230)
　　一、国际市场广告的概念、特征和发展趋势 …………………………… (230)
　　二、国际市场广告策略 …………………………………………………… (234)
　　三、国际市场广告媒体 …………………………………………………… (237)
　　四、国际市场广告代理 …………………………………………………… (242)
　第三节　国际市场人员推销 ………………………………………………… (244)
　　一、国际市场人员推销的功能 …………………………………………… (244)
　　二、国际市场人员推销的优缺点 ………………………………………… (244)

三、国际市场人员推销的类型 ……………………………… （246）
　　四、国际市场人员推销的结构 ……………………………… （246）
　　五、国际市场人员推销的步骤、策略与技巧 ……………… （247）
　　六、国际市场人员推销的管理 ……………………………… （250）
第四节　国际市场营业推广 …………………………………… （252）
　　一、国际市场营业推广的概念、特点与种类 ……………… （252）
　　二、影响国际市场营业推广的因素 ………………………… （253）
　　三、国际市场营业推广策略的制定 ………………………… （254）
本章小结 …………………………………………………………… （255）
关键概念 …………………………………………………………… （255）
思考题 ……………………………………………………………… （255）
案例　小米公司的新媒体营销 …………………………………… （255）

第十二章　国际市场政治营销策略 …………………………… （258）
第一节　政治营销策略概述 …………………………………… （258）
　　一、政治营销策略的概念 …………………………………… （258）
　　二、企业政治营销策略的背景 ……………………………… （258）
　　三、国际市场的非关税壁垒 ………………………………… （259）
　　四、政治营销策略在国际市场的产生和发展 ……………… （260）
　　五、政治营销策略的作用 …………………………………… （262）
第二节　国际市场中的政企关系 ……………………………… （262）
　　一、政府是企业国际营销的监管者 ………………………… （262）
　　二、政府是企业国际营销的顾客 …………………………… （263）
　　三、政府是企业利益的维护者 ……………………………… （264）
第三节　国际市场政治营销策略 ……………………………… （265）
　　一、企业与政府建立良好关系的基础 ……………………… （265）
　　二、国际市场政治营销策略的基本方法 …………………… （267）
本章小结 …………………………………………………………… （268）
关键概念 …………………………………………………………… （268）
思考题 ……………………………………………………………… （268）
案例　"中国的超级推销员"——李克强 ……………………… （268）

第十三章　国际市场公关营销策略 …………………………… （274）
第一节　公关营销概述 ………………………………………… （274）
　　一、公关营销的概念 ………………………………………… （274）
　　二、公关营销的发展 ………………………………………… （275）
　　三、公关营销的特点 ………………………………………… （276）
　　四、公关营销的原则 ………………………………………… （277）
第二节　公关营销的职能 ……………………………………… （279）

一、传播沟通 …………………………………………………………………… (279)
　　二、协调关系 …………………………………………………………………… (280)
　　三、塑造形象 …………………………………………………………………… (281)
　　四、决策咨询 …………………………………………………………………… (281)
　第三节　公关营销计划的制定 ………………………………………………………… (282)
　　一、明确公关营销目标 ………………………………………………………… (282)
　　二、确定公关营销目标的内容 ………………………………………………… (283)
　　三、确定公关营销的对象 ……………………………………………………… (284)
　　四、选择传播渠道 ……………………………………………………………… (285)
　　五、编制公关营销预算 ………………………………………………………… (285)
　第四节　公关营销策略的传播方式 …………………………………………………… (288)
　　一、"媒介"宣传 ……………………………………………………………… (288)
　　二、"活动"宣传 ……………………………………………………………… (292)
　　三、"明星"宣传 ……………………………………………………………… (292)
　　四、"赞助"宣传 ……………………………………………………………… (294)
　本章小结 ………………………………………………………………………………… (294)
　关键概念 ………………………………………………………………………………… (294)
　思考题 …………………………………………………………………………………… (294)
　案例　让微信真正服务于企业 ………………………………………………………… (295)

第十四章　国际市场服务营销策略 …………………………………………………………… (297)
　第一节　服务营销概述 ………………………………………………………………… (297)
　　一、服务与服务营销 …………………………………………………………… (297)
　　二、服务营销理念 ……………………………………………………………… (303)
　　三、国际市场服务营销的概念与特征 ………………………………………… (305)
　第二节　国际市场服务营销 …………………………………………………………… (306)
　　一、国际市场服务营销的动力 ………………………………………………… (306)
　　二、国际市场服务营销的方式 ………………………………………………… (307)
　　三、国际市场服务营销存在的问题 …………………………………………… (308)
　第三节　国际市场服务营销策略 ……………………………………………………… (309)
　　一、品牌经营策略 ……………………………………………………………… (309)
　　二、文化适应策略和文化变迁策略 …………………………………………… (311)
　　三、目标市场策略和顾客管理策略 …………………………………………… (315)
　本章小结 ………………………………………………………………………………… (319)
　关键概念 ………………………………………………………………………………… (319)
　思考题 …………………………………………………………………………………… (319)
　案例　联邦快递的服务营销 …………………………………………………………… (320)

第十五章　国际市场营销管理 ………………………………………………………………… (324)

第一节　国际市场营销组织 …………………………………………（324）
　一、国际市场营销组织的设计原则 ………………………………（324）
　二、国际市场营销组织结构的类型 ………………………………（325）
　三、影响国际市场营销组织结构的选择因素 ……………………（327）
　四、国际市场营销组织结构的调整 ………………………………（331）
第二节　国际市场营销计划 …………………………………………（333）
　一、国际市场营销计划的含义 ……………………………………（334）
　二、国际市场营销计划的制定 ……………………………………（335）
　三、国际市场营销计划的内容 ……………………………………（337）
第三节　国际市场营销控制 …………………………………………（338）
　一、国际市场营销控制的概念与内容 ……………………………（338）
　二、国际市场营销控制的模式 ……………………………………（339）
　三、国际市场营销控制的过程 ……………………………………（341）
本章小结 ………………………………………………………………（344）
关键概念 ………………………………………………………………（344）
思考题 …………………………………………………………………（344）
案例　互联网对沃尔玛的冲击 ………………………………………（344）

参考文献 ……………………………………………………………（347）

后　　记 ……………………………………………………………（351）

第一章 国际市场营销概述

本章学习目标

通过本章的学习,要求学生掌握以下内容:①掌握国际市场营销的概念,了解和掌握国际市场营销学的研究对象与内容;②了解市场营销的发展以及国际市场营销与市场营销学的关系;③了解国际贸易的概念,重点掌握国际市场营销与国际贸易的区别与联系;④了解国际市场顾客需求的特性、价格区别以及国际市场的营销和组合策略;⑤掌握国际市场的变化趋势及企业所面临的机遇和挑战。

第一节 国际市场营销的研究方法与内容

一、国际市场营销学的形成

国际市场营销学的产生是市场营销学发展的结果。市场营销学产生于20世纪初,市场营销学的问世大大促进了各国工商业的发展。第二次世界大战后,由于科技的快速进步和国际劳动分工的不断加强,国与国之间的贸易交往日益扩大和深入。各个国家和地区的社会劳动通过国际的交换而成为世界社会劳动的一部分,各个国家和地区的商品及劳动价值通过国际的交换而转化为国际价值。无论是发达国家还是发展中国家,都不同程度地卷入到国际贸易中去。而另一方面,国际贸易领域中错综复杂的斗争,瞬息万变的形势,给企业进入国际市场带来一系列新问题,而这些问题,不是简单沿用市场营销学的原理就能解决得了的。

为了在竞争中获胜,一些大公司开始将市场营销学原理应用于国际市场的开拓,制定进入国际市场进而占领国际市场的策略。许多市场营销学专家也开始着手国际市场营销理论的研究。国际市场营销学著作,在20世纪50年代末首先出现在美国。1956年,爱德华·E.帕拉特正式使用"Export Marketing"(出口市场营销学)一词。1959年,R.L·克莱姆最早把国际市场营销理论系统化。之后,国际市场营销理论不断完善,逐步形成了一门独立的专门学科。

二、国际市场营销学的研究对象

国际市场营销学通常是从微观角度着手探求一个企业如何运用科学的经营管理手段,增强竞争能力,打入国际市场。其研究对象是微观的、发生在不同国家之间的国际市场营销,而且主要着眼于企业的出口营销活动。研究企业如何从国际市场顾客需求出发，依据国内外不可控的环境因素（人口、经济、政治法律、社会文化及竞争环境等），运用企业可控制因素（即产品、定价、分销及促销），制定、执行及控制国际营销计划，以实现企业营销目标。具体来说，国际市场营销学主要研究国际市场需求、国际市场营销活动及国际市场营销规律等内容。研究国际市场需求是以研究国外消费者需求为中心，是从国际市场调查入手，寻找需求的主体、需求什么产品、需求数量、需求地点与时间、需求产品价格、满足需求的方式及需要提供什么样的服务等。除此之外，国际市场营销学还研究国外消费者需求的变化及其发展规律，以便更好地满足消费者需求；研究国外消费者的潜在需求，以便及时开发合适的产品满足消费者的需求。

三、国际市场营销学的研究方法

（一）微观分析法

国际市场营销学所研究的很多问题都是微观层面的问题。例如，产品的开发、产品的定价、产品的分销和产品的促销等都是微观问题。对这些微观问题运用微观分析方法进行研究，制定出便于企业执行的策略和行动计划，以便使企业实施以后就能获得预期的效果。具体包括动机研究、市场分析、销售分析、产品研究、广告研究等。

1. **动机研究（motive research）**

动机研究，是指应用社会科学的技巧，发掘、评估市场上某种营销行为的推动力，包括对消费者的态度和思想的深入分析，以发现消费者购买某一特定产品或特殊品牌的潜意识。动机研究可以采用试验方法、连句试验、深度访问、集团面谈等技巧。

2. **市场分析（market analysis）**

对影响消费需要的各种不同因素的调查分析，如对总需求、相对需求、重置需求、市场饱和点及消费率的调查和分析。通过市场分析，根据市场和销售潜在量、销售配额来确定某市场对某一特定商品的吸收量。销售指数是市场分析的基本工具，它反映每一销售区域市场的潜在需求量，可用直接资料法、必然结果资料法、任意因素法、复相关等方法编制而成。

3. **销售分析（sales analysis）**

销售分析，是指通过销售记录的评价、对市场和消费者的研究，使销售部门获得有效的方案。它包括销售路线分析、产品及营销活动领域的销售行为分析、市场占有率测量、产品及销售人员利润分析、顾客和分配者及销售人员销售倾向的确定等。

4. **产品研究（product research）**

产品研究，是指通过对消费者使用产品、购买产品习惯和对产品设计偏好等的研究，使产品本身和包装能满足消费者的需求，并且帮助生产者决定提供怎样的产品。

5. **广告研究（advertising research）**

广告研究，是指帮助企业实现广告的特定目标，以影响未来顾客的心理和行动的广告计划、广告制作和播放以及评价广告效率的方法研究、创作研究、广告效率研究等。它可以采用意见试验、分割试验、统御试验、认识及回忆等方法，测定广告的效果。

（二）宏观分析法

国际市场营销学要研究国际政治法律环境、国际社会文化环境、国际经济环境、国际金融环境、国际科学技术环境和国际自然环境等对企业开展国际市场营销活动的影响，这些宏观环境因素不是一成不变的，而是不断发展变化的。对这些宏观环境因素的研究就要用宏观分析法，分析和预测宏观环境因素发展变化对企业国际市场营销活动产生的影响，企业如何把握宏观环境变化所带来的商机及企业如何适应宏观环境因素，这样企业才能更好地开展国际市场营销活动。通过宏观分析法可以有效地修正企业的微观行为，避免制定出错误的营销策略。

（三）定量分析与定性分析相结合的方法

国际市场营销学要对宏观环境因素变化与否进行判断、要对中间商的业绩进行评估、要确定产品价格、要对市场需求量进行预测等，就需要用到定量分析法。也就是说，要得到满足的分析的效果，必须将这两种方法结合起来使用，摒弃任何一种方法，都不会得到令人信服的结论。例如，企业在进行目标市场国选择时，用定性分析方法与比较不同国别或地区市场宏观环境方面的差异，或分析与比较消费者行为方面的不同。用定量分析方法分析和预测不同国别或地区市场销售潜力和发展前景。以此为据，寻找即适合于企业又能使目标市场消费者得到满足的目标市场。

（四）动态分析法

由于国际市场宏观环境因素（包括政治、法律、文化、经济、金融、科学技术等）不是一成不变的，而是不断变化的；国际市场上竞争对手的战略、策略是经常在调整变化的；企业自身拥有的资源条件也是在不断变化的，这就要求企业在制定国际市场营销战略规划、营销策略和促销策略时，必须使用动态分析法，制定出多种战略和策略以应对各种情况的发生，不至于使企业面临上述变化时，临时仓促决策予以应对，而是胸有成竹，从容不迫，迅速应对，游刃有余，牢牢地掌握国际市场营销的主动权。

（五）实证分析法

国际市场销售学是一门实践性与应用性很强的学科，它的理论来源于企业国际市场营销活动的实践，是实践经验的总结，又应用于实践，指导实践。要使国际市场营销学理论经得起实践的检验，就必须使用实证分析法，而不受任何价值判断标准的影响。例如，在对国际市场进行调查的基础上，对市场需求量进行预测，对分销渠道营销业绩的评估，对企业开展国际市场营销活动效果的综合评估等，都需要使用实证分析方法，所得结论才有说服力。国际市场营销学研究的绝大部分问题都是涉及企业的问题，属于微观问题。越是微观的问题，越具有实证性，所以实证分析法在国际市场营销学中获得广泛应用。

（六）系统分析法

在市场开放的条件下，国内市场是国际市场的一个组成部分。国际市场构成了一个大的体系，国内市场构成了一个较小的子系统，企业自身则是一个更小的系统。企业开展国际市场营销活动，必须考虑对国际市场的影响，同时也要考虑对国内市场的影响，还要考虑企业自身的资源条件。也就是说，企业开展国际市场营销活动时，需要把自己放在一个大系统里进行考虑，全面地、系统地进行分析；否则，难以得出正确的结论。这就要求企业必须使用系统分析法，分析企业所处的国际环境条件、国内环境条件和自身拥有的资源条件，使用什么样的营销和促销策略，才能使企业取得预期的营销效果。例如，在国际市场上产品定价，不能低于产品在国内市场上的价格，否则就会被产品进口国视为倾销证据，该国一旦采取反倾销措施，就会把该产品阻挡在进口国的国门之外。因此，在国际市场上产品定价时，必须运用系统分析法，既要考虑国际市场竞争对手的产品价格等，又要考虑国内市场该产品价格等，以免授人以柄。

四、国际市场营销学的基本内容

国际市场营销学研究的主要内容是企业从事国际营销的基础理论、国际营销环境、机会、战略、策略、方法、措施以及国际营销管理等。

本书着重介绍以下内容：

（1）国际市场营销环境。主要介绍国际政治法律环境、国际社会文化环境、国际经济环境、国际金融环境、国际科学技术环境、国际自然环境等。

（2）国际市场选择。主要介绍国际上一些主要市场。

（3）国际市场调研。主要介绍国际市场调研的程序和方法。

（4）国际市场营销规划与组织。主要介绍国际市场营销战略规划制定、目标市场国选择、进入目标市场国模式及全球竞争组织。

（5）国际市场营销信息系统。主要介绍国际市场营销信息系统的构成与运作管理。

（6）国际市场营销策略。主要介绍产品策略、定价策略、分销策略、促销策略。

（7）国际市场竞争战略。主要介绍国际市场竞争的扩张、渗透、争夺、防御、反击等战略。

（8）国际市场政治营销策略。主要介绍国际市场非关税壁垒的主要形式以及国际市场中的政企关系。

（9）国际市场公关营销策略。主要介绍公关营销的基本原则、职能、计划制定过程及传播方式。

（10）国际市场服务营销策略。主要介绍国际市场服务营销的基本内涵、特点、营销策略及刺激服务国际化的动力因素。

（11）国际市场营销管理。主要介绍国际市场营销组织的设计原则、结构类型以及国际市场营销管理的控制系统。

第二节　国际市场营销与国际市场营销学的关系

一、市场营销与市场营销学

（一）市场营销的概念

国际市场营销学是市场营销学的延伸和扩展，要全面、系统地了解国际市场营销学，必须从分析市场营销学入手。而市场营销学中的"市场"和经济学中的"市场"是不一样的。人们对市场这一概念的理解是随着社会生产力和商品经济的发展不断变化的。从企业的微观经济分析，人们对市场的理解有以下几种：市场是商品交换的场所；市场是商品交换和流通的领域；市场是商品供求关系的总和；市场是指对某种产品有需要和购买能力的人们。现代市场营销学认为，市场是指对某种产品有需要和购买能力的人们。而国际市场就是跨国企业的产品和服务在境外的消费者或用户。由于不同国家之间在政治、经济、文化等方面的差异，以及消费者在受教育程度、收入水平、消费态度和消费习惯等方面的不同，国际市场比国内市场更加复杂。国际市场消费者的需求比国内消费者更加多样化，对产品的要求也就更趋优质化、高档化和自动化。

我国在引入 Marketing 这个概念时，翻译方法有许多种，有时被翻译为"销售学"，意指企业如何将产品销售出去；有时也被翻译为"市场学"，意指研究市场特征和竞争。在我国台湾地区，Marketing 还被翻译为"行销学"，在香港地区则被翻译为"行务学"。不同的翻译词汇，代表了我国过去对市场营销定义的不同理解。那么，究竟什么是市场营销呢？

市场营销的含义是随着企业营销实践活动的发展而发展的。在 20 世纪初企业营销主要限于流通领域的推销和促销活动，因而市场营销的含义较狭窄，它与推销是同义词。随着市场经济与市场活动的发展，特别是买方市场出现，企业营销活动发展了，营销含义也随之扩大了。美国市场营销协会（AMA）于 1960 年给市场营销下定义："市场营销是引导货物和劳务从生产者引向消费者或用户所进行的一切企业活动。"美国营销学者麦卡锡于 1960 年对市场营销下的定义是："市场营销是企业经营活动的职责，它将产品和劳务从生产者直接引向消费者或者使用者，以便满足顾客需求及实现企业利润。"

20 世纪 70 年代后，市场营销应用范围从工商企业扩展到社会领域、政治领域，因而，营销不仅包含有形产品，还包括诸如服务、思想及无形产品等。因而，市场营销的含义亦扩大了。1985 年美国市场营销协会对市场营销下的定义是："市场营销是为创造交易和满足个人与组织目的而对主意、产品和服务的创意、定价、促销和分销进行计划和实施的过程。"

20 世纪 90 年代以后，随着关系营销的兴起，营销关注的焦点从企业转向了顾客。即以顾客满意为中心，与顾客建立良好的互动关系，为顾客创造价值、沟通价值、传递价值，从而实现组织的利益。营销的视角发生了根本性的改变，营销的含义也相应发生了较大的变化。2004年AMA对市场营销下的新定义是："市场营销是组织的一项向顾客进行创造价值、沟通价值和传递价值并通过顾客关系来实现组织相关利益者利益的职能。"美国的著名营销学者菲利普·科特勒给出的定义是："市场营销是个人和群体通过创造并同他人交换产品和价值，以满足需求和欲望的一种企业管理活动。"

综上所述，我们可以对市场营销作以下理解。

1. 人类的各种需求和欲望是市场营销的出发点

消费者需求是市场营销最核心的概念之一，人们用产品来满足自己的需求和欲望。一个产品至少应该包括三个要素，即实体产品、服务和创意。营销者要探明消费者的不同的物质文化和精神生活需要，估计并确定需求量的大小，从而选择本企业能最好地为其服务的目标市场，以适当的产品、适当的价格、适当的信息沟通和促销手段，在适当的地方，通过市场实现交换活动。通俗地讲，营销管理就是需求管理，市场营销学就是一门企业用来将人类需求转化为企业盈利机会的学科，企业的市场营销活动都是以满足消费者的需求和欲望展开的。

2. 交换是市场营销职能的核心

只有当人们决定通过交换来取得产品、满足自己的需要时，营销才会发生。交换是以某些东西从其他人手中换取所需要产品的行为，交换是定义营销的基础。商品交换一般应具备以下条件：存在独立的买卖双方；有可供交换的商品并具备买卖双方都能接受的交易条件。只有具备了上述条件，观念上的市场才能变为现实的市场。在实现市场交换中，市场营销履行着重要职能。它能克服商品生产和商品交换中的一系列障碍，如空间障碍（地理位置使生产者与消费者分离）、时间障碍（生产产品的时间与人们需要商品的时间不吻合）、信息障碍（商品需求关系信息的阻塞）、商品使用价值和价值差异障碍（不同消费者对商品有不同的需求）、商品所有权（使用权）让渡障碍等。企业的市场营销活动，就是分析交易双方希望给予对方什么和从对方得到什么，在此基础上以最佳质量的产品，符合价值的公平价格，双方满意的交易条件，适当的信息沟通和促销手段，实现商品的交换。营销活动涉及营销者和预期顾客双方，如果一方比另一方更加主动、更加积极地寻求交换，前者被称之为营销者，后者则被称之为预期顾客。在交易过程中，买卖双方都可能成为营销者，即所谓的双边营销。

总之，市场营销是在消费者需求为中心的思想指导下，企业所进行的有关产品生产、流通和售后服务的一系列经营活动，旨在满足社会需求，实现企业的经营目标。

（二）市场营销学的概念

市场营销学是指研究企业营销活动及其规律的科学，即研究企业如何从满足消费者的需求与欲望出发，有计划地组织企业的整体活动，通过交换，将产品或服务及价值从生产者传递到消费者，以实现企业的营销目标。市场营销学是在总结企业营销活动的成功与失败经验的基础上建立起来的。市场营销学的产生与发展是与企业营销实践、企业经营哲学的发展相适应的。市场营销学在西方国家经历了形成、应用及变革阶段。20世纪50年代以后，市场营销学开始同企业经营管理相结合，市场营销学从应用于流通过程扩展到生产领域及售后服务领域,从而使市场营销学从传统的市场营销学演变为现代市场营销学。20世纪70年代,随着市场营销理论的扩展,在社会领域、政治领域、服务领域得到广泛应用,从而出现了社会营销学、政治营销学及服务营销学,应用于国际市场而产生国际市场营销学。20世纪90年代以后,营销更加关注企业的外部顾客与内部顾客的满意,以实现企业的目标绩效,随之出现了关系营销、内部营销,等等。

二、国际市场营销与国际市场营销学

(一) 国际市场营销的概念

美国市场营销协会对国际市场营销的定义为:"国际市场营销是对各种产品和服务实行整合、定价、促销和分销等活动,使其通过交换实现满足个人和组织目的并在多个国家进行的整个策划和实施过程。"

美国的营销学者迈克尔·经科特和伊卡尔·郎凯恩认为:"国际市场营销是指个人和组织为满足交换的目的而有计划地进行跨国界交易的过程。从进出口贸易到许可证贸易,合资经营,独资分公司,交钥匙工程和管理合同,都是国际市场营销的形式。"

美国的营销学者菲利普·科特勒认为:"国际市场营销是指在一国以上把企业生产的商品和劳务引导到消费者或者用户中的经营活动。"

归纳上述概念,所谓国际市场营销,是指一种超越国界的企业行动的综合管理系统,它在设想的国际范围里对现有的和潜在的需求进行研究,以满足这些需求而进行的产品和服务研发,并做出价格、促销、渠道的规划来实现企业设想的经营目标。

(二) 国际市场营销学的概念

国际市场营销学的基本思想是:企业以国外顾客需求为中心,有计划地在国际领域组织营销活动,向国际市场上的消费者或用户提供满足不同需求的产品和服务,以最终实现企业长期盈利的目的。

简言之,国际市场营销学是一门研究以国外顾客需求为中心,从事国际市场营销活动的国际企业经营销售管理的科学。

三、市场营销学与国际市场营销学的比较

国际市场营销学是研究国际市场营销的理论,同工业市场营销学、劳务市场营销学、社会市场营销学及政治市场营销学一样,都是基础市场营销学的延伸和分支。它们并无多大的差异,它们既有共同点,又有不同点。

(一) 市场营销学与国际市场营销学的共同点

1. 基础的共同性

国际市场营销学与市场营销学的理论基础是经济学的基本原理,吸收了哲学、数学、现代管理学、统计学、组织行为学、社会学、心理学、会计学等学科的内容,形成一门边缘学科,都属于管理学的范畴。许多指导国内企业营销的原理和方法,诸如市场

营销调研、消费者行为分析、选择目标市场、营销组合策略、营销战略计划、营销管理、定价方针、促销方针的理论及实际操作方法等，均可以用来指导国际市场营销活动。

2. 观念上的一致性

国际市场营销与国内市场营销都是以市场观念为指导原则，要求企业把满足消费者的需求当作自己的中心任务，消费者需求什么产品就生产什么产品，就销售什么产品。把"顾客至上"、"一切为了顾客的需求"以及哪里有顾客的需求，哪里就有机会作为"座右铭"。由于观念上的一致性，就对企业开展国内外营销活动提出相同的要求，例如有明确的目标市场，提高顾客的满意度等。

3. 经营的延伸性

经营上，国际市场营销是国内市场营销的延伸。一般来说，企业先是开展国内营销，然后再逐渐开展国际营销。概括起来说，企业开展国际营销的发展过程大致可以总结为：首先，企业面向国内市场开展营销活动，企业的经营方针、经营战略、营销组合策略等，都是以满足国内市场需求为导向的。其次，企业在以国内市场为主要目标时，如果遇到国内市场需求疲软，或者竞争激烈，使销售不景气，促使企业在国际市场上寻找机会，伺机进入国际市场，在取得机会的同时，部分产品开始进入国际市场。再次，随着企业产品成功进入国际市场，企业对国际市场行情逐渐熟悉起来，尤其是更加了解目标国家的市场状况，在逐渐掌握了国际市场的游戏规则的同时，企业开始主动地为满足国际市场需求而安排生产，组织销售，使越来越多的产品进入国际市场。最后，随着企业生产的发展和先进技术的采用，企业规模不断扩大，经济实力增强了，国际市场营销经验丰富了，企业有条件以满足国际市场为主要任务，甚至到国外投资建厂，实行国际化经营，成为跨国公司。许多指导国内企业营销的原理和方法，诸如市场营销调研、消费者行为分析、选择目标市场、营销组合策略、营销战略计划、营销管理、定价方针、促销方针的理论及实际操作方法等，均可以用来指导国际市场营销活动。像日本的松下公司、丰田公司和我国的海尔公司等，就是这样开展国际营销活动并不断发展壮大的。

（二）市场营销学与国际市场营销学的不同点

1. 市场营销环境不同

这是国际市场营销同国内营销的最主要差异。国内营销是在企业熟悉的营销环境（包括人口、经济、社会文化、政治法律及竞争环境）中开展，国际营销则在一国以上的不熟悉的营销环境中开展，同时还受国内和国际宏观营销环境的影响，可见，国际营销所面临的环境更加复杂多变。

2. 市场营销组合策略不同

（1）在市场营销环境方面，国内市场营销只面对国内不可控的环境因素，因而市场营销组合策略相对要简单、容易；而国际市场营销活动受双重环境，尤其是对方国家的政治、经济、文化、科技等各方面的影响，使得原本相对简单的营销组合策略、销售思路和经营理念变得复杂得多，难度也大了许多。

（2）在产品策略方面，国际市场营销面临产品标准化与差异化策略的选择，在大多数情况下，差异化产品策略是主要的，因为各国及各地区市场需求存在巨大差异，只有市场需求相同时，才能选择标准化产品策略。如果忽略了国际市场需求的复杂性和多样化，企业国际营销将会陷入困境。

（3）在定价策略方面，国际市场定价比国内定价复杂得多。国内市场定价除考虑成本外，还考虑市场供求状况及竞争状况，企业营销人员较易于把握国内市场价格的变化。国际市场定价不仅考虑成本，还要考虑不同国家市场的需求及竞争状况，而且其成本还包含运输费、关税、外汇汇率、保险费等。此外还要考虑各国政府对价格调控的法规。因此，国际市场定价较复杂，营销人员更难以把握价格的变化。

（4）在分销策略方面，企业对国内分销渠道较熟悉，较容易作出选择分销渠道的决策，对国内分销渠道也较易于管理。国际营销企业不仅面临对国内出口商的选择，还要对国外中间商进行选择。各国营销环境的差异，造成了不同的分销系统与分销渠道，各国分销机构的形式、规模不同，分销渠道的长短不同。如日本分销渠道很长，在日本，消费品从生产者到消费者手中，需要5～6个环节，从而增加了外国企业产品进入日本市场的难度。

（5）在促销策略方面，由于各国文化、政治法律、语言习惯、政策环境各不相同，在目前我国很多产品还未被国际市场真正认同的前提下，促销力度太大会被认为产品质量有问题，如何把握促销的度和手段是必须考虑的一个因素。因此，对进入企业而言促销的障碍不小，企业如何选择促销策略将会更复杂、难度更大。

3. 国际营销战略及营销管理过程更复杂

（1）各国营销环境差异大。由于各国消费者需求存在巨大差别，国际营销战略计划要根据不同的国家的需求特点进行调整，营销管理过程也更加复杂和困难。制定国际营销战略计划及进行营销管理，既要考虑国际市场需求，又要考虑市场竞争状况，还要考虑本企业的情况；如果是跨国公司，则需要考虑企业的决策中心对计划和控制的把握及承担的责任应当达到什么程度，其分支机构对计划和控制的把握及承担的责任又应达到什么程度，等等。

（2）营销战略更强调整体性和协调性。国际市场营销战略无论是从战略的思考、制定，还是实施、完善等都比国内市场营销战略的要求要高。对于企业是否要跨国营销、究竟去哪一个国家、采取什么方式、选择什么产品及营销组合、构建什么样的组织体制和管理机制等问题都要进行全面的、整体的考虑；在国际营销活动开展过程中，由于每个市场都有其特殊性，市场与市场之间在战略执行和协调上存在很多问题需要解决，如全球化和本土化问题等。

（3）营销组合战略更具针对性和灵活性。如前所述，国际市场营销活动是受双重环境影响的，特别是目标国市场的环境在很大程度上成为国际营销活动的直接影响因素，如产品国际质量认证标准ISO 9000系列、食品卫生成分一览表等，当没有通过该认证的企业生产的产品销售到国外时，就会被很多国家拒之于门外，中草药不能完全进入国际市场就是比较典型的一例。而这些诸多因素也对国际市场营销组合策略产生了很大的影响，使得决策内容有了很大的不同。如产品策略方面的标准化与差异化的选择，价格策略方面的成本导向定价方法的选择，渠道策略方面的长渠道和短渠道的选择、渠道模式的选择，促销策略和促销方式的选择，等等。这些策略的制定都必须根据每一个目标市场国具体的市场状况来考虑。因此，在营销策略上很难做到在一个市场总结出好的经验后在其他市场直接推广，如果因其有共同性可以进行推广，也大多会在进入另一个市场时进行适应性修改。

（4）营销管理难度更大。国际市场营销管理过程会因为前述问题遇到很多困难，如组织体制的设置问题、集权与分权问题、总部与子公司的信息传递和决策审批问题。由于开展国际营销活动的企业进入国际市场，既要考虑国际市场需求，又要考虑市场竞争状况，还要考虑本企业的情况，控制和协调都面临挑战。如果进入多个市场，还要处理市场与市场之间、区域与区域之间的协调问题。

随着全球化进程的加速，过去在某些方面来说的国际市场营销学是国内市场营销学的延伸与扩展的论点已经显得不够全面。现在许多企业从创始之初就针对国外市场进行研究与开发，目的就是为了进入国际市场。这些企业没有似乎也不需要取得国内市场营销的经验，因为它们面对的是一个差别巨大的市场，一切都是从全新的开始。因此，国际市场营销学在一定意义上讲，就是国际市场营销环境适应学。

第三节 国际市场营销与国际贸易的关系

一、国际贸易的基本理论

狭义的国际贸易只是指国家之间商品的进口和出口。广义的国际贸易除了实物商品的国际交换外，还包括劳务的国际交换，即在国际运输、保险、金融、旅游、通信、技术以及其他劳务等方面相互提供的服务。

早期的国际贸易主要是有形商品的交换。随着科学技术的发展及资本的国际流动、服务的扩展，从狭义的传统国际贸易转变成现代的、广义的国际贸易。随着国际贸易的发展，国际贸易理论亦随之发展。资本主义原始积累时期的重商主义主要研究对外贸易如何带来财富。资本主义自由竞争时期的古典学派亚当·斯密和大卫·李嘉图探讨了国际分工形成的原因及分工的依据，论证国际分工和国际贸易的绝对利益与相对利益。20世纪以来，瑞典经济学家赫克歇尔和俄林提出了按照生产要素禀赋进行国际分工的学说。第二次世界大战后，西方经济学家把"比较成本说"动态化。发展经济学家则探讨发展中国家的贸易发展模式。这里主要介绍斯密的绝对成本利益、李嘉图的比较成本利益和俄林的要素比例说。

亚当·斯密在1776年出版的《国富论》一书中，提出分工能大大提高劳动生产率，从而增加国民财富的观点。他认为分工既然可以极大地提高劳动生产率，那么每个人专门从事于一种物品的生产，然后进行交换，对每个人都是有利的。如果人们以较少的花费就能买到某些物品的话，谁也不会亲自制造它们。同样，如果外国产品比自己国内生产便宜的话，最好是该国在有利生产条件下生产的产品去交换国外的产品而不要自己去生产。总之,每个国家都按照其绝对有利的生产条件,即绝对成本利益去进行专业化生产,然后彼此进行交换,则对所有交换国都有利。

大卫·李嘉图则从"比较成本说"来阐述国际贸易产生的原因。"比较成本说"是在亚当·斯密绝对成本差异基础上发展起来的。斯密认为国际分工应按由于地域、自然条件不同而形成的商品成本绝对利益进行,即出口的商品一定是生产上具有绝对的优势,生产成本绝对低于他国的商品。李嘉图发展了这一观点,认为每个国家不一定生产各种商品,而应集中力量生产那些利益较大或风险较小的商品,然后通过对外贸易交换,在资本和劳动力不变的情况下,使生产总量增加。比较成本学说是以自由贸易为前提的。

赫克歇尔和俄林的"要素比例说",是以各国间要素的相对差异和生产各种商品时利用它们的程度,作为国际分工的依据与国际贸易产生的原因。俄林认为,各国消费者需求、生产要素所有权的分配状况、资源禀赋状况、生产的物质条件不同,决定了各国商品价格的差异,通过国际贸易进口的是本国要使用高昂且生产要素比例大的商品,出口的是本国使用低廉且生产要素比例小的商品,从而减少国际生产要素分布不均的缺陷。

除以上的古典和现代国际贸易理论外,随着经济的发展和国际贸易的频繁,国际贸易理论也产生了相应的变化,如产业内国际贸易理论、国际贸易的动态理论、国际贸易保护理论等。

发展国际贸易对促进各国经济的发展具有重要的意义,通过国际贸易,可以调剂国家之间的余缺、节约社会总劳动量、增加国家外汇、使居民的实际收入提高,消费者可以从降价中获利,还能从商品广泛选择中受惠。

因此,任何从事国际营销的企业,必须了解和评估国际贸易体系及其对国际营销的影响。国际贸易体系主要包括对国际贸易进行限制或管制的一系列规定和制度,以及各国间经济合作及贸易自由化的组织机构。

二、国际贸易的功能

(一) 国际贸易是沟通国际商品交换的纽带和桥梁

通过国际贸易可以用别国的长处来弥补自己的不足。通过国际贸易这条纽带和桥梁,可以用本国消费者过剩的产品换取本国缺少的产品,可以用本国生产要素消耗少的产品换取本国生产要素消耗多的产品,从而达到个人或组织对各种产品的需求,满足消费者不断变换的价值观。

(二) 国际贸易能实现产品的价值

由于各国的经济发展水平不同,劳动生产率不同,各国的产品有不同的优势与劣势。各国在同一劳动时间内所生产的同种商品有不同的数量和不同的国际价值,生产同种商品所耗费的社会必要劳动时间及材料也各有差异。而目标交换是以国际劳动平均单位所决定的国际价值为标准尺度,只要国内低于国际价值的商品在国际市场上进行交换就可以获利。因此，通过国际贸易可以使商品的使用价值得到提高。

（三）国际贸易能增加就业机会

国际贸易还具有增加就业机会、促进收入增加、扩散技术进步、拉动产业演进、促进制度创新、带动经济增长、保护资源环境、提升综合国力等功能。

当前，国际经济协调的重点已日益侧重于贸易领域。要进行国际贸易，除了产品生产这一原有环节以外，还要增加报关、商检、集装箱运输、海外保险、信用证、语言和文字翻译等各种相应岗位，从一定程度上来说增加了就业的机会。

三、国际市场营销与国际贸易的比较

国际市场营销是伴随着国际贸易的产生而产生、发展而发展的。国际贸易与国际营销两者都借助着国际市场的大舞台相得益彰，共同促进世界经济的发展。两者同属于现代国际经济体系中以商品为核心的主要交换形式，两者之间存在着一些共同点与不同点。

（一）国际市场营销与国际贸易的共同点

1. 国际贸易是国际市场营销的先导

国际市场营销活动出现的初期是同出口贸易紧密联系的。国际贸易活动在先，国际市场销售活动在后。人类在开展国际贸易活动的实践中，形成的比较成熟的国际贸易理论，其中关于国际分工和世界思想理论、贸易国家区域化理论、比较成本理论、生产要素禀赋论、人力资本论、技术差距论和偏好相似论等理论是对贸易实践经验的总结与升华而形成，它不仅对人类贸易活动有指导作用，而且对人类的国际市场营销活动同样有指导作用。正是在这一理论和此后产生的市场营销理论指导下，国际市场营销活动才在全球范围内广泛地开展起来，形成了燎原之势，经久不息。

2. 国际市场营销是国际贸易的组成部分

在当代国际市场营销中，跨国公司是主力军，跨国公司在国外设立了子公司，利用当地的资源就地生产和销售，包括返销一部分产品回母国。跨国公司的母公司与各子公司之间关系密切，母公司除了在其所在国家组织生产、销售和出口外，还要协调各子公司就地生产、销售和出口。跨国公司的母公司和各子公司的出口部分，分别属于所在国出口贸易的组成部分，当然也是世界贸易的主要组成部分。各子公司就地生产、销售是子公司的生产经营活动，包括市场营销活动。对于母公司来说，子公司的营销活动属于它的国际市场营销活动。

3. 国际市场营销和国际贸易活动相互影响

在共同的市场范围内，国际贸易发生的重大变化会给国际市场营销带来很大影响，例如一个国家某种产品进口的增加，促使生产相关产品的企业产生开展营销活动的欲望。同样国际市场营销活动也会给国际贸易带来变化，例如本国的某产品在一个国家的营销活动带动了消费、扩大了需求，也可能引起该产品进口贸易量的增加。

（二）国际市场营销与国际贸易的不同点

1. 两者的理论产生时间不同，所依据的理论立足点也不同

应该说，古典政治经济学家英国的亚当·斯密首创的"绝对优势说"以及英国另一位古典政治经济学家大卫·李嘉图所创立的"比较成本说"奠定了现代国际贸易的理论基础，这些理论都诞生在200余年前。与此不同的是，市场营销理论的问世，仅仅是20世纪初的事，而把国际市场营销学作为一门专门的学科，从市场营销学中分离出来专门讨论，只是近二三十年的事。国际贸易所立足的理论是比较利益，只要存在着比较利益，就可将货物从一个国家运送到另一个国家，从一个地区运送到另一个地区。但国际市场营销则是站在企业的角度，所考虑的问题是如何使企业利润最大化。当然比较利润与利润最大化之间也存在着内在的联系，但并不存在着绝对的必然的联系。

2. 两者的主体不同

针对一个国家的贸易行为通常都是由一国政府根据其国家利益来规范和引导的，大多数是由政府来制定和策划的，有时会出于国家的利益限制某些贸易行为，如设置贸易壁垒等；而在一个目标国家的国际市场营销行为往往是一个具体的企业为了企业自身的利益而进行的。可能企业在开展营销的过程中未必注意其他方面的利害关系，而以企业利益为优先要素加以考虑。在市场经济国家里，国际贸易和国际市场营销行为的执行主体大多为企业。从行为目的的角度来分析，国际贸易必须要考虑国家利益，服从于国家的总体发展要求，在此基础上追求企业利益。有时甚至在没有利润的情况下也要进行贸易。而国际市场营销的行为的目的，就是企业为了获得更多的利润。

3. 两者活动的范围不同

就国际贸易而言，产品和劳务必须是跨越国界的交换，即参加交换的产品和劳务必须从一国转到另一国；而国际营销是指其活动的跨国界，不见得一定要有产品和劳务从一国跨向另一国，有些营销活动如组装业务、合同制造、许可证贸易、海外设厂生产等都没有产品和劳务从一国到另一国的转移。国际营销也不同于进出口业务，进出口业务是讲述进出口中的具体业务规范，如使用证的种类，信用证如何开具，信用证如何议付；各种价格术语的内容、使用范围；如何报关、如何投保、如何制造单证等。这些都是开展对外业务中不可缺少、属于具体业务中的程序性的操作知识。而国际市场营销则是从战略高度出发，运用自己的资源在复杂的国际市场制定出能战败竞争对手，获得对外经营成功的战略与策略。当然，国际营销人员也应了解进出口的实物，以便更好地开展营销活动。

4. 两者研究角度、流向、对象不同

国际贸易从跨国界交易活动的总体上来研究国与国之间的贸易关系，国际市场营销则站在企业的角度从微观上研究企业跨国界的商品销售问题。国际贸易涉及商品交易的两个方面，即涉及本国产品向外国的销售和本国购买外国的产品这一卖一买的两个方面，涉及两个流向的商品交易。而国际市场营销注重的多是本国产品如何向国际市场的销售这一单一流向的交易。国际贸易的对象是外国厂商或政府，一般不涉及最终购买者；国际市场营销的对象则是国外的最终消费者。

5. 两者受贸易相关国的政策限制程度不同

国家间贸易的执行中必须要有通关业务发生，因而比较容易受到贸易政策的限制与影响；而国际市场营销不一定要发生通关业务，提供的营销内容也不一定跨越国界，特别是以子公司形式出现。所以相对国际贸易所遇到的政策限制也比较少。因此，开展国际市场营销活动可以有效地减少相关贸易限制政策所带来的不利影响。

6. 两者在经营活动管理上存在差异

国际市场营销往往在开展之前，就进行目标市场的调查与分析，对消费者的需求细分，对他们的需求进行商品、服务的研发，并且进行系列的促销活动；在价格方面根据市场的不同，提供商品与服务的时机不同而制定不同的营销价格；在经营过程中强调完整的营销渠道的建设，从而顺利完成流通的全过程。而国际贸易往往只是以单一的产品来应对广大的市场和众多的消费者，缺乏有针对性的市场研发活动；价格依靠买卖双方协商制定，很少进行促销活动；将订购商品如约交付给订货商就基本完成了交易过程，很少建立完备的营销渠道。对比来看，从事国际市场营销的企业一般更强调可持续发展，要求企业营销必须重视战略的制定、战略与战术的协调以确保市场营销作用的充分发挥。而从事国际贸易的企业往往为了追求眼前的利润，重视市场一时的动态及商品一时的畅销，不注重创造企业的经营与产品特色，在生产经营设施和技术开发上不愿进行大的投资，浮躁和急功近利的特征明显。

第四节 国际市场格局的变化趋势

由于"二战"后相对和平的环境，科技得到高速发展，国际经济有较快的增长。进入20世纪70年代，始于石油危机而引发出的一系列灾难，如原料和能源短缺、无法控制的通货膨胀、经济停滞不前、失业率不断上升及各行各业惨淡经营等，使世界经济的发展披上了一层浓厚的阴影。进入21世纪，世界经济动荡有进一步加剧的趋势，发达国家垄断资本的重新组合，国际性产业结构的多层次调整，新兴工业化国家和地区的崛起，东西方战略均势的不平衡变化，发展中国家经济发展的两极化趋势、反恐斗争的不断升级等，这一切对国际市场的格局演变产生了巨大的影响。

因此，分析国际市场的特点，全面地了解国际市场格局的变化趋势，了解当前国际市场的情况，对企业开展国际营销是十分有益的。

一、国际市场竞争更加激烈

由于国际市场的丰厚利润，资本主义世界范围内的生产过剩，国际市场成为各国角逐驰骋的场所。国际市场竞争主要有以下特点。

（一）竞争的规模和范围加大

首先竞争的主体已由原来的公司、企业而演变为政府。许多国家的政府现已程度不同地卷入国际竞争中，它们制定出有利于本国企业、公司海外竞争的法令、政策。它们利用强大的国家机器,对外贸企业予以积极扶植,加强其在国际市场上的竞争能力,并成为这些企业在政治与经济上的坚强后盾。竞争的规模和范围加大还体现在跨国公司的大量出现并卷入竞争。跨国公司的规模一般都比较大,实力强劲,大都处于垄断或寡头垄断地位,在国际市场上处于有利地位。跨国公司同国内公司的一个重大区别在于其国际化经营,即面向国际市场,在全球寻求资源的合理配置,降低成本,增加利润,实行高度集中的管理体制。

(二) 竞争的形式多样化

与传统竞争主要是价格与产品竞争不同,现在国际市场的竞争呈现出一些新的特点:管理技术水平成为竞争的主要内容,在跨国公司的竞争中,决定竞争优势地位的核心因素是管理技术水平,而不再是传统的生产要素——土地、劳动力,即使是货币,也由于其具有跨国性而随处可得。因此,不再存在一种可以在国际市场上带来竞争优势的生产要素了。营销竞争已成为在市场上取胜的重要方面,当今的国际市场上最成功的竞争者,其取胜在于有效地运用了营销战略与策略。虽然价格竞争依然存在,但决定竞争胜负的因素远远非此一项,综合运用各项营销策略成了决定竞争成败的关键。同时,一些非价格的竞争,如改善服务、提高产品质量、改变支付方式、促销方式等各种竞争手段纷纷出现,使国际市场越加风云变幻,机遇与挑战并存。

二、企业之间的并购活动频繁

企业并购,是指一家企业以现金、证券或其他形式购买其他企业的部分或全部资产或股权,以取得对该企业的控制权的一种经济行为。在激烈的市场竞争中,企业只有不断地发展壮大,才能在竞争中求得自身的生存。企业发展壮大的途径一般有两条:一是靠企业内部资本的积累,实现渐进式的成长;二是通过企业并购,迅速扩展资本规模,实现跳跃式发展。美国著名经济学家施蒂格勒在考察美国企业成长路径时认为:"没有一个美国大公司不是通过某种程度、某种形式的兼并收购而成长起来的,几乎没有一家大公司主要是靠内部扩张成长起来的。"

自20世纪90年代中期起,国际上许多巨型公司和重要产业都卷入了跨国并购。美国的许多大企业在欧洲和亚洲大量进行同业收购,如美国得克萨斯公用事业收购英国能源集团、美国环球影城公司收购荷兰的波利格来姆公司等。而欧洲企业收购美国公司也同样出现了前所未有的大手笔和快节奏,如德国的戴姆勒收购了美国的克莱斯勒、英国石油对美国阿莫科石油的并购。发生在欧洲和亚洲内部的跨国并购之风也出现了空前未有的增长势头,如英国制药企业收购瑞典的制药企业、法国的石油公司收购比利时的炼油厂、菲律宾黎刹水泥公司与印尼锦石水泥厂的合并等。与此同时,全球企业的强强并购几乎涉及所有的重要行业,并购金额也不断创出新高。1998年4月6日起,在短短7天的时间内,美国连续发生了6家大银行的合并。其中,美国花旗银行和旅行者集团的合并涉及金额高达725亿美元,创下银行业并购价值的最高纪录。这两家企业合并后的总资产额高达7000亿美元,并形成了国际性超级金融市场,业务覆盖100多个国家和地区的1亿多客户。2000年1月,英国制药集团葛兰素威康和史克必成宣布合并计划,新公司市值将逾1150亿英镑,营业额约为200亿英镑,根据市场占有率计算,合并后的葛兰素史克制药集团将成为全球最大制药公司。2000年1月10日,美国在线公司和时代华纳公司的合并,组建美国在线—时代华纳公司,新公司的资产价值达3500亿美元。2000年2月4日,全球最大的移动电话运营商英国沃达丰公司以1320亿美元收购德国老牌电信和工业集团曼内斯曼,成为当时全球最大并购案。2006年1月4日,由日本东京三菱银行和日本联合银行合并产生的世界最大银行三菱东京联合银行于1月4日在东京总部举行剪彩仪式,标志着该银行正式开始营业,总资产额可望达到1.8万亿美元,从而成为世界上最大的银行。企业并购单位规模的不断扩大,表明企业对国际市场的争夺已经到了白热化阶段。这种强强合并对全球经济的影响十分巨大,它极大地冲击了原有的市场结构,刺激了更多的企业为了维持在市场中的竞争地位而不得不卷入更加狂热的并购浪潮之中。

三、区域经济一体化形成

世界经济走向区域经济一体化是历史发展的必然趋势,也是当代世界经济的一个重要特征。所谓的区域经济一体化,是指世界区域性的国家和地区为了各自的及共同的经济利益,在经济联系日益紧密的基础上,相互采取比区域外国家更加开放、更加自由的政策,在体制框架、调节机制上结合成经济联合组织或国家经济集团。就区域经济集团而言,是指地理位置毗邻、人文传统相近和历史交往密切的国家构成的自然地区。据世界贸易组织统计,全球共有各类经济与贸易组织100余个,其中大多是20世纪90年代后建立的。这说明区域经济一体化已成为世界经济格局中不可忽视的力量,它的发展将对世界经济产生重大影响。区域经济一体化具有许多经济方面的优点,诸如:①根据比较优势的原理通过加强专业化提高生产效率;②通过市场规模的扩大达到规模经济,提高生产水平;③国际谈判实力增强有利于得到更好的贸易条件;④增强的竞争带来增强的经济效率;⑤技术的提高带来生产数量和质量的提高;⑥生产要素跨越国境;⑦货币金融政策的合作;⑧就业、高经济增长和更好的收入分配成为共同的目标。

世界上主要的区域经济一体化的组织有欧洲联盟、北美自由贸易区和亚太经济合作组织。欧洲联盟的前身是欧洲共同体。1957年,法国等西欧6国签署条约,1958年条约生效,宣布欧洲经济共同体(EEC)正式成立,至今欧共体已有15个成员国。北美自由贸易区由美国、加拿大和墨西哥3国组成,是在原美国、加拿大自由贸易区基础上的扩大和延伸,自1994年1月1日开始生效实施。1989年11月,在澳大利亚总理霍克的提议下,美国、日本、加拿大、澳大利亚、新加坡、东盟、韩国等12个国家的27位外交部长和经济部长在堪培拉举行了"亚太经济合作部长及会议"的首次会议,标志着亚太经合组织问世,APEC的产生,使亚太地区经济合作发展很快。

四、经济全球化的趋势明显加快

经济全球化,是指世界各国经济在生产、交换、分配及消费四大环节的全球一体化,是资源与生产要素在全球范围进行配置,使各国经济彼此之间的联系及相互依赖日益加强,任何一个国家或地区都不能与世界经济脱节而单独生存和发展。经济全球化,有利于资源和生产要素在全球的合理配置，有利于资本和产品在全球的流动，有利于科技在全球性的扩张，有利于促进不发达地区经济的发展，是人类发展进步的表现，是世界经济发展的必然结果。

跨国公司跨国生产经营，成为推动经济全球化的主角。经济全球化的基础是企业经营的全球化，而跨国公司是企业经营全球化的主角。跨国公司是通过跨国界直接投资，使生产与销售在全世界范围内进行，从而使多种生产要素诸如资金、技术、信息、管理等在国际流动，推进经济全球化；跨国公司通过其投资方式的多样化及投资范围的广泛性来促进经济的全球化。在其投资形式上，一方面，通过直接投资，带动资金在全球范围内的优先配置；另一方面，通过间接投资，例如股票和债券以及发展跨国银行为世界范围的国家和企业进行融资，促进全球经济的发展。在其投资范围方面，从原来主要集中于发达国家逐渐向新兴工业化国家及新兴起的发展中国家扩展，跨国公司还通过其数量和规模的发展来推动经济的全球化。

现代技术革命是推动当今经济全球化的根本动力。现代技术革命的中心是信息技术革命，从20世纪70年代全球兴起的，90年代全面展开的信息技术革命将世界带入了一个信息时代。由于信息技术的特点及现代经济的开放性，信息产业一开始便成为全球化的产业经济。当今，包括集成电路、微电子计算机、个人电脑、软件、光导纤维等在内的高科技信息产业正在改造或取代传统产业而在更深层次上推动着经济的全球化发展。互联网络的建立和发展，使全球经济的联系更广泛和快捷，使各国贸易和国际投资获得更多的机会，使经济信息的传播与应用无国界，从而使全球经济更加联成一体。

此外，众多国家日益加入世界经济体系，从而扩大了经济全球化的范围。世界经济一体化的发展，使各国经济联系和相互依赖空前紧密，加入世界经济体系的国家日益增多，也扩大了经济全球化的范围。

本章小结

国际市场营销需要企业从国际市场消费者利益和需求出发，在国际市场变化多端的环境下，有效地运用企业可控制因素，制定、落实、执行及控制国际营销战略，实现企业营销目标。国际市场营销学所研究的大多是微观层面的问题，它既是市场营销学的延伸和扩展，又具有国际市场本身的特点。同时，国际市场营销在不断变化的国际市场环境中面临着机遇和挑战。

关键概念

市场营销　市场营销学　国际市场　国际市场营销　国际市场营销学　国际贸易

思考题

(1) 什么是国际市场营销？
(2) 试述市场营销学与国际市场营销学的异同。
(3) 国际市场营销与国际贸易的区别是什么？
(4) 企业开展国际化营销会面临哪些机遇和挑战？企业应如何应对？

(5) 中国企业应该如何参与国际市场营销？

案例　芭比娃娃的国际市场营销模式

芭比娃娃是经历了半个世纪仍然魅力不减的时尚品牌，至今没有被同类玩具产品所超越。到底是什么样的营销模式和经验使得芭比娃娃能够取得如此辉煌成绩的呢？

一、时尚与创新的营销

犹太人曾说过，只做与女人、小孩有关的生意。因为把握好女人和孩子的心理，便能获得超高的附加价值。露丝·汉德拉（Ruth Handler）同样也只盯着女人和孩子的口袋。芭比娃娃从诞生之初，就致力于打造成追求完美和时尚的女性形象代言人，以美和时尚来吸引消费者的眼球。除了引人注目的身材，还有阿玛尼、Vera Wang、Prada 等名设计师为她设计上亿套高品位服装。因此，芭比娃娃的衣柜成了女人和孩子的梦想。《芭比时尚》编辑葛伦·曼多维勒曾说过，许多女性购买"芭比娃娃"是因为她们无法变成"芭比"，经由她们打扮完美的"芭比"，实现自己渴望变得苗条、美丽、受人欢迎的愿望。

随着年代的变迁，芭比娃娃的外形和服装也经历了数百次的修正和改良，才成了今日的样子。为了使芭比娃娃有漂亮的时装，从1995年至今生产了10亿件服装，每年约有100多款新时装推出。她的成人化的设计打开了小女孩们的视野，通过芭比娃娃到了幼儿园外的世界，与芭比娃娃一起体验成人生活的各个层面，从海滩女郎到政治家，在保守的20世纪50年代芭比娃娃留着一头金色波浪卷发；当好莱坞的崛起明星魅力凸显，芭比娃娃摇身一变，幻化成了各路女星。在鼓励女人上班的20世纪60年代，芭比娃娃穿上行政套装、挎起了公文包；在体育赛事日益风靡的20世纪70年代，芭比娃娃有了可弯曲的手腕、肘，并且有了脚关节，开始穿上了体操、马术、芭蕾舞等运动装；当人类登上月球时，芭比娃娃就穿上了太空服；进入网络时代，芭比娃娃也开始给朋友们发"伊妹儿"，到了女人不再以结婚为人生第一目标的21世纪，她干脆把相恋多年的 Ken Carson 给甩了。千变万化的芭比形象激发了孩子们的想象力，她们希望自己长大后也能和芭比娃娃一样吸引世人的眼球。

50多年来芭比娃娃长盛不衰的原因并不只是因为她是一个漂亮摩登的玩偶，更重要的是芭比品牌始终在不断升级、与时俱进，从而获得了强大的生命力，以至于我们能从芭比娃娃的成长中清晰地看到50多年来社会发展和女性观念的演变。

二、联合双赢的金字塔模式

芭比娃娃的联合促销活动总是与时俱进、紧跟社会热点，如麦当劳芭比娃娃、哈利·波特芭比娃娃、博柏丽（Burberry）芭比娃娃、游戏机（PS2）芭比娃娃。很多时尚品牌在进行品牌推广时最先想到的是与芭比娃娃联手推出新产品。这也让芭比娃娃的母公司美泰公司节约了大量的开发新产品的费用。20世纪60年代是芭比娃娃开拓国际市场的阶段，为了应对竞争对手的强劲势头，芭比娃娃变化着自己的对应策略，最经典的是金字塔模式。为了满足客户对产品风格、颜色等方面的不同需求和偏好、个人收入上的差异化因素等，推出高、中、低各个档次的产品，形成金字塔的销售模式，从而达到客户群和市场拥有量的最大化。在金字塔的底端，是低价位、大批量生产的产品，靠薄利多销赚取利润；在塔的顶端，是高价位、小批量生产的产品，靠精益求精获取超额利润。

其实芭比娃娃的购买者多会抱怨，仅购买一个芭比娃娃价格并不是很高，但是如要按照说明书上所提示的，将其各种佩饰购买齐全的话，那就要多花费好几倍的钱。

芭比娃娃经常要面对各种各样的模仿者，特别是低价位的竞争者。为了彻底扭转这种被动局面，经过研究公司推出了近10美元一个的最低价，几乎是无利可图。进入市场后立刻吸引了大量的客户，同时竞争者也消失不见。但是那些购买了10美元一个芭比娃娃的小女孩们，之后还会陆续购买其他辅助性的佩饰和其他类型的玩具。这就使美泰公司在其他佩饰和玩具上赚到不少钱。

此外，芭比娃娃的金字塔模式还可以从高端的产品中寻找商机，通过分析看准了价值100~200美元一个芭比娃娃的市场机会。价格高昂的目标客户，不再是小女孩而是小女孩的妈妈们。这些妈妈们在20~30年前就是玩着芭比娃娃长大的，她们怀着无比愉悦的心情记住这些芭比娃娃，而现在又有了可以自由支配的金钱，这些妈妈们会给自己买上一个精心设计、做工精良、样式独特的芭比娃娃，唤起自己过去美好年华的回忆。这种芭比娃娃已经不是单纯的一个玩偶，而是一件收藏品，就像瓷器茶壶或正规的邮票一样，喜欢者会用大价钱去购买。这既给客户带来了极大的满足感，又给公司创造了丰厚的利润。所以金字塔模式不仅仅是公司的一个创意，它甚至可以成为很多想从恶性价格竞争中摆脱困境的企业者的一个经典模式。

三、多元化的营销模式与品牌价值

芭比娃娃初上市的时候仅售10美元95美分，这个价格在美国的玩具市场上只能算低端产品价位，因此常常被父母当作满足孩子的小礼品。但是买了芭比娃娃的父母很快就发现，这个会换衣服的芭比娃娃就是一种会吃美金的儿童玩具，欲罢不能。由于攀比心理作祟，孩子们会不断地要求父母花费数十美元去添置新款的芭比娃娃套装、芭比用品甚至芭比的朋友。虽然每次购买的价格并不是很高，但是累计下来早已是当初10美元的几倍甚至是几十倍了，奇怪的是父母们并没有怨言，有的甚至还出谋划策满足孩子们的好奇心。

芭比娃娃的产品是多元化的，它的产品延伸出首饰、手表、家具等众多芭比娃娃用品，同时公司还开发出芭比娃娃的父亲乔治、母亲格丽特、芭比宠物等家族产品。为了让消费者了解芭比娃娃庞大的家族，公司还推出了《芭比时尚》杂志，让消费者第一时间了解芭比娃娃最新产品、时尚专家推荐的芭比娃娃的各种佩饰的搭配等，加上芭比娃娃的新产品不断推出，使得即使一次性消费的顾客也变成了重复消费的忠诚崇拜者。

不仅如此，芭比娃娃的影响力还涉及电影、数码、文具、服装等产业。2001年起以芭比娃娃为主角的电影年均3部，比较有影响的是《芭比与胡桃夹子梦幻之旅》、《芭比之长发公主》、《芭比之天鹅湖》等。

四、差异化营销

作为跨国公司,芭比同样面临本土化问题,于是芭比娃娃开始改变自己的形象,根据不同国家、不同民族的生活习惯和地域文化的不同,推出了黑人芭比、中国芭比等,同时为她们配备了极具本土风情的房子、家具等,使芭比娃娃迅速走向了世界150多个国家的数亿家庭。特别是芭比公司看好了中国的市场,还在中国开辟了第一家全球旗舰店,目前全世界芭比娃娃都是在中国加工的,也就是说芭比娃娃可以说是中国制造。

五、国际品牌和国际职责

为促进世界和平,芭比娃娃担当了联合国基金会的"亲善大使",并在1990年主持召开了自己的峰会,成为"第一个看到世界和平的人";为唤起人们对残疾人的关注和同情,又推出了"轮椅上的芭比娃娃"。以关心人的生存发展、社会进步为出发点,芭比娃娃用公益活动与消费者沟通,将品牌的营销活动凭借公益事业的知名度和权威性进行一系列的传播和扩散,在产生公益效益的同时,也使得消费者对芭比娃娃的产品和服务产生偏好,在全球产生了数以亿计的忠实消费者。

(资料来源:http://www.docin.com/p-316461565.html)

案例讨论

(1) 芭比娃娃风靡50多年至今不衰,其中有哪些奥妙?
(2) 芭比娃娃的品牌意识对中国企业有什么借鉴作用?
(3) 中国企业的产品怎样才能像芭比娃娃一样成功地走向国际市场?
(4) 中国企业如何打破代工、加工这个怪圈,真正做强自己的制造业?

第二章 国际市场营销的演变和经营方式

本章学习目标

通过本章的学习,要求学生掌握以下内容:①了解国际市场营销的四个阶段及各自的特点;②了解有哪几个方面的因素促成企业进军国际市场;③了解国际市场营销的合同经营方式;④了解对外直接投资的几种业态;⑤了解国际市场的几种壁垒形式和相应措施。

第一节 国际市场营销的演变过程

国际市场营销的历史不像国际贸易的历史那样源远流长。国际贸易已有数千年的历史,而在19世纪中叶以前,国际市场营销还无从谈起。19世纪中后期,受产业革命影响和作用,跨国公司所面临的主要问题从如何寻找产品原料,转向如何开拓产品销售市场。在以收购、合作、兼并等方式建立海外机构的资本转移过程中,开始注意运用某些营销手段于这种早期的国际市场营销活动之中。尽管如此,这时的国际市场营销的整体水平还处于较低的层次上,其营销活动的内容是比较简单的,有关市场分析、推销等手段的应用也是浅层次的。20世纪50年代,国际市场营销得到较快发展,这与世界贸易体系的改善、国际货币体系的建立、国际局势的平缓、通讯及交通运输的发展有着很大的关系。

根据国际市场营销发展的历史状况,可以把国际市场营销的发展过程划分为初始性营销、经常性营销、跨国营销、全球营销等四个阶段,每个阶段都具有不同的特点。

一、初始性营销阶段

在此阶段,企业营销是立足于本国市场的国内营销,企业尚未主动在国界之外招揽客户。企业的产品或通过贸易公司以及其他找上门来的国外客户,或不经意地通过国内的批发商或分销商,或通过不请自来的订单销往国外。在初始性的国际市场营销阶段,企业因为生产水平和需求的变化发生暂时性产品过剩,从而计划出口。当国内需求增加,吸收了过剩产品,就会撤回对外销售活动。这一阶段的国际市场营销基本处于被动地位。

二、经常性营销阶段

在此阶段,企业的生产能力大幅度提高,远远超出国内市场需求容量,除满足国内市场供应外，所生产的产品可源源不断地提供给国际市场。在需求特征上，外国市场与母国市场可看作基本相同的，产品的外销市场不过是国内适销市场的延伸而已，当然有时也对产品特征作某种适应性调整，以更好地满足国外消费者的需求。企业的涉外销售既可以利用国内或国外的中间商来进行，也可以在重要的国际目标市场设立自己的销售组织或机构。虽然国外市场业务开拓需要企业投入较多的人、财、物力资源，但是随着海外需求的增加，企业逐渐调整产品，增加生产能力以满足国外市场的需要。当然，企业从国外经营业务所获得的利润，也成为企业总利润量的一个重要组成部分。

三、跨国营销阶段

跨国营销阶段的国际营销活动达到较高的水平。国际市场营销把国内营销策略和计划扩大到世界范围。在国际营销早期阶段，企业往往重点集中于国内市场，实行种族中心主义或本国导向，即企业不自觉地采用本国的方法、途径、人员、实践和价值于国际市场上。随着企业从事国际营销的经验日益丰富，国际营销者日益重视研究国际市场，实现产品从国内扩展到国外的战略。

在这一阶段，其营销主体是具有雄厚资金、技术和管理能力的跨国公司，开始全面参与国际营销活动。这一时期的国际市场特征是各个市场相互独立，即不同国家或地区的市场需求有很大的差异。企业在全球范围内寻找市场，并采用易货贸易、出口、合资、独资等多种方式进入国际市场，根据市场的不同特征制定多种营销组合，根据不同市场需求特征，开发、生产和提供差异化的产品，并为这些产品开展差异化的市场推广活动。企业提供给海外市场的产品不仅在国内生产，而且有较大部分是在海外生产的，海外业务量在企业总业务量中占的比重也提高到较高的水平。这时，企业组织模式以母子公司制为主，就开放性而言，具有两国或两国以上经营的企业，基本上可称为跨国公司了。

四、全球营销阶段

全球营销阶段一般认为是在20世纪80年代以后，这是跨国公司营销的高级阶段。这一时期，科技革命使产业结构发生深刻变化，传统社会的规模经济效益竞争被科技、信息、人才的全球竞争代替；世界各国消费者需求的同质化倾向加强；世界各国对外投资急剧增加，其增长大大超过了国际贸易额的增长速度。此时，企业的国际市场营销必然进入全球营销的新阶段。

在全球营销阶段，最深刻的变化就是国际营销指导思想的改变。在前一阶段，企业高度重视不同国别市场需求的特殊性，为每个国家设计并实施几乎独立的营销组合策略。但在这一阶段，企业将全球各国市场视为一个市场，根据各国市场需求的共性制定营销策略，在世界各国开展标准化的营销活动，并且企业整个经营、组织结构、资金来源、生产和销售等都从全球视角出发。实施全球营销战略的公司，常常被人们称为全球公司。

上述提到的四个营销阶段中，第一阶段与第二阶段的主要区别在于，前者的对外营销是偶然发生的、间接的和被动的，企业营销的立足点在国内；后者的对外营销是经常发生的、直接的和主动的，企业营销计划不仅着眼于国内市场，而且着眼于国外市场，通过积极开拓国际市场，满足国外市场的需要，获取企业利润。

第二阶段与第三阶段的主要区别在于，前者进入国际市场的方式是进出口，而后者进入国际市场的方式不仅是指进出口或许可证贸易，而且还包括对外投资，特别是对外直接投资，即企业在国外建立生产和经营基地，进行国际营销。

第三阶段与第四阶段的主要区别在于，前者在一个一个国家内分别进行营销，强调国家市场的差异性和特殊性，进行多国国内竞争；后者将全球市场作为一个整体来考虑，没有国际市场与国内市场之分，企业资源在全球范围内合理配置，强调全球市场的共性，进行全球竞争。例如，美国通用汽车公司在北美以外的41个国家都有生产，产品销往170多个国家，企业70%的利润来自海外，独占世界汽车市场份额的17%。即使这样一个头号大型跨国公司，其战略也在不断调整和发展之中。通用公司总裁史密斯先生反省道："直到目前，通用公司的跨国经营，还是一国一国独立进行，因而导致重复劳动和缺乏协调。"他认为，现在通用公司最重要的工作就是要实行全球战略，推动通用汽车真正成为全球化公司。这种战略就是要"综合运用公司的全部的工程资源，减少重复劳动以及利用世界每一个制造中心的关键技术"、"扩大业务和降低成本"。通用公司从一般的国际公司或跨国公司向全球公司转变，其营销也必然从国际营销阶段向全球营销阶段转变。

无独有偶，可口可乐前总裁罗伯托·戈佐塔也说得十分直截了当。他说："可口可乐的文化已经从一家美国公司在国际上开展业务变为一家总部碰巧在亚特兰大的全球公司。这变化在我们的组织中到处可见……如果回过头去看看我们1981年的年度报告，你会发现'境外'销售或'境外'收入的提法。如今，'境外'一词在我们的公司语言中已是门外话了。"他认为，在全球化流行之前，可口可乐公司就已经全球化。从这里，我们基本上可以看出跨国营销阶段与全球营销阶段的区别，同时也可以发现跨国公司营销发展的趋势是实现全球营销，这与经济全球化的发展是一致的。

应该指出的是，尽管国际营销的发展阶段，由低到高按照线性顺序排列，但是不应由此认为一个企业的营销总是从一个阶段依次发展到另一个阶段。事实上，一个企业国际营销的发展可以从任何阶段开始，或者同时处于几个阶段。例如一个从事多品种生产的企业，其有的产品主要满足国内市场的需要，而有的产品，需要将整个世界视为一个单一市场，努力争取分布在世界各地的所有可能的客户。这就是说，对一个企业来说，营销的阶段有时是可能重叠的。但从国际市场营销的发展历程来看，任何一个企业在国际市场营销过程中总是处于上述某一阶段上。企业的阶段性特征取决于整个国家的经济发展水平，经济发达国家的企业处于国际市场营销的较高阶段；发展中国家的企业相对来讲处于国际市场营销的较低阶段。随着整个国家经济水平的逐步提高，企业的国际市场营销也将由低层次向高层次扩展。一般来说，这些营销的发展阶段描述了一家公司的国际化参与程度，从国际营销的第一阶段走向第四阶段，国际营销活动的复杂性也随之而不断增加。

第二节 企业进军国际市场的动因

在世界经济发生急剧变化的今天,几乎所有企业都或多或少受全球竞争的影响,相当一部分经济活动是在全球范围内展开,技术、生产、营销、分配和通信网络都具有全球性,每一个企业都必须做好在一个相互依存度越来越高的经济环境中竞争的准备。随着贸易和生产国际化的发展,各国之间的经济联系不断加强,相互依存度日益加深。任何一个国家、一个经济部门都是世界经济链条中相互连接、相互作用、相互影响的一环。世界各国对外贸易的增长速度持续超过各国国内生产总值的增长速度,生产国际化程度大大提高,区域经济集团化趋势不断加强,这些都表明世界经济发展一体化是世界经济发展的总趋势。

然而,企业进军国际市场的动因却是多方面的,概括起来,企业开展国际营销的原因主要有以下方面。

一、市场竞争的需要

(一) 国内竞争激烈,市场趋于饱和

不同国家与地区的经济、技术发展水平是不一样的,科学技术的进步必定会带动生产力的发展。无论是哪一个国家,当技术、经济发展到一定程度,企业向市场提供的产品、种类会日益增多。随着国内消费者收入的不断提高,他们对产品的选择更加挑剔,对市场上已存在的国内产品感到不太满足,这样,国内市场就会形成一种饱和状态。在这种情形之下,企业之间的竞争会越来越激烈,国内市场毕竟是有限的。企业要生存和发展,就必须寻找新的市场,而开拓国际市场是寻觅新市场最重要的途径之一。当今大多数国家实力雄厚的企业都开辟了国际市场,走国际化的道路。例如日本的汽车和家用电器,美国的可口可乐、麦当劳快餐都很早就进入了国外市场,使得那些原本趋于饱和国家的国内市场竞争更加激烈,迫使一些大型的企业不断地更新技术、提高管理水平,在参与竞争的同时也将自己的产品推向国际市场。

美国是经济高度发达的国家,其国内市场早已呈现出过度饱和的格局,一方面,国内市场产品供给增长迅猛,而美国人口增长缓慢;另一方面,外国产品大量涌进美国市场。例如,日本的松下、索尼电器、丰田汽车、尼桑汽车,以及中国和韩国的鞋类、服装等产品充斥美国市场,使得美国国内市场处于超饱和状态。美国企业面临的不仅有国内竞争者,还有外国竞争者;不仅有工业富裕国家的企业,还有发展中国家的企业,因此,美国就有众多企业到国外市场寻找发展机会,开展全球经营业务。

我国实行改革开放 30 多年来,社会主义市场经济发展迅猛。近年来,国内市场许多行业的产品形成供过于求的状态,尤其是家电、汽车、手表、服装及鞋类等产品更为突出。我国许多有实力的企业都瞄准了国际市场。如海尔的"小小神童"迷你型洗衣机销往日本、韩国、俄罗斯和中东等地区,在 2002 年,海尔集团的海外营销额就达到

了10亿美元。我国电子工业强者之一的 TCL 以家电为主导产品，在俄罗斯、新加坡、越南等国建立了自己的销售网络。

（二）抢占市场

企业首先进入国外某一市场，利用其他企业进入该市场前的一段时间，有效地建立国外顾客对该企业及其产品的良好第一印象，在国外顾客的心目中，树立企业在某种消费市场上的开创者地位，对企业未来的发展有很大好处。例如，美国的可口可乐公司，进入国外市场的一个重要原则，是尚无其他同行进入该市场。可口可乐以开创者的姿态，给国外消费者一种新颖的、良好的印象：可口可乐是全世界最畅销的饮料，从而建立起国外消费者对其品牌的忠诚度。这样，不仅扩大了产品销售量，而且有利于稳定可口可乐在世界饮料市场中的地位。

（三）锻炼竞争能力

许多企业跨出国门，开拓国际市场也是为了锻炼其在国际市场的竞争能力。因为国际市场的竞争水平一般超过国内市场，企业进入国际市场，就有机会参与较高水平的市场竞争，从而可以借助竞争的动力和压力来推动企业技术创新和提高管理效率。

二、国际市场潜力巨大

国际市场潜力巨大是企业从事国际市场营销最明显的原因。任何一个国家的国内市场与整个世界市场相比，都是微不足道的。就拿美国来说，美国以外的国家人口占世界人口95%左右，购买力占75%左右，美国的国内市场远远小于美国以外的市场。可见，潜在市场十分广阔，的确值得开发。以日本汽车为例，日本汽车业发展迅速，甚至超过了美国。但是，国内市场早已趋于饱和状态，如果不向国际市场进军，那么势必将有许多汽车企业倒闭或转行。因此，瞄准国际市场是日本汽车生产商的必然选择。20世纪80年代丰田公司成功地向美国出口汽车，并大获成功，领先于德国大众，排名美国汽车销售的冠军。中国地广人多的市场也是他们进军的最佳阵地，虽然当时中国的汽车销售量和保有量不高。但是，日本丰田公司初期忽视了中国经济发展的速度，决策滞后败给了领先一步的德国大众。尽管如此，通过政策调整丰田公司还是成功地在中国市场直接投资合资建立了三家汽车整车厂，在中国汽车市场上，形成大众、通用、丰田的三足鼎立势态。

三、政府鼓励出口推动企业国际化

政府实施鼓励与支持企业出口政策，企业就能得到许多优惠而获得好处，企业也就可以借此机会得到进一步的发展。政府主要是通过税收政策如退税、减税；金融货币政策如低息贷款、担保贷款、出口价格补贴；为企业提供诸多服务，如提供外贸咨询、国际市场信息等优惠政策来鼓励与支持企业出口。日本政府为了支持中小企业扩大出口，提供优惠税收政策，低息贷款，设立专项贷款，期限为12年，年息仅为2.7%，还为企业提供国际市场信息及有关进入和开发国际市场的咨询服务。韩国政府对出口超过

1.5亿美元的企业,在税收、贷款利息率等方面提供优惠政策。英国政府对出口企业提供高达10万英镑的进入市场保证方案。美国政府对出口农产品实施价格补贴,对出口做出突出贡献的个人、企业及团体可授予由总统亲自签署的总统"E"字奖。

我国政府对企业到国外投资办厂和设备出口实施免税,对出口产品实施退税制。为了扩大我国对外贸易,近年来正在不断努力创造条件,以便更多企业能够进行海外投资并扩大出口。

四、寻求新的利润增长点

许多资金、实力雄厚的企业在国内市场占有绝对的统治地位,却也在积极地开拓国外市场,其原因之一就是要开辟新的市场,寻找新的利润增长点。

(一)追求规模经济效益

任何企业的产品都有自己的经济规模。当生产经营的量达不到一定的经济规模时,经济效益不可能达到最优。由于国内市场规模有限,很多企业的生产无法达到经济规模,不能实现规模经济效益。为了达到一定的经济规模,实现良好的经济效益,保证企业的可持续发展,企业必须选择进入国际市场的途径。

(二)追加更多的利润

对一些研究和开发费用较高,但通用性较好,进入国际市场时不必对产品进行很大程度的修改和调整,因而不需要追加额外投资的产品,也可以通过进入国际市场,一方面将产品投放于国际市场,扩大产品的知名度;另一方面收回前期的巨额投资,并取得良好的业绩。

(三)利用经济增长速度的落差

经济增长速度因国家和地区的不同而有很大的差异,如果一个企业所在国的经济发展速度缓慢,将会影响该企业的发展。为保证企业的发展势头和良好的经济效益,以自己相对优势的产品如工艺品、纺织品和物美价廉的消耗品,寻求向经济增长速度快的国家和地区发展;反之则向经济落后于本国的国家和地区提供技术、电子类的产品。目前中国企业基本按照这样的模式进军国际市场,当然也有个别企业以技术、电子类的产品参与到与发达国家的同台竞争中。

(四)利用产品生命周期的差异

产品的生命周期分为导入、成长、成熟和衰退四个阶段。按国际产品生命周期理论,一般产品首先可能在发达国家开发生产上市,进入导入期,当该产品在该国进入成长期时,在次发达国家进入导入期;而当该产品在该国处于成熟期或衰退期时,在另外一些国家可能鲜为人知,也可能处于导入期或成长期。企业可以利用国际产品的这一生命周期现象,适时向国外介绍他们在国内已经进入成熟期或衰退期的产品,从而延长产品的生命周期,获得最大的经济效益。比如,电视机最早在美国发明和生产,后来到欧洲一些国家生产,然后到日本,再到中国。现在美国没有生产电视机的厂家,他们到第三世界生产再返回到美国销售。

五、整合全球资源,提高企业效益

各国都有各自的资源优势,国际企业可以通过国际营销充分利用这些资源优势,取得全球利益最大化。目前,大型跨国公司的产品所需的零部件通常分散在世界各地生产,各国子公司只负责生产该国具有资源优势的那部分零部件。例如,波音737有450多万个零部件,其中占飞机总重量70%、总造价50%的零部件是在七个国家16000个公司生产和制造的。沃尔玛向全球4000多家供应商采购,并向全球2000多家零售商供货,通过层层筛选和检验,以最低的价格、最好的产品,达到最佳经济效益的目的。

(一)整合自然资源

由于各国的自然资源条件不同,企业通过国际直接投资,开发国外的自然资源,弥补本国资源的不足。因此,对于资源贫乏的国家,利用国外资源成为重要的投资目的。如日本为了保护本国的森林不受破坏,一次性筷子大都是从中国进口的,而中国每年要消耗200万棵树制造一次性筷子。此外,开发国外资源,可能比开发国内资源成本更低、收效更大。例如,我国中冶公司在澳大利亚投资建立"恰那铁矿",其开采成本只是本国的1/8,而且矿产质量更好,这些优质的铁矿石,不仅可运回国内,而且还可以销往其他国家和地区,取得更大的利益。

(二)整合劳动力资源

不少发达国家的企业纷纷来华投资,直接从事生产经营活动。除了看中中国巨大的市场外,更看中了中国所拥有较低廉的劳动力资源。当中国沿海城市劳动力成本提高后,这些企业就把目光转向内地,甚至转向劳动力成本更低的国家,如越南、菲律宾、泰国等国家。

(三)整合技术资源

国际营销活动还可以使企业获得通过其他途径无法获得的先进技术。这对于发展中国家的企业,把握住先进技术的引进、吸收、改进、创新,尽快缩小与发达国家企业的技术差距有着十分积极的意义。

(四)整合信息资源

一方面,企业直接面对国际市场,有利于更及时地了解国际市场的有关信息,为企业把握机会、科学决策提供条件;另一方面,企业走出国门、走向世界,也可以更直接地向海外市场传递信息,加强与国外消费者和用户的沟通。

六、避免贸易壁垒和贸易保护主义的干扰

避免贸易壁垒和贸易保护主义的干扰,主要是指跨国公司在国外直接投资、设厂生

产、当地销售,这样可以绕过关税壁垒和非关税壁垒,避免贸易保护主义的干扰,减少国际市场营销的阻碍,更有效地开展国际市场营销活动。此外,还有一些其他原因促使企业进入国际市场,从事国际市场营销活动。如本国无相应的资源和廉价的劳动力等。

必须指出,尽管从事国际市场营销活动对企业有许多好处,但并不是所有的企业都必须从事国际市场营销,也不是所有的企业都能够从事国际市场营销的,不能片面地将国际市场视为通往成功与利益最大化的康庄大道。如果对国际市场缺乏深入的分析和研究,对企业本身的资源条件缺乏认真、仔细、周密、通盘的考虑,就贸然做出进入国际市场,从事国际市场营销活动的决策,其结果只能是失败而绝对不可能获得成功。

第三节 国际市场营销的合同经营

合同进入方式是指企业与目标国法人签订非股权性质的合同,将自己的无形资产使用权授予目标国法人,允许其制造、销售本企业产品或提供服务、设备、技术支持等,以获得报酬并进入国际市场。可授予使用的无形资产包括各种工业产权(如专利、商标、专有技术、管理和营销技能等)和著作权。

第二次世界大战后,特别是20世纪70年代以后,国际经济活动中盛行贸易保护主义,出口进入方式受到很大阻碍,迫使一些西方企业转向合同方式,向国外目标市场输出技术、服务,从而带动产品出口,这是近几十年以来国际技术贸易迅速发展的主要原因。另外,为了降低生产成本,获得进入国际市场的优势资源,避免经营风险,加强与进入国的技术协议交流等,也是合同进入在国际盛行的原因之一。

国际营销企业进入东道国市场的合作渠道,概括来说,既包括非资本要素的合作渠道,即合同进入渠道,也包括资本要素的合作渠道,可称为投资进入渠道。

国际市场营销的合同经营有以下几种方式。

一、许可证合同经营

(一)按照具体合同客体划分

1. 专利许可证合同(Patent License Contract)

专利是一种受国家法律保护的一国政府签发的文件。它授予专利拥有者在一定时间内独家制作、使用或出售专利证书中所描述的发明的权利。在法律保护的地区和时间内,专利所有权之外的任何人或企业要使用该项专利必须得到前者的许可,并付给一定报酬。例如,外国如果在华没有取得专利权或未与我国当事人达成协议,允许中国当事人使用其专利技术,则这种专利产品不能出口,这种技术也不能出口。例如,水胶炸药就能说明这个问题,当时我国技术人员在查阅资料时获得了美国这一专利的公开材料。于是闭门研究,破译了其技术秘密,生产出了合格的水胶炸药。一位港商购买了该产品。因我方不知道美国专利在香港也受保护,就同意了向港商出售该产品。在天津装船后,被专利所有人通知不许销售。美国的专利权人在其请求中的要价很高,但我方不能不履行同港商的合同,最后造成了很大损失。由于我方研制厂家没有和美方专利权人签订许可证协议,所以陷入了被动的局面。

2. 商标许可证合同（Trade Mark License Contract）

这是指以使用商标和商标项下的技术作为合同的标的。在国际许可证贸易中,商标许可证协议包含一定的技术贸易内容。假冒商标,一般都不能达到原商标的质量标准。

在国际市场上,要开创一个品牌商标并非易事。单纯的商标许可证协议往往很少,而通常是在引进专有技术的同时,结合引进商标的使用权。我国对外贸易业务中,单纯地使用对方商标的情况也很少,往往是在此商标下写上"中国制造"字样,以便合同到期后,不能继续使用该外国商标时,中国厂商也会有立足之地。在绝大多数国家,第一个登记商标的人被认为是它的法定所有者。例如,如果我国某企业的著名商标未在东南亚某国登记,而该国某企业却将该商标在该国进行了注册登记,那么我国企业就不能在该国使用该商标,否则就构成侵权行为,若要使用,就必须从该企业购买本属于自己的商标。

3. 专有技术许可证合同（Know-How License Contract）

实践中,专有技术在很多情况下被采用。故在引进专利技术的同时,一起引进专有技术。技术专利人往往保留了关键性的技术。凭专利公开的说明书,并不能使采用该技术的人顺利使用。所以只有引进专有技术,才能真正把生产需要的各项先进技术、经验和知识引进来,达到预期目的。我国早期在引进技术项目时,往往只注重生产环节,而对专有技术、核心技术关心很少,其结果只能模仿而无法改进和创新。

（二）按照被许可方专有程度和范围划分

1. 独占许可证合同（Exclusive License Contract）

独占许可证合同,是指许可方许可对方在约定的某一地区内和合同有效期间,对许可项下的技术享有独自占有和使用权。在签订这种协议的情况下,尽管工业产权属于许可方,但是任何第三者或者许可方都不得在该许可证有效期内,在该地区内使用该项技术制造或销售产品。此合同可使受让方以合同项下的技术产品垄断市场,故售价较高。

2. 排他许可证合同（Sole License Contract）

排他许可证合同又称独家许可证,是指被许可方合同约定的某地区和合同有效期内,对许可证项下的技术享有独占的使用权,许可方在合同期间不再允许任何第三者拥有使用权,但许可方自己仍可在该地区使用该项技术制造或销售产品。由于被许可方通过该合同所获得的该技术的使用权利比独占许可证要小,因此其技术使用报酬比独占许可低。

3. 普通许可证合同（Simple License Contract）

普通许可证合同的主要特点是,第三方可以取得许可证项下的技术使用权,但它是指除了合同双方在约定地区内,对许可项下的技术享有使用权外,许可方还有权将该合同许可项下的技术使用权再卖给第三者。因此,该许可证的价格一般要比前两种低。

4. 可转让的许可证合同（Sub—License Contract）

可转让的许可证合同不同于前三种,购证人可以将许可证项下的技术使用权或商标使用权再转让第三人。但是，其再转让的前提是需要经原售证人的同意，被转让的第三人亦称分售许可人。

（三）许可经营的评价

1. 许可经营的优点

（1）承担较小的风险。从承担经营风险的角度来看，许可经营比直接投资的风险小。因此，企业在向海外扩展的过程中，许多许可经营常常作为由出口到国外投资之间的一种过渡性经营方式。许多本身资金不足或缺乏海外投资经营的企业，如果能够以许可经营的方式进入国外市场，就可以避免承担高度的国外投资风险，而达成海外扩张的目的。与此同时，在市场狭小或当地遭遇强大竞争对手而不值得冒风险直接投资时，也可以采用许可经营方式进入该市场。

（2）克服贸易壁垒。出口是产品进入其他国，一般要受东道国进口政策的限制，如关税或进口配额限制。许可是专利、商标和专业技术等的进入，这些生产要素的进入尤其是技术的进入，是受东道国政府欢迎的，并且这类"无形"产品进入不在关税或进口配额的限制范围内。因此，当东道国增加进口壁垒或增加对某种产品进口限制时，国际营销者也可以考虑变出口进入为许可进入的对策。

（3）保护知识产权。在许多国际市场中，许可进入能比出口进入更好地保护专利和商标权。出口进入是产品的内产外销，生产地和销售地是分离的，这就给生产者在销售地市场对产品专利和商标权的保护带来了困难；而许可进入是外产外销，生产地即为销售地，这就有利于生产者对专利和商标权的保护。事实上，防止专利和商标权被盗用的最好方法莫过于"运用"它，即利用许可经营的方式委托当地厂商代为生产和销售。这是因为双方一旦签订了许可经营合同，被许可方就会在当地积极地保护有关专利和商标权。

2. 许可经营的缺点

（1）塑造潜在的竞争对手。现代市场竞争，主要是技术的竞争和商誉的竞争。而许可经营却正是将企业的技术和商誉转让给东道国的厂商，这无疑等于在东道国养起一个国际竞争对手。由于在许可期间，被许可方能掌握许可经营产品的生产技术和营销技巧，而当许可关系终止后，被许可方就有可能自行生产出与许可方一样好甚至更好的产品，占领本国市场甚至其他国际市场。因此，在技术出口之前就要权衡利弊，估算风险的损失，拟定补救的办法，然后才做出决策。

（2）不易控制被许可方的经营活动。虽然许可经营可以明确双方的职责，但仍不免会出现误解和冲突，最常见的问题诸如产品的质量标准、销售价格，营销区域范围和被许可方的努力程度等。以产品的质量控制来说，若被许可方的产品达不到应有的标准，必然会损害许可方在当地市场的"品牌印象"；而为了保证产品质量派出品管人员或提供必要的技术咨询，又不可避免地会使许可方相应地增加成本。

（3）难以开辟新的进入渠道。许可经营一般给予被许可方独家经营权，即在其本国范围内应用被授权的技术或商誉来生产和销售指定的产品。因此，这就意味着许可方在合同期限内（许可合同期一般是5～15年）很难以其他方式进入该国市场了。

二、特许经营

特许经营一词译自英文 franchising。把特许经营组织与连锁店、自由连锁、合作社等并列，属于所有权不同的商店的范畴。

在美国，国际特许经营协会（International Franchise Association，IFA）的会员多数为美国企业，只有少数外国企业，一般视其为美国的协会。

特许营业与特许经营是两个不同的概念。所谓特许经营，是指特许人（franchisor）与被特许人（franchisee）之间的合同关系，特许人负有持续地提供或维持经营诀窍、训练等义务，被特许人在特许人所有或控制的商标、商号以及（或者）规则下进行营业，并且以自有财产对授许的事业进行实质性出资。不过，此定义是指有关特许营业（franchise operation）的定义，而非特许经营的定义。学术上通常认为，所谓特许经营（franchise 或 franchising），是指进行商品、劳务或者有关此类供给方式销售的企业（制造商或批发商 franchisor），在将上述商品销售给独立经营主体的他人（批发或零售 franchisee）时，允许其使用自己所有的商标、商号、服务标记、经营诀窍，并按照规定有销售、经营方式要求的合同而展开的持续性商务关系。

在我国，原国内贸易部于 1997 年 11 月 14 日颁布的《商业特许经营管理办法》（试行）第 2 条有关特许经营的定义是："特许经营是指特许者将自己所拥有的商标（包括服务商标）、商号、产品、专利和专有技术、经营模式等，以特许经营合同的形式授予被特许者使用，被特许者按照合同规定，在特许者统一的业务模式下从事经营活动，并向特许者支付相应的费用。"

1. 特许经营的基本特征

（1）特许经营是一种特许人与受许人之间的合同关系。也就是说，特许人与受许人的关系是依赖于双方合同而存在和维系的。被特许人有权在特许人的名义下按照特许协议规定的程序或规则从事经营活动。与许可方式一样，在特许专营协议下，特许人通常按照被特许人经营收入的一定比例取得特许权费。所不同的是，特许协议一般主要为生产型企业所采用，而特许专营则主要为服务型企业所采用。

（2）特许经营中特许人与受许人之间不存在有形资产关系，而是相互独立的法律主体，各自独立承担对外的法律责任。

（3）特许人对双方合同涉及的授权事项拥有所有权及（或）专用权，而受许人通过合同获得使用权（或利用权）及基于该使用权的收益权，特许经营中的授权是指包括知识产权在内的无形资产使用权（或利用），而非有形资产或其使用权。

2. 特许经营的优点

（1）特许人只以品牌、经营管理经验等投入，便可达到规模经营目的，不仅能在短期内得到回报，而且可使无形资产迅速提升。

（2）受许人由于购买的是已获成功的运营系统，可以省去自己创业不得不经历的一条"学习曲线"，包括选择盈利点、开拓市场等必要的摸索过程，降低了经营风险。

（3）受许人可以拥有自己的公司，掌握自己的收支。受许人的经营启动成本低于其他经营方式，因此可在较短的时间内收回投入并盈利。受许人可以在选址、设计、员工培训、市场等方面，得到经验丰富的特许人的帮助和支持，使其运营迅速走向良性循环。

（4）特许人与受许人之间不是一种竞争关系，有利于共同扩大市场份额。

3. 特许经营的缺点

（1）特许经营方式一般只适合于零售业、快餐业、服务业、饮料业等相对容易生产和经营的行业，而那些资本密集型、技术密集型的生产行业和高级服务业则不适合采用这种方式。

（2）特许经营需要不断地向被特许方提供原料、管理、营销方面的支持，因而渠道成本较高。

（3）特许经营可能比许可经营更快和更多地培养国际竞争对手。

三、其他合同经营

（一）工程合同方式

国际企业为目标市场国的政府或企业进行道路、桥梁、水利等的工程建设，在工程建设中伴随着出口机械设备、材料及劳务等。此种进入方式的最大优点是有利于带动其他产品出口和劳务出口。

（二）国际分包合同方式

这种方式是指当甲国的国际企业总承包乙国的大型工程之后，便向分承包商丙国等第三国企业订购部分产品和部件，有时甚至是某部分工程，然后应用在乙国企业的工程中。此种方式类似于组装贸易，也是国际营销中经常采用的一种进入方式。在国际分包合同方式中，总承包商一般是发达国家的企业，而分包商一般是发展中国家的企业。

（三）"交钥匙工程"项目合同方式

"交钥匙工程"是一个公司为客户承担从设计、建筑到设备安装、调试等整个业务工程，并最终将能够使用的项目交给客户。这种形式的合同经营在国际上常常用于大型机场、电站和其他大型基础项目建设。应该说，一旦启动了钥匙，工厂内所有的一切就都可以立即运行了。电力开始接通，轮子开始轮动，而工作人员则开始监控这一系列的运行情况。但是，在通常情况下，这种协议里会附带一个合约，这意味着供应商应该指派一些工程师在新建的工厂至少工作一年时间。一些公共设施例如发电站和污水净化厂的供应商，则会和第三世界的政府进行谈判，并且签订合约来建造某一工厂，并在收回成本和取得利润后再把所有权移交给当地政府。这些做法被称为BOOT运作（建造、运行、拥有和移交）或者是上述方法的任何变形。但由于其长期性，也就使得这类项目的不确定性因素增加，如遭遇政治风险。对企业来说，想要正确预期外国政府对项目结果的影响往往是很困难的。

作为一种市场进入方式，"交钥匙工程"最大的优点就在于可以为企业的产品和技术资源找到出路，使企业资源的价值得到实现。从安装、调试到运行，像炼油、炼钢等复杂设施的技术诀窍是一种有价值的资产，通过承包交钥匙工程可以使企业从这笔资产中获得高额的经济回报。对于一些国家而言，由于限制独资企业掌握基础设施建设，但同时这些国家又缺少相应的技术，那么他们不得不通过与拥有该技术的外国企业实施交钥匙工程来获得这些技术。对于卖方企业而言，这样的交易通常非常有吸引力，因为如果没有这些交易，他们将无法利用自己有价值的技术诀窍从东道国获得经济回报。

（四）管理合同方式

管理合同方式是指由国际企业向缺少人才且经营管理不善的目标市场国企业提供全面的管理服务，对该企业进行全面的日常管理，但不涉及投资和所有权。该方式的优点是国际企业无须投资就可获得对目标市场国企业的控制，风险很小；缺点是经济收益不大。大型旅馆常用管理合同方式，德国、美国、日本、中国香港的管理集团，常被邀请为世界各国的酒店、饭店进行管理。管理合同进入模式具有许多优点，企业可以利用管理技巧而不发生现金流出去获取收入，还可以通过管理活动与目标市场国的企业和政府发生接触，为未来的营销活动提供机会。但这种模式的主要缺点是具有阶段性，即一旦合同中约定的任务完成，企业就必须离开东道国，除非又有新的管理合同签订。

（五）劳务输出合同

劳务输出合同又称劳务出口，一般与其他合同（如工程合同）结合进行。最大优点是无须投资，没有风险。此种方式是一种初级形式，劳动力成本低的发展中国家的企业采用最多。

第四节　对外直接投资

一、国外装配与加工

将企业在国内生产的全部或大部分零部件运到国外市场进行装配、形成成品的过程就是装配业务。汽车和农用机械工业是经常采用国外装配方式的典型例子。尤其当产成品的运输成本和关税较高时，企业采用国外就地装配生产，这样可以降低成本。同时为目标市场国提供了一定的就业机会，容易为当地政府所接受。例如，美国的可口可乐公司就是在全球范围内进行这种装配业务的，其具体做法是在国内生产出按可口可乐配方制作的可乐精，然后运往世界各地，由当地的厂商进行加水稀释和瓶装，并在当地市场上销售。这样，可口可乐公司只在国外市场上花费较少的投资，就获得了其总收入一半以上的收益。

装配业务在汽车和机械设备业较为普遍，因为这类产品的运输成本高昂，而且这类产品种类通常需支付较高的关税。若化整为零运入目标市场，再加以装配完成，就可以相应地降低运费、关税（特别是从价税）和其他费用。此外，装配业务能够为当地提供一定的就业机会，提高当地的技术水平，因而容易为当地政府接受。

二、合作合资企业

合资企业是有两个或两个以上的不同国家的投资者共同出资形成的独立经营的法人资产，合资各方按其在法定资产中的股权比例分享利润、分担风险；根据合资者签订的协议和章程建立企业的决策和管理机构，共同经营和管理企业。

国际企业之所以采用合作合资的形式进入目标市场国，经济上的原因可能是缺少足够的资金、物资、管理等资源，而通过合资利用合伙者的上述资源，以弥补自己的不足；也可能是政治上的原因，即目标市场国政府不允许外国企业在本国设立独资企业，而允许设立合资企业。如印度政府、日本政府、中国政府早期就有此类政策和规定。

（一）合作合资企业的优点和缺点

1. 合作合资企业的优点

（1）企业可以借助于当地合作伙伴对东道国竞争状态、文化、语言、政治体制和商业体制有进一步的了解；通过与外国企业的合作合资经营，还可以得到合资伙伴在当地市场竞争中所需要的营销经验。

（2）合资合作方式可以降低政治风险，主要原因是这类企业常被对象国政府及社会视作当地企业看待，心理和感情上容易被接受和认同，并能够取得理解、合作和较多优惠，从而达到降低进入壁垒和被国有化的风险。

（3）合作合资企业可以减少开拓新市场的费用，节省了大量的资金投入，当打开外国市场的成本和风险很高时，企业可以与当地伙伴分摊这些成本。

2. 合作合资企业的缺点

（1）合作合资企业有可能使技术的控制权落到合作伙伴手中，这就要求企业采取适当的组织措施，将技术泄露的风险降到最低限度。

（2）企业对子公司的控制能力较低，从而会影响企业全球战略目标的实现，主要表现在总公司往往与合资企业在战略规划以及利益分配方面的分歧。总公司有时为了大局着想，要求分公司做出相应的牺牲，而分公司却很难接受这些条件。为了使上述缺点降到最低的程度，许多国外投资者都会努力寻求有效的对策。例如，企业努力使自己成为合作合资企业中持股比例最大的股东，或通过挑选关键的管理人员及其他有效方式，实现对合资企业的控制。

（二）选择合作合资企业的注意事项

选择合作合资企业时应主要考虑以下几个问题：

1. 了解当地的投资环境尤其是目标国政府对合作合资经营的态度和具体要求

企业到国外去投资办厂，是看中了进入国的良好的投资环境，既包括交通、通讯、基础设施等硬环境，也包括了当地的人文环境、法律、政府办事效率等软环境，尤其是目标国政府对合作合资的态度。一些目标国欢迎外国企业到本国来进行合作经营，就会将这种承诺以书面的法律形式予以确认。有的国家为了鼓励外国企业来投资，还开出了许多包括税收等方面的优惠政策。在这样的条件下，对于外国企业来说，是一个不可多得的投资宝地。当然,同时也要了解目标国政府对合作合资企业的管理要求,如登记要求、组织管理要求等,只有这些条件许可才可以考虑投资事宜。

2. 合作合资企业双方的营销目标的一致性

在进行合资之前双方应进行充分的了解和协商,合资双方的营销目标的一致性是以后合作的最基本的条件,这点对于外国企业来说相当重要,因为企业之所以与当地企业合资,就是希望借助当地的力量,来更好地完成企业全球的布局。外国企业有明确的目标,包括在每一个区域市场。所以保证二者在本质上的协调性,就成为外国企业重点考虑的事情了,不能以区域目标的实现去损害企业的整体目标。也就是说,只有双方在投资目标上有较大的一致性才考虑合资问题。

3. 各方投资的内容结构

建立企业需要资金、设备、无形资产等多方面内容,合资企业成立时可以由双方各出全额资金,也可以双方各出一小部分资金,大部分由设备、技术、无形资产等折价投资。一般情况下,外国企业主要是以先进的技术、设备和充足的资金,而东道国往往以土地、厂房、劳动力资源以及庞大的消费市场来吸引外国企业。因而其中的估价很重要,要找到一个双方都可以接受的投资价值,这是投资成功的关键因素。

4. 公司董事会的人员构成及组织形式

合资企业的领导人员构成一般为谁的投资份额多,由谁出任公司的董事长,另一方则出任副董事长,其他人员由双方按投资的比例协商决定。一般来说,为适应目标国的习惯和文化的环境,企业在建立合资企业时应尽可能聘用当地人员。当地人员有很多的优越性,比如在熟悉市场上,在与客户交流的效率上,当地人员往往有更大的优越性。

5. 公司的内部管理要求

公司的内部管理包括生产管理、财务管理、销售管理、人事管理等多项内容,如生产管理中的产品质量要求、新产品开发、财务管理中的会计制度、资金利润等,销售管理中的商标、目标市场分布、销售渠道、促销、定价、人事管理等相关规定。各项内部管理的内容在合资前双方都应有一个详细的规定。

三、独资企业

独资企业经营方式是指国际企业在目标市场国独自投资,独资建厂,独自经营管理,独自承担风险,独自负责盈亏。独资企业经营方式是国际企业进入国际市场的最高级形式。有的国际企业特别是大型跨国公司往往制定有明确的全球性战略目标,若采用合资企业形式,合资对方往往不会全盘接受跨国公司的全球性战略目标,当然也就不会全力以赴地去实现这些全球性战略目标,而采用独资方式就可以做到这一点。

(一) 独资企业经营方式的优点

(1) 独资企业由于独资经营,不存在与合资伙伴共享技术成果的问题,从而可以降低对技术失去控制的风险。许多拥有高新技术的企业(如汽车、电子、制药业)往往乐于把独资经营作为海外扩散的方式。一方面,这些企业不需要借助或较少需要借助当地合作伙伴的支持;另一方面,他们也害怕合资企业的合作伙伴泄露高新技术,使自己失去技术上的垄断优势。

（2）母公司可以严密地控制它在各个国家独资子公司的生产经营活动。实行全球战略出发点一个很重要的就是要充分利用全球各地区不同的区位优势，通过企业资源在全球范围内的合理配置和协调，以实现产品的利益最大化和成本的最低化。

（3）易得到目标国政府的支持和树立良好的企业形象。企业把资金和技术输出国外，对于目标国企业来说，有一个学习的参照物。外国企业往往以先进的管理水平来治理企业，这种示范作用，有利于带动目标国企业的管理改革等，同时给目标国创造了较多的就业机会，对解决世界普遍存在的失业问题提供了条件。因此，外国企业容易得到目标国政府的支持。同时，企业在经营活动中，与当地的政府官员、供应商、销售商和顾客建立和发展了较多的联系，更有利于树立企业的良好形象，为企业的营销创造了良好的外部环境。

（二）独资企业经营方式的缺点

（1）独资企业经营方式是各种市场进入方式中成本最高的一种。在独资经营的情况下，企业必须独立承担建立海外子公司以及开展生产营销活动所需的所有成本，要在一个陌生的环境中探索、开辟新的供应渠道和销售网络，这都需要支付"学费"。

（2）独资企业经营方式将面临更大的风险。这种风险不仅来自于新的文化环境中开展经营活动可能产生的各种经济风险，而且还将面临各种政治风险（如被国有化的风险、支持某派系等），当本国与目标市场国政治关系恶化时，在目标市场国的直接投资就可能会受到严重损失。

（3）独资企业直接投资涉及供应、生产、销售等企业经营活动的各个环节，受到目标国市场上各种因素的影响更多，因此管理难度也大得多。

本章小结

本章主要讨论了国际市场营销发展的历史状况和市场进入方式等内容。我们可以把国际市场营销的发展过程划分为若干阶段，即初始性营销、经常性营销、跨国营销、全球营销阶段。每一个阶段都具有不同的特点。企业开展国际营销的原因主要有：①国内竞争激烈，市场趋于饱和；②当地国政府鼓励出口，推动企业国际化；③企业开拓国际市场、寻求新的利润增长；④整合全球资源，提高企业效益。

国际市场营销的合同经营有以下几种：①许可证合同经营，包括专利许可证合同、商标许可证合同、专有技术许可证合同，以及独占许可合同、排他许可证合同等；②特许经营以及其他合同经营，包括工程合同方式、国际分包合同方式、交钥匙项目合同方式、管理合同方式等；③对外直接投资，包括国外装配与加工、合作合资企业和企业独资等。

市场进入方式的选择十分困难但又相当重要。各种市场进入方式各有优缺点，对企业能力的要求、所需成本的大小、风险程度、市场扩张能力、企业今后的发展都会产生不同的影响。所谓最佳的市场进入方式因企业自身因素以及目标市场环境的不同而异。

作为市场进入方式选择的基本思路，以下一些方式可供借鉴：①根据企业是否具备所有权优势、内部化优势及区位优势来选择市场进入方式；②根据企业核心能力的特征选择市场进入方式；③根据国际经营成本来选择市场进入方式。

关键概念

合同经营　合作合资企业　独资经营　国外装配与加工　经营方式　贸易壁垒　对外直接投资

思考题

（1）国际市场营销的发展经历了哪几个阶段？每个阶段各有什么特点？
（2）举例说明不同企业开展国际化营销的不同原因。
（3）试谈对外直接投资的方式及其优缺点。

案例　宝马汽车公司的营销组合策略

宝马集团位于德国南部的巴伐利亚州。宝马集团拥有宝马汽车、宝马机车、宝马控股的路华与越野路华公司，以及从事飞机引擎制造的宝马—劳斯莱司。1994年的总产值在全欧洲排第七，营业额排第五，成为全球十大交通运输工具生产厂商。宝马公司拥有16座制造工厂、10万余名员工，公司汽车年产量100万辆。

宝马汽车工业自形成以来，一直稳定发展，现已成为全球最重要、规模最大的工业部门之一。但是，20世纪80年代中期，美国国内汽车市场趋于饱和，竞争非常激烈，汽车行业不景气；20世纪90年代之后，日本、欧洲等国家的汽车制造业都发展缓慢，全球汽车行业进入了调整阶段。汽车行业需要新的经济增长点。而此时亚洲经济正以惊人的速度发展，中国、泰国、印尼等国的具有汽车购买能力的中产阶级的数量飞速增长。世界汽车巨头都虎视着亚洲，尤其是东亚这块世界汽车业最后争夺的市场，宝马公司也将目标定向了亚洲。

一、产品策略

宝马公司试图吸引新一代寻求经济和社会地位成功的亚洲商人。宝马的产品定位是：最完美的驾驶工具。宝马要传递给顾客创新、动力、美感的品牌魅力。这个诉求的三大支持是：设计、动力和科技。公司的所有促销活动都以这个定位为主题，并在上述三者中选取至少一项作为支持。每个要素的宣传都要考虑到宝马的顾客群，要使顾客感觉到宝马是"成功的新象征"。要实现这一目标，宝马公司采取了两种手段：一是区别旧与新，使宝马从其他品牌中脱颖而出；二是明确那些期望宝马成为自己成功和地位象征的车主有哪些需求，并去满足它。宝马汽车种类繁多，分别以不同系列来设定。在亚洲地区，宝马公司根据亚洲顾客的需求，着重推销宝马三系列、宝马五系列、宝马七系列、宝马八系列。这几个车型的共同特点是：节能。

（1）宝马三系列。三系列原为中高级小型车，新三系列有三种车体变化：四门房车、双座跑车、敞篷车和三门小型车，共有七种引擎。车内空间宽敞舒适。

(2) 宝马五系列。备有强力引擎的中型房车五系列是宝马的新发明。五系列除了在外形上比三系列大，它们的灵敏度是相似的。拥有两种车体设计的五系列配有从 1800 马力到 4000 马力的引擎，四个、六个或八个汽缸。五系列提供多样化的车型，足以满足人们对各类大小汽车的所有需求。

(3) 宝马七系列。七系列于 1994 年 9 月进军亚洲，无论从外观或内部看都属于宝马大型车等级。七系列房车的特点包括优良品质、舒适与创新设计，已成为宝马汽车的象征。七系列除了有基本车体以外，还有加长车型可供选择。

(4) 宝马八系列。八系列延续了宝马优质跑车的传统，造型独特、优雅。

二、定价策略

宝马的目标在追求成功的高价政策，以高于其他大众车的价格出现。宝马公司认为宝马制订高价策略是因为：高价也就意味着宝马汽车的高品质，高价也意味着宝马品牌的地位和声望，高价表示了宝马品牌与竞争品牌相比具有的专用性和独特性，高价更显示出车主的社会成就。总之，宝马的高价策略是以公司拥有的优于其他厂商品牌的优质产品和完善的服务特性，以及宝马品牌象征的价值为基础的。宝马汽车的价格比同类汽车一般要高出 10%～20%。

三、渠道策略

宝马公司早在 1985 年就在新加坡成立了亚太地区分公司，负责新加坡、中国香港、中国台湾、韩国等分支机构的销售事务。在销售方式上，宝马公司采取直销的方式。宝马是独特、个性化且技术领先的品牌，宝马锁定的顾客并非大众化汽车市场，因此，必须采用细致的、个性化的手段，用直接、有效的方式把信息传递给顾客。直销是最能符合这种需要的销售方式。宝马公司在亚洲共有 3000 多名直销人员，由他们直接创造宝马的销售奇迹。

宝马在亚洲直销的两个主要目标是：一是要有能力面对不确定的目标市场，二是能把信息成功地传递给目标顾客。这些目标单靠传统的广告方式难以奏效。直销要实现的其他目标还有：加强宝马与顾客的沟通，使宝马成为和顾客距离最近的一个成功企业；利用与顾客的交谈，和顾客建立长期稳定的关系；公司的财务状况、销售状况、售后服务、零件配备情况都要与顾客及其他企业外部相关者沟通；利用已有的宝马顾客的口碑，传递宝马的信息，树立宝马的品牌形象；利用现有的顾客信息资料，建立起公司内部营销信息系统。宝马还把销售努力重点放在提供良好服务和保证零配件供应上。对新开辟的营销区域，在开展销售活动之前，便先设立服务机构，以建立起一支可靠的销售支持渠道。

四、促销策略

宝马公司的促销策略并不急功近利地以销售量的提高为目的，而是考虑到促销活动一定要达到如下目标：成功地把宝马的品位融入潜在顾客中；加强顾客与宝马之间的感情连接；在宝马的整体形象的基础上，完善宝马产品与服务的组合；向顾客提供详尽的产品信息。最终，通过各种促销方式使宝马能够有和顾客直接接触的机会，相互沟通信息，树立起良好的品牌形象。宝马公司考虑到当今的消费者面对着无数的广告和商业信息，为了有效地使信息传递给目标顾客，宝马采用了多种促销方式。所采用的促销方式包括广告和公共关系活动等。

（1）广告。宝马公司认为，当今社会越来越多的媒体具备超越国际的影响力，因而要使广告所传达的信息能够一致是绝对必要的。宝马为亚洲地区制订了一套广告计划，保证在亚洲各国通过广告宣传的宝马品牌形象是统一的。同时这套广告计划要通过集团总部的审查，以保证与公司在欧美地区的广告宣传没有冲突。宝马公司借助了中国香港、新加坡等地的电视、报纸、杂志等多种广告媒体开展广告宣传活动。这些活动主要分为两个阶段：第一阶段主要是告知消费者宝马是第一高级豪华车品牌，同时介绍宝马公司的成就和成功经验。第二阶段宝马用第七系列作为主要的宣传产品，强调宝马的设计、安全、舒适和全方位的售后服务。

（2）公关活动。广告的一大缺陷是不能与目标顾客进行直接的接触，而公关活动能够达到这一目的。宝马公司在亚洲主要举办宝马国际高尔夫金杯赛和宝马汽车鉴赏巡礼两个公关活动。宝马国际金杯赛是当时全球业余高尔夫球赛中规模最大的。这项赛事的目的是促使宝马汽车与自己的目标市场进行沟通，这是因为高尔夫球历来被认为是绅士运动，即喜欢高尔夫球的人，尤其是业余爱好者多数是较高收入和较高社会地位的人士，而这些人正是宝马汽车的目标市场。宝马汽车鉴赏巡礼活动的目的是在特定的环境里，即在高级的展览中心陈列展示宝马汽车，把宝马的基本特性、动力、创新和美感以及它的高贵、优雅的品牌形象展示给消费者，并强化这种印象。此外，宝马公司还定期举行新闻记者招待会，在电视和电台的节目中与顾客代表和汽车专家共同探讨宝马车的功能，让潜在顾客试开宝马车，这些活动也加强了宝马与顾客的沟通。

(资料来源：市场营销经典案例分析)

案例讨论

（1）试谈宝马汽车公司的营销组合策略有何特点。
（2）宝马汽车公司的营销组合策略是如何形成一个有机统一体的？
（3）从宝马汽车公司的营销组合策略中你学到了什么？
（4）国内企业应该从哪些方面去学习宝马汽车公司营销组合经验？

第三章 国际市场营销环境分析

本章学习目标

通过本章的学习，要求学生掌握以下内容：①了解如何分析国际市场营销中的文化环境；②了解文化的各个方面如何影响营销组合；③了解如何分析一个国家或地区的政治经济环境、营销技术环境和自然环境。

第一节 国际市场营销的文化环境

一、国际市场营销中的文化因素

国际市场营销与各国文化的差异密不可分。国际市场营销活动的中心是各国消费者，而各国消费者消费的行为受其文化背景影响，具有与本国消费者以及营销者本身完全不同的文化背景。国际营销人员在其业务活动中，产品的用途、款式、定价、推广促销、分销渠道，以及营销人员自身的思想方法、工作作风都必须符合营销对象国消费者的文化要求。

（一）文化的概念

文化是一个民族最重要的特征，文化一词有着十分丰富的内涵，但关于文化还没有一个统一的定义。我国《辞海》对文化的定义是："文化，从广义来说，指人类社会历史实践过程中所创造的物质财富和精神财富的总和。从狭义来说，指社会的意识形态及与之相适应的制度和组织机构。"

国外对文化的理解也不尽相同。"人类学家之父"爱德华·泰勒给文化下的定义是："文化是一个包含知识、信仰、艺术、道德、法规、风俗习惯，以及人类作为一个社会成员所必需的各种能力和习惯的综合整体。"依据泰勒的定义，文化这个术语可以分别用于一个民族、一个国家、一个年龄层次、一个职业阶层等不同层面。一些学者对文化也有以下解释："文化是一个人作为社会的一分子所学到的所有知识、信仰、艺术、伦理、法律、风俗和其他能力与习惯的综合"（E. B. Tylor, 1891）。"文化是学习的结果，是一个特定社会中所有成员共同拥有和代代相传的种种行为的综合体现"（Ralph Linton, 1945）。"文化是一代一代的一个群体所有生活方式的总和，即思维、观念、价值、象征"（Ralph Keegan in W. J. Keegan, 1984）。"文化活动就是人与人的交往，它存在于群体之内，也出现在群体之间，并且在其他人群中存在；文化存在于所有人类活动之中,它使人们合为一体,为一种文明赋予独特的个性;我们通过互相依赖,共同生活在这个世界一统的最后阶段"(Senghor,塞内加尔诗人、塞内加尔前总统)。

一个民族的文化将影响这个民族的消费观念与行为,尤其是他们的商业交易行为、买卖行为以及由此而产生的市场营销行为。文化是后天习得的。有些文化因素是在社会中形成的,而不是别人强加给一个民族的,例如,语言、观念、宗教信仰、道德准则等。人类通过学习,来了解自己的文化和生存方式。

(二) 文化的构成要素

文化的组成要素主要有以下几个方面。

1. 物质文化

物质文化是一个社会的生产工具、产品以及它们所体现的生产技术。不同物质文化状态反映不同的经济发展阶段以及人类物质文明的发展水平。物质文化决定人们的生活方式,也直接影响他们对进口商品的要求,如汽车、电脑、运动健身器材、个人保险等商品的销量与产品层次直接与东道国物质文化的发展水平相匹配。

物质文化环境对国际营销的影响是多方面的。例如,在广告营销方面,东道国传播媒介的方式和完善程度,人们喜欢及愿意接受何种广告形式,直接影响促销方式和效果。在家庭观念比较淡薄的社会,宣传推广时家庭就显得不太重要。在家庭观念浓厚、成员联系紧密的社会,宣传推广以家庭为对象比以家庭某一成员为对象更有效。如在加拿大以英语居民为对象的广告画面上可以只出现一个妻子;以法语居民为对象的广告画面上则让丈夫和妻子同时出现;中华民族传统上家庭观念比较浓厚,因此,我国的广告以一个温馨的家庭来构思都能得到很好的营销效果。

企业应了解当地电视、广播、报刊的数量和普及率,了解人们喜欢及愿意接受何种广告形式,不同阶层、年龄、性别的人主要从哪些渠道获取商品信息,等等,还应当了解当地商店的类型和分布,了解哪些人喜欢到什么样的商店购物。在分销渠道方面,东道国的商业基础设施和机构的完善程度不同,批发与零售网络各异,要做到合理利用当地营销机构做好分销,也须对这方面的物质文化状况非常了解。

2. 社会结构和制度

社会结构是指一个社会中各种社会力量之间所形成的相对稳定的关系。一般认为社会结构是指社会诸要素稳定的关系及构成方式,即相互关系按照一定的秩序所构成的相对稳定的网络。社会结构的主要内容有群体结构、组织结构、社区结构、制度结构、意识形态结构。

美国社会学家 W.G·萨姆纳提出社会制度由概念和结构组成,认为社会制度是由民俗、民德(道德)发展起来的。此后,美国社会学家 C.H·库利和 K·戴维斯认为,社会制度是大量规范的复合体,是社会为适应其需要用合法形式建立起来的,强调社会规范的重要性及制度在社会结构中的地位。这种观点一直沿袭下来,并为许多社会学家所接受。

社会制度通常按如下方式分类:

(1) 按形成的过程可分为自然产生的制度和从一定历史需要出发而有计划地制定

的制度。

（2）按重要性可分为基础性制度和辅助性制度。

（3）按适用的范围可分为对社会整体起作用的一般制度和只在某个领域起作用的特殊制度。

（4）按发挥功能的方式可分为统治性制度和操作性制度。

（5）按对个性形成产生的影响可分为原生制度和派生制度。

（6）按社会功能体系可分为关系性制度、调整性制度、文化性制度和调整关系性制度等。

（7）按性质和作用范围可分为家庭制度、经济制度、政治制度、宗教制度、科学制度、教育制度和社会保障制度等。

总体来说，社会制度决定着该社会形态的性质。家庭、经济、政治、教育、宗教等人类社会的主要制度，普遍存在于一切民族、国家和社会中。它对所辖范围内的人们均无例外地发生制约作用，为人们提供思想和行为模式。制度一经确立就会在相当长时期内制约人们的行为，即使存在的基础丧失之后，还会在一定时期内发挥作用（一般通过权利和义务系统确定个人的地位和角色）。因而社会制度行为具有导向功能，制度通过保存而传递人类的发明、创造、思想、信仰、风俗、习惯等文化。

从事国际营销的企业必须了解目标国的社会结构和社会制度，注意其各种差异，教育水平会影响人们的消费行为。例如，在受教育程度高的国家，高档文具、艺术品、乐器等产品都比较畅销。一些人均国民收入较高的北欧国家，接受高等教育（大学）是国民的义务，而在一些贫穷落后的发展中国家则没有义务教育制度。

3. 信仰与态度

宗教在许多国家具有很高的政治地位。有的国家政教是合一的，有的国家宗教领袖是国家最高精神领袖，有的国家不同的教派形成不同的政治势力，各自拥有自己的报纸。宗教对国际营销影响很大，因此，从事国际营销的企业要了解目标用的宗教分布状况、宗教的要求与禁忌、宗教组织与宗教派别等。尊重宗教信仰自由，也是尊重风俗习惯，这是从事国际市场营销必须遵循的原则。

宗教信仰直接影响各国人民的生活习惯和风俗喜好，影响着人们认识事物的方式、行为准则和价值观念，影响着人们的消费行为。例如，日本的神道教是一种民族宗教，它对日本人民的思想和生活形态有很大影响；在印度教教徒的心目中，等级观念、家庭观念等都是根深蒂固的。企业在这类国家营销，必须使自己的策略与当地的观念结合起来才能很快打开局面。

各种宗教都有其禁忌。例如：印度教徒不吃牛肉；信奉伊斯兰教的国家的重要节日是斋月，斋月内教徒白天禁食猪肉和烈酒的禁忌来源于伊斯兰教教义；吃血是基督教信徒生活中一个比较明显的禁忌，不吃血成为《圣经》对基督徒的一种要求；在佛教国家不能随便摸小孩头顶；天主教徒忌讳"十三"这个数字，遇上这种日子，一般不举行宴请活动。宗教禁忌必然导致商品需求的不同。

宗教是文化的一个重要方面，对国际营销的影响不可低估。宗教对人们的生活习惯、需求偏好、生活态度以及购物方式都有重要影响。受伊斯兰教影响，中东国家的妇女除了在食物购买方面具有发言权外,其他购买决定都由男性做出。印度教和佛教都强调精神上的成就而非物质上的获取,只有修行才能实现精神上的涅槃,这对国际营销活动的影响是显而易见的。儒家思想作为一种行为准则,强调"忠、孝、信",使得东方国家在国际营销活动中更强调集体的作用和关系的重要性。宗教组织不仅本身是大型的团体购买者,而且也影响教徒的购买决策。一般来说,如果宗教组织认为某种新产品、新技术对宗教构成威胁,就会限制使用和引进;反之,则会号召教徒购买和使用。

4. 美学

美学观念是一种文化中的审美观,即表现该文化所崇尚的美是什么,如图案、色彩、设计、音乐、戏剧、民间传说、风俗等。美学观念主要表现在对各种艺术形式(如音乐、戏剧、美术及舞蹈等)及对颜色和图案的欣赏。

世界各国在美学观念上有很大的差异。在欧洲,抽象的或图案形的画稿很受欢迎。在产品的款式、颜色等方面,西方的一些国家,以新奇、独特、表现个性为他们的审美观,而东方人讲究端庄、典雅。从事国际市场营销,在产品设计、制作、包装决策等方面应准确理解和把握各国的美学观。

亚洲各国的颜色禁忌也有所不同。大部分国家都喜欢鲜艳的颜色,但是,黑色、黄色、绿色、褐色、灰色、紫色等颜色不会轻易使用。中国香港地区的居民,对红黄和鲜艳的色彩很欢迎。日本人喜爱红、白、蓝、橙、黄等色,禁忌黑白相间色、绿色、深灰色。许多蒙古人喜欢穿红色的蒙古袍,姑娘们爱用红色缎带系头发,黑色被视为不幸和灾祸。泰国人喜爱红、黄色,禁忌褐色。马来西亚人喜欢红色、橙色以及鲜艳的颜色。伊斯兰教区喜爱绿色,忌用黄色。新加坡人一般对红、绿、蓝色很欢迎,但视紫色、黑色、白色、黄色为禁忌色。缅甸人喜爱鲜明的色彩,如传教徒所穿的番红黄色装束。巴基斯坦人一般喜欢银色、金色等鲜明的色彩,其中以翡翠绿为最受欢迎。在阿富汗,积极的颜色是红色和绿色。印度人在生活和服装色彩方面喜欢红、黄、蓝、绿、橙色及其他鲜艳的颜色,黑、白色和灰色被视为消极的不受欢迎的颜色。在伊拉克,绿色代表伊斯兰教,黑色用于丧色;红色、灰色和黑色三种色彩含有特殊意义,即客运行业用红色作代表,警车用灰色作代表,丧事用黑色作代表。阿拉伯人喜爱绿色,但是国旗的橄榄绿在商业上是禁止使用的。沙特阿拉伯人崇尚白色(纯洁)、绿色(生命),而忌用黄色(死亡)。在阿拉伯联合酋长国、科威特、巴林、伊朗、卡塔尔、也门和阿曼,认为棕、黑(特别是由白布衬托的黑色)、绿色、深蓝与红相间色及白色是带有积极意义的,鲜明醒目的颜色胜过柔和浅淡的颜色,粉红色、紫色和黄色是消极的色彩。

非洲国家对图案、色彩都有其喜欢和禁忌。埃及人爱绿色、红色、橙色,而不爱紫色、蓝色;喜欢金字塔形莲花图案,禁穿有星星图案的衣服,除了衣服,有星星图案的包装纸也不受欢迎。苏丹人认为黄色是美的标志,因此妇女特别喜欢沐烟雾浴,使皮肤变成黄色。利比亚人喜爱绿色,忌讳黑色,禁忌猫、猪及女性人体图案。突尼斯人喜爱绿色、白色和绯红色,喜欢骆驼图案,而忌讳猪、狗、猫图案。阿尔及利亚人忌用猪和熊猫作广告图案,在阿尔及利亚南部一些地区,人们对白色、蓝色和黄色有特殊爱好。摩洛哥人喜欢绿色、红色、黑色,忌白色,喜欢用鸽子、骆驼、孔雀作图案,而禁忌六角星、猫头鹰图案。埃塞俄比亚人喜爱鲜艳明亮的颜色,禁忌黑色。毛里坦尼亚人喜欢绿色，认为绿色象征繁荣、希望。在乍得，人们认为白色、粉红色和黄色是吉祥的，黑色与红色被视作不吉利的颜色。在多哥，人们认为白色、绿色和紫色是积极的，而红色、黄色、黑色带有消极的含义。在加纳，人们认为黑色是不吉利的，喜欢明亮的色调。在尼日利亚，人们视红色、黑色为不吉利。在塞拉利昂，红色被视为积极的，黑色则有消极的含义。在贝宁，红色与黑色被视为消极的。在利比里亚，明亮鲜艳的颜色受欢迎，认为黑色、白色带有消极的含义。在马达加斯加，人们不喜欢黑色，而喜欢明亮的色彩。

5. 语言文字

语言文字是最能显示文化差异的，它是文化的载体，反映了一种文化的实质和价值观。要了解一种文化，应首先了解该文化中的语言。据语言学家声称，目前世界上起码有3000多种语言。若按每种语言就是某种文化的代表来计算，当今世界就应当有3000多种文化。语言文化的这种多样性给国际市场营销工作带来了很大的困难。语言不仅表达思想，而且传递感情。用同一种语言交谈，感情上一下子就缩短了距离。虽然国际交流语言通用是英语，但人们仍喜欢用自己的语言。在德国和法国，不少人会讲英语，但他们不愿用英语交谈，在德国和法国推销商品必须用德语和法语。在对外交往中也是如此，明明双方可以用英语交谈，但他们一定要借助于法语或德语翻译。当第一次遇见说法语的商人时，你一定得坚持用"先生"、"夫人"、"小姐"，直呼其名对法国人来说是不礼貌的。如果你不能流利地说法语，得向他们表示歉意，这种道歉显示了你对其语言的尊重。

企业在进行国际营销活动时要了解语言文字的差异。向顾客介绍产品以及了解顾客的需求时，都要用顾客所熟悉的语言进行有效的沟通，选择消费者乐于接受的语言文字。将产品或品牌广告文字名称翻译成当地语言时，一定要注意它在当地语言中的含义，如白象、孔雀这样的汉语就不适合直译成英文，因为孔雀在英语中的意义基本上是否定的，而白象在英语中是华而不实的意思。商业中大部分交流信息不是用语言表达的，而是隐含在其他交流信息中，如无声语言、身体语言等。

二、国际市场营销中的商业惯例

国际市场营销中的商业惯例，是指在国际商务交往中经过长期反复使用而逐渐形成并被国际商务的参加者普遍接受和认可的习惯做法或通例。国际惯例，又称为国际习惯，它也是一种国际行为规范。国际惯例分为两类：一类属于法律范畴的国际惯例，另一类属于非法律范畴的国际惯例；前者具有法律效力，而后者不具有法律效力。但是按照各国的法律规定，在国际贸易中一般都允许双方当事人选择适用国际商业惯例，并且一旦当事人在合同中选择适用了某项惯例，则该惯例就对双方当事人具有了法律上的约束力。有些国家的法律还规定，法院有权按照有关的贸易惯例来解释当事人的合同。

国际商业惯例涉及不同方面。例如，2000年由国际商会制定的《国际贸易术语解释通则》和《跟单信用证统一惯例》，1932年由国际私法统一协会制定的《华沙－牛津规则》以及《国际商事合同通则》，等等。国际商业惯例不是法律，不具有普遍的约束力。

一个国家的商业习惯与该国的文化是密切相关的，犹如语言一样，商业习惯也是文化环境的组成部分。特定的文化形成了特定的商业习惯，因此不同国家的商业习惯也都各具特色。商业习惯主要包括社交礼仪、交际方式、时间观念等。

商业习惯包括问候、告别、工作、用餐、谈判、管理、上学、儿女保育和玩耍等等。就文化的要素而言，影响商业习惯的重要组成部分包括价值观、礼仪、交往方式与图案和颜色。人的性格、语言等也是影响商业习惯的重要因素。企业经营结构、做生意的方式（如谈判的接触层次、谈判重点、商业礼节和道德标准等）也决定一国的商业惯例有所不同。例如，在欧洲和阿拉伯国家谈判接触往往在较高层次进行，美国许多企业给管理的下层委托授权较多，远东地区文化强调合作与集体决策，地中海地区可以与直接负责事情的本人进行联系。在与中东人谈生意时，有时需要通过中间人进行。在与美国、德国等国的商人谈生意时往往可以直接联系，并很快见到主事人。而与日本人谈生意则最好有人介绍，在面谈时效果会好些。

每个国家的衣着礼仪也各不相同。英国人和荷兰人会脱去外套，卷起衣袖，这意味着他们要认认真真静下心来工作了，西班牙人会松开领带。对此，德国人却抱有微词，认为这样做会显得马虎、不认真；因此，德国人会在整个会谈过程中一直穿着外套。意大利人也会如此，但他那身行头只是专为会谈准备的。

那么，第一次会谈是否能得出某种结论呢？一般的情况是：英国人只会去查看一下地形，大概看一下周围情况。法国人会估计其他对手的力量和弱点，并决定在下一次会议中采取什么态度。意大利人也不会对初次会面过于认真，对于他们来说，这次会议只是要安排下一次正式会议的日程。德国人会对初次会谈信以为真，而对下一次会议竟然"从零开始"感到惊奇。

从做生意的时间观念来讲，北美和西欧人认为遵守时间是一种美德。在谈判时间安排方面，日本商人在谈判中以极有耐心而著称，不急于求成，掌握有利时机是他们的特长。与美国人谈生意，如果时间安排很紧迫，说明事情受到重视，成功的可能性大，反之，可能就希望不大。但在拉美国家谈生意，长时间的等待、日程的一再推迟并没有什么不好的含义，因为他们不很看重时间，而看重在双方了解的基础上谈生意。

在商谈结束、签订合同之后，各国商人对于履约的态度也往往不同，有的注重信誉按时履行合同，但是有的经销商则不十分守信用，这就要求营销人员采取一些保证措施。

国际市场营销者在向外国市场销售产品和服务时，需要了解商业文化、经营态度，以及做生意的方法，以灵活的态度去接受或容忍诸如洗浴方式、饭菜味道、衣着式样和思维方式等习惯，以争取海外营销的成功。

三、文化变迁对国际市场营销的影响

文化并不是静止的、古板的，它在变化着，任何一种现有的文化都是对以往文化的一种变革。促使文化变迁的原因，一是内部的，由社会结构的变化而引起；二是外部的，由自然环境的变化及社会文化环境的变化如迁徙、与其他民族的接触、政治制度的改变等而引起。当环境发生变化，社会成员以新的方式对此做出反应时，便开始发生变迁，而这种方式被这一民族的有足够数量的人们所接受并成为特点以后，就可以认为文化已发生了变迁。

以美国社会结构的变迁为例。近30多年来，由于美国新的技术特别是信息技术快速发展，美国的社会结构（职业结构、阶级阶层结构和收入分配结构）发生了很大变化。从1957—1996年，美国制造业从业人员所占比重的大幅度下降和服务生产业中的服务业从业人员所占比重的大幅度上升，在全部非农产业从业人员中，前者的比重从32.5%下降到15.3%，后者的比重从12.7%上升到28.7%。美国近年来贫富差距扩大和两极分化的加剧：从基尼系数来看，美国家庭收入的基尼系数1980年为0.365，1990年增加为0.396，1995年增加到0.421。

影响美国社会结构变化的几个主要因素包括：技术转型导致中产阶级人数规模和中间层的缩小，经济的全球化使美国平均工资下降，对企业放松控制和松绑（Deregulation）降低了就业和工资保护。从20世纪70年代以来，美国开始实行一项对企业放松控制和松绑的政策，主要内容是取消或者减少某些具有垄断性质的行业进入壁垒，放松政府对企业利润率、工资、裁员等的控制，在更多的原来国家控制的领域引入市场竞争机制，促使企业降低内部的管理成本和市场成本；工会力量的衰落使工人罢工的制衡能力减弱；政府财税和福利政策的变动削弱了再分配能力。文化系统中某一部分的变迁往往会引起其他部分的相应变迁。意识形态的变迁源于社会变迁，社会变迁则是由技术进步导致的。技术变迁会引起一系列的连续变迁，生态条件的变化也可能会引起文化变迁。美国社会结构发生变化，带来了美国文化中其他部分的相应变化。

人的需要的变化导致了文化的调整与改进。以日本为例，在20世纪80年代，日本人称为"3C"时代，即追求汽车（car）、彩电（color TV）和冷气机（cooler）。20世纪90年代，日本人又把需求动向转向"3V"，即假期（vocation）、别墅（villa）和出国访问（visit）。目前，日本则流行"健、高、游、情"话语。具体来说，"健"是指有关健康的产品，如运动用品、保健食品等；"高"代表高消费，如使用高级家具、名牌汽车、收藏艺术品等；"游"是指出国旅游、业余消费等；"情"是指自我选择的生活情趣，如打高尔夫球、游泳、划船等。这说明人的需要会随着时间的推移发生变化，这种变化会导致文化的调整与改进。

文化变迁对企业国际市场营销的影响有以下方面。

(1) 文化的变迁迫使企业改变营销决策。文化变迁首先就意味着消费者消费需求、购买方式、审美观念的改变，企业为了适应这种变化，必须及时改变其经营模式，调整营销策略。比如我国20世纪六七十年代，年轻人穿的衣服以蓝、灰制服为主，到20世纪80年代以后，蓝灰制服已被各式各样的夹克装、西服、牛仔服、套装所代替，现在年轻人穿的衣服每年都有不同的流行色，且款式繁多，这表明年轻人的审美观念发生了巨大变化。这种文化的变迁必然要求生产服装的企业调整自己的营销策略，只有这样，企业才能够在变化的潮流中求得生存和发展。

(2) 文化的变迁可以为企业带来新的营销机会。文化变迁标志着人们的需求发生了变化。比如在日本，女性的地位比较低，但新一代日本女性独立趋势越来越强，她们不想结婚，住单身公寓，舍得花钱买高档商品，精明的商人就在东京环境优雅的地方建了一些专门租给单身女性的套间公寓。同时,像一些专门为女性服务的酒吧、咖啡馆也应运而生了。这些例子说明,文化环境的变化可以给企业带来新的营销机会。企业必须审时度势,提高应变能力,抓住营销机会,否则会贻误商机。

(3)促进文化变迁能够带来新的商机。进行跨国营销活动时,要善于适应国际市场的文化变化,把本企业适应时代需要的有价值的产品介绍和渗透到各进口国去并被各进口国所接受,从而促进各进口国的文化变迁。如高尔夫球和球棍在中国的销售,这种传播西方的娱乐和健身方式,逐步唤起和创造了中国人对这种活动的需求,这种营销活动取得了成功。企业的营销活动在促进东道国文化变革的过程中,不能任意改变东道国社会文化的发展方向,使其走向倒退。企业应根据目标国接受程度、阻力大小或反对程度来做出营销决策。

第二节 国际市场营销的政治经济环境

一、国际市场营销的政治环境

一国的政治环境主要包括:政府与政党体制、政府政策、民族主义以及政治风险等。政府是国家的权力机关和执行机关。世界上多数国家的政府可分为两类:议会制政府和专制政府。政府内部的政党体制可以分为四种:两党制、多党制、一党制和一党专制。政府政策的稳定性直接影响企业经营战略的长期性。一个企业要想掌握外国政府的政治气候,就必须研究现政府的主张,并且尽可能考虑其政治发展的长远方向,关注一国对外政策的根本性变化。民族主义是影响国际营销最关键的政治因素,所有的东道国都会在其国内控制利润和借贷,控制外商对本国公司的冲击,控制外资对本国企业的投资规模等。

政治风险来自于东道国未来政治变化的不确定性和东道国政府对外国企业未来利益损害的不确定性。它一般包括总体政局风险、经营风险和转移风险等。总体政局风险产生于企业对东道国政治制度前景认识的不确定性。总体政局不稳定不一定会迫使企业放弃投资项目,但肯定会干扰企业经营决策和获利水平。经营风险产生于企业对东道国政府控制性惩罚认识的不确定性,它主要表现在对生产、销售、财务等经营职能方面的限制。转移风险主要产生于对东道国政府限制经营所得和资本汇出的认识的不确定性,转移风险还包括货币贬值的风险。

国际市场营销中政治环境的不稳定性主要体现在政权的频繁更替,东道国政局不稳定性还表现在频繁发生暴力事件、治安混乱和示威游行等方面,文化分裂是政治不稳定的又一因素,宗教对立经常是政治动荡的根源。政治环境的不稳定性会阻碍国际营销活动的顺利开展。

二、国际市场营销的法律环境

法律代表一个国家书面的或正式的政治意愿。在这种意义上来说,一个国家的政治与法律制度是密切相关的。国际市场营销的法律环境是由企业本国法律、国际法律和东道国法律组合而成的。许多国家为了保护国内市场，增加国内就业机会，以及更好地与国际惯例接轨，都制定了明确的法律规定。其内容大体包括出口控制、进口控制和外汇管制。

国际法是调整交往中国家间相互关系，并规定其权利和义务的原则和制度。国际法的主体，即权利和义务的承担者一般是国家而不是个人。其主要依据是国际条约、国际惯例、国际组织的决议，以及有关国际问题的判例，等等。这些条约或惯例可能适用于两国间的双边关系，也可能适用于许多国家间的多边关系。这样就使国际营销人员面临一个不确定的法律环境。习惯法系又称不成文法或普通法。习惯法系最重要的特点是以传统导向为主，重视习惯和案例，过去案例的判决理由，对以后的案件有约束力，即所谓的先例原则。不同的法律制度对同一事物可能有不同的解释。因此，国际市场营销者在进行国际市场营销时，必须对国外市场的法律环境进行慎重而明确的分析。

由于各国法律体系极其复杂，这里只讨论它们直接对国际市场营销组合的影响。

（1）产品。由于产品的物理和化学特性事关消费者的安全问题，所以各国都对产品的纯度、安全性能有详细的法律规定。

（2）定价。许多国家对"维持再售价格"都有法律规定，但是，"维持再售价格"的范围和方式因国而异。

（3）分销。各国法律关于分销的规定比较少，所以企业在选择东道国分销渠道时自由度比较大。当然，有些东道国某些分销渠道也并不一定适用。

（4）促销。在国际营销中，关于广告的争议最多，而且广告也最易受到控制。世界上大多数国家都制定有关于广告的法律规定，许多国家的广告组织也有自己的约束准则。

在国际商务中，难免要发生争议。一般发生法律纠纷的双方有三种情况：一是政府之间，二是公司与政府之间，三是两家公司之间。政府间的争议可诉诸国际法庭，而公司与政府之间、两家公司之间的争议则必须由有关双方中的一方所属的国家法庭进行审理或仲裁。

三、国际市场营销的经济环境

一国经济环境主要是指一个国家或地区的社会经济制度、经济发展水平、产业结构、劳动力结构、物资资源状况、消费水平、消费结构及国际经济发展动态等。企业的经济环境是指企业面临的社会经济条件及其运行状况、发展趋势、产业结构、交通运输、资源等情况。

（一）经济发展阶段

一个国家所处的经济发展阶段决定了居民收入高低不同，消费者对产品的需求不同，从而直接或间接地影响到国际市场营销。例如，经济发展水平较高的国家，其分销渠道偏重于大规模的自动零售业，如超级市场、购物中心；而经济发展水平较低的国家，则偏重于家庭式或小规模经营的零售业。因此，对不同经济发展阶段的国家，应采取不同的市场营销策略。

美国著名经济学家罗斯托 1960 年在《经济成长的阶段》一书中提出经济发展阶段理论，他在该书中将经济发展分为传统社会阶段、起飞前提阶段、经济起飞阶段、成熟推进阶段、消费阶段和追求生活质量阶段。起飞阶段最重要，是社会发展过程中的重大突破。其中经济起飞阶段就是指经济发展由传统经济进入现代化经济的高速增长阶段。罗斯托认为，起飞阶段是社会经济发展的第一次突变。一国经济要能起飞，必须具备三个相互有关的条件：一是提高生产性投资率，使积累占国民收入的 10% 以上。二是建立和发展一种或多种重要的制造业部门即主导部门。三是进行制度上的变革，迅速出现一种政治、社会和制度结构推动现代部门的扩张。三个条件互相联系，缺一不可。日本经济的起飞阶段大体从 1957 年到 1975 年，这段时期日本的 GDP 年平均增长率达到了 9.5%，而通货膨胀率年平均值只有 4.7%。韩国经济的起飞阶段从 1963 年到 80 年代末期，这段时期韩国的平均 GDP 增长率达到 10%，这段时期韩国平均通货膨胀率只有 3.6%，但是受国内外经济环境的影响，韩国经济的起飞期间的通货膨胀率并不稳定，起伏很大。大致说来，凡属前三个阶段的国家可称为发展中国家，而处在后两个阶段的国家则称为发达国家。当然，不是每个国家的经济发展都必须依次经过这五个阶段，有的会跳过一两个发展阶段，并且各个国家每一发展阶段持续时间的长短也不尽相同。

随着中国成为全球第二大经济体，由于人们收入水平提高，到国外旅游、购物日益增多。例如，"中国国庆黄金周"正在全球范围成为显著话题，各国对中国游客的"抢夺大战"也正在上演。

在 2014 年国庆黄金周到来之前，韩国的各大商场就开始洋溢起中国元素。在首尔，中国游客几乎到每一家商店都能看到熟悉的中文，听到熟悉的母语。2014 年的黄金周，各国对中国游客的争夺不仅仅是商家的自发行为，优惠政策的竞争也在上演。考虑到中国游客最喜欢在日本购买化妆品和食品，日本国内免税店将消费税的免税商品扩大到了化妆品和食品类；2014 年秋天，日本成田机场的免税店扩大了门店数量，由 19 家扩建到了 38 家。

亚洲市场对中国游客的争夺如火如荼，欧洲也不甘示弱。英国伦敦的奢侈品商场很受中国游客的青睐，国庆黄金周期间，这些门店基本配备了会说汉语的导购人员，有的商场甚至可以直接使用人民币消费。英国有一些顶级的商场专门对所有说汉语的员工进行了文化培训；每一个楼层都配备有银联的客户端以及中文的导购；有一些商场甚至以庆祝中国国庆节为一个宣传口号，打出了精选的一些国际名牌产品。法国商场针对如何抢夺中国游客也是煞费苦心，巴黎的戴高乐机场内甚至有一家购物机构已经获得了欧洲首家中国出境游提供商的认证。

（二）人口和收入

考察一个国家市场时，首先要考虑市场规模。市场是持有货币且有购买欲望的人组成的，因此，研究市场规模首先要看人口和收入资料。

1. 人口

人口的各种特征，如人口规模、人口分布、人口结构、家庭状况等，对市场营销会产生多方面影响。人口结构按年龄、性别结构、家庭、消费者的年龄对市场营销来说，意味着收入的多少、家庭大小，以及对商品的不同价值观和不同需求。不同的年龄层次对商品有不同的需求，从而形成了婴儿市场、青年人市场和老年人市场等。

2. 收入

消费者收入是衡量市场规模及其质量的重要指标。衡量市场潜力需要以下两个收入指标。

(1) 个人收入。个人收入是指从国民收入中减去公司所得税等间接税和公司盈余，以及各种社会保险等的余额。一般而言，个人收入是以工资、红利、租金形式以及从其他来源所获得的总收入。个人收入决定了消费者个人和家庭购买力总量。个人收入又可区分为"可支配的个人收入"和"可任意支配的个人收入"。可支配的个人收入是指扣除由消费者个人直接缴纳的各种税款和其他非商业性开支后，用于个人消费和储蓄的那部分个人收入。这部分收入主要用于购买生活必需品和其他方面的固定开支，也是决定消费者购买力的关键因素。

(2) 国民收入。国民收入是经济统计中一个衡量经济发展的十分重要的综合性指标。评估国民收入的一个有效方法，就是比较各国的国民生产总值（GNP）。国民生产总值是衡量一个国家经济实力和购买力的重要指标，从国民生产总值的增长幅度，可以了解一个国家经济发展的状况和速度。一般来说，国民生产总值增长越快，对工业品的需求和购买力就越大。

(三) 消费结构

消费者支出模式主要受消费者收入的影响，随着消费者收入的变化，消费者支出模式和消费结构就会发生相应变化。用于考察消费支出和消费收入之间关系的最著名的定律就是恩格尔定律，它指出随着收入的增加，食物支出在总支出中的比例下降。

(四) 消费者储蓄

消费者收入通常分为两部分：一部分作为支付手段，用于当前开支；另一部分则暂不开支，作为储蓄。反映一个国家、地区或家庭的储蓄状况，通常有储蓄额、储蓄率和储蓄增长率三个指标。储蓄额是消费者储蓄的绝对数量，反映一定时期的储蓄水平；储蓄率指储蓄额对消费者收入的比例；储蓄增长率则反映某一时期的储蓄增长速度。通过这三个指标，可以分析一定时期消费与储蓄、消费者收入与支出的变化趋势。

(五) 消费者信贷

消费者信贷，是指消费者凭信用先取得商品使用权，然后按期归还贷款，即消费者预先支出未来的收入，提前消费。可见，消费者信贷可以直接创造新的购买力。从消费者贷款的偿还形式来看，消费者信贷有两类：分期付款和一次性偿还，其中分期付款是国际上消费者信贷的主要形式。

四、国际市场营销的金融与外汇环境

现代企业的经营活动离不开资本。从资金的筹措、投资方式的选择到赊账的回收，都需要有良好的金融环境来保证。

（一）融资

企业为开拓国际市场及开展对外投资需要大量资金。在国内，融资资金来源途径主要有银行提供贷款、经营性融资、变卖资产、出口信贷、各类非银行的金融机构的投资、发行股票等。在国外，筹资要有东道国外资银行、国际金融组织，以及国际金融市场上存在各种金融投资机构、国际证券市场、国际融资等几种进入方式。

（二）国际金融制度

1. 国际金融市场

金融是指资金的借贷交易或资金的融通。由于经常发生多边的资金借贷而形成的资金供求市场，就是国际金融市场，可分为资金市场、外汇市场和黄金市场，其中短期资金市场也称为货币市场，长期资金市场也称为资本市场，是指资金借贷期在一年以上的中长期信贷业务交易场所。

2. 国际货币制度

国际货币制度是国际货币关系的集中反映。国际货币制度的主要目的是为协调各个独立国家的经济活动，促进国际贸易和国际支付活动的顺利进行。国际货币制度主要包括：国际收支及其调节机制、汇率及汇率制度、国际货币资产或储备资产的确定、国际货币活动的协调与管理。

（三）国际金融风险

1. 主要金融风险

企业从事国际营销活动会碰到多种风险，如信用风险、商业风险、政治风险、法律风险等。同时，其资金流动不可避免地面临国际金融市场的影响，企业在国际市场上经营会面临因汇率变化、通货膨胀、货币转换等的影响而产生的风险。外汇汇率波动带来的风险是企业在国际市场上遇到的一种更直接、经常发生且无法避免的风险。

2. 汇率风险

汇率风险有以下三种类型：①交易风险，是指在经营活动中发生的风险；②折算风险，是指海外子公司以外币计价和财务报表合并到母公司的财务报表时，资产和负债的价值随汇率变动而变化的风险；③经济风险，是指公司的价值由于未来经营收益受未预期的汇率变动而引起的变化的风险。

我国绝大部分从事国际营销的企业主要表现形式仍是出口，因此，最常见的、最主要的汇率风险是交易风险。交易风险往往在以下几种情况下发生：

（1）以即期或延期付款为支付条件的商品或劳务的进出口，在货物已装运或劳务已提供，而货款或费用尚未收到这一期间，外汇汇率变化所发生的风险。

(2) 以外币计价的国际信贷活动在债权债务清偿前承受的汇价变动的风险。

(3) 本期外汇合同到期时，由于汇率变化，交易某一方可能要拿出更多的或较少的货币去换取另一种货币的风险。

3. 影响汇率变化的因素

货币是一种特殊的商品，汇率是一国货币以另一国货币表示的价格，汇率同一般商品价格一样是由货币供求关系决定的。当供大于求时，价格下降；当供不应求时，价格便上升。在国际外汇市场上，影响外汇市场的供求力量的因素有两大类：第一类是基本因素，包括利率、通货膨胀、贸易差额、经济情况；第二类是非基本因素，包括外汇管制、心理因素、政治因素。影响汇率的因素还有石油价格、黄金价格、股票价格、期货价格、资本投机套利等等。

4. 降低汇率风险方法

降低汇率风险的几种主要方法有：提前或拖延收付法，配对法，调整价格法，易货贸易，软硬币搭配法，加列保值条款，套期保值，期权交易。另外，还有一些方法也可减少或消除外汇风险。如对不实施外汇管制法国家的企业，可以不将出口收入或其他外币收入兑换成本币，而是将其存放到外币账户上，作为进口和其他支付所需的货币使用。这不仅节省了买卖差价和银行手续费，而且可以避免本币与外币汇率变动引起汇差损失。

（四）国际金融环境对国际市场营销的影响

1. 对融资能力的影响

企业国际市场营销需要有良好的国内国际金融环境，以利于企业融资、投资和做生意。2008年的全球金融危机，使全球金融机构遭遇了不同程度的损失，整个经济运营的中心处于崩溃的边缘，并使金融危机向实体经济转移，订单减少、资金链断裂、破产、倒闭、裁员的情况愈演愈烈。在信心缺失的情况下，全球资本市场大跌，企业融资严重受挫。

2. 市场需求下降，部分企业市场完全丧失

2008年全球金融危机，使全球经济增速放缓，各行业平均订单减少量为30%～40%，而面向欧美市场的一些出口企业，订单急剧下降，有的外向型企业甚至订单为零，企业赖以维持的基础丧失了。美国劳工部最新公布的数据显示，2008年10月份美国失业率达6.5%，新增非农失业人口24万，失业人口总数升至1010万；而根据全美商业经济协会的保守预测，2009年第三季度失业率还将升至7.5%。

3. 外汇汇率变动带来的风险对国际营销活动的影响是多方面的

例如，1997年开始的东南亚金融危机迅速波及亚洲的日本、韩国以及俄罗斯，造成汇率急剧变化，使这些货币对美元的比率急剧下降。我国坚持人民币不贬值，在保持外汇收入不因货币贬值减少购买力的同时，却因为人民币坚挺削弱了产品在国际市场中的竞争力。而2007年以来人民币的持续升值，也使我国长江三角洲地区和珠江三角洲地区的很多外向型企业举步维艰。

因此，从事国际营销的企业必须重视金融风险，居安思危，从战略、管理、技术等

方面适应金融市场环境，通过认真的事先调查，严格执行交易合同，靠有效的保险制度和金融衍生工具，实现对风险的有效控制。

第三节　国际市场营销的技术环境

一、国际市场营销的技术环境因素

技术环境因素是指目标市场地区科技发展状况和相关产品的技术水平，以及目标市场消费者对产品技术的接受能力等。分析企业的科技环境，就是分析所在行业新技术、新工艺、新材料的研制发展情况以及"三新"的应用情况。分析科技环境目的在于判明某区域内生产力发展水平、工业化程度，并通过对技术装备条件的考察来具体了解某行业或某企业面向未来的能力；了解新旧产品的替换范围、程度及可能的时间、某产品的寿命周期以及需求发展的层次趋向，把握企业所处的科学技术环境对企业营销活动带来的和可能带来的影响。

二、技术革命与国际市场营销

（一）科学技术的进步缩短了产品的生命周期

20世纪80年代以来，技术革命加速发展，技术发明加快，产品开发周期缩短、灵活先进的加工技术的采用是导致产品生命周期大大缩短的根本原因。许多产品的生命周期已经缩短到一年甚至半年以内，产品升级、更新的速度大大加快。如电脑、手机、软盘、视听电子产品、家电产品等比比皆是，甚至新技术的出现很可能导致原来的产品一夜之间无人问津。例如，手机新产品的生命周期正从往年短则6～12个月、长则1～2年，不断缩短到如今的3个月左右，产品也愈来愈成熟。换句话说，三个月后，就会是高端彩屏新品开始降价、消费者理性购买的一个新阶段。对苹果等手机大厂来说，在全球总体经济环境愈来愈恶化之下，对面板与驱动IC等零组件，要求的不仅是低价，更要加快开发的速度，才能适应手机快速短暂的生命周期。

（二）科学技术的应用推动新兴行业的生长和发展

科学技术的发展推动了经济发展和社会进步，带来生产方式、营销方式和管理方式的深刻变化，也必然导致新兴行业的兴起及落后行业的消亡，更使产品生命周期逐渐缩短，造成企业研发需求提高。各种各样的计算机辅助设计系统使研究开发人员摆脱了大量的案头工作，方便快捷地将自己的设想转变为产品或机器，也使越来越多的传统行业正在逐步被淘汰。目前，新兴学科不断涌现，而且理论科学朝实用技术的转化过程大大缩短，速度大大加快，产业技术发展迅速。第二次世界大战后几十年，一系列新兴的高科技工业部门，如电脑和机器人行业、原子能工业、电子工业、高分子合成工业、激光工程、生物工程、遗传工程、海洋工程和航空工业等相继兴起，直接推动了工业的迅速发展和水平的提高，新技术所推出的新行业，能够很快地超过并代替旧行业，或严重地威胁原有行业的生存，一个跟不上新技术发展潮流的企业会丧失其市场。技术进步正在推动高科技风险投资、新技术培训、信息处理、科技服务、电脑教育等第三产业的发展。

（三）新技术扩大了国际市场营销活动的地域空间

新技术对消费者的购物方式、营销方式和营销执行的速度产生了重要影响。互联网和电子商务的发展，使交易的方式更直接、交易的时间缩短，扩大了商务活动的地域空间，营销成本在一定程度上有所降低。但对企业的交货期、市场反应速度、生产柔性都提出了更高的要求。企业在运营的过程中，呈现出对营销的关键环节加大投入，而将物流等非核心业务实行外包的趋势。过去几年，互联网对数百万美国人与无数企业造成了深远的影响。商品分销体系、商品的售货方式以及消费者的购物方式也发生了变化。如自动售货、电话购物等大受欢迎。

（四）跨国营销要做好产品的升级换代

在新技术环境下，从事国际市场营销的企业必须充分把握科技发展为企业营销所提供的机会，使产品和整个营销策略适应新技术发展的要求。同时，企业也应及时避免和防止科技进步所带来的威胁和障碍，要不断根据科技发展的新动向，调整营销策略和计划，减少因技术进步所带来的经营风险。

1. 定位在技术高端市场的企业要建立技术标准

这是最有效的赢得竞争和控制高额利润的手段，有标准的企业，必定能在市场竞争中最大限度地获取效益。例如，法国汤姆逊公司和荷兰的菲利浦公司为了遏制日本厂商霸占世界高清晰度电视市场的野心，成功地说服了欧洲各国政府同意采用与日本不相容的电视规格的标准。企业借政府的力量，通过制定不同的技术标准来保护欧洲各国的高清晰度电视机市场。然而日本电气公司的一位负责人表示："只要他们定下标准，日本企业家们就能适应。"可见，技术标准确已成为影响企业国际市场营销的重要因素和手段。

2. 针对细分市场，要最大限度研发和使用适用技术

技术推动对产品的更新换代和一国的产业结构调整起到了关键的作用。在科技密集型生产领域，从整体上说，我们的企业应建立并做到拥有自己的标准，以进军欧美市场。面向东南亚、非洲等欠发达地区的海外市场，更需要研发拥有适用技术和知识产权的产品。在产品销售过程中，加强售后服务。例如，扎伊尔的农民习惯使用很简陋的杀虫器具，政府为了提高农民的生产效率，为农民从欧洲采购了一批先进的喷药器。然而，这批高效先进的杀虫器具使用和维修知识都比较复杂，还需要经常进行保养，但当地农民只管使用、不会维护。这批杀虫器具只用了一个多月就报废了。当地农民仍然去使用过去的落后的杀虫器具。一种先进的农具因当地的技术水平过低而失败了。再如，我国拖拉机在斯里兰卡市场很受欢迎，原因是斯里兰卡农业落后，发达国家的现代化先进农业机械在这里不适用，而我国的手扶拖拉机、小型柴油机、喷雾器尽管不先进，但却适应当地的技术水平。此外，我国轻纺工业设备出口泰国、巴基斯坦颇受欢迎，也是技术水平比较适合他们的国情。相反，如果我们不注意科技环境，往往就会失掉做生意的良机。

三、技术革命的发展趋势

（一）科技成果贡献率不断增加

世界经济的发展表明，在农业经济时代科技贡献率只占10%，在工业经济后期占40%，到了当今信息经济时代要占80%以上。社会消费正逐渐地由传统的实物消费转为以高新科技产品和通过信息与人的认识能力相结合而产生的新知识技术为主，国际技术贸易呈增加趋势。以知识、技术为核心的智力密集程度高的产品和服务，获得的利润空间高于传统技术含量低的产品。

（二）技术变革加速

重大技术变革的频率大大加快，技术从发明到应用的周期大大缩短，同类技术更新换代速度大大加快，技术的生命周期在缩短。如1946年研制出的第一台计算机，到现在已经更新到第4代，集成电路芯片上所集成的电路的数目，每隔18个月就翻一番。微处理器的性能每隔18个月提高一倍，而价格下降一半。用一美元所能买到的电脑性能，每隔18个月翻两番。2003—2004年内存处于256～512M的状态，硬盘处于40～80GB的状态、2005—2006年内存处于512M～1GB的状态、硬盘处于80～160G的状态，2007—2008年内存处于1GB～2GB的状态、硬盘处于250～320G的状态。

（三）科学技术发展一体化

从20世纪70年代以来，科学与技术的界限变得越来越模糊。科学技术化和技术科学化就是现代科学技术的鲜明特征。在一定程度上，科学正在变成技术。而越是新技术，包含的科学知识越密集。现代科学的进步依赖于最新的复杂技术装备的支持，在一些领域中，已出现科学研究与技术开发并行不悖、同时并进的现象。科学发现推动技术开发，技术应用又促进科学研究。当代科技发展有两种形式：一是突破，二是融合。突破是线性的，即以研究开发的新一代科技成果取代原有的一代科技成果；融合是组合已有的科技成果发展成为新技术。例如，人工智能技术的发展，为未来IT等网络技术的发展指引了方向。当前，以智能算法、深度学习、云计算为代表的大规模网络应用已经成为IT产业的重要发展方向。各大互联网公司在深度学习领域不断积极探索。深度学习是机器学习研究中的一个重点关注领域，其研究侧重于建立、模拟人脑进行分析学习的"神经网络"。

四、技术进步推动国际市场营销

目前，技术的发展速度越来越接近库兹韦尔所说的指数级增长，新技术也给营销带来更多可能，创意不再仅限于围绕电视、纸媒和户外来做，它可以借助技术呈现的方式越来越丰富。从基于 H5 页面的各种效果图、游戏到 Google Glass 那令人神往的使用视频，技术给予营销的支持越来越多。2014 年很多令人眼前一亮的社会化营销都是由技术驱动的，技术本身带来的新奇感让人们心生向往，口口相传。

1. 微软小冰

人工智能是这个时代最热门的话题之一，每一个看过电影《她》的人可能都期待有一天自己能有一个真正的"她"，微软小冰正是"她"的前身。微软小冰是微软 Bing 搜索中国团队研发的一款智能聊天机器人，一开始她被邀请到微信群并在短期内引发关注，这个产品似乎令微信很不安，很快她遭到了微信的封杀。之后小冰在微博重新复活，微博的开放性使得小冰迅速成为热门话题，一时间微博上发起@小冰的热潮，于是一款人工智能产品轻而易举地引爆了社交网络。库兹韦尔曾预测到 21 世纪 20 年代末，人工智能将可以通过图灵测试，到时机器智能和生物智能将没有什么区别，人类期待这样时代的到来。微软小冰的爆发显示了人类对于人工智能的急切期盼。

2. 智能设备

2014 年被视为可穿戴设备元年，这一年层出不穷的可穿戴智能设备令人眼花缭乱，Google Glass 曾经靠着 Youtube 的一个视频便令科技圈沸腾，而今越来越多智能设备被人们在社交网络上讨论、期待，从 360 儿童手环到大疆无人机，从 Google Glass 到 Apple Watch，这些功能新奇、设计精美的科技产品几乎没有做特别的传播，便凭借它们本身的特质在社交网络上为人所称道。对于这些科技产品来说，营销对它们固然重要，但更重要的在于产品自身的灵性，而这又取决于产品背后的技术水平，优秀的科技产品总是能够引起极大的关注，进而扩散到更大众的群体中。

3. 支付宝十年账单

在红包的创意上，支付宝首先发出，之后却被微信逆袭，很多时候营销的江湖就是创意抄来抄去的江湖，但有些创意注定没法被模仿，它们只属于特定产品本身，支付宝十年账单就是这样的创意。2014 年 12 月 8 日支付宝"十年账单日记"发布，一时间它在朋友圈被刷屏，虽然这个模块无法在微信中直接打开，但大家还是愿意跳出微信在浏览器中打开。支付宝十年账单击中了人性中攀比、炫耀的弱点，引发了大规模的讨论。支付宝账单的传播之所以成功还在于其对于用户十年来大数据的积累以及对数据的精准分析，这一点是其他产品无法比拟也模仿不来的。

第四节　国际市场营销的物质环境

一、自然环境

一个国家的自然环境，包括自然资源、土地面积、气候、地理位置等。世界各国自然环境对国际市场营销的影响主要表现在影响国际市场营销产品选择、产品改进、营销时机选择等方面。了解各国的自然环境，对企业从事国际市场营销是十分必要的，有助于了解当地的需求特征、市场潜力等。

下面通过介绍美国自然情况,进一步了解自然环境对国际市场营销的影响。

(一) 美国的自然环境概况

美国位于北美洲南部,幅员辽阔,地形复杂,各地气候差异较大。全境由东向西可分为东南部沿岸平原、阿巴拉契亚山脉、内地平原、西部山系、西部山间高原5个地理区。美国河流湖泊众多,水系复杂,从总体上可分为大西洋水系、太平洋水系、北美洲中东部的大湖群三大水系。美国的气候大部分地区属温带和亚热带气候,仅佛罗里达半岛南端属热带。阿拉斯加州位于北纬60至70度之间,属北极圈内的寒冷气候区;夏威夷州位于北回归线以南,属热带气候区。美国各地的地形和气候差别较大,必然要求进入美国市场的产品适应这些差别,针对地缘和气候差异对产品使用条件、产品价格、促销手段等进行适应性调整。

美国的农业、矿产和森林资源丰富,在世界上占有举足轻重的作用。美国的地理位置、气候条件及地形结构都是得天独厚的。美国农业用地(耕地和牧地)约为4.3亿公顷,占地球上全部农业用地的10%左右。雨量充沛,土壤肥沃,粮食产量占世界总产量的1/5,主要农畜产品如小麦、玉米、大豆、棉花、肉类等产量均居世界第一位。美国2006财政年度实行关税配额的产品包括牛奶及奶制品、婴儿配方奶粉、含牛奶的动物饲料、糖及含糖产品、花生及花生油花生酱、可可粉、巧克力和低脂巧克力碎块、冰淇淋、羊肉、牛肉以及棉花等。美国对配额外的产品征收高额关税,如脱脂奶粉一项,配额内平均关税水平为2.2%,配额外则为52.6%。

美国矿产资源丰富,铁矿石、煤炭、天然气、铅、锌、银、铀、钼、锆等产量均居世界前列,但战略资源如钛、锰、锡、钴、铬、镍等则主要依赖进口。煤炭的总储量为35996亿吨,石油总储量为240多亿吨,天然气储量为56034亿立方米。美国拥有18亿公顷的森林,占全国土地总面积的31.5%左右,主要树种有美洲松、黄松、白松和橡树类。因此,中国对美国出口的主要产品为机电产品、鞋类、家具、车辆及其零配件、玩具、箱包、塑料及其制品、服装、其他纺织制品、光学照相设备、钢铁制品等。自美国进口的主要产品为集成电路及微电子组件、航空器及运载工具、已梳或未梳棉花、大豆、自动数据处理设备、废碎纸或纸板、气球或航空器组件、涡轮喷气发动机、涡轮螺桨发动机及其他燃气轮机等。

(二) 自然环境对国际市场营销的影响

自然环境对企业国际市场营销环境的影响主要有以下方面。

1. 自然环境影响一个国家进口商品的结构

若一个国家自然资源缺乏,如木材、石油等缺乏,将导致这类原材料及其制成品的进口。而一些拥有湖泊、海岸、高山的国家,为水上和雪地上的娱乐和体育用品提供很好的市场机会。

2. 气候等自然环境对产品及包装的影响

一些国家特殊的气候等自然环境,常常对产品和包装提出特殊的要求。例如,各种电器设备、家用电器等若销往潮湿、多雨的地区,就需要提高耐潮湿性或安装保护装置。在风沙较大的地区销售汽车，安装双空气滤清器是十分必要的。可见，对于出口商品及其包装，应当根据进口国家的温度、湿度、风、雨等特殊情况进行适当的调整，以保证产品的质量及其效能的发挥。

3. 地形等自然环境还影响产品的运输和促销

在地势平坦、通航河流较多特别是海岸线长的国家，产品的运输既方便又经济，有利于企业不断扩大市场。而山脉、沙漠多的国家和地区，运输费用、包装费用增加，运输时间延长，增加了物流成本。如一个国家的海拔高度、湿度和温度变化可能影响产品和设备的使用和性能的要求，在温带地区运转良好的产品到了热带有可能发生性能急剧恶化。即使是同一国家内，各地气候也可能有很大的差异，需要对产品或设备进行重大改进。

4. 自然条件常常影响一个国家的进口能力和市场潜力

最为典型的例子，拥有丰富石油资源的中东地区日益成为引人注目的市场，使得世界上很多企业纷纷开发针对这一地区的生产和生活用品。若一个国家的某种资源缺乏，可能导致长期依赖于进口这种原料及其制品。有些国家特殊的气候条件，如严寒和高温，导致对保温和降温设备、服装、医药、食品等产品长期的、大量的需求。如果企业准备在外国市场上直接生产产品时，那么，了解当地的自然资源情况就更加重要了。例如，加拿大森林资源丰富，生产的纸张原料好、质量高、价格廉，具有很强的竞争力，对加拿大进行国际市场营销时应避开纸张出口，而选择其薄弱方面（如以棉花作为原料）的产品出口。因此，在开展国际市场营销时，选择的产品应是目的国所缺乏的或竞争力不足的，以提高产品国际市场营销的成功率。

5. 时间差的影响

在自然环境方面，营销人员还应当了解本国与世界各国的时间差，以便根据时差情况，适当地安排活动日程等等。熟悉世界各地的时差情况，对于提高营销效率是十分有益的。

二、商业基础设施

基础设施主要包括能源供应、交通运输条件、通信设施以及各种商业基础设施。基础设施状况对国际营销活动影响甚大，以运输条件而言，有哪些运输方式可以选择、运输能力大小如何、运输费率高低水平怎样，都直接决定了产品实体分配的效率。至于商业基础设施，对于国际企业跨国营销活动影响更大，因为没有银行、信托公司、广告公司、市场调研公司等商业设施的支持与高效率运作，国际企业的营销活动就无从起步或难以为继。商业基础设施是指商业流通领域内基础性的社会经济设施。它具有一般性基础设施的性质和特点。

关于一般性的基础设施，世界银行1994年发展报告曾作过全面、具体的介绍，认为它是一个涵盖很多活动的术语。基础设施一般具有共享性、公益性、不可分性和长期性，贯穿着技术比重特征（如规模经济）和经济特征（如使用者向非使用者的扩散）。现代基础设施是最一般也是最突出的经济特征，集中表现在为各类使用者服务的网络传输系统。

良好的基础设施能提高生产率并降低生产成本，它即使不能称为牵动经济的火车头，也是促进经济发展的车轮。一些有关基础设施与经济增长关系的研究表明，发展中国家的基础设施变量与经济增长呈明显的相关性。美国最近的研究表明基础设施投资对经济增长的影响显示出令人惊奇的高收益率为2%～8%。另一种分析方式对基础设施对生产成本的影响进行了估计，研究发现，在德国、日本、墨西哥、瑞典、英国和美国等国家因发展基础设施而大大降低了生产成本。

商业基础设施主要包括如下方面。

（1）广告。除了通信和运输设施以外，企业的市场营销还要依赖我们所谓的商业基础设施：广告公司、市场研究公司、批发商和零售商。同样，这些设施也存在着巨大的国际差异。尽管一些工业化国家也能提供较好的广告服务，但是还没有哪个国家能赶得上美国广告公司的服务水平。广告的作用与经济发展水平密切相关。一般说来，社会主义国家在商业广告的发展方面才刚刚起步。另外，就是收入水平相当的国家之间，其广告的费用水平也会大不一样，如瑞士的广告支出就是瑞典的两倍。有时，较穷的国家也可能比较富的国家支出更多的广告费用，如巴西就比比利时多。美国的广告公司是称职的，它们遍布全世界，热诚为顾客服务。如麦肯－埃里克逊公司，它的海外广告业务是其总业务量的一半。

（2）批发业。批发业和零售业是市场营销过程中不可缺少的两个部分，只是批发业和零售业的结构有所不同。在有些国家，批发商的实力很强，远远超过制造商和零售商，成为分销渠道的控制者。批发商迫使制造商采用自己的品牌，并限制制造商的市场营销努力。例如，澳大利亚农副产品的流通和销售主要是通过中介批发商进行，鲜活农副产品批发市场仍然发挥着重要作用。为了从规模和品种齐全方面提高竞争能力，发展起来的都是一些大型市场。目前澳大利亚全国有五个大型菜果批发市场，都是由州政府投资兴建的，最大的批发市场在悉尼，占地47公顷，年销售额为20亿澳元；第二位在墨尔本，占地33公顷，年交易额为12亿澳元。在所有批发市场中，参加交易的三分之二是农场主，其余为代理批发商。代理商从农场主那里收取10%～20%的手续费。经营者向市场只交纳场租，不交销售税。市场管理人员都是由政府任命的，市场属政府所有。由于经营批发市场是盈利较少的行业，澳大利亚政府一直采取直接投资的扶持政策。1995年，日本在全国56个城市开设中央批发市场88处、地方批发市场1571处。

（3）零售业。零售业的情况类似于批发业。美国的零售业规模庞大，雇员的人均销售量也很高。如全球最大的零售商沃尔玛自己拥有十分先进和完善的卫星通信系统，利用这个系统与3800家供货商实现计算机联网。其他一些大的全国性连锁店公司，其连锁店都在1000家以上，实行统一配送、统一广告宣传，在市场竞争中显示出了较强的实力。

三、全球节能减排

（一）节能减排及国家承诺

节能减排是指减少能源浪费和降低废气排放。联合国政府间气候变化专门委员会在

2008年2月2日发表的第四份气候变化评估报告梗概中指出,根据对全球大气平均温度、海洋平均温度、冰川和积雪融化的观测,以及对全球海平面的测量等已证实,全球气候正在变暖,已引起国际社会的广泛关注。国际能源署预测,即使各国成功推行节能减排措施,全球2030年的二氧化碳排放量也还将高出目前排放量的四分之一。导致全球气候变暖的主要原因是温室气体排放,气候变化成为全世界面临的最大道德、经济问题。

节能减排成为应对气候变化的迫切需要,各国政府纷纷对节能减排做出了承诺。例如,《京都议定书》规定,除美国之外的发达国家在2008年至2012年进行温室气体减排的义务,而发达国家完不成的任务,可以通过若干种机制与发展中国家合作完成,其中一种就是CDM(清洁发展机制),即发达国家可以提供资金和技术,帮助发展中国家进行产生温室气体减排效果的项目,所产生的减排额度,就可以算到自己的名下。联合国环境规划署(UNEP)、欧盟等机构近年来也一直在力推"绿色就业"、"绿色新政"概念。美国总统奥巴马在大选前夕曾信誓旦旦地表示,他入主白宫后,首要任务就是将"绿色经济复兴计划"付诸实施,通过向新能源经济转型来带动整体经济增长,特别是提出要建立1500亿美元的"清洁能源研发基金",希望借此创造500万个就业机会。

(二)全球节能减排带来的机遇和挑战

节能减排给企业从事跨国营销带来新的业务机遇和挑战。一方面,需要降低产品的能耗,不环保的产品难逃被取缔的命运。美国科学家的研究结果表明,用来制造半导体材料、太阳能设备等离子电视以及液晶显示器的三氟化氮有加速全球气候变暖的作用,三氟化氮存储热量的能力是二氧化碳的上万倍。对新建项目市场准入的严格控制,以加快淘汰落后产能。另一方面,节能减排也能带来很多商机。这将给电力、钢铁、建材、电解铝、煤炭等行业带来机会。能源结构调整的加速推进,使各类可再生能源获得难得的发展机遇,相关领域的企业及设备生产商企业都将获得机会;新能源车的开发和商业化,新能源产业将成为提高能源利用率、转变经济增长方式的重要手段。此外,直接与节能减排相关的领域,如节能工程、污水处理、电厂二氧化硫治理等行业也迎来发展机遇。

据第二届中日节能环保综合论坛透露,未来5年,世界节能环保设备订单的30%将来自中国,市场规模可达3000亿美元。最前沿的节能技术将得到广泛应用,如全球范围内将开展回收利用在发电过程中产生的热能的工作,相当于把全球2020年的能源需求每天减少600万桶;以新型高能效发电厂替代低效能的发电厂。如果全世界在房屋建筑过程中采用先进的隔热标准、安装节能型取暖和制冷设备,这将相当于把全球2020年的能源需求每天减少400万桶;全球的电信业实施了多项创新的方案,推出了能减少环境影响、降低运营成本的解决方案,以此优化移动通信网络的能源效率,向运营商提供可再生能源通信解决方案,充分利用太阳与风能等清洁能源进行通信设备的供电。

对于电信业来讲,节能环保同样责任重大。对此,英国电信、沃达丰等国际电信运营商陆续表示要推动节能降耗工作。中国电信、中国网通、中国移动和中国联通等国内主导运营商也纷纷表示，要打造一个节能环保的通信运营市场。苹果、三星等国际巨头也纷纷推出节能减排基站和解决方案，以进一步加强在市场上的竞争优势。电信业的节能减排不单单是基站问题，还包括软件、系统解决方案、功能、服务体系等方面。因此，在未来的电信业节能减排市场竞争中，谁的产品和服务更符合运营商的要求，更能体现全程全网服务的特性，谁就将在全球新一轮的设备系统升级中领先，从而在市场竞争中把握主动权。

未来的竞争是全球性的，节能减排应有前瞻性。因此，未来的节能减排市场的竞争不单单是国内大市场，还包括全球市场，特别是在人民币升值加快、电子信息产品出口放缓等情况下，都预示着未来的竞争将是在更高层次上的竞争，中国制造的产品要转换成中国创造的产品才能获得更大的成功。

四、绿色营销

（一）绿色营销的含义

工业化浪潮以前所未有的速度和效率，在为人类创造了巨大的物质财富的同时，也给人类带来了极大的生存威胁，并且这种威胁是以几何增长的速度不断增强的。人口爆炸性增加、环境污染、资源浪费、生态恶化，人类在追逐物质财富的征途中已经为自己掘下了"坟墓"。面对"有增长（Growth）无发展（Development）"的困境，人类不得不重新审视自己的发展历程，寻觅一条新的发展道路。可持续发展（Sustainable Development）要求人类改变生产和消费方式。对企业来讲，就是要树立绿色营销观念，进行绿色营销。

所谓绿色营销，就是指企业在营销过程中充分体现环境意识和社会意识，从产品的设计、生产、制造、废弃物的处理方式，直至产品消费过程中制定的有利于环境保护的市场营销组合策略。企业的出发点不仅仅是市场的消费需求，同时也要满足这种需求可能造成的环境后果作为企业营销的出发点，营销的重点是企业、市场与环境之间的关系，以达到企业利益、社会利益与环境利益一致。绿色营销的宗旨是：①节约材料耗费，保护资源；②确保产品安全、卫生和方便，以利于人们的身心健康和生活品质的提升；③引导绿色消费，培养人们的绿色意识，优化人们的生存环境。

（二）绿色需求的分析

目前，西方发达国家对于绿色产品的需求非常广泛，而发展中国家由于资金、消费导向和消费质量等原因，还无法真正实现对所有绿色产品的需求。以我国为例，目前只能对部分食品、家电产品、通信产品等进行绿色消费；而发达国家已经通过各种途径和手段，包括立法等，来推行和实现全部产品的绿色消费，从而培养了极为广泛的市场需求基础。以绿色食品为例，英国、德国绿色食品的需求完全不能自给，英国每年要进口该食品消费总量的80%，德国进口则高达98%。这表明，绿色产品的市场潜力非常巨大，市场需求非常广泛。

绿色产品需求就是在人类社会更加注重消费质量、环境保护、安全健康及社会可持续发展的情况下应运而生的。企业在制定绿色营销方案时必须认真分析和考证绿色产品需求，才能为进一步的绿色营销工作的开展打下基础。

绿色需求是人类社会发展的产物。人类的工业文明仅仅经历了一百多年的历史，就已经让地球付出了沉重的代价，同时也是人类应该承受的代价。随着资源短缺、环境的进一步恶化、淡水的枯竭、大气层的破坏、地球变暖等生态及环保问题的加剧，人们开始将生态观念、HSE的健康、安全、环保观念根深蒂固地扎根于人类的思维理念中，继而形成习惯，也就是绿色习惯，从而由绿色习惯催生出绿色需求。

（1）绿色需求是人类追求高品质及高品位的必然。马斯洛的需求理论讲述了人类社会需求的层次性。当人们已经不再为基本的需求而奔波的时候，人们开始追求生存质量和生活质量：生存质量的追求表现在更加注重生态环保，生活质量的追求表现在倾向于消费无公害产品、绿色产品。由于这些产品本身所包含的特性和特点，人们在消费过程中得到品质的满足和品位的提升。

（2）绿色需求是新型消费观念形成的产物。新的消费观念讲究满足基本消费的同时，开始考虑基本消费所带来的附加值。例如，人们在购买汽车时已经在考虑排放标准，无氟冰箱已经进入千家万户，人们开始关注服装对人体的健康等方面的安全保护，这些都是新兴消费观念对于传统需求的冲击。事实上，人们对于生态环保观念的认知和加强，也促使人们改变原有的消费观念，许多人已经自愿拒绝非绿色产品，这些人心甘情愿地站在绿色消费立场上，心甘情愿地为人类社会的可持续发展买单，具有高度的前瞻性。

（3）绿色需求法制化和广泛的社会宣传。为了更好地推行绿色消费，培育绿色需求，一些国家特别是发达国家已经制定和颁布了相关法规，来规范和推行绿色需求，实现绿色消费。乌拉圭回合的《贸易壁垒协议》中规定："不得阻碍任何国家采取措施来保护人类、动物或植物的生命健康和保护环境。"这实际上就为国际市场进出口的"产品绿化"提供了法制基础。

（4）绿色营销之绿色研发、绿色生产、绿色产品。这是创造绿色消费载体的过程。企业进行绿色营销的前提是企业要拥有绿色经营管理理念，只有在这种先进理念的指导下，才可能真正实现绿色营销，引导绿色消费，创造绿色效益。传统企业的各种流程都是比较封闭的，只有营销和服务过程是公开进行的，而绿色营销要求企业从绿色研发、绿色生产到绿色营销都是公开的，必须显现出其绿化的特征，并在理念上进行本质改变。例如，研发工作的基本前提是产品要绿色，许多企业已经在此方面进行了诸多工作，并取得了诸多成果。像绿色电视机、环保节能冰箱、环保节能汽车、绿色食品、绿色健康内衣等等，都已经有声有色地进入了人们的生活。许多企业更是建设了绿色研发实验室，拥有一批专业素质极高的绿色工程师，这对人类社会的绿色进程无疑是一巨大推动。

尽管目前绿色产品的成色还不是很高，但值得高兴的是，无论企业还是个体消费者都开始关注"产品绿化"问题。这对于绿色潮流的兴起有着相当重要的意义。

本章小结

在这一章里,我们主要讨论了从事国际市场营销的企业所面对的国际市场营销环境因素,包括文化环境、政治环境、法律环境、经济环境、技术环境等。这些均是企业外部的不可控因素,企业只有通过正确的分析和预测,才能最大限度地避免风险、抓住机遇。

对于文化环境的评估主要包括知识、信仰、艺术、价值观念等方面。对于政治环境的评估主要包括现行政治体制和政党制度、政治稳定性和长期性,以及政治突发事件的可能性三个方面。对于法律环境的评估可以从法律制度和法律系统两个方面进行,除了某些通行的国际法律规定和惯例,各个目标市场还有着自身特定的法律环境。经济环境会对企业的国际市场营销活动产生直接的影响,包括经济发展水平、人口因素、收入因素等,企业必须加以综合考虑。技术环境包含的内容十分广泛复杂,主要包括新技术、新工艺、新材料的研发及应用情况。物质环境主要从自然环境、商业基础设施、节能减排三方面进行分析。

需要指出的是,国际市场营销环境因素绝不止上述几方面的内容,各个环境因素之间也不是独立的,而是相互影响的。企业在对国际市场的环境进行分析和评估时,不仅要善于从多个角度多个方面考虑,而且还要注意各个因素之间的相互联系和相互作用,只有这样才能制订正确的国际市场营销策略。

关键概念

文化 文化环境 政治环境 法律环境 经济环境 技术环境 商业习俗和管理 社会文化环境 技术变革

思考题

(1) 试从一国的文化环境,说明文化变迁与国际市场营销之间的关系。
(2) 试述国际商业习俗和惯例对国际市场营销的影响。
(3) 影响一国经济环境的因素有哪些?怎样分析它们之间的关系?
(4) 技术变革如何影响产业和行业周期的变化?
(5) 在全球节能减排背景下如何调整跨国营销策略?
(6) 影响国际市场营销的金融风险有哪些?面对金融危机和经济衰退,如何调整企业的国际营销策略?

案例 中国铁建公司墨西哥高铁项目风波

一、墨西哥高铁项目招标一波三折

2014年8月15日,墨西哥交通部对全长210公里的首都墨西哥城至第三大城市克雷塔罗高铁项目进行国际公开招标。

2014年11月3日，墨西哥交通部宣布，中国铁建股份有限公司（以下简称中国铁建）与中国南车及4家墨西哥本土公司组成的联合体（CRCC-CSR-GIA-PRODEMEX-TEYA-GHP）中标上述高铁项目，并发布招标结果公告。当时，中国铁路基建行业一片欢腾，尤其是以中国南车为代表的轨道交通装备制造企业，更将其比喻为"一个里程碑式的跨越，中国高速动车组终于真正实现了'走出去'"。

然而，就在三天后的墨西哥时间11月6日23时（北京时间11月7日13时），由于外界质疑投标被操纵和国内压力，墨西哥交通部又突然发布了取消该项目中标结果的消息。中国铁建11月9日发布声明称，对墨方撤标一事感到异常震惊。

当地媒体爆料，中国铁建牵头的联合体中一家墨西哥公司，曾向墨西哥总统夫人出售一套价值400万美元的房产，引发巨大争议和猜测。墨西哥反对党指责投标被操纵、缺乏透明度。

中企墨西哥高铁项目"得而复失"后，国内外媒体多次报道称墨西哥将二度招标，由中国铁建牵头，联合中铁十一局、中铁十二局、铁四院和中国南车组成的编标组也全力投入二轮竞标的准备工作中。

此前业内多数观点认为，由于中国高铁技术过硬且有价格优势，再加上中方企业融资渠道广泛且能得到来自墨西哥政商各界支持，中方企业原本再次中标的可能性很大。2015年1月29日，墨西哥公布正式二次招标文件，正式重启该项目招标程序，就在包括中国铁建在内的5家国际企业准备展开角逐的时间，墨西哥称因政府宣布削减2015年预算，决定无限期暂停高速铁路项目。

本来是满怀希望、踌躇满志，但项目招标意外"无限期"搁置，无疑又给了中企一记"闷棍"，之前为竞标所做的一切努力付诸东流。

中国铁建2015年2月2日晚发布公告确认，墨西哥无限期暂停墨西哥城至克雷塔罗高速铁路项目招标，公司正就该项目的索赔问题与墨方交涉。至此，沸沸扬扬近5个月的中国高铁首次出口项目终以失败收场。

二、官方力挺中方高铁企业依法维权

墨西哥交通部周一发布声明称，已经接到中国铁建牵头财团提供的竞标过程中产生的成本清单，正在等待对方提供收据作为证明。这些成本包括中国铁建方面参与准备竞标的员工的住宿费用、薪资和为该竞标进行的融资成本。

不过，墨西哥交通部在声明中并未提供此次索赔的财务细节，称未来几天将对中铁建的索赔要求作出回应。

根据墨西哥法律，在工程招标后单方面取消招标结果，3个月内投标方有权提出索赔，索赔范围为"不可追回的费用"。按照墨西哥铁路运输司司长科艾略的说法，中方合理索赔范围应包括标书提交成本、会议成本、实地考察差旅费、误工费，以及文具、保安、办公费用等。

截至2015年2月12日，中国铁建尚未就向墨西哥政府提出索赔一事发布公告。但在早先发布的公告中，中国铁建强调称，中国铁建此类投标项目甚多，墨西哥高铁项目是一个孤立的个别事件，此事对中国铁建的海外经营活动没有大的影响。

自墨西哥方面确认暂停高铁项目以后，中国铁建在消息公布后的第一个交易日股价就下跌9.91%，其后震荡。

在墨西哥高铁项目被无限期搁置这一问题上，有关部委也力挺中方高铁企业依法维权。

我国商务部称，墨西哥高铁从项目信息发布后，相关中国企业进行了长期的跟踪，投入了大量人力、物力和财力。无论墨西哥出于什么原因暂停高铁项目，对中国企业产生的费用及中国企业的利益，当地政府均应该予以保障。

国家发改委也放话称，希望墨西哥政府"妥善处理项目搁置引起的后续问题"，切实保障中国企业的合法权益。

三、墨西哥高铁招标背后究竟有多复杂

中铁建的负责人曾经介绍，由于墨方给的招标时间非常紧迫，只有两个月时间，中铁建组成了400人的标书制作团队，一天24小时连轴转才赶出了标书，在墨西哥城的前方团队，经常就睡在办公室的地上。最后拿出来的标书装了8个箱子，总重2.1吨。墨方非常满意，打了94.4分（满分100）的高分。

而其他诸如阿尔斯通、西门子等国外企业，都因为时间太紧放弃了竞标，这才使得中铁建成为唯一的竞标商。就连墨西哥交通部的撤销公告也承认，招标程序满足时间和法律要求。

那么问题来了，既然没问题，墨西哥总统为何要宣布撤销招标，而且是在总统一个星期后就要来中国参加APEC并进行国事访问时？

墨方在公告里解释称，政府希望可以获得一个完全没有任何社会和议院质疑的招标结果。显然，"所谓满足时间和法律要求"，并没有平息墨西哥国内的质疑声音。

事实上，从先前招标开始，墨西哥反对党和墨西哥媒体就盯住此事不放。质疑点主要集中在招标时间和企业资质——倒不是中铁建的资质，而是中铁建的墨西哥合作方。反对党和媒体质疑这些企业和执政党关系密切。尽管这些企业都是当地知名企业，在野党在台上时也无数次中标国内项目，不过人在野了就忘了这事了。

更大的压力，也许不在高铁，而是来自最近震惊世界的"伊瓜拉事件"：43名学生集体失踪，民间普遍认为是当地警方和黑社会勾结所为，此事已经持续发酵一个多月，执政党仍然没有给公众一个令人信服的答案。抗议的声浪遍布全国，培尼亚·涅托所在的革命制度党面临空前的执政压力。此刻如果高铁再引发质疑，无疑是火上浇油。

但是，建高铁又是总统大选时承诺的，也不能不兑现。当地媒体分析：总统承诺2018年高铁要通车，按墨西哥的财政立项，只有2014年授标，才有可能2015年立项。而西门子公司要求延期6个月，他不能直接延期，这样2018年通不了就算他失信。所以就先授标，再说议会或公众反对，他自己就没责任了。

同时，由于中国和墨西哥产业结构相似，经济互补性差，在国际贸易上经常短兵相接，受媒体影响，墨西哥民众对中国的印象大都来自负面新闻。于是，当一个中国企业成为该国重大工程的唯一竞争者时，民间情绪如何可想而知。

现在想来，虽然有些因素不可预见，但气愤之余也要痛定思痛。

尽管国外有投资需求，我们有投资实力，但跨洋过海，人生地不熟，是中企失败案例的关键原因。此次墨西哥高铁项目，尽管已经找了当地合作伙伴，将相关法律和沟通工作交由墨方代理，但从结果看，仅搞通业务领域还不行。摸清当地情况，不仅在于业务领域，还包括政情社情。搞合作，有需求的对接，而没有心理和文化对接，终究还是拉郎配，入眼不入心。

用一位拉美学者的话说："中国很多海外投资，操作模式如在国内，那是做工程模式，不是投资模式。"在这方面，中国海外投资或中国的企业，都还有很长的路要走。

但不管怎么说，从过去出口袜子、衬衣、电饭锅，换回国外淘汰多年的生产线，到如今把土建工程交给外国人，自己专注高铁等高科技。中国制造走出去，特别是高铁走出去，代表的是中国高端装备制造业的进步，不仅是国家名片，更带动国内相关产业和就业，对这种既有面子又有里子的事情，非但不应苛责嘲讽，而应大力支持才对。俗话说，万事开头难，先别急着否定或是灰心，回头谁笑到最后还不一定呢。

(资料来源：和讯股票 http://stock.hexun.com/2015-02-12/173315003.html)

案例讨论

(1) 试分析中国铁建公司墨西哥高铁项目失利的主要原因。
(2) 结合案例情景，试谈中国铁建公司今后在海外推销高铁项目要注意哪些事项。

第四章 国际市场消费者购买行为分析

本章学习目标

通过本章的学习,要求学生掌握以下内容:①了解影响国际市场消费者购买行为的因素;②了解消费者需求动机;③了解消费者购买行为过程;④了解消费者购买行为决策;⑤了解组织市场的类型;⑥了解组织购买行为与消费者购买行为的差异;⑦了解网络购买行为趋势。

市场营销是一门影响消费者行为的学科,国际市场营销更需要重视消费者行为的差异。对消费者行为的理解,有助于我们成为更精明的消费者、更好的营销人员和更好的社会公民。

消费者行为学是 20 世纪 80 年代中期从西方引入我国的,经过 20 多年的发展,实践证明,研究消费者行为,有助于企业根据消费者需求变化组织生产经营活动,提高市场营销活动效果,增强市场竞争力;有助于消费者提高自身素质,科学地进行个人消费决策,改善消费行为,实现文明消费;有助于推动我国尽快融入国际经济体系,不断开拓国际市场,增强企业和产品的竞争力。消费者行为学研究是企业营销活动的市场基础与决策依据,也是消费者科学消费的前提条件和国家宏观经济政策制定的依据。

本章重点介绍国际市场消费者行为的性质、消费者行为内外部影响因素、消费者的决策过程、组织市场购买行为及有关营销策略。

第一节 消费者市场需求和消费者购买行为

一、消费者市场需求

狭义的消费者,是指购买、使用各种消费品或服务的个人与住户。广义的消费者是指购买、使用各种产品与服务的个人或组织。市场需求,是指城乡居民、社会集团在市场上获得必要生活资料的有支付能力的愿望和要求。它在市场购买行为研究中,具有十分重要的地位。

消费者市场需求,大致上有如下特点。

(一)消费需求的多样性

由于消费者的收入水平、文化程度、职业、性别、年龄、民族和生活习惯的不同,自然会有不同的爱好和兴趣,对消费品的需求也是千差万别的。这种不拘一格的需求,就是消费需求的多样性。

(二) 消费需求的发展性

随着生产力的发展和消费者个人收入的提高，人们对商品和服务的需要也在不断地发展。过去未曾消费过的高档商品进入了消费；过去消费少的高档耐用品现在大量消费；过去消费讲求价廉、实惠，现在追求美观、舒适等。

(三) 消费需求的伸缩性

消费者购买商品，在数量、品级等方面均会随购买水平的变化而变化，随商品价格的高低而转移。其中，基本的日常消费品需求的伸缩性比较小，而高中档商品、耐用消费品、穿着用品和装饰品等选择性强，消费需求的伸缩性就比较大。

(四) 消费需求的层次性

如前所述，人们的需求是有层次的，各个层次之间虽然难于截然划分，但是大体上还是有次序的。一般说来，总是先满足最基本的生活需要（生理需要），即满足"生存资料"的需要，然后再满足社会交往需要和精神生活需要，即满足"享受资料"和"发展资料"的需要。也就是说，消费需求是逐层上升的，首先是满足低层次的需要，然后再满足较高层次的需要。随着生产的发展和消费水平的提高，以及社会活动的扩大，人们消费需求的层次必然逐渐向上移动，由低层向高层倾斜，购买的商品越来越多地为了满足社会性、精神性（"享受资料"、"发展资料"）要求。

(五) 消费需求的时代性

消费需求常常受到时代精神、风尚、环境等的影响。时代不同，消费需求和爱好也会不同。例如，随着我国人民文化水平的提高，对文化用品的需要日益增多。这就是消费需求的时代性。

(六) 消费需求的可诱导性

消费需求是可以引导和调节的。这就是说通过企业营销活动的努力，人们的消费需求可以发生变化和转移。潜在的欲望可以变为明显的行动，未来的需求可以变成现实的消费。

(七) 消费需求的联系性和替代性

消费需求在有些商品上具有关联性，消费者往往顺便联系购买。例如，出售皮鞋时可能附带售出鞋油、鞋带、鞋刷等。所以，经营有联系的商品，不仅会给消费者带来方便，而且能扩大商品销售额。有些商品有替代性，即某种商品销售量增加，另一种商品销售量减少。如食品中的肉、蛋、鱼、鸡、鸭等，其中某一类销售多了，其他就可能会减少；洗衣粉销量上升，肥皂销量下降等等。

二、消费者购买行为的概念

菲利普·科特勒在其著作《营销学原理》及《营销管理——分析、计划和控制》中认为，消费者购买行为是指消费者对于公司商品及商品做出的购买反应，具体包括谁购买公司的产品或服务、如何购买、何时购买、何处购买和为什么购买等类别。

对消费者行为的定义有各种不同的观点。"决策过程论"把消费者行为定义为消费者购买、消费和处置的决策过程。"体验论"认为，消费者行为是消费者的体验过程，往往是一种感性的行为——消费者是在体验中购买、在体验中消费、在体验中处置。"刺激—反应论"认为，消费者行为是消费者对刺激的反应，从消费者与刺激的关系中去研究消费者行为。"平衡协调论"认为，消费者行为是消费者与营销者之间的交换互动行为，是双方均衡的结果。

综合各种观点，消费者行为学（Consumer Behavior）是研究消费者在获取、使用、消费和处置产品和服务过程中所发生的心理活动特征和行为规律的科学。

消费者行为学的基本问题包括消费者的特征辨析（WHO）、消费者的心理行为（WHAT）、如何解释消费者的行为（WHY）和如何影响消费者（HOW）。

三、消费者购买行为研究的发展

消费者行为学作为一门独立的、系统的应用科学，是在资本主义工业革命后，随着商品经济的快速发展、市场问题日益尖锐、竞争加剧而出现的。在这种情况下，一些企业开始注重消费者需求的刺激和商品推销，一些学者根据企业销售的需要，开始从理论上研究商品的需求与销售之间的关系，研究消费者行为与心理同企业销售之间的关系。最早从事这方面研究的是美国社会学家凡勃伦。他出版的《有闲阶级论》（1899年）提出了广义的消费概念。他认为过度的消费是在一种希望炫耀的心理下被激发的。以他为代表的消费心理研究引起了心理学家和社会学家的兴趣，也受到了企业的密切关注。1901年，美国著名社会心理学家斯科特（W. D. Scott）首次提出在广告宣传上应用心理学理论。同时，美国心理学家盖尔的《广告心理学》问世，系统地论述了在商品广告中如何应用心理学原理增加广告的宣传效果，引起消费者更大的兴趣。1912年，德国心理学家闵斯特伯格发表了《工业心理学》一书，阐述了在商品销售中，橱窗陈列和广告对消费者心理上的影响。另外，约翰·华生的刺激-反应理论揭示了消费者在接收广告刺激物与行为反应的关系，被广泛应用于消费者行为研究中。

1950年，梅森海尔（Mason Haire）主持速溶咖啡的研究。美学者盖斯特（L. Guest）和布朗（George H. Brown）于20世纪50年代初开始研究消费者对品牌的忠诚问题，以便找到促使消费者重复选择某一品牌的有效途径。1960年，美国心理学会中成立了消费者心理学分会，这是消费者行为学开始确立其学科地位的前奏。1968年，第一部消费者行为学教材《消费者行为学》由俄亥俄州立大学的恩格尔（James Engel）、科拉特（David Kollat）和布莱克维尔（Roger Blackwell）合作出版。1969年，美国的消费者研究协会（Association for Consumer Research）正式成立。1974年，《消费者研究杂志》（JCR）创刊。

当前，消费者行为学成为市场营销的热门领域。研究参数趋向多样化，研究方法趋向于定量化，研究范围趋向国际化。

第二节　国际市场消费者购买行为的影响因素

对消费者购买行为影响因素有两因素论、三因素论、四因素论等观点。两因素论主要指外部环境因素和内部因素；三因素论包括外部环境、内在特征和营销活动三个因素；四因素论一般指社会、文化、个人和心理因素。

消费者的需要、欲望、消费习惯和购买行为是在许多因素的影响下形成的。消费者的购买行为深受社会、文化、个人和心理因素的影响（如图 4-1 所示），且每种因素对消费者购买行为的影响程度都有所不同。

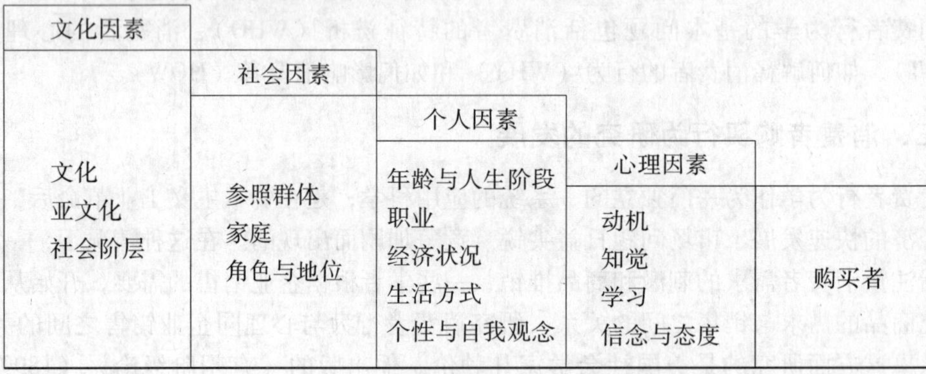

文化因素				
	社会因素			
		个人因素		
			心理因素	
文化 亚文化 社会阶层	参照群体 家庭 角色与地位	年龄与人生阶段 职业 经济状况 生活方式 个性与自我观念	动机 知觉 学习 信念与态度	购买者

图 4-1　影响消费者行为的因素

下面分别阐述文化、社会、个人、心理等四方面因素的具体内容及其对国际市场消费者购买行为的影响。

一、文化因素

文化因素对消费者的行为具有最广泛和深远的影响，是造成不同区域、不同阶层消费者需求差异的重要因素。

（一）文化的特征

(1) 具有明显的区域属性。
(2) 具有很强的传统属性。
(3) 具有间接影响的作用。

（二）文化因素的内容

文化因素主要包括文化与亚文化、社会阶层等方面的内容。

（1）文化与亚文化。在每一种文化中，往往还存在着许多在一定范围内具有文化同一性的群体，他们被称为亚文化群，如国籍亚文化、种族亚文化、地域亚文化等。

（2）社会阶层。社会阶层是社会学家根据职业、收入来源、教育水平、价值观和居住区域对人们进行的一种社会分类，是按层次排列的、具有同质性和持久性的社会群体。同一阶层的人具有相类似的价值观、兴趣爱好和行为方式。

二、社会因素

消费者的购买行为也经常受到一系列社会因素的影响。影响消费者购买行为的社会因素主要包括消费者的相关群体、家庭、角色与地位等。

（一）相关群体

（1）相关群体的概念。相关群体又称为参照群体，是指能够直接或间接影响消费者的消费态度、价值观念和购买行为的个人或集体。一个人的消费习惯、生活方式、对产品品牌的选择，都在不同程度上受相关群体的影响。相关群体对消费者购买行为的影响，主要表现在：一是示范性，二是仿效性，三是一致性。

（2）相关群体的分类。相关群体可以按照不同的变量来分类，一是按照与消费者接触的密切程度分，相关群体可分为主要群体和次要群体。二是按照是否存在较为正式的组织分，相关群体可分为正式群体和非正式群体。

（二）家庭

家庭是社会组织的一个基本单位，是社会中最重要的消费品购买单位，大部分的消费行为是以家庭为单位进行的。家庭对消费者购买行为的影响主要体现在三个方面：一是家庭权威中心，二是家庭规模，三是家庭生命周期。

（三）角色和地位

一个人在一生中会参加许多群体——家庭、企业以及各类组织，每个人在各群体中的位置可用角色和地位来确定。角色是一个人所期望做的活动内容。首先，每一种角色都有与之对应的角色产品需求。其次，角色的转换引起消费者行为上的改变，往往会引起对新产品的需求。最后，角色冲突和角色紧张会引起对缓和这些冲突与紧张的产品的需求。

三、个人因素

消费者购买决策也受个人特性的影响，特别是受其年龄与性别、职业与教育、生活方式、个性以及自我观念的影响。

（一）年龄与性别

年龄与性别是消费者最为基本的个人因素，具有较大的共性特征。不同年龄层次和不同性别的消费者，客观上存在生理和心理上的差别。因此，所需的商品与服务也不尽相同，对同一商品或服务的评价、选择的角度及价值观念等也会存在很大差异。

（二）职业与教育

职业与教育实际上是社会阶层因素在个人身上的集中反映。从事一定的职业以及受过不同程度教育的人会产生明显的消费行为差异，这主要是由于一种角色观念的作用。

（三）生活方式

生活方式反映了人们对怎样花费时间和金钱的态度及其所作的消费抉择的形式。从经济学的角度看，一个人的生活方式表明他所选择的收入分配的方式以及对闲暇时间的安排。

（四）个性与自我观念

每个人都有与众不同的个性，即一个人所特有的心理特征，通常用性格术语来描绘，如外向或内向，乐观或悲观，自信或自卑，活泼或文静，适应或保守，等等。与个性有关的另一种因素是自我观念，或称自我形象，即一个人在心目中认为自己是什么样的人，或认为在别人心中是什么样的人。

四、心理因素

消费者的购买行为还受到动机、知觉、学习以及信念和态度等主要心理因素的影响。

（一）动机

动机是一种升华到足够强度的需要，它能够及时引导人们去探求满足需要的目标。动机的产生必须具备两个条件：一是具有一定强度的需要；二是具有满足需要的目标和诱因。

消费者的动机一般分为感情动机、理智动机与惠顾动机三种类型。

（二）知觉

按照心理学的说法，当客观事物作用于人的感觉器官时，人脑中就会产生反应。这种反应如果只属于事物的个别属性，称为感觉；如果是对事物各种属性的各个部分及其相互关系的综合反应，则称为知觉。知觉过程是一个有选择性的心理过程，它有三种机制：选择性注意、选择性扭曲和选择性保留。

（三）学习

学习是指人们经过实践和经历而获得的，能够对行为产生相对永久性改变的过程。学习论者认为，消费者的学习是通过驱动力、刺激物、提示物（诱因）、反应和强化的相互影响而产生的。消费者的学习模式如图4-2所示。

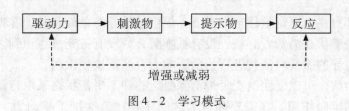

图4-2 学习模式

(四) 信念和态度

(1) 信念。信念是指人们对事物所持有的自己认为是可以确信的看法。这个看法的根源是消费者对某事物带给自己或自己所代表的群体的利益。因此，消费者对企业产品或服务的信念可以建立在科学的、经验的、偏见的、误传的基础上。

(2) 态度。态度是指个人对某些事物或观念长期持有的好与坏的认识评价、情感感受和行动倾向。态度导致人们对某一事物产生或好或坏、或亲或疏的感情。

综上所述，消费者的购买行为是文化、社会、个人和心理因素之间相互影响和作用的结果。其中，很多因素是企业及其市场营销活动无法改变的，但这些因素在识别诸如哪些消费者对产品有兴趣等方面颇有用处。其他因素则受到企业及其市场营销活动的影响，企业借助有效产品、价格、地点和促销管理，可以诱发消费者的强烈反应。

第三节 国际市场消费者购买决策

一、国际市场消费者的需要和动机

消费者为什么购买某种产品，为什么对企业的营销刺激有着这样而不是那样的反应，在很大程度上是和消费者的购买动机密切联系在一起的。购买动机研究就是探究购买行为的原因，即寻求对购买行为的解释，以使企业营销人员更深刻地把握国际市场消费者行为，在此基础上作出有效的营销决策。

(一) 消费者的需要

1. 消费者需要的含义

消费者需要，是指消费者生理和心理上的匮乏状态，即感到缺少些什么，从而想获得它们的状态。个体在其生存和发展过程中会有各种各样的需要，如饿的时候有进食的需要，渴的时候有喝水的需要，在与他人交往中有获得友爱、被人尊重的需要等等。

需要是和人的活动紧密联系在一起的。人们购买产品，接受服务，都是为了满足一定的需要。一种需要满足后，又会产生新的需要。因此，人的需要绝不会有被完全满足和终结的时候。正是需要的无限发展性，决定了人类活动的长久性和永恒性。

需要虽然是人类活动的原动力，但它并不总是处于唤醒状态。只有当消费者的匮乏感达到了某种迫切程度，需要才会被激发，并促动消费者有所行动。比如，我国绝大多数消费者可能都有住上更宽敞住宅的需要，但由于受经济条件和其他客观因素制约，这种需要大都只是潜伏在消费者心底，没有被唤醒，或没有被充分意识到。此时，这种潜在的需要或非主导的需要对消费者行为的影响力自然就比较微弱。

需要一经唤醒，可以促使消费者为消除匮乏感和不平衡状态采取行动，但它并不具有对具体行为的定向作用。在需要和行为之间还存在着动机、驱动力、诱因等中间变量。比如，当饿的时候，消费者会为寻找食物而活动，但面对面包、馒头、饼干、面条等众多选择物，到底以何种食品充饥，则并不完全由需要本身所决定。换句话说，需要只是对应于大类备选产品，它并不为人们为什么购买某种特定产品、服务或某种特定牌号的产品、服务提供充分解答。

2. 消费者需要的分类

作为个体的消费者，其需要是十分丰富多彩的。这些需要可以从多个角度进行分类。

（1）根据需要的起源可以分为生理性需要和社会性需要。生理性需要是指个体为维持生命和延续后代而产生的需要，如进食、饮水、睡眠、运动、排泄、性生活等等。生理性需要是人类最原始、最基本的需要，它是人和动物所共有的，而且往往带有明显的周期性。比如，受生物钟的控制，人需要有规律地、周而复始地睡眠，需要日复一日地进食、排泄，否则，人就不能正常地生活，甚至不能生存。应当指出，人的生理需要和动物的生理需要有本质区别。人的生理需要，从需要对象到满足需要所运用的手段，无不烙有人类文明的印记。正如马克思所说："饥饿总是饥饿，但是使用刀叉吃熟肉来解除的饥饿不同于用手、指甲和牙齿啃生肉来解除的饥饿。"人类在满足其生理需要的时候，并不像动物那样完全受本能驱使，而是要受到社会条件和社会规范的制约。不仅如此，人类还能够运用生产工具和手段创造出面包、黄油、稻谷等需要对象，而动物则只能被动地依靠大自然的恩赐获取其需要物。社会性需要是指人类在社会生活中形成的，为维护社会的存在和发展而产生的需要，如求知、求美、友谊、荣誉、社交等需要。社会性需要是人类特有的，它往往打上时代、阶级、文化的印记。人是社会性的动物，只有被群体和社会所接纳，才会产生安全感和归属感。社会性需要得不到满足，虽不直接危及人的生存，但会使人产生不舒服、不愉快的体验和情绪，从而影响人的身心健康。一些物质上很富有的人，因得不到友谊、爱，得不到别人的认同而产生孤独感、压抑感，恰恰从一个侧面反映出社会性需要的满足在人的发展过程中的重要性。

（2）根据需要的对象可以分为物质需要和精神需要。物质需要是指对与衣、食、住、行有关的物品的需要。在生产力水平较低的社会条件下，人们购买物质产品，在很大程度上是为了满足其生理性需要。但随着社会的发展和进步，人们越来越多地运用物质产品体现自己的个性、成就和地位，因此，物质需要不能简单地对应于前面所介绍的生理性需要，它实际上已日益增多地渗透着社会性需要的内容。精神需要主要是指认知、审美、交往、道德、创造等方面的需要。这类需要主要不是由生理上的匮乏感，而是由心理上的匮乏感所引起的。

美国人本主义心理学家马斯洛将人类需要按由低级到高级的顺序分成五个层次或五种基本类型：①生理需要（Physiological Need），即维持个体生存和人类繁衍而产生的需要，如对食物、氧气、水、睡眠等的需要。②安全需要（Safety Need），即在生理及心理方面免受伤害，获得保护、照顾和安全感的需要，如要求人身的健康，安全、有序的环境，稳定的职业和有保障的生活等。③归属和爱的需要（Love and Belongingness），即希望给予或接受他人的友谊、关怀和爱护，得到某些群体的承认、接纳和重视。如乐于结识朋友，交流情感，表达和接受爱情，融入某些社会团体并参加他们的活动等等。④自尊的需要（Self Esteem），即希望获得荣誉，受到尊重和尊敬，博得好评，得到一定的社会地位的需要。自尊的需要是与个人的荣辱感紧密联系在一起的，它涉及独立、自信、自由、地位、名誉、被人尊重等多方面内容。⑤自我实现的需要（Self Actualization），即希望充分发挥自己的潜能，实现自己的理想和抱负的需要。自我实现是人类最高级的需要，它涉及求知、审美、创造、成就等内容。

（二）消费者的动机

动机（Motivation）这一概念是由伍德沃斯（R. Wood-worth）于1918年率先引入心理学的。他把动机视为决定行为的内在动力。一般认为，动机是"引起个体活动，维持已引起的活动，并促使活动朝向某一目标进行的内在作用"。

人们从事任何活动都由一定动机所引起。引起动机有内外两类条件，内在条件是需要，外在条件是诱因。需要经唤醒会产生驱动力，驱动有机体去追求需要的满足。例如，血液中水分的缺乏会使人（或动物）产生对水的需要，从而引起唤醒或紧张的驱力状态，促使有机体从事喝水这一行为。由此可见，需要可以直接引起动机，从而导致人朝特定目标行动。

既然如此，为什么不用需要直接解释人的行为后的动因，而是在需要概念之外引入动机这一概念呢？首先，需要只有处于唤醒状态，才会驱使个体采取行动，而需要的唤醒既可能源于内部刺激，亦可能源于外部刺激，换句话说，仅仅有需要还不一定能导致个体的行动。其次，需要只为行为指明大致的或总的方向，而不规定具体的行动线路。满足同一需要的方式或途径很多，消费者为什么选择这一方式而不选择另外的方式，对此，需要并不能提供充分的解释。引进动机概念，正是试图从能量与具体方向两个方面对行为提供更充分的解释。再次，在有些情况下，需要只引起人体自动调节机制发挥作用，而不一定引起某种行为动机。典型的例子是人的体温，虽然人类的体温只能在很有限的范围内变动，但它却能自动调节，以适应高于体温（如洗热水澡）与低于体温（如冬泳）的环境。当然，人体均衡机制的调节幅度也是有限的，当均衡状态被大大地打破且超出了正常的调节幅度时，人体内会自动产生需要恢复均衡的力量，动机也就由此而生。最后，即使缺乏内在的需要，单凭外在的刺激，有时也能引起动机和产生行为。饥而求食固属一般现象，然而无饥饿之感时若遇美味佳肴，也可能会使人顿生一饱口福之动机。

二、国际市场消费者的购买动机

消费者富有弹性的购买行为都是在生理动机和心理动机支配下发生的，必然直接或间接地表现在消费者的购买活动之中，影响其购买行为。

(一) 生存性购买动机

生存性购买动机是出于人的生存要求。这是人人都具有的购买动机。饥则求食，寒则求衣，这是人类最基本的而又是最普遍的生存欲望。在生存性购买动机的支配下，人们往往事先早已计划妥当或很自然地要求购买，在购买时较少犹豫，且不太注重商标，一般都是生活必需品。生存性购买动机，有时也与其他购买动机联系在一起，尤其表现在对所要购买的生活用品的外观、质量、性能和价格的选择方面。

(二) 习惯性购买动机

抱有习惯性购买动机的人，对所要购买的商品早有了解，购买时会不假思索地选中目标。对某种商品常常会执著地信任和偏爱。其心理状况往往是"你有千条计，我有老主意"，不为别人的劝说、非议所动。购买的对象一般都是普通生活必需品或烟、酒之类的嗜好品。具有习惯性购买动机的人，往往十分注重商品的商标，并牢牢地记住自己喜爱的商品商标。有一些为大众所称道的名牌高档商品，人们会自然地产生一种信任感，形成习惯性购买。

(三) 理智性购买动机

持有理智性购买动机的人，在购买商品前一般都经过深思熟虑。他们对所要购买的商品有足够的知识和经验，对其特点、性能和使用方法等早已心中有数，因而在品评比较时，不受周围环境气氛和言论的影响。在商品的选择过程中，他们除了注重外观和价格外，还着重检查商品的内在质量和特殊功能，并充分运用视觉、触觉、听觉等器官，以及记忆、想象和思维等方法，反复挑选，在恰当的时机立即决断。这类人在买货时，往往直奔目标，十分自信，一旦选中，不再退货。他们常常希望售货员认真配合他们进行挑选，但又不希望干涉他们的反复比较与选择。

(四) 自信性购买动机

具有自信性购买动机的人，在购买商品前一般都心中有数。对所要购买的商品，有自我确定的标准和选择的理由。他们不大受周围环境和他人的影响，即使临时改变主意，也是意料中的事。因此，在这种购买动机的驱使下，购买的针对性很强，选择面较窄。自信性购买动机类似于理智性购买动机和习惯性购买动机。但在所要购买的商品面前，其理智和冷静的成分更多一些。自信性购买动机是消费者在某时、某地或某种心境下所产生的购买欲望，他们往往认准了商品的某一特点而特别偏爱。所以在买下商品受到别人非议时，他会寻找种种理由说服别人，并为自己的购买行为辩护。即使在购买发生失误时，他也情愿坚持到底。

(五) 冲动性购买动机

带有冲动性购买动机的消费者，在购买东西时，往往会被商品的外观、式样、包装的新奇所吸引、刺激，缺乏必要的考虑和比较。他们的购买活动常常是：心头一热一买下再说—后悔不迭。他们事先一般没有明确的购物目标，往往是在浏览商品时无意中发现，引起了兴趣，决意购买，所以极易受周围环境、气氛和周围人们言论的影响，他们在选择时也常常心中无数。由冲动性购买动机支配下发生的购买活动，最易产生退货现象。只是在退货时，买者可以找出各种理由，但始终不好意思承认自己"不识货"。冲动性购买动机与理智性购买动机是相互对立的。在日常的购买活动中，理智性购买动机并不多见；而冲动性购买动机却经常出现。即使是那些平时头脑比较冷静的人，在他所不了解的商品面前，也可能产生冲动性购买动机。这种购买动机往往会破坏原来早已安排好的购买计划，给消费者带来麻烦，所以需要人们随时注意控制。

（六）诱发性购买动机

这种购买动机的心理过程常常是：好奇性—探究竟—被说服—掏钱买。它与冲动性购买动机很相似，都是事先没有计划和考虑的偏重于感情的购买心理。但是两者又有区别，冲动性购买动机一般说来是主动的、迅速的，而诱发性购买动机则有一个被动、缓慢的过程。因此，它的后悔程度和退货率没有像冲动性购买动机那样高。诱发性购买动机主要受环境气氛和周围人言的影响和诱导。处理品、新奇产品、土特产品往往是消费者产生这种购买动机的诱导对象。

（七）被迫性购买动机

抱有被迫性购买动机的人总是在不情愿的情况下，由于某种无法摆脱和回避的原因，不得不购买商品和劳务。这种消费者，并不是出于对商品的好恶感而是为了照顾某种人际关系违心地破费。它是买者在权衡各方面利弊之后，被迫以购买某种商品或劳务所作出的某种让步姿态。尽管购买的物品对自己可能无益，购买是被迫的，但从其他方面考虑还是必需的。

（八）时髦性购买动机

时髦性购买动机是由于外界环境的影响或社会风尚的变化而引起的购买心理。消费者力图借所购买的商品达到引人注目，或显示主人身份和地位，或为了突出主人的形象、美化居处等目的。时髦性购买动机与冲动性购买动机一样，都是受感情的驱使。所不同的是，时髦性购买动机一般体现着人们对生活的向往和美好的追求，是生活水平逐步提高过程中自然产生的购买欲望。它不一定是在一时冲动下产生的，大部分经过长时间的考虑和比较，只要在力所能及的范围，一般没有什么不妥之处。

（九）保守性购买动机

在商品供过于求的情况下，人们较容易产生保守性购买动机，因为消费者在众多可供挑选的商品面前能够从容地进行挑选，不必心急，商品稍不如意，宁可等待。保守性购买动机是相对于冲动性购买动机或诱发性购买动机而言的。在商品紧缺、供不应求的情况下，较容易使人产生冲动性购买动机（或诱发性购买动机），因而此时人们颇有些"饥不择食"或不买就会"坐失良机"的心理。然而，在商品供过于求（或商品供应结构不合理所带来局部性供过于求)时,同类商品的竞争加剧,促使产品质量不断提高、品种花式不断增多,价格不断下降。这对消费者来说是十分有利的,他们自然要经过充分挑选,满足自己的愿望,竭力做到"买最有利的"。保守性购买动机与理智性购买动机相似,两者都在消费前要再三考虑。

三、消费者参与购买决策的角色

根据购买决策的参与者在购买活动中所起的作用,消费者参与购买决策的五种角色如下:

(1) 发起者。这是指第一个建议或想到要购买某种产品或服务的人。
(2) 影响者。这是指对最后决策有直接或间接影响的人。
(3) 决策者。这是指对是否购买、怎样购买有权进行最终决策的人。
(4) 购买者。这是指执行具体购买任务的人。
(5) 使用者。这是指实际消费或使用产品或服务的人。

了解每一个购买者在购买决策中扮演的角色,并针对其角色地位与特性,采取有针对性的营销策略,就能较好地实现营销目标。如购买一台空调,提出这一要求的是孩子;是否购买由夫妻共同决定,而丈夫对空调的品牌作出决定,这样空调公司就可以对丈夫作更多有关品牌方面的宣传,以引起丈夫对本企业生产的空调的注意和兴趣;至于妻子在空调的造型、色调方面有较大的决定权,公司则可设计一些在造型、色调等方面受妻子喜爱的产品。只有这样了解了购买决策过程中的参与者的作用及其特点,公司才能制定出有效的生产计划和营销计划。

四、消费者购买行为的类型

根据购买活动中消费者的介入程度和商品品牌的差异程度,可将消费者的购买行为分为复杂的购买行为、寻求多样化的购买行为、化解不协调的购买行为和习惯性的购买行为;这四种购买行为之间的比较如表4-1所示。

表4-1 消费者购买行为的类型

品牌差异	介入程度	
	高度介入	低度介入
大	复杂的购买行为	寻求多样化的购买行为
小	化解不协调的购买行为	习惯性的购买行为

(一) 复杂的购买行为

当消费者初次选购价格昂贵、购买次数较少的、冒风险的和高度自我表现的商品时,则属于高度介入购买。由于对这些产品的性能缺乏了解,为慎重起见,他们往往需要广泛地收集有关信息,并经过认真的学习,产生对这一产品的信念,形成对品牌的态度，并慎重地作出购买决策。

对这种类型的购买行为，企业应设法帮助消费者了解与该产品有关的知识，并设法让他们知道和确信本产品在比较重要的性能方面的特征及优势，使他们树立对本产品的信任感。这期间，企业要特别注意针对购买决定者做介绍本产品特性的多种形式的广告。

(二) 寻求多样化的购买行为

寻求多样化购买行为亦叫广泛选择购买行为。如果一个消费者购买的商品品牌间差异虽大，但可供选择的品牌很多时，他们并不花太多的时间选择品牌，而且也不专注于某一产品，而是经常变换品种。比如购买饼干，他们上次买的是巧克力夹心，而这次想购买奶油夹心。这种品种的更换并非对上次购买饼干的不满意，而是想换换口味。面对这种广泛选择的购买行为，当企业处于市场优势地位时，应注意以充足的货源占据货架的有利位置，并通过提醒性的广告促成消费者建立习惯性购买行为；而当企业处于非市场优势地位时，则应以降低产品价格、免费试用、介绍新产品的独特优势等方式，鼓励消费者进行多种品种的选择和新产品的试用。

(三) 化解不协调的购买行为

当消费者高度介入某项产品的购买，但又看不出各品牌有何差异时，对所购产品往往产生失调感。因为消费者购买一些品牌差异不大的商品时，虽然他们对购买行为持谨慎的态度，但他们的注意力更多的是集中在品牌价格是否优惠、购买时间、地点是否便利，而不是花很多精力去收集不同品牌间的信息并进行比较，而且从产生购买动机到决定购买之间的时间较短。因而这种购买行为容易产生购后的不协调感：即消费者购买某一产品后，或因产品自身的某些方面不称心，或得到了其他产品更好的信息，从而产生不该购买这一产品的后悔心理或心理不平衡。为了改变这样的心理，追求心理的平衡，消费者广泛地收集各种对已购产品的有利信息，以证明自己购买决定的正确性。为此，企业应通过调整价格和售货网点的选择，并向消费者提供有利的信息，帮助消费者消除不平衡心理，坚定其对所购产品的信心。

(四) 习惯性的购买行为

消费者有时购买某一商品，并不是因为特别偏爱某一品牌，而是出于习惯。比如醋，这是一种价格低廉、品牌间差异不大的商品，消费者购买它时，大多不会关心品牌，而是靠多次购买和多次使用而形成的习惯去选定某一品牌。针对这种购买行为，企业要特别注意给消费者留下深刻印象，企业的广告要强调本产品的主要特点，要以鲜明的视觉标志、巧妙的形象构思赢得消费者对本企业产品的青睐。为此，企业的广告要加强重复性、反复性，以加深消费者对产品的熟悉程度。

五、消费者购买行为过程

消费者的购买决策是一个动态发展的过程，西方营销学者将消费者购买行为过程分为确认需要、收集信息、评价方案、购买决策、购后行为五个阶段（如图 4-3 所示）。这是一种典型的购买决策过程，这种购买决策过程适用于分析复杂的购买行为，因为复杂的购买行为是最完整、最有代表性的购买类型，其他几种购买类型是越过其中某些阶段后形成的，是复杂购买行为的简化形式。以下分别就购买行为过程的五个阶段进行分析。

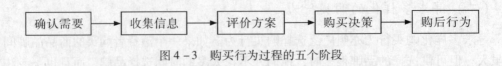

图 4-3　购买行为过程的五个阶段

（一）确认需要

确认需要是消费者购买决策过程的起点。需要是消费者目前的实际状况与其所企求的状况之间的差异。人们的需要可以由内在或外在的刺激引起：如饥渴可以驱使人去寻找可供吃、喝的东西，而饮食店里色、香宜人的鲜美食品、饮料，也会刺激人的饥饿与渴饮感。市场营销也应十分注意唤起需要。企业应了解与其产品种类有关的实际上或潜在的需要，在不同时间这种需要的程度，以及这种需要会被哪些诱因所触发。这样，可以通过合理的、巧妙的、恰当的诱因，在适当的时间、地点，以适当的方式引起需要。

（二）收集信息

如果某种需要很强烈，可满足需要的物品又易于并能够得到，消费者就会希望马上满足自己的需要。在多数情况下，被引起的需要不是马上就能满足时，这种需要必然先进入人们的记忆中，作为满足未来需要的必要资料。由于需要会使人产生注意力，因此，可能促使其积极寻找或接受资料，也就是借助于对产品所积累的认识不断收集有关产品的情报资料，以便完成从知觉到坚信的心理程序，作出购买决策。消费者一般会通过以下几种途径去获取其所需要的信息资料：一是个人来源；二是商业来源；三是公共来源；四是经验来源。

（三）估价方案

消费者利用从各种来源得到的资料，进行分析、对比，评价商品，作出选择。消费者对产品的评价一般会涉及以下几个要素：一是产品属性，二是属性权重，三是效用函数，四是评价模型。不同消费者评价商品的标准和方法，有很大差别。例如评价牙膏这种商品，有牙病者希望能防蛀，有的人喜欢香味，有的人则选择芳香的味道。

（四）购买决策

并非所有感到需要的人都会进行购买。有些人的需要在购买前的活动过程中，会逐渐衰退，或徘徊于"不确定"之中。消费者在采取购买行为前，须作出购买决策。购买决策是许多项目的总抉择,包括购买何种商品、何种牌号、何种款式、多少数量、何处购买、以何价格购买、以何方式付款等。消费者对某一项目作抉择时,又会受到许多因素的影响与制约(如图4-4所示)。因此,在消费者的购买决策阶段,一方面要向消费者提供更多有关产品的情报,便于消费者比较优缺点;另一方面,则应通过各种销售服务,造成方便顾客的条件,加深其对企业及商品的良好印象,促使作出购买本企业商品的决策。

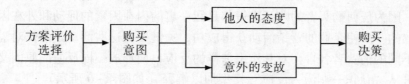

图4-4 影响消费者购买决策的因素

(五)购后行为

消费者购买商品后,往往会通过使用或通过与他人交换意见,对自己的购买选择进行检验,重新考虑购买这种商品是否明智、是否合算、是否理想等,这就形成购后行为(如图4-5所示)。由于有的消费者过高地估计了商品的质量,购买后对这种看法又产生了疑虑,即产生了认识上的不和谐性。这种不和谐性的强度,随着使用中预期效果的实现程度和需要的满足程度而发生变化。购买后感受是一种重要的反馈作用。因为行为会影响态度,态度又会影响以后的行为,所以,如果已购买的产品不能给消费者以预期的满足,使其产生失望或使用中遇到困难,消费者就会更正其对那个商品的态度,并在今后购买行为中予以否定,不仅自己不会重复购买,而且还影响他人购买。

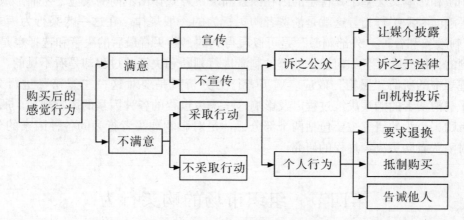

图4-5 消费者的购后行为示意

上述购买行为过程的五个阶段说明,购买过程早在实际购买之前就已开始,其结束不是在实现购买之时,而是在实际购买之后仍会持续一段时间。因此,企业的营销活动应注重消费者购买决策的整个过程,而不是仅仅局限于购买决定。购买过程的五个阶段是一种基本行为模式,并不是所有的购买行为都需要经过五个完整的阶段。

六、消费者购买行为模型

许多研究者提出了消费者行为综合模型,如霍金斯模型、阿塞尔模型(消费者行为反馈)、所罗门模型(消费者行为轮盘)等。综合前文分析,企业的营销活动对一个具体的消费者而言,是否能够产生作用,能够产生多大作用,对哪些人最为有效,可以从心理学的"认识—刺激—反应"模式去加以解释。这是研究消费者购买行为最为基本的方法。因为任何购买者的购买决策都是在一定的内在因素的促动和外在因素的激励之下而采取的。要使企业的营销活动获得成功,关键要看这些活动是怎样对消费者产生影响的,不同的消费者各自会对其作出怎样的反应,而形成不同反应的原因又到底是什么。我们可从"认识—刺激—反应"模型加以解释(如图4-6所示)。

图4-6 消费者购买行为模型

从这一模式中我们可以看到,具有一定潜在需要的消费者首先是受到企业的营销活动刺激和各种外部环境因素的影响而产生购买决策的;而不同特征的消费者对于外界的各种刺激和影响又会基于其特定的内在因素和决策方式作出不同的反应,从而形成不同的购买趋向和购买行为。这就是消费者购买行为的一般规律。在这一购买行为模式中,"营销刺激"和各种"外部刺激"是可以看得到的,购买者最后的决策和选择也是可以看得到的,但是购买者如何根据外部的刺激进行判断和决策的过程却是看不见的。这就是心理学中的所谓"黑箱"效应。购买者行为分析就是要对这一"黑箱"进行分析,设法了解消费者的购买决策过程以及影响这一决策过程的各种因素的影响规律。所以对消费者购买行为的研究主要包括两个部分,一是对影响购买者行为的各种因素的分析,二是对消费者购买决策过程的研究。

第四节 组织市场的购买行为

一、组织市场的类型

组织市场,是指购买商品或服务用于生产性消费、转卖、出租或用于其他非生产性消费的企业、政府、非营利性组织。

组织市场有生产者市场、中间商市场、政府采购市场、非营利性组织市场等类型。

(一) 生产者市场

生产者市场又称生产资料市场,人们在物质资料生产过程中所使用的劳动资料和劳动对象统称为生产资料。生产者市场在购买的规模和集中程度方面都不同于消费者市场。

(二) 中间商市场

中间商市场亦称转卖者市场,是由以营利为目的从事转卖或租赁业务的个体和组织构成,包括批发商和零售商,其实质是顾客的采购代理。中间商购买行为同生产者购买行为有相似之处,其采购计划包括经营范围和商品搭配、选择什么样的供应者、以什么样的价格和条件来采购等三个决策。

(三) 政府采购市场

该市场是由需要采购货物和劳务的各级政府部门构成,采购的目的是为了执行政府机构的职能。所以,政府采购者的行为与一般民间采购者有所不同。在分析过程中应注意影响政府购买行为的因素与购买决策过程。此外,事业单位购买行为与政府部门相似,这里不再赘述。

(四) 非营利性组织市场

自 20 世纪 80 年代以来,在世界范围内出现了一种全球性的第三部门,即数量众多的自我管理的私人组织,它们不是致力于分配利润给股东或董事,而是在正式的国家机关之外追求公共目标,即非营利组织。非营利组织在全球范围内发展很快,其购买行为具有独特性。

二、组织市场的特征

(1) 购买者更少、更大、更集中。生产企业及各类生产组织是生产者市场的基本购买单位,其数目比个人和家庭要少得多,由于生产集中和规模经济,要达到一定的生产批量,一次的购买量必须很大。

(2) 派生性需求。派生需求或者叫引发需求,即生产者对生产资料的需求从根本上讲是由消费者对消费品的需求引发而来的。

(3) 需求缺乏弹性。生产资料的需求量主要取决于企业的产品结构、生产规模、工艺流程和技术水平等因素,受价格变化影响较小,其需求量不会因价格下降而大量增加,也不会因价格上涨而大量减少,短期需求尤其如此。

(4) 购买的专业化。各类经济组织对其购买的产品质量、规格、性能等各方面都有计划和严格要求,对技术咨询、安装维修、零配件供应、交货期和信贷条件等要求较高,且不易受广告宣传及其他促销措施的影响,购买的理智性较强。因此,企业通常由专业知识丰富、训练有素的专职人员负责采购工作。

(5) 买卖关系的长期性。生产者市场上的买卖双方倾向于建立长期的业务联系，相互依存，卖方在顾客购买决策的各个阶段往往要参与决策，帮助顾客解决一些购买过程的问题，提供完善的售前咨询、答疑及售中、售后服务，有时要帮助顾客寻找能满足其需要的商品，甚至按顾客要求的品种、性能、规格和时间定期向顾客供货。

三、组织市场的购买行为

（一）生产者购买类型

（1）直接重购。生产者按常规重新购买过去购买的同类生产用品，是一种最简单的购买情况。

（2）修正重购。采购部门根据企业发展要求，适当改变采购的某些产品规格、价格等条件，甚至更换供应商。

（3）新购。生产者第一次采购某种产业用品。

（二）影响生产者购买行为的主要因素

生产资料购买是生产者的重要决策之一，受到下列四种主要因素的影响：

（1）环境因素。环境因素指影响企业开展营销活动的一切外部因素，主要包括政治、法律、经济、文化、技术、竞争和自然环境等。生产者市场的购买者受当时和预期经济环境因素影响极大，如经济前景、市场需求、技术发展变化、市场竞争和政治法律等。

（2）组织因素。组织因素指生产者企业内部的各种因素，主要包括企业的目标、政策、业务程序、组织结构和制度等。这些因素从组织内部的利益、营运和发展战略等方面影响生产者购买决策。

（3）人际因素。人际因素指企业内部的人事关系。生产者购买活动具体由企业的采购中心执行，采购中心由使用者、影响者、采购者、决定者和信息控制者组成，这五种成员共同参与购买决策过程，因其在企业中的地位、职权、志趣、说服力及他们之间的相互关系不同而对购买决策产生不同有时甚至是微妙的影响。

（4）个人因素。个人因素指企业内参与生产用品购买决策的个人的动机、感知、偏好和购买风格等。这些因素又受制于参与者本人年龄、收入、教育、性格、职业认同感及对风险的态度等。企业生产资料的购买实质上是采购中心成员在企业内外各种因素约束下的具体购买行为，因此，这些个人因素必然对生产者的购买决策产生潜移默化的影响，会影响各个参与者对要采购的产业用品和供应商的感觉、看法，从而影响购买决策、购买行动。

（三）生产者购买决策过程

生产者购买决策过程如表4-2所示：

表4-2 生产者购买决策过程

购买决策过程	购买类型		
	新购	修正重购	直接重购
(1) 识别问题	是	可能	否
(2) 说明需要	是	可能	否
(3) 确定产品规格	是	是	是
(4) 寻求报价	是	可能	否
(5) 征求报价	是	可能	否
(6) 选择报价	是	可能	否
(7) 签订合同	是	可能	否
(8) 评价使用结果	是	是	是

（1）问题识别。生产者用户认识自己，明确所要解决的问题，需要可由内部和外部两方面原因引起。

（2）说明需要。对所需项目进行价值分析，确定所需项目的特征和数量等最佳采购方案。

（3）确定产品规格。说明所购产品的品种、性能、特征、数量和服务，写出详细的技术说明书，作为采购人员的采购依据。

（4）寻求报价。这就要物色供应商，途径有通过资料或上网查询、派员出访、注意广告、参加展览会等。

（5）征求报价。这就要审视供应商提供的供应建议书，即接受供应商报价建议书。

（6）选择报价。评估供应商的报价、条件。评价内容主要是供应商的产品质量、性能、产量、技术、价格、信誉、服务及交货能力等。

（7）签订合同。与供应商签订合同，要注意合同的格式正确性和条款的完整性。

（8）评价使用结果。使用部门要对供应商所提供产品的质量、性能、服务等提出评估意见。

（四）中间商的购买行为

1. 中间商购买行为的特点

中间商市场有以下特点：①派生需求。中间商对商品的需求是由消费者对商品的需求引发而来的，所购商品的品种、花色、规格、数量、价格、交货日期等受到消费者需求的制约和影响。②挑选性较强。中间商进货时讲究商品组合配置，需要品种齐全、花色丰富，以满足消费者的多样化需求，提高他们的购买效益。③需求弹性较大。中间商购买商品是为了再转售，对购货成本即中间商市场的价格变化较为敏感，其需求量随价格涨落的变化而变化。④批量购买，定期进货。中间商大都有固定的进货渠道，一次性购买的数量较大且有较为规律的进货时间。

2. 中间商的购买选择

中间商的购买选择主要有选择购买的商品的编配组合、选择供应商、选择购买的时间和数量、选择购买条件等。

（五）非营利性组织的购买行为

1. 非营利性组织的类型

（1）履行国家职能的部门。这里指服务于国家和社会，以实现社会整体利益为目的的有关组织，包括各级政府和下属各部门、保卫国家安全的军队、保障社会公共安全的警察和消防队、管制和改造罪犯的监狱等。

（2）促进群体交流的部门。这是指促进某群体内成员之间的交流，沟通思想和情感，宣传普及某种知识和观念，推动某项事业的发展，维护群体利益的各种组织，包括各种职业团体、业余团体、宗教组织、专业学会和行业协会等。

（3）提供社会服务的部门。这是指为某些公众的特定需要提供服务的非营利组织，包括学校、医院、红十字会、卫生保健组织、新闻机构、图书馆、博物馆、文艺团体、基金会、福利和慈善机构等。

2. 影响非营利性组织购买行为的因素

非营利性组织的购买行为受到该组织经费来源、经营目的和管理者决策能力的影响。主要影响因素包括：①经费。非营利组织的采购经费总额是既定的，不能随意突破。②价格。非营利组织大多数不具有宽裕的经费，在采购中要求商品价格低廉。③质量。非营利组织购买商品不是为了转售，也不是使成本最小化，而是维持组织运行和履行组织职能，所购商品的质量和性能必须保证实现这一目的。④控制。为了使有限的资金发挥更大的效用，非营利组织采购人员受到较多的控制，只能按照规定的条件购买，缺乏自主性。⑤程序复杂。非营利组织购买过程的参与者多，组织审批程序也较为复杂。

3. 非营利性组织的购买方式

非营利性组织的购买方式主要有以下方面：

（1）公开招标选购。即非营利组织的采购部门通过传播媒体发布广告或发出信函，说明拟采购商品的名称、规格、数量和有关要求，邀请供应商在规定的期限内投标。非营利组织处于主动地位，供应商之间却会产生激烈竞争。

（2）议价合约选购。即非营利组织的采购部门同时和若干供应商就某一采购项目的价格和有关交易条件展开谈判，最后与符合要求的供应商签订合同，达成交易。

（3）日常性采购。这是指非营利组织为了维持日常办公和组织运行的需要而进行采购。

（六）政府市场购买行为

1. 政府市场购买行为特点

（1）需求受到较强的政策制约。一国政府的经济政策对政府市场的消费影响较大，财政开支紧缩时，需求减少；反之需求相应增加。

（2）需求计划性较强。一国政府开支要列入财政预算，各级政府部门购买什么、购买多少都要受到财政预算的限制，不仅要制订购买计划，还要经过组织预算、审批等过程。

（3）购买方式多样。对日用办公品购买，政府市场购买往往先选定供应商，然后采取连续再购买的形式定期购买；对价格昂贵的大宗商品，如飞机、汽车等，采用公开招标的方式竞购；对公共福利品，则容易受到推销商的影响，等等。

（4）购买需求受到公众社会的监督。各级政府机构的开支来自财政拨款，财政拨款来自于社会公众的税收，社会公众有权以各种形式对政府机构的购买活动加以监督，要求政府富有效率、公正、廉洁，能以最低标准的购物数量实现政府的各项职能。

（5）购买目标的多重性。政府在购买时除了考虑价格较低等经济性因素外，还要追求其他政治性、军事性、社会性目标等。如对国防用品及军火的采购，对某些地区及某些产业的产品的扶持性购买等。

2. 政府机构采购的程序和方式

政府机构购买商品是为了有效地履行其维护社会安全，保护社会公众利益，建设与维护公共设施等项职能，购买的商品品种多、数量大，购买行为深受社会密切关注，其采购方式和采购程序较为特殊。

（1）公开招标竞购。公开招标竞购指政府部门以向社会公开招标的方式择优购买商品和服务。一般的程序是：先由政府的采购机构在媒体上刊登广告或发出信函，说明要采购商品的名称、品种、规格、数量等具体要求，邀请供应商在规定的期限内投标；然后，由自愿投标的供应商在规定的期限内按投标人规定填写标书，写明可供商品的名称、品种、规格、数量、交货日期、价格、付款方式等，密封后送达政府采购机构；最后，由政府的采购机构在规定的日期开标，选择报价最低又符合要求的供应商成交。

（2）议价合约选购。议价合约选购是指政府采购机构和一个或几个供应商接触，经过谈判协商，最后只和其中一个符合条件的供应商签订合同，进行交易。一般而言，当政府的采购业务涉及复杂的计划、风险较大、竞争性较小时，比较适合于采用这种购买方式。

（3）例行选购。政府部门对维持日常政务运转所需的办公用品、易耗物品和福利性用品等商品，多为经常性、常规性连续购买，花色品种、规格、价格、付款方式等都相对稳定，大多采取例行选购的方式，向熟悉的和有固定业务联系的供应商购买。

第五节　网络购买行为

网络购买行为，是指消费者通过互联网检索商品信息并通过电子订购单发出购物请求，然后按要求完成支付选择，商家通过邮购、快递公司送货上门。我国国内的网上购物，一般付款方式是款到发货（直接银行转账、在线汇款），担保交易则是货到付款。随着网络应用普及，上网用户规模扩大，网络购买行为较普遍，国际化趋势已愈加明显。

为配合网络购买发展，保障消费者权益，国家工商行政总局颁布了《网络交易管理办法》，自2014年3月15日起施行。该办法主要内容如下：一是不得确定最低消费标准；二是网络商品经营者销售商品，消费者有权自收到商品之日起七日内退货，且无须说明理由；三是不得利用格式条款强制交易；四是未经同意不得发送商业信息；五是不得以虚构交易提升信誉。

网络购物的优点是：①对于消费者而言，网络购买时订货不受时间、地点的限制，同时能够获得较全面的商品信息，同类产品可方便进行比价和性能比较，可以买到当地没有的商品，国际购买行为更加容易；从订货到货物上门无须亲临现场，既省时，又省力；价格较一般商场的同类商品更物美价廉。②对商家而言，通过网络销售，可以降低库存压力，能较好控制经营成本，经营规模也不受场地限制等。

网络购买行为突破了传统商务的障碍，无论对消费者、企业还是市场都有着巨大的吸引力和影响力，在新经济时期无疑是达到"多赢"效果的理想模式。

网络购物的缺点是：货物有假冒伪劣产品，网络支付不安全，退货不便，无法现场体验等。2015年年初国家工商行政管理总局发布的数据显示，2014年全国网购投诉量较高，主要集中在合同、售后服务、质量等方面，分别占投诉总量的28.4%、22.7%、21.7%。

本章小结

本章阐述了消费者购买行为、组织市场购买者行为和网络购买行为，以及国际市场消费者购买行为的影响因素、组织市场的内含与特征等内容。

消费者市场，是指个人或家庭为满足生活需求而购买或租用商品的市场，它是市场体系的基础，是起决定作用的市场。从交易的商品看，产品的花色多样、品种复杂，产品的生命周期短；商品的专业技术性不强，替代品较多，因而商品的价格需求弹性较大，价格变动对需求量的影响较大。从交易的规模和方式看，消费品市场购买者众多，市场分散，成交次数频繁，但交易数量零星。从购买行为看，消费者的购买行为具有很大程度的可诱导性。

组织市场也是市场的一个组成部分，组织市场的类别有生产者市场、中间商市场、非营利组织市场、政府采购市场。

网络购买行为日益普遍，国际化趋势也日益显著。

关键概念

消费者　消费者行为　需要　动机　购买行为的影响因素　购买决策　组织购买者　生产者　中间组织　非营利性组织　政府采购　网络购买

思考题

（1）消费者购买行为的影响因素有哪些？
（2）简述消费者参与购买决策的五种角色。
（3）简述消费者购买行为的类型。

(4) 简述消费者购买行为过程。
(5) 简述组织购买者的内涵。
(6) 简述不同组织购买者的特征。
(7) 简述生产组织的购买行为。
(8) 简述政府机构的购买行为。
(9) 简述网络购物的优缺点。

案例　"双十一"购物活动

2009年以前，11月11日不过是一个普普通通的日子，而2012年11月11日，它却成了一个标志性节点和销售传奇，是所有网络卖家、平台供应商、物流企业的必争之地。

2009年，天猫（当时称淘宝商城）开始在11月11日"光棍节"举办促销活动，最早的出发点只是想做一个属于淘宝商城的节日，让大家能够记住淘宝商城。选择11月11日，也是一个有点冒险的举动，因为光棍节刚好处于传统零售业十一黄金周和圣诞促销季中间。但这时候天气变化正是人们添置冬装的时候，当时想试一试，看网上的促销活动有没有可能成为一个对消费者有吸引力的窗口。结果一发不可收拾，"双十一"成为电商消费节的代名词，甚至对非网购人群、线下商城也产生了一定影响力。2012年11月11日，围绕这个日子，线上天猫、京东、易迅、当当、国美网上商城、苏宁易购等电商提前热身，线下家电连锁卖场、商场也打得不可开交。2012年"双十一"服务于这次狂欢节的商家、快递业、支付行业、第三方服务业以及电商平台等相关行业从业者就达百万。

一、天猫

让我们看一下近几年来天猫"双十一"销售的增长情况。2009年，天猫"双十一"销售额为0.5亿元。2010年，天猫提高到9.36亿元。2011年，天猫"双十一"的销售额已跃升到33.6亿元。2012年，天猫"双十一"当日支付宝交易额实现飞速增长，达到191亿元，其中包括天猫132亿元，淘宝59亿元；订单数达到1.058亿笔。2013年11月11日，最新数据显示：淘宝"双十一"交易额突破1亿元只用了55秒；达到10亿元用了6分7秒；50亿元用了38分钟；凌晨5：49阿里当日交易额突破100亿元；13：39达200亿元；17：31突破250亿元；11月11日当天总交易额350.19亿元。来自阿里巴巴的数据显示，2014年11月11日凌晨，购物活动开场仅到第3分钟，阿里的平台成交额已突破10亿元人民币；14分02秒，突破50亿元；38分28秒，交易额冲上100亿元；13时31分，天猫"双十一"成交额突破362亿元，打破2013年11月11日全天的成交纪录；21时12分，成交总额突破500亿元。2014年11月12日凌晨，阿里巴巴公布了"双十一"全天的交易数据：支付宝全天成交金额为571亿元，移动占比42.6%。

二、调查

《中国青年报》社会调查中心通过问卷网对1530人进行的一项调查显示，56.1%的受访者打算在"双十一"网购，24.4%的受访者直言自己属于网上冲动消费的"剁手族"，对于"双十一"购物，54.2%的受访者最担心虚假宣传及价格虚标。

调查显示，56.3%的受访者表示期待"双十一"购物活动，34.9%的受访者态度一般，6.3%的受访者不期待，另有2.5%的受访者对"双十一"购物活动有些反感。

调查显示，43.3%的受访者担心快递爆仓、收货延迟，33.5%的受访者担心网站、支付系统瘫痪，32.5%的受访者担心预售商品不能七天无条件退换货，16.9%的受访者担心网络诈骗。但是却造成了无数实体店的生意下降，引发一轮金融风暴。

在"双十一"有意愿购物的网友中，他们首先关注的因素是折扣力度，其次是质量，最后是物流，这三点的顺序和去年是一样的。但是对比具体的数值我们可以发现，今年网友对产品质量和快递速度的要求都比去年更高了，反而对折扣力度的关注少于去年，这也从某种程度上显示出经过连续两年"双十一"的洗礼，网友们的购物更趋向于理性了。

在关注的网站中，淘宝的关注度高达98.4%，看来上市以后的阿里巴巴是很难不被人关注了。对比之下，京东的关注度则下降了10多个点，但是仍然是稳居第二的位置，甩开第三名接近50个百分点。唯品会和聚美优品今年上升较快，已经进入前五名。

三、国际趋势

网络购物呈现国际化趋势，不少国外消费者通过网络购买中国产品。据亚马逊中国预测，2015年网购将崛起"网购国际化"新趋势，亚马逊中国目前已累积来自5大洲17个国家的高品质商品，与去年相比国际品牌数量增长了30%。此外，亚马逊时尚频道的55个独家国际品牌在2014年的销售额增长了17倍，体现了时尚品类越来越国际化的趋势。高品质海外商品受到追捧。亚马逊海外直采业务增速明显，特别是来自美国和法国的直采葡萄酒和果酒系列，不仅在选品数量上实现了翻番，销售额则为去年的3倍。北京、上海、广州、杭州、成都成为海外直邮和国际化网购销量最高的五大城市。

（资料来源：①百度百科"双十一"，http://baike.baidu.com/link?url=oeKJLcGfLBx6fmgw1T7_OaZYaZFJaT1rw9J1W-BdI8fHlRSJlf0w9Uv8R8mib8C9Px6E9atkHTUdvAad4DEqfa；②亚马逊中国预测2015年网购5大热点 崛起"网购国际化"新趋势，《华西都市报》，2014年12月15日。）

案例讨论

（1）从"双十一"购物活动中，分析消费者购买行为的特点。

（2）网络购物的国际化趋势对企业营销提出了什么要求？

第五章 国际市场营销调研与预测

本章学习目标

通过本章的学习，要求学生掌握以下内容：①了解市场信息及其特征；②了解国际市场营销预测的方法；③了解国际营销调研的方法。

第一节 市场信息与市场信息系统

一、市场信息及其特征

在消费者日益追求个人生活品质的现代经济生活中，企业对市场信息的需求较以往任何时候更为强烈。其原因有三：一是市场地域的扩大。随着经济全球化的发展，市场不再局限于某个地区，市场营销从地区扩展到全国，甚至跨越了国家之间的界限，营销决策人员在不同地区市场或国际市场中面临着较为生疏的环境，需要收集、加工许多新的信息。二是购买者的购买行为复杂化、个性化。随着购买者收入水平的明显提高，他们在购买中的挑选性愈来愈强，这使得购买行为复杂化，由此引起购买者行为研究的相应复杂化。三是竞争由价格竞争发展至非价格竞争。在较高收入水准的市场中，购买者对产品价格不再像过去那样敏感，价格高低对最终决定是否购买的影响力度大为削弱，而品牌、产品差异、广告和销售推广等竞争手段的作用日益突出，但这些非价格手段能否有效运用，前提条件也在于是否能获取正确的信息。

市场信息作为广义信息的组成部分，除具有一般信息所有的属性外，还有以下特征。

（一）时效性强

市场营销活动与市场紧密联系在一起，信息的有效性具有极强的时间要求。这是由于作为国民经济大系统的中心位置的市场，受到错综复杂的要素的影响和制约，处于高频率的不断变化中，信息一旦传递加工不及时，就很难有效地利用。对此，日本有商业情报专家认为，一个准确程度达到百分之百的情报，其价值不如一个准确性只有50%、但赢得了时间的情报；特别是在竞争激烈之际，企业采取对策如果慢了一步，就会遭到覆灭的命运。

(二) 更新性强

市场营销信息随市场的变化与发展而处于不断的运动中，市场活动的周期性并不意味着简单的重复，而必定是在新环境下的新过程。虽然这种过程与原有的过程有着时间上的延续性，但绝不表明可以全部延用原有的信息。信息总是不断地随着环境的变化而不断更新，这要求企业营销部门必须不断地、及时地收集、分析各种新信息，以便不断掌握新情况，研究新问题，取得营销主动权。

(三) 双向性

在市场商品流通中，商品的实体运动表现为从生产者向消费者的单向流动，而市场营销信息的流动则不然，它带有双向性：一是信息的传递，二是信息的反馈。

企业的市场信息资源主要来自两个方面，一方面是来自于企业内部的自身经营运作的市场信息，另一方面是来自于企业经营环境的市场信息。按照市场信息的研究对象来划分，可以将它们分为顾客、竞争对手、国家与政府经济政策、产品、营销战略等形式。

二、市场信息系统

市场信息系统，是指一个由人员、机器设备和程序所组成的相互作用的复合系统，它连续有序地收集、挑选、分析、评估市场营销信息，为企业营销管理人员制定、改进、执行和控制营销计划提供依据。市场信息系统是一种信息处理工具，它是从市场环境中搜集数据和市场信息，然后进行科学处理，最后以市场信息的形式将结果提供给决策者。

为了及时、有效地寻求和发现市场机会，在日趋激烈的市场竞争中取胜，企业需要建立一个有效的营销信息系统，以便及时系统地收集、加工与运用各种有关的信息。现代信息技术突飞猛进的发展，为企业大规模收集、处理信息提供了手段。

市场信息系统由内部报告系统、营销情报系统、营销调研系统和营销分析系统四个子系统构成，各子系统的作用是：①内部报告系统以内部会计系统为基础，提供企业的内部信息，它是企业营销管理者经常要使用的最基本的信息系统，主要功能是向营销管理人员及时提供有关订货数量、销售额、产品成本、存货水平、应收账款等信息。②营销情报系统是市场营销管理人员用于获得日常的有关企业外部营销环境发展趋势信息的一整套程序和来源。③营销调研系统是识别、收集、分析和传递有关市场信息，获取特定市场信息的营销信息子系统。④营销分析系统是企业用来存储、分析市场营销数据和问题的营销信息子系统。

第二节 国际市场营销调研的内容

一、国际市场环境调研

整个行业的信息是国际市场调研所必须掌握的第一项重要信息。进行准确的产品定位，就要全面了解所处的行业环境，了解产品在行业中的位置，从而更好地把握产品研发、推出的节奏，更好地确定产品关键利益点以及在企业产品组合中的位置。一般来说，市场宏观信息主要包括市场容量、增长率、盈利率、集中度、行业周期、技术水平、创新能力、主要参与企业及其类型等关键性指标。包括政治法律环境、经济环境、科技环境和社会环境调研等。政治法律环境调研，主要是对政府的方针、政策和各种法令、条例，以及外国有关法规与政局变化、政府人事变动、战争、罢工、暴乱等可能影响本企业的诸因素的调研。经济环境调研，主要是对国民总产值增长、国民收入分配的地区和社会格局、储蓄与投资变化、私人消费构成、政府消费结构等宏观经济指标进行调研。科技环境调研，主要是对国际国内新技术、新工艺、新材料的发展速度、变化趋势、应用和推广等情况进行调研。社会环境调研，主要是了解一个社会的文化、风气、时尚、爱好、习俗、宗教等。

二、国际市场需求调研

国际市场需求调研包括市场需求容量、顾客和消费行为调研。市场容量调研，主要是指现有和潜在人口变化、收入水平、生活水平、本企业的市场占有率、购买力投向。顾客调研，主要是了解购买本企业产品或服务的团体或个人的情况，如民族、年龄、性别、文化、职业、地区等。购买行为调研，是调研各阶层顾客的购买欲望、购买动机、习惯爱好、购买习惯、购买时间、购买地点、购买数量、品牌偏好等情况，以及顾客对本企业产品和其他企业提供的同类产品的欢迎程度。

三、国际市场供给调研

国际市场供给调研主要调研产品或服务供给总量、供给变化趋势、市场占有率；消费者对本企业产品或服务的质量、性能、价格、交货期、服务、包装的意识、评价和要求；本企业产品或服务的市场寿命、消费者对本企业产品或服务更新的态度、现有产品或服务能继续多长时间、有无新产品或服务来代替；生产资源、技术水平、生产布局与结构；该产品或服务在当地生产和输入的发展趋势；协作伙伴竞争对手的状况，即他们的产品或服务的质量、数量、成本、价格、交货期、技术水平、潜在能力等。

四、国际市场行情调研

国际市场行情调研包括以下方面：①整个行业市场、地区市场、企业市场的销售状况和销售能力；②商品供给的充足程度、市场空隙、库存状况；③市场竞争程度、竞争对手的策略、手段和实力；④有关企业同类产品的生产、经营、成本、价格、利润的比较；⑤有关地区、企业产品的差别和供求关系及发展趋势；⑥整个市场价格水平的现状和趋势、最适宜于顾客接受的价格性能与定价策略；⑦新产品定价及价格变动幅度等。

五、国际市场销售调研

国际市场销售调研主要是指对渠道与终端调研。由于产品必须与其渠道、终端进行合理的匹配，才能快速切入市场，因此，渠道与终端调研就成为一项关键的工作。渠道与终端调研能够全面掌握营销渠道以及终端的现状，对于产品寻找准确的定位具有重要的意义。一般来说，进行产品定位所需要的渠道与终端信息主要包括渠道与终端结构、类型、分布、质量、管理水平、运作状况、未来发展趋势等。

国际市场销售调研包括以下方面：①对销售渠道、销售过程和销售趋势的调研；②企业产品是自销还是代销，是完全通过自设网点销售，还是部分经由代销网点销售；③代销商的经营能力、社会声誉、目前销售和潜在销量；④委托代销的运输成本、工具、路线、仓库储存能力；⑤人员直销和非人员直销各自优劣；⑥采用哪种广告媒体（如电视、广播、报纸、杂志、广告牌）引人注目、效果较好；⑦服务方式的优劣，如成套供应、配件准备、分期付款、免费维修、价格折扣、技术培训、哪种方式最受顾客欢迎等。

第三节　国际市场营销调研的程序与方法

一、国际市场营销调研的程序

国际市场营销调研主要包括以下九个步骤。

（一）确定市场调研目标

市场调研的目的在于帮助企业准确地作出经营战略和营销决策，在市场调研之前，须先针对企业所面临的市场现状和亟待解决的问题，如产品销量、产品寿命、广告效果等，确定市场调研的目标和范围。

（二）确定所需信息资料

市场信息浩如烟海，企业进行市场调研必须根据已确定目标和范围收集与之密切相关的资料，而没有必要面面俱到。纵使资料堆积如山，如果没有确定的目标，也只会事倍功半。

（三）确定资料搜集方式

企业在进行市场调研时，收集资料必不可少。而收集资料的方法极其多样，企业必须根据所需资料的性质选择合适的方法，如实验法、观察法、调查法等。

（四）搜集现成资料

为有效地利用企业内外现有资料和信息，首先应该利用室内调研方法，集中搜集与既定目标有关的信息，这包括对企业内部经营资料、各级政府统计数据、行业调查报告和学术研究成果的搜集和整理。

（五）设计调查方案

在尽可能充分地占有现成资料和信息的基础上，再根据既定目标的要求，采用实地调查方法，以获取有针对性的市场情报。市场调查几乎都是抽样调查，抽样调查最核心的问题是抽样对象的选取和问卷的设计。如何抽样，须视调查目的和准确性要求而定。而问卷的设计，更需要有的放矢，完全依据要了解的内容拟定问句。

（六）组织实地调查

实地调查需要调研人员直接参与。调研人员的素质影响着调查结果的正确性，因而首先必须对调研人员进行适当的技术和理论训练，其次还应该加强对调查活动的规划和监控，针对调查中出现的问题及时调整和补救。

（七）进行观察试验

在调查结果不足以揭示既定目标要求、信息广度和深度时，要采用实地观察和试验方法。具体来说，要组织有经验的市场调研人员对调查对象进行公开和秘密的跟踪观察，或是进行对比试验，以获得更具有针对性的信息。

（八）统计分析结果

对获得的信息和资料进行进一步统计分析，提出相应的建议和对策是市场调研的根本目的。市场调研人员须以客观的态度和科学的方法进行细致的统计计算，以获得高度概括性的市场动向指标，并对这些指标进行横向和纵向的比较、分析和预测，以揭示市场发展的现状和趋势。

（九）准备研究报告

市场调研的最后阶段是根据比较、分析和预测结果写出书面调研报告。调研报告一般分专题报告和全面报告，阐明针对既定目标所获结果，以及建立在这种结果基础上的经营思路、可供选择的行动方案和今后进一步探索的重点。

二、国际市场营销调研的方法

（一）抽样调研

1. 随机抽样方法

随机抽样就是按照随机原则进行抽样，即调查总体中每一个个体被抽到的可能性都是一样的，是一种客观的抽样方法。随机抽样方法主要有：简单随机抽样、等距抽样、分层抽样和分群抽样。

2. 非随机抽样方法

常用的非随机抽样主要有以下方面：

（1）任意抽样。任意抽样也称便利抽样，这是纯粹以便利为基础的一种抽样方法。街头访问是这种抽样最普遍的应用。这种方法抽样偏差很大，结果极不可靠。一般用于准备性调查，在正式调查阶段很少采用。

（2）判断抽样。判断抽样是根据样本设计者的判断进行抽样的一种方法，它要求设计者对母体有关特征有相当的了解。在利用判断抽样选取样本时，应避免抽取"极端"类型，而应选择"普通型"或"平均型"的个体作为样本，以增加样本的代表性。

（3）配额抽样。配额抽样与分层抽样法类似，要先把总体按特征分类，根据每一类的大小规定样本的配额，然后由调查人员在每一类中进行非随机的抽样。这种方法比较简单，又可以保证各类样本的比例，比任意抽样和判断抽样样本的代表性都强，因此实际上应用较多。

（二）问卷调研

1. 确定需要的信息

在问卷设计之初，研究者首先要考虑的就是要达到研究目的、检验研究假设所需要的信息，从而在问卷中提出一些必要的问题以获取这些信息。

2. 确定问题的内容

确定了需要的信息之后，就要确定在问卷中要提出哪些问题或包含哪些调查项目。在保证能够获取所需信息的前提下，要尽量减少问题的数量，降低回答问题的难度。

3. 确定问题的类型

问题的类型一般分为以下三类：一是自由问题。这种回答问题的方式可以获得较多的较真实的信息。但是被调查人因受不同因素的影响，各抒己见，使资料难以整理。二是多项选择题。这种问题应答者回答简单，资料和结果也便于整理。需要注意的问题是选择题要包含所有可能的答案，又要避免过多和重复。三是二分问题。二分问题回答简单也易于整理，但有时可能不能完全表达出应答者的意见。

4. 确定问题的词句

问题的词句或字眼对应答者的影响很大，有些表面上看差异不大的问题，由于字眼不同应答者就会做出不同的反应。因此问题的字眼或词句必须斟酌使用，以免引起不正确的回答。

5. 确定问题的顺序

问题的顺序会对应答者产生影响，因此，在问卷设计时问题的顺序也必须加以考虑。原则上开始的问题应该容易回答并具有趣味性，以提高应答者的兴趣。涉及应答者个人的资料则应最后提出。

6. 问卷的试答

一般在正式调查之前，设计好的问卷应该选择小样本进行预试，其目的是发现问卷的缺点，改善提高问卷的质量。

（三）实地调查与访谈调研

实地调查与访谈调研一般分为访问法、观察法和实验法。

1. 访问法

访问法是营销调研中使用最普遍的一种调查方法。它把研究人员事先拟订的调查项目或问题以某种方式向被调查者提出，要求给予答复，由此获取被调查者或消费者的动机、意向、态度等方面的信息。按照调查人员与被调查者接触方式的不同，访问法又分为个人访谈、电话访问和邮寄访问。

2. 观察法

观察法是由调查员直接或通过仪器在现场观察调查对象的行为动态并加以记录而获取信息的一种方法。观察法分为人工观察和非人工观察，在市场调研中用途很广。比如研究人员可以通过观察消费者的行为来测定品牌偏好和促销的效果。现代科学技术的发展，人们设计了一些专门的仪器来观察消费者的行为。观察法可以观察到消费者的真实行为特征，但是只能观察到外部现象，无法观察到调查对象的一些动机、意向及态度等内在因素。

3. 实验法

实验法是指在控制的条件下对所研究的现象的一个或多个因素进行操纵，以测定这些因素之间的关系，它是因果关系调研中经常使用的一种行之有效的方法。实验方法来源于自然科学的实验求证，现在广泛应用于营销调研，是市场营销学走向科学化的标志。现场实验法的优点是方法科学，能够获得较真实的资料。但是，大规模的现场实验往往很难控制市场变量，影响实验结果的内部有效性。实验室实验正好相反，内部效度易于保持但难于维持外部有效度。此外，实验法实验周期较长，研究费用昂贵，严重影响了实验方法的广泛使用。

（四）实验调研

实验调研又称为市场营销实验，是通过小规模的营销活动来测验某一产品或某项营销措施的效果，以决定是否有扩大规模的必要。这种方法是收集因果关系方面信息最适当的方法。采用这种方法的一个关键是环境因素不变。如果企业要测量广告的效果，可以选择两个条件相近的地区，甲地和乙地，假设两地生活习惯、水平以及人口素质、数量相同，同时销售同一商品，甲地做广告，乙地不做广告，实验期一个月。结果该商品在甲地销售了5000件，乙地销售了3000件。实验结果表明做广告比不做广告销售量多2000件。

第四节 国际市场预测

一、国际市场预测的概念

国际市场预测，是指运用科学的方法对影响国际市场供求变化的诸因素进行调查研究，分析和预见其发展趋势，掌握国际市场供求变化的规律，为国际经营决策提供可靠的依据。

预测为决策服务，也是为了提高管理的科学水平和减少决策的盲目性，我们需要通过预测来把握全球经济发展或者未来市场变化的有关动态，减少未来的不确定性，降低决策可能遇到的风险，使决策目标得以顺利实现。

二、国际市场预测的原则

市场预测就是根据历史经验和现状推断未来发展趋势，预测既要借助数学、统计学等方法论，也要借助于先进的手段。国际市场预测需要遵循以下原则。

（一）相关原则

相关原则是建立在"分类"的思维高度来关注事物（类别）之间的关联性，当了解（或假设）到已知的某个事物发生变化，再推知另一个事物的变化趋势。

最典型的相关有正相关和负相关，从思路上来讲，不完全是数据相关，更多的是"定性"。

1. 正相关

正相关，是指事物之间的互相"促进"。例如，某地区政府反复询问企业一个问题："人民物质生活水平提高究竟带来什么机遇"，这实际上是目前未知市场面临的一个最大机遇。通过调研预测，该地区先后发展了"家电业"、"保健品"等产业。这也体现企业对市场消费品需求增加的机遇意识。

2. 负相关

负相关，是指事物之间相互"制约"，一种事物发展导致另一种事物受到限制。特别是"替代品"。例如，资源政策、环保政策出台，必然导致"一次性资源"替代品的出现，像"代木代钢"发展起来的PVC塑钢需求就很旺盛。

（二）惯性原则

任何事物发展具有一定惯性，即在一定时间、一定条件下保持原来的趋势和状态，这也是大多数传统预测方法的理论基础，如"线性回归"、"趋势外推"等。

（三）类推原则

类推原则是建立在"分类"的思维高度，以此关注事物之间的关联性。常见的类推原则的应用有以下方面：

（1）由小见大。即从某个现象推知事物发展的大趋势。

（2）由表及里。这是指从表面现象推内在实质。

（3）由此及彼。例如，引进国外先进的管理和技术也可以由这一思路解释。

（4）由过去、现在推以后。

（5）由远及近。例如，国外先进的产品、技术、管理模式和营销经验，可能就是自身企业要学习的东西。

（6）自下而上。从下面一个局部推知上面的整个全局。例如，一个规模适中的农业乡，收割小麦需要3台收割机，这个县有50个类似的农业乡，可以初步估计这个县收割小麦时需要的收割机的市场容量为150台。

（7）自上而下。从全局细分，就可推知某个局部情况。

（四）概率推断原则

我们不可能完全把握未来，但根据经验和历史，很多时候能大致预估一个事物发生的大致概率，根据这种可能性，采取对应措施。扑克、象棋游戏和企业博弈型决策都在不自觉地使用这个原则。有时我们可以通过抽样设计和调查等科学方法来确定某种情况发生的可能性。

三、国际市场预测的基本依据

国际市场预测有以下四个基本依据。

（一）信息

信息是指客观事物特性和变化的表征和反映，存在于各类载体，是预测的主要工作对象、工作基础和成果反映。

（二）方法

方法是指在预测的过程中进行质和量的分析时所采用的各种手段。预测的方法按照不同的标准可以分成不同的类别：按照预测结果属性可以分为定性预测和定量预测；按照预测时间长短的不同，可以分为长期预测、中期预测和短期预测；按照方法本身，还可以分成类别预测、模型预测和非模型预测。

（三）分析

分析是指有关理论所进行的思维研究活动。根据预测方法得出预测结论之后，还必须进行两个方面的分析：一是在理论上要分析预测结果是否符合经济理论和统计分析的条件；二是在实践上对预测误差进行精确性分析，并对预测结果的可靠性进行评价。

（四）判断

判断是指对预测结果依据相关信息或动态所作的修正或判断，判断是预测技术中重要的因素。

四、国际市场预测的内容

国际市场预测的内容主要包括以下三个方面。

(一) 预测市场容量及变化

市场容量是指有一定货币支付能力的需求总量。市场容量及其变化预测可分为生产资料市场预测和消费资料市场预测。

1. 生产资料市场预测

生产资料市场预测是通过对国民经济发展方向、发展重点的研究，综合分析预测期内行业生产技术、产品结构的调整，预测工业品的需求结构、数量及其变化趋势。

2. 消费资料市场预测

消费资料市场预测重点有以下三个方面：

(1) 预测消费者购买力。预测消费者购买力要做好两个预测：①人口数量及变化预测。人口的数量及其发展速度，在很大程度上决定着消费者的消费水平。②消费者货币收入和支出的预测。

(2) 预测购买力投向。消费者收入水平的高低决定着消费结构，即消费者的生活消费支出中商品性消费支出与非商品性消费支出的比例。消费结构规律是收入水平越高，非商品性消费支出会增大，如娱乐、消遣、劳务费用支出增加，在商品性支出中，用于饮食费用支出的比重大大降低。另外，必须充分考虑消费心理对购买力投向的影响。

(3) 预测商品需求的变化及其发展趋势。根据消费者购买力总量和购买力的投向，预测各种商品需求的数量、花色、品种、规格、质量等。

(二) 预测市场价格的变化

企业生产中投入品的价格和产品的销售价格直接关系到企业盈利水平。在商品价格的预测中，要充分研究劳动生产率、生产成本、利润的变化，市场供求关系的发展趋势，货币价值和货币流通量变化以及国家经济政策对商品价格的影响。

(三) 预测生产发展及其变化趋势

对生产发展及其变化趋势的预测，这实际上是对市场中商品供给量及其变化趋势的预测。

五、国际市场预测的方法

国际市场预测的方法很多，归纳起来可分为定性预测方法和定量预测方法两类。

(一) 定性预测方法

定性预测方法，是指通过社会调查，采用数据和直观材料，并结合人们的经验加以综合分析，作出判断和预测。它是以市场调研为基础的经验判断法。

定性预测方法的主要优点是：简便易行，一般不需要先进的计算设备，不需要高深的数学知识准备，易于普及和推广；其缺点是：缺乏客观标准，往往受预测者经验、认识的局限，从而带有一定的主观片面性。

（二）定量预测方法

定量预测方法，是指依据市场调查所得的比较完备的统计资料，运用数学特别是数理统计方法，来建立数学模型，用以预测经济现象未来数量表现的方法。

运用定量预测方法，一般需具有大量的统计资料和先进的计算手段。定量预测方法可分为时间序列预测方法和因果分析预测方法。

1. 时间序列预测方法

时间序列预测方法，是指将某种经济统计指标的数值，按时间先后顺序排列所形成的序列。对于不同的预测对象或其不同发展趋势，采用不同的方法并配以不同的曲线表示，如水平型发展趋势、线性变化趋势、二次曲线趋势、对数直线趋势、修正指数曲线趋势和龚佩子曲线趋势。

2. 因果分析预测法

因果分析预测法，是指以事物之间的相互联系、相互依存关系为根据的预测方法。因果分析法的主要工具是回归分析技术，因此又称其为回归方程分析预测法。在利用这种方法预测时，首先要确定事物之间相关性的强弱，相关性越强，预测精度越高；反之，预测精度就较差。其次要研究事物之间的相互依存关系是否稳定，如果不稳定，或在预测期内发生显著变化，则利用历史资料建立的回归模型就会失败。运用回归方程分析预测法主要有一元回归预测、多元回归预测和自回归预测方法。

六、国际市场预测的步骤

（一）确定预测目标

根据经营活动存在的问题，拟定市场预测的目标、具体项目，制定市场预测工作计划，编制预算，调配力量，组织实施，以保证市场预测工作有计划和有节奏地进行。

（二）搜集市场相关资料

进行市场预测必须占有充分的资料。有了充分的资料，才能为市场预测提供进行分析、判断的可靠依据。在市场预测计划的指导下，调查和搜集预测有关资料是进行市场预测的重要一环，也是预测的基础性工作。

（三）选择市场预测方法

根据预测的目标以及各种预测方法的适用条件和性能，选择出合适的预测方法。有时可以运用多种预测方法来预测同一目标。预测方法的选用是否恰当，将直接影响到预测的精确性和可靠性。运用预测方法的核心是建立描述、概括研究对象特征和变化规律的模型，根据模型进行计算或者处理，即可得到预测结果。

（四）市场预测调整

分析判断是对调查搜集的资料进行综合分析，并通过判断、推理，使感性认识上升为理性认识，从事物的现象深入到事物的本质，从而预计市场未来的发展变化趋势。在分析评判的基础上，通常还要根据最新信息对原预测结果进行评估和修正。

（五）编写市场预测报告

市场预测报告应该概括市场预测研究的主要活动过程，包括预测目标、预测对象及有关因素的分析结论、主要资料和数据，预测方法的选择和模型的建立，以及对预测结论的评估、分析和修正等。

本章小结

本章主要对国际市场信息和国际市场调研的内容、程序及方法，以及对国际市场预测的依据和方法、步骤等方面进行了阐述。在现代经济生活中，企业对市场营销信息的需求较以往任何时候更为强烈。因此，企业需要构建市场信息系统来满足国际营销的需要。市场信息的主要来源渠道是通过市场调研获得。市场调研包括国际市场环境调研、需求调研、供给调研、销售调研等。为了获得科学、准确、有价值的市场调研信息，必须按照科学的调研程序、选取有效的调研方法进行国际市场调研。国际市场预测则是国际营销决策的基础。可以选用定量和定性的方法按一定市场预测的步骤进行预测。

关键概念

市场信息　市场调研　抽样　市场预测　定性预测　定量预测

思考题

(1) 市场信息有何特征？
(2) 市场调研的方法有哪些？
(3) 市场调研的内容包括哪些？如何开展市场调研？
(4) 市场预测的方法有哪些？
(5) 如何开展市场预测？

案例　《纸牌屋》

2014年网络电影《纸牌屋》是首部打入美国艾美奖争霸战的网络原创剧，它已经成为众多商学院的经典案例。

《纸牌屋》诞生，源于从3000万付费用户收视习惯的总结，并根据对用户喜好的精准分析进行创作。《纸牌屋》的数据库包含了3000万用户的收视选择（快进、回看、暂停等行为及偏好标签）、400万条评论、300万次主题搜索。最终，决定《纸牌屋》

拍什么、谁来拍、谁来演、怎么播。从受众洞察、受众定位、受众接触及受众转化，每一步都由精准细致高效经济的数据引导，从而实现大众创造的C2B，即由用户需求决定生产。例如，大部分用户希望什么角色被秒杀或18～25岁女性用户最期待什么情节等。

一部《纸牌屋》，让全世界的文化产业界都意识到了大数据的力量。《纸牌屋》的出品方兼播放平台Netflix在2014年一季度新增超300万流媒体用户，第一季财报公布后股价狂飙26%，达到每股217美元，较之前一年的低谷价格累计涨幅超三倍。

从10多年前亚马逊搜集读者的评论进行数据分析，根据购买记录和搜索偏好"预测"读者需求开始，商界一直在实际中运用"大数据"模式进行市场调研、市场细分、产品研发和品牌战略推广，一度因网络卖书几乎撑不下去的亚马逊，借此成功转型为电子商务巨头，开辟了新的"蓝海"。之后从沃尔玛的货架到Youtube视频网站等社交网站的标签，无不在执行"数据搜集、整理分析、预测套现"的大数据三部曲。所以，《纸牌屋》的制片方、影视网站Netflix根据对3000多万个用户行为的分析精准预测了"导演、男主角、剧本之必火组合"，与其说是"大数据制片"的成功，不如说是"大数据营销"的成功。

如今，互联网以及社交媒体的发展让人们在网络上留下的数据越来越多，海量数据再通过多维度的信息重组使企业在谋求各平台间的内容、用户、广告投放的全面打通，以期通过用户关系链的融合及网络媒体的社会化重构，在大数据时代下为广告用户带来更好的精准社会化营销效果。

（资料来源：徐丹：《〈纸牌屋〉给力用户定制时代》，中国大数据网。http://jb.sznews.com/html/2014-03/08/content_2800043.htm.）

案例讨论

（1）《纸牌屋》成功的原因是什么？
（2）大数据如何帮助国际市场营销精准预测？

第六章 国际市场营销战略

本章学习目标

通过本章的学习,要求学生掌握以下内容:①了解行业竞争力量、一般竞争战略、国际市场营销竞争战略和一体化与当地化的战略选择;②了解国际企业战略联盟的定义、类型和制定原则;③了解价值、价值链的概念和意义。

第一节 国际市场营销竞争战略

营销战略的本质是把组织及其环境联系起来。随着营销人员的经验及眼界由国内扩展到了全球,竞争者的经验及眼界也扩展到了全球。如今,各个行业都已进入全球性的竞争。这种"现实"使得企业面临日益增大的压力,以至于必须借助一定的技巧来进行企业分析、竞争者分析,以增加自己在竞争中的优势。

一、行业竞争力量分析

按照哈佛大学权威竞争战略专家迈克尔·波特(Michael E. Porter)的说法,有五种力量对行业竞争有影响:新进入者的威胁、替代品的威胁、买方的讨价还价能力、卖方的讨价还价能力和行业中现有对手之间的竞争(参见图6-1)。

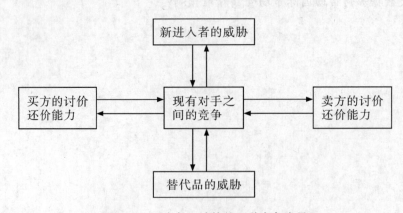

图6-1 迈克尔·波特的五种竞争力量

（一）新进入者的威胁

一个行业中新进者的加入意味着生产能力的增加、价格将降低，边际收入下降，结果是行业利润下降。对于新加入者而言，有八种主要的壁垒，这些壁垒的存在与否决定了行业新加入者的威胁程度。

第一个壁垒是规模经济。规模经济①是指单位产品成本随单位时期内绝对生产量（总产量）的增加而减少。虽然规模经济的概念常和制造业联系在一起，但它也适用于研究开发、整体管理、市场营销等职能。例如，本田公司对发动机进行研究开发的高效率来自它所生产的范围极广的以汽油为动力的发动机产品。当行业中的现存公司达到一定的规模经济时，会使得潜在的新进入者很难具有竞争力。麦当劳选择了通过在全球范围内塑造统一的品牌形象，传递着统一的品牌信息，虽有千千万万的麦当劳连锁店，却只有唯一的麦当劳形象。有效地利用了规模经济效益模式，大大地降低了其品牌传播的成本，使得麦当劳的品牌在国际市场上的影响力和竞争力都得到了很大的提高。

第二个壁垒是产品差别。产品差别是指一件产品能被人感觉到的独特程度。即它是否是一件"一般交换品"（Commodity）、它的标准化程度和差别化程度如何。不论是通过产品的属性还是有效的营销沟通，如果行业中已有企业的产品差别水平和品牌忠诚度水平很高，都会提高未来加入者的进入壁垒。例如，戴尔公司最早推出了兼容机，顾客只需说明自己想配置的电脑的性能要求以及自己所能承受的价位，戴尔公司就能尽最大可能为顾客组装出一台个性十足的PC机。戴尔公司的这种经营模式一经推出便获得了很大的成功。再如，蒙珊托公司的营养糖（Nutrasweet）是一种因差别化而成功的产品，公司坚持令其标识和商标，一种红白色相间的漩涡状标志出现在减肥饮料罐子上，从而在人造增甜剂行业中竖起了一道新的壁垒。例如，耐克公司独一无二的 Air Force 系列是吸引消费者购买的一个原因所在。这种差异性造就了公司在某一个领域取得独占地位。

第三个壁垒是对资金的需求。不仅制造设备需要资金，研究开发、广告、区域销售与服务、提供顾客信用以及存货都需要资金。在药业、大型计算机组、化学产品和冶矿这样的行业中，大量的资金需求更是构成了新进入者严重的进入障碍。

第四个壁垒是购买者更换供应商和所用产品的一次转移成本。这其中可能包括再培训费用、辅助设备成本、对新资源估价的成本等，使用一个新加入者提供的产品给客户所带来的潜在成本也是行业新加入者获取成功的一个巨大障碍。

第五个壁垒是获取分销渠道的途径。如果分销渠道已饱和，或者没有可直接得到的分销渠道，那么新加入的企业要建立新的分销渠道，进入成本也会随之显著增加。

---

① 规模经济是指，给定技术的条件下（指没有技术变化），对于某一产品（无论是单一产品还是复合产品），如果在某些产量范围内平均成本是下降或上升的话，则认为存在着规模经济（或不经济）。具体表现为"长期平均成本曲线"向下倾斜。从这种意义上说，长期平均成本曲线便是规模曲线，长期平均成本曲线上的最低点就是最小最佳规模。

第六个壁垒是政府政策。在某些情形下,政府会绝对禁止竞争性的进入。这种情况许多行业中确实存在,特别是在美国之外的企业,它们被自己的政府认为是"民族"工业。举例来说,法国的公用事业公司臭名昭著,因为该公司虽然接受外国设备供应商的投标但最终签约时总是倾向于国内供应商。日本在"二战"后民族工业的战略就是以维护和捍卫民族工业为基础的,结果造成了外国竞争者很难进入日本市场,美国许多行业的企业管理者呼吁采取一些政府政策来减少这些障碍,使日本市场向更多的美国公司开放。啤酒行业属于竞争性行业,尽管政府开放较早,外资进入也较早,但啤酒公司大多由原来的国有企业改制而来,中央和地方政府对大型啤酒集团依然看重其控股地位,对外资的持股比例设有限制,由此可见政府政策的影响。另外,目前的节能减排政策也加大了啤酒企业的资金需求,直接加大了该行业的进入壁垒。

第七个壁垒是已建立的企业享有的与规模无关的成本优势。这种成本优势给进入行业制造了障碍。例如,已建立的公司易于得到原材料、有利的生产位置和政府补贴。

第八个壁垒是预期的竞争者反应。这种反应可能成为一个进入者的重要障碍。如果新加入者预期现有竞争者对他们的进入反应强烈,那么他们对进入行业的期望收益将会受到极大影响。如果潜在进入者认为进入新行业会很不顺利,其行动也会因此而大受阻碍。波士顿咨询集团(Boston Consulting Group)的前任经理布鲁斯·亨德森用安全极限冒险政策(Brinkmanship)来描述一种阻碍竞争性进入的推荐方法。安全极限冒险政策是指行业的领头企业做出某种表示,使潜在的竞争者确信任何进入市场的努力都会受到强烈的、不愉快的回应。例如,一个城市水资源垄断和市场垄断是必然的,规模大的水厂比规模小的水厂具有先天性竞争优势,无法具有自由竞争的公平性。要保护规模小的水厂就必须固定水量和价格,这就相当于保护了落后,而不加以保护的必然结果就是"大鱼吃小鱼",最终形成垄断局面,并排除了新进入者。

(二)替代品的威胁

如果市场上有可得到的替代产品,行业领导者的产品价格就会受到影响。例如,历史上医药业一直具有很高的利润,部分原因是著名的、有效的药品很少有替代品。类似地,蒙珊托营养糖厂的丁氨甜味剂"阿斯巴甜"(Aspartame Sweetener)因为受到的专利权保护以及产品质量、安全方面的良好记录而享有了近似垄断价格的利润;当它的专利权在世界各地到期时,它就不得不降低价格来维持市场份额。除了面临着丁氨类产品制造商的威胁外,新一代的人工甜味剂也已整装待发。其中一种就是强生公司(Johnson & Johnson)的产品煎糖甜味剂(Sucralose),相较于阿斯巴甜,它的保存期更长。在2007年,创维准确把握住了当时80%的网络电影都是采用RMVB格式这一市场,推出一款能播放RMVB格式的彩电,很好地满足了一部分时尚、前卫、热爱"IT技术"的年轻一族的需求。但是,消费电子技术的更新换代令人吃惊,一些数码企业也开始觊觎这一市场,推出针对客厅电视的"视频播放器"。这种产品内置视频解码芯片可外接U盘、存储卡等。通过视频线或更专业的色差输出线连接到电视,播放RMVB格式的网络电影,厂商们甚至为这个数码产品配置了非常家电化的遥控器。这种外接设备的诞生,给一些喜欢外资品牌,但又希望能把RMVB格式电影放在电视播放的消费者，提供了两全的选择。且增加一个外接设备，付出的代价约在 300~400 元。这一新产品的诞生，顿时使主打多媒体播放功能的国产彩电吸引力大大打折。例如，2014 年 5 月 18 日，华为联合中国电信发布了旗舰 4G 手机 Ascend P7，主打高端品牌，并将竞争对手锁定为苹果 iPhone。华为 P7 在 ID 设计、拍照体验和 4G 网络连接性上重新定义了智能手机，仅两个月的时间，华为就开发出能与硬件和芯片匹配良好的合拍软件产品并全新打造了营销概念。

（三）买方的讨价还价的能力

企业客户的最终目的是以尽可能最小的成本获取其用以作为输入的产品或服务。如果买方（购买者）可以降低行业中供应商的利润，那么它们的最高利益就实现了。要达到这一目的，购买者必须在供应商行业中取得一定的杠杆效应。首先，购买者可以通过大量购买，使供应商的生存与购买者的业务休戚相关。其次，当卖方（供应商）的产品被视为"一般交换品"（标准的或无差异的产品）时，买方（购买者）就会竭力压低价格，毕竟能满足其需要的企业很多。如果供应商行业所提供的产品或服务在购买商的成本中占了相当大的比例，购买商也会竭力压低价格。购买商讨价还价能力的另一个来源是他们实现向后一体化的决心和能力。

（四）卖方的讨价还价能力

如果卖方（供应商）对行业有足够的杠杆影响，他们可以提高产品价格来显著影响其机构客户的利润率。一个行业的供应商影响该行业的能力取决于几个因素：①供应商规模大而且数目少，他们将占有优势。②当供应商的产品或服务对于一个行业来讲是很重要的原始输入，也可能其产品实现了差别化或具有转换成本时，供应商将对购买商有很强的杠杆影响力。③供应商不受替换产品的威胁时，也享有讨价还价的能力。④供应商谋求向前垂直一体化战略以及当他们不能从购买商那里得到满意收入而发展自己产品的愿望和能力。

（五）现有对手之间的竞争

竞争者之间的竞争是指行业中的各个企业为了占有市场优势而采取的行动，包括价格竞争、广告战、产品定位、产品差异倾向等。如果这种对立能提高行业利润，提高行业的稳定性，那么它是积极的。反之，如果它降低了价格，从而降低了利润率并引起了行业的波动，它就成为消极因素。

以下几种因素会引起现有对手激烈的竞争：①一旦一种行业进入了缓慢发展时期，企业就会把精力集中在市场份额和如何能利用别人来实现目标上，这会引起行业中竞争者的激烈竞争。②那些高固定成本的行业总处在生产足够产品来弥补固定成本的压力之下。一旦这种行业积累了剩余的生产能力，填补生产能力的力量会驱使价格和利润下降。③缺乏产品差异或没有转移成本概念的企业会把产品或服务当成了一般交换品，并按最合适的价格来购买，这又一次形成了压制价格和利润的压力。④那些乐于采取营销战略的企业一般愿意接受不合理的低边际收入以建立它们的地位或扩充自己的势力。

二、战略群组分析

战略群组的概念对于分析产业内的机会与威胁极为重要。由于同一战略群组内的所有企业的定位战略相近,在顾客眼中它们的产品是直接可以相互替换的。因此,企业与其最密切的竞争对手位于同一战略群组内。例如,手机行业的苹果、三星大概在一个战略群组,而联想、华为、HTC等国内品牌手机企业在另一个战略群组。在国内的品牌手机企业中,可能还可以分出第一集团和第二集团。在零售产业里有一群公司可以被称为折扣零售店,其中包括沃尔玛(Wal-Mart)、凯玛特(Kmart)、Target和Fred Mayero,相对于同处零售产业,但战略群组不同的公司如Nodstrom和The Gap公司,这些折扣零售公司自身之间的竞争最为激烈。沃尔玛的再定位策略引起零售业残酷的竞争。近年来,随着美国经济持续不景气,零售业竞争日趋激烈,几大零售连锁店都在试图蚕食竞争对手的市场份额。凯玛特就因为过度扩张而忽视了自己固定的消费群体,再加上营销策略不当,定位不明确,结果被迫申请破产保护。

为了更好地说明战略群组,现列举制药行业存在着的两个战略群组予以说明(见图6-2):

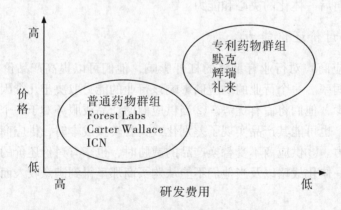

图6-2 制药行业的战略群组

资料来源:Charles W. L. Hill, Gerath R. Jones, Changhui Zhou:《战略管理》(英文第7版),孙忠译,中国市场出版社2007年版。

在图6-2中,第一组是专利药物群组,包括像默克、辉瑞和礼来这样的公司,其竞争定位主要是高额的研发投入和开发新的、有专利的、突破性的药物。群组内的公司实行高风险高回报的战略。这是一种高风险的战略,因为药物的基础研究是相当困难和昂贵的。向市场投放一种新药可能需要在研发上投入5亿美元,而研究和临床实验又要花去10年时间。这一战略的风险高还因为新药开发的失败率很高,只有1/10的新药能够进入临床实验并最终由美国食品与药物管理局批准上市。不过,这也是一种高回报战略,因为成功的药物可以申请专利,创新者可以在20年的时间里独揽生产和销售的权利。专利群组公司可以对专利药物实行高定价,在整个专利期间大获其利。

图6-2中,第二个战略群组是普通药物群组,包括Forest Labs、Carter Wallace、

ICN 这样的公司，它们专门生产普通药物，对专利药物群组专利过期的药物进行低成本复制。研发费用低和低价格是该战略群组的竞争定位。它们实行的是低风险、低回报的战略。低风险是因为无须投入巨资用于产品开发，低回报是因为它们的产品定价不高。

由于不同战略群组面对竞争力量时的立场不同，不同的战略群组可能要面对不同的机会和威胁。新竞争者加入的威胁、群组内的竞争强度、购买者讨价还价的能力、供应商讨价还价的能力、替换或互补性产品的竞争力量都会由于产业内不同战略群组的竞争定位方法的不同而变得或强或弱。

汽车行业战略群组也存在类似制药行业战略群组的情形。例如，一汽轿车股份有限公司、上海汽车集团股份有限公司、东风汽车股份有限公司均属于国内中等规模的汽车公司，它们的主要客户群体是国内的普通消费者，公司投资少、见效慢，技术、开发水平比较落后，服务与管理水平相对落后，价格比较优惠。捷豹、保时捷、宝马属于生产全球性、豪华汽车的汽车公司，它们的主要客户群体是高端消费者，产品数量有限，质量非常好，价格昂贵。

战略群体内的竞争非常激烈，在群体与群体之间也存在着对抗：首先，某些战略群体所吸引的顾客群体相互之间可能有所交叉；其次，顾客看不出它们提供的产品或服务的差异；最后，各个级别都有扩大自己市场范围的可能与愿望，特别是在规模与实力相当及在各组之间流动障碍较小的情况下更是如此。

三、一般竞争战略与国际竞争战略

（一）一般竞争战略

竞争优势体现在一个公司吸引和保持目标顾客的同时超越竞争对手的方面。一般竞争战略是指国内公司和跨国公司为保持和获得竞争优势而采取的最基本的方法。波特在其代表作《竞争优势》一书中提出了一般竞争战略所包括的成本领先、差异化和市场集中战略三种基本竞争战略。

1. 成本领先战略

成本领先战略的目标是想方设法建立一个单位成本比竞争对手更低的成本结构。它同时也是在给定的差异化条件下降低成本的过程，毕竟差异化总要提高成本。成本领先战略可以抵御竞争，构筑起市场进入壁垒。因为效率低下的竞争者会首先在成本价值竞争的压力下受挫。实施成本领先战略通常要求在先进的设备上投入大量资本，采用攻击性的价格策略，在经营初期为占有市场份额承担损失。成本领先战略有时能够彻底改变一个行业，这一点可以在麦当劳、沃尔玛、戴尔和联邦快递的成功中得到证实。PC 业的戴尔采用新型的直销方式降低了 PC 成本，从而改变了 PC 业的竞争格局，进入中国市场后，它也打出了"国际品质，本土价格"口号，试图在中国市场上以低成本获取竞争优势。我国很多企业的成功崛起也得益于其成本领先战略。如微波炉行业的格兰仕、彩电业的长虹、零售业的国美和苏宁等企业，都采用了成本领先战略。同样，廉价航空公司通过取消一些传统的航空乘客服务、通过提高飞机利用率来降低单位成本，通过降低维护成本等措施，提高边际效益，使营运成本控制得比一般航空公司低。廉价航空公司如此迅猛的兴起与发展，造就了航空旅行从豪华、奢侈型向大众、经济型的转变。

2. 差异化战略

差异化战略的目标是通过创造一种顾客认为重要的有差别的或独特的产品来获得竞争优势。差异化企业的能力在于以竞争对手做不到的方式满足顾客，这意味着它可以收取高价。通过高价提高收入（而不像成本领导者那样运用削减成本的方法），差异化企业得以超越竞争对手，以提高盈利能力。实现差异化有很多表现形式，例如，品牌形象（如万宝路的牛仔、麦当劳的金色拱门）、技术（如高通的CDMA、索尼的特丽珑）、特性（如美国运通的全程旅行服务、GE的六西格玛、Bodyshop的"贸易与关爱"价值观）、顾客服务（如海尔的"三全服务"，小天鹅的"一、二、三、四、五"的独特服务规范）、经销商网络（如联想的1+1专卖店、柯达的快速冲印店、苹果体验店）等。差异化战略并没有忽视成本，但其最主要的目的是培养顾客忠诚，通过差异化改进产品和服务常常是在目标顾客愿意支付额外费用的水平下实现的。因此，差异化战略的实质是创造一种能够感受到的独特服务或产品，向顾客提供额外价值。

3. 市场集中战略

市场集中战略的目标是满足某一具体的或特定的细分市场或利基市场的需求。市场集中战略是通过深入了解并满足顾客的具体需求来更好地为特定目标市场服务的竞争战略，细分市场可以是一个特定的购买群体（如在校大学生）、服务对象（如要求夕发朝至的乘客）、地理区域（如城市的沃尔玛与农村的零售顾客）。实施集中战略的前提是，与那些目标广泛的其他企业相比，企业可以更有效地服务于范围狭窄的目标市场，企业通过更好地满足顾客需求和降低成本，在狭小的目标市场内实现了差异化战略。

一般竞争战略所包括的三种竞争战略的依存条件和优劣势如表6-1所示：

表6-1 一般竞争战略的依存条件与优劣势

战略类别	一般所需技能与财力	一般的组织要求	优势	劣势
成本领先战略	持续的资本投入和取得资本的途径；加工工艺技能；认真的劳动监督；设计容易制定的产品；低成本分配系统	严格的成本控制；经常而又详尽的控制报告；结构严密的组织和责任；以满足严格的定量目标为基础的刺激	低成本成为其他进入者和替代者的进入壁垒；通常拥有较大的市场份额，采购量也相对较大，对供应商拥有较强的讨价还价能力	竞争对手模仿成本领导者的能力，找出降低成本的方法，丧失原有的竞争优势；一味强调削减成本，忽略了顾客的需求，影响产品销量

续表6-1

战略类别	一般所需技能与财力	一般的组织要求	优势	劣势
差异化战略	强有力的市场营销能力；产品工艺设计；创造性的眼光；强有力的基础研究能力；公司在质量或技术领导方面的声誉；行业内的长期传统或吸收其他企业技能的独特结合方式；来自分销渠道的强有力的合作	在研发、产品开发和市场营销职能方面强有力的协调；用主观衡量或刺激替代定量化的衡量；吸收高技能劳动力、科学家或有创造能力的人才的舒适环境	拥有一定的品牌忠诚度，顾客愿意给付溢价；对供应商涨价和原材料价格上涨有更强的保护自己的能力；给顾客带来的高价值和品牌忠诚度同样为新进入者和替代者创造了高的进入壁垒	如何才能保持顾客眼中可以感受的差异化和独特性；如果差异化来自设计或物理等有形特征，竞争对手比较容易模仿其产品特征，使企业难以保持溢价；随着时间推移，有些产品可能变成大路货，产品差异化权重下降，顾客变得对价格敏感
市场集中战略	针对特定利基市场的上述政策的结合	针对特定利基市场的上述政策的结合	能够服务差异化企业忽略和顾及不到的利基市场；企业同顾客更接近，有更好的效率和顾客响应	产量较小，使供应商的讨价还价能力较强；技术的发展和顾客口味的变化可能导致集中化企业的利基市场突然消失

（二）国际竞争战略

1986年，波特在上述一般性竞争战略的基础之上，在1986年出版的《国际竞争变化类型》一书提出了一个适用于国际行业竞争选择的衍生竞争模型——国际竞争战略矩阵。该矩阵的纵轴与一般性战略矩阵相同，但横轴却不是原来的低成本和差异化，而是企业国际竞争战略态势的指标（见图6-3）。

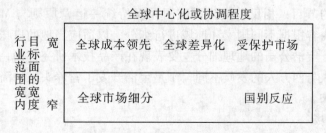

图6-3 国际竞争战略矩阵

转引自杨晓燕、王卫红：《国际市场营销教程》，中国对外经济贸易出版社2003年版。

1. 全球成本领先

企业试图利用其成本领先优势赢得全球范围的顾客。近年来全球轮胎产业削减成本的压力越来越大。轮胎基本上属于大路货产品，难以实现差异化，价格是主要的竞争武器。轮胎的主要买主是汽车公司，它们地位强大，转移成本很低。更严重的是对汽车需求的波动，经常导致轮胎企业产能巨大过剩，最终导致世界性的价格战。为了减轻成本压力，绝大多数轮胎企业对运营进行了改造以适应低成本的竞争地位。它们将制造工作转移到低成本的地区，并提供全球性标准化产品以实现经验曲线效应。同样，沃尔玛的经营理念蕴含于其"天天平价，始终如一"的经营策略中。沃尔玛在零售这一微利行业，力求比竞争对手更节约开支，这一看似平实但实际上效果显著的经营理念成为沃尔玛在零售行业保持领先的关键所在，为其确立并成功实施成本领先战略提供了先决条件。它使沃尔玛在采购、存货、销售和运输等各个商品流通环节想尽一切办法降低成本，并能够在包含高科技的计算机网络方面和信息化管理方面不惜代价，投入重金打造其有助于降低整体物流成本的高科技信息处理系统。

2. 全球差异化

由于历史和文化的原因，不同国家的顾客偏好有显著的差别，在这种情况下，企业利用其产品的独特价值，以差异化的战略赢得全球市场。以汽车产业为例，通用、福特和丰田公司可以向全世界销售同样的基本款式轿车，如果能够成功，这一战略将为汽车公司带来巨大的全球性规模经济的收益；然而，这样理想的战略总在消费者现实需求前碰壁。事实上不同汽车市场上的消费者的偏好各不相同，他们对车辆的要求也不同。以皮卡为例，北美地区对皮卡车的需求量很大，特别是在南部和西部地区；相反，欧洲人认为皮卡是一种工具车，主要由企业而不是个人来购买。无独有偶，屈臣氏在调研中发现，亚洲女性会用更多的时间进行逛街购物，她们愿意投入大量时间去寻找更便宜或是更好的产品，这与西方国家的消费习惯明显不同。中国大陆的女性平均在每个店里停留的时间是20分钟，而欧洲女性停留在商店的时间只有5分钟左右。这种差异，让屈臣氏最终将中国大陆的主要目标市场锁定在18～40岁的女性，特别是18～35岁的时尚女性。

3. 全球市场细分

企业试图服务于世界范围内严格限定的产业细分市场。MTV公司20世纪90年代在美国制造所有的节目；相反，该公司试图在保持统一运营原则与MTV"狂热气氛"的同时将节目和内容根据不同国家和地域进行细分，以适应当地的口味和偏好，结果获得了很大的成功。宝洁公司的地理细分主要表现在产品技术研究方面，如宝洁经过细心的化验发现东方人与西方人的发质不同，于是宝洁开发了营养头发的潘婷品牌，满足了亚洲消费者的需求。

4. 受保护市场

当企业能识别出那些市场地位受东道国政府保护的国家时宜使用此政策。更多的时候，来自保护主义、经济民族主义和当地化的规定（要求一定百分比的产品在本地制造）迫使跨国企业进行本地化制造。例如，健康医疗方面的政治要求迫使制药企业在多个地点进行生产。制药企业还要服从当地的临床测试、注册程序和价格方面的规定，药品生产和营销都要符合当地的规定。

5. 国别反应

当企业试图满足当地的特殊需要时使用此政策,这些当地特殊需要可能是特殊营销。例如,在北美消费电器使用的是 110 伏电压,欧洲的标准则是 240 伏;在英国,人们习惯靠左行驶,形成右驾驶盘汽车的需求市场,在法国(和其他欧洲国家),人们靠右行驶,从而形成左驾驶盘汽车的需求市场。

四、一体化与当地化战略

一体化反应模型是普拉哈拉和多兹于 1987 年提出的。该模型有两个坐标,其中一个表示业务活动的战略协调和全球一体化对成功的重要性,另一个则表示实现对当地市场的敏感性。这就成为反应灵敏的跨国公司的各项关键活动。

(一)全球战略一体化的压力

全球战略一体化的压力包括以下方面:

(1)多国性顾客(与单一国家顾客相对)对企业的重要性。这样的顾客有自己的一体化要求,作为供货人的跨国公司必须符合并补充这种要求。例如,东亚地区各国和地区经济发展结构梯次明显,既有发达国家,也有新兴工业化国家,还有发展中国家,钢铁产品的需求结构各具特点,互补性强,合作空间广阔。

(2)国际性竞争者的出现。这表明了全球竞争的可能性,并构成需要评估竞争跨国界反应的基础。

(3)投资密集度。高投资密集度经营的任何方面(如研究与开发)增加了全球协调的需要,以便于这些投资能尽快分摊。

(4)技术密集度。特别是在与产权技术保护相联合的地方,会鼓励跨国公司在尽可能少的地点制造,并相应地增加了全盘协调的需要。

(5)降低成本的压力。这通常是对更高程度协调的直接要求,以便充分挖掘成本资源和规模经济。

(6)普通性需要。如果一种产品不需要或很少需要针对不同国家作适应性改变,一体化便可预见了。

(7)获得原材料和能源。例如,炼铝炼钢和造纸一类的企业要求接近原料来源地,而最终产品的各种规格又很关键,各个市场对规格的要求不一,一体化和协调就显得很重要。中、日、韩三国都属于资源相对匮乏型国家,尤其是对钢铁工业重要的原材料(如铁矿石),进口依赖度很高,中国和日本目前是世界上铁矿石进口量最多的两个国家。因此,在相关法律法规许可范围内,区域内国家联合采购将更有利于获取原料,降低采购成本。

(二)当地市场反应压力

当地市场反应压力包括以下方面:

(1)顾客需求差异。当企业必须满足全然不同的顾客需要时,就要求启用当地反应战略。例如，肯德基依据东道国独特的经济文化特征，植根于当地特有的文化，量身打造了符合该地区特点的品牌形象，被形容为"有100个地区的肯德基连锁店，就有100种不同的肯德基形象"。肯德基在很大程度上获得了当地政府的支持和认可；同时，有效地利用当地一些比较优势，大大降低公司的经营成本，提高公司的经济效益。

（2）分销渠道差异。当各国各式各样的营销组合条件不同时，需要当地反应战略。例如，1978年施华蔻第一次进入美国时，决定沿用经过尝试且可靠的欧洲分销方法。施华蔻在洛杉矶建立了一个仓库，雇佣了一些"教师"来召集潜在的购买者。施华蔻在洛杉矶地区不断取得成功，但在美国其他地区提供服务却比较困难。直到1993年，施华蔻一直尝试像在德国一样直接服务于消费者，但意识到德国的分销方法不适合美国市场。此外，销售人员的反馈让人备感挫折：美国的沙龙不会正确地使用专业产品。

（3）替代品可供性和作适应性改变的需要。在当地有替代品时，或者跨国公司产品必须作适应性改变以迎合当地需要时，就需要有当地反应战略。

（4）结构。在当地竞争很重要或高度集中的地方，当地反应将是最好的进入战略，也可能是最好的持续战略。

（5）东道国政府需要。不论这种需要的原因是什么，通常都意味着跨国公司必须作当地反应或撤走。

这些因素综合在一起就构成了一个一体化—反应方格图（见图6-4），企业根据情况选择其中一种战略，或当情况改变时从一种战略变换成另一种战略。

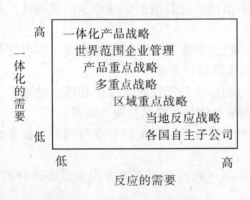

图6-4 一体化—反应方格图

转引自杨晓燕、王卫红：《国际市场营销教程》，中国对外经济贸易出版社2003年版。

第二节 国际企业战略联盟

传统的企业战略都是围绕着竞争而展开的，都遵循着同一个输赢模式。然而随着全球化趋势的加深，为争夺顾客、资源和思想库而进行竞争的商业模式正遭遇越来越多的挑战。处于新兴的高科技行业的企业已经认识到，与竞争对手合作既可以建设市场，也可以避免代价高昂的标准之战——争夺行业标准。

随着全球行业越来越富有弹性，以及新技术和新媒体从高科技行业向传统行业的扩散，以竞争为导向的战略价值将会进一步下降。同时，高新技术的普及也推动了人际互动和人际关系的新模式，从而为组织人员、流程、关系和知识提供了更多的商业体制选择，这些力量将加速企业战略的转换——从解决具体的企业问题转向管理复杂的企业困境，而这些又反过来需要比竞争模式更广的战略工具和战略思想。为了迎接这种新挑战，企业越来越需要依赖一种合作模式来解决其所面临的日趋复杂的商业环境。因此，合作战略便成为现代企业国际化进程中的一个至关重要的战略模式。

一、战略联盟的概念

战略联盟（Strategic Alliance）最早是由美国 DEC 公司总裁简·霍兰德和管理学家罗杰·奈格尔首先提出。从 20 世纪 80 年代初以来，战略联盟这种组织形式得到了迅速发展。这一概念曾被称之为战略伙伴、虚拟企业、强强联合等。战略联盟的概念被提出的时候，主要是指跨国公司之间的一种特殊关系。

具体来说，国际企业战略联盟是指在两个或两个以上的国家中的两个或更多的企业，为实现某一战略目标而建立起的合作化的利益共同体。

在西方学者中，对战略联盟的定义主要有以下几种：①从形式上看，战略联盟为跨国公司之间为追求共同的战略目标而签订的多种合作安排协议，包括许可证、合资、研发联盟、合作营销和双方贸易协定等。②从关系紧密程度上看，战略联盟是指企业之间进行长期合作，它超越了正常的市场交易但又未达到合并程度，战略联盟的方式包括技术许可生产、供应协定、营销协定和合资企业。③从目标上看，战略联盟是两个或两个以上的伙伴企业为实现资源共享、优势互补的战略目标，而进行的以承诺和信任为特征的合作活动。所有形式的联盟，不论是合资企业、特许经营、股权参股，还是长期契约安排，都是人们设计的，用来获得内部发展和收购的优势而避免两者的劣势的竞争策略。

二、国际企业战略联盟的动因

归纳起来，国际企业建立战略联盟的主要动因有如下方面。

（一）开拓市场

开拓市场动因是最普遍的，因为国际企业的首要目标就是向国外市场渗透，而建立战略联盟是开拓国际市场的有效方法之一。例如，美国摩托罗拉公司与日本东芝电器公司建立战略联盟，就是为了使自己的产品能更大规模地进入日本市场。另外，最典型的要属美国通用汽车公司和日本丰田汽车公司合资在美国生产汽车。这两家公司于 1983 年利用美国加州濒临废弃的旧厂址，合资成立了新汽车联合制造公司。就日本丰田汽车公司来说，其最终目的就是进一步打开美国汽车市场和扩大市场份额。据 2014 年 12 月 17 日《华尔街日报》报道，腾讯和索尼音乐娱乐（Sony Music Entertainment）联合宣布，双方达成一项战略性合作协议，腾讯将独家管理索尼音乐在中国的在线音乐服务。

（二）分担研究与开发的风险

在这些领域中，开发新一代技术和产品的费用是任何一家公司，即使是大公司也无法全部担负的。也就是说，科技的发展使企业从技术自给转向技术合作和技术相互依赖。国际企业通过建立战略联盟，共同支付技术开发费用，共同承担开发风险，共同享有技术开发成果。例如，波音公司与某一日本财团联盟共同制造767宽体商用喷气式飞机，波音公司的主要意图是寻求分担飞机开发所需要的巨大费用，这种研究与开发费用达几十亿美元。在开发费用高昂的医药行业，以分担风险为目的的战略联盟也很常见。MCI公司是美国一家通信设备公司，它通过与其他100多家公司的合作，生产出各种通信设备提供给用户，而且每年还可节约3亿~5亿美元的研究费用。

（三）优势互补

战略联盟可使各方的技能及资产形成互补的优势，而所形成的综合技能和资产是任何单独一方所不能够拥有或开发出来的，这种战略联盟使各方做到优势互补。以法国的辛普森公司和日本的JVC公司共同生产录像机所形成的战略联盟为例，JVC公司与辛普森公司两者之间实质上是互换技能。辛普森公司需要产品技术和制造技术，而JVC公司需要知道如何在分散的欧洲市场上销售录像机产品。英国罗弗汽车公司和日本本田汽车公司的战略联盟，本田公司的规模与罗弗公司相当，本田已在美国站稳了脚跟，但在欧洲一直没有什么发展。罗弗的产品质量是最大的问题，而本田恰好在产品质量上具有很高的声誉，本田还以现金的管理著称，这正是罗弗公司所缺少的。

（四）有利竞争

传统的企业竞争方式就是采取一切可能的手段，击败竞争对手，把他们逐出市场，因此企业的成功是以竞争对手的失败和消失为基础，"有你无我，势不两立"是市场通行的竞争规则。战略联盟的出现使传统的竞争方式有了一个根本的变化，即企业为了自身的生存和成功，需要与竞争对手进行合作，即为竞争而合作，靠合作来竞争。

日本东芝公司的战略联盟就是一个很好的例证。在好多人刚刚知道"战略联盟"这个词的时候，人们发现东芝公司实施的这种战略已经有几十年的历史了，它几乎与世界上所有的相关企业建立了联盟关系，而且基本上无一失败。战略联盟使东芝公司成了一个世界上独一无二的竞争者，不仅帮助它渡过了日本经济严重萧条的时期，而且使之得到了世界上最重要、最有希望的先进技术。与美国摩托罗拉公司的合资，使之成为世界第一号的大规模记忆芯片的生产者。在IBM公司的帮助下，成为世界第二大彩色平面显示供应商。此外，核动力发电设备、电脑、传真机、复印机以及其他各种高级半导体、充电电池、医疗设备和家用电器等产品都是通过战略联盟而获得的。

三、战略联盟的分类

在战略联盟的分类上，可以根据不同的标准来进行划分。

（一）根据战略联盟是否存在股权关系分类

根据战略联盟是否存在股权关系，可将战略联盟分为：股权式联盟和契约式联盟

股权式联盟即合作伙伴相互持有一定股权，从而使双方利益紧密联系在一起，在保持各方利益的同时，双方实行优势互补。例如，美国福特汽车公司拥有日本马自达公司的25%的股权，在小型汽车的设计与生产上得到马自达的大力支持，而后者也依靠福特公司进入国际市场。

契约式战略联盟则是合作伙伴之间达成某种有一定约束力的正式协议，双方在合作领域根据有关协议联合行动。通过契约来管理战略联盟关系，共同开发、生产和销售产品，并提供服务。

（二）根据战略联盟在价值链上环节的不同位置分类

根据战略联盟在价值链上环节的不同位置，可将战略联盟分为联合研制型、资源补缺型和市场营销型（美国学者 P. Lorange 的分类方法）。

1. 联合研制型

这是在生产和研究开发领域展开的合作，参与联盟的企业充分利用联盟的综合优势，共享经营资源，相互协调，共同开发新产品、新材料和新技术。日本松下公司与美国英特尔公司合作开发 16M 的 DRAM 技术，美国通用电气公司与日本三家公司共同开发新一代发动机等，即属于联合研制型战略联盟。联合研制型战略联盟中的成员多为风险型企业，合作的目的在于获得新技术、降低资金的投入风险和项目的开发风险。美国、西欧和日本的国际企业之间为了对付技术与开发的高额成本和巨大风险而建立的很多这类联盟。这类联盟在微电子、生物工程、新材料等高科技行业中比较常见，是一种积极的前馈战略。2013 年富士、松下联合宣布了他们共同打造的有机 CMOS 传感器，将有机材料首次应用到 CMOS 传感器上。这种新型有机 CMOS 传感器在性能上有诸多提升和改进，比如动态范围大大提升、感光相比传统传感器提升 1.2 倍、入射光角度扩大到 60 度、适用于多种设备等。

2. 资源补缺型

资源补缺型是以上游活动与对方的下游活动结成的战略联盟。这里有两种情形：一是拥有独特技术的跨国公司，为了接近海外市场或利用对方的销售网络而结成的联盟。这类联盟在通过资源的互补而实现风险共担、规模经济及协同经济性的同时，往往忽视自身核心能力的提高。二是厂家与用户的联合型战略联盟，厂家之间把生产与消费、供给与需求直接联系起来。世界机器人的最大生产厂家日本法纳克公司与世界机器人最大用户美国通用汽车公司于 1982 年在美国创办的通用—法纳克机器人开发公司即属于此类。

3. 市场营销型

市场营销型多流行于汽车、食品、服务业等领域，重在互相利用各自价值体系中的下游环节，即营销网络。该类联盟是以下游活动为合作领域而结成的战略联盟，其目的在于提高市场营销的效率和市场控制的能力，这类联合是抢占市场的有效手段，除了具

备资源补缺型的优点外，还能较好地适应多样化的市场需求。

（三）根据战略联盟的成员所处行业分类

根据战略联盟的成员所处行业，可将战略联盟分为：横向联盟和纵向联盟。横向联盟是处于同一行业里的企业所组成的联盟。通常是为了获得规模经济，或是应付季节变动或是获取某种专业知识。纵向联盟则是由不同行业的企业所组成的联盟，一般是为了共同完成某种产品或服务，联盟成员企业之间没有竞争性。例如航空服务则可以由航空公司、航空食品企业、旅行社等多个行业的企业共同来完成为顾客提供的航空旅行服务。

（四）根据战略联盟成员企业所贡献的资产和能力分类

根据战略联盟成员企业所贡献的资产和能力，可将战略联盟分为互补联盟（Complementary Alliance）、共享供应联盟（Shared-supply Alliance）和半融合式联盟（Quasi-concentration Alliance）。

1. 互补联盟

当伙伴企业所贡献的资产在性质上是不同的时候，这种联盟就叫做互补联盟。例如制造企业和分销企业所组成的联盟，它们贡献的资产在性质上就有所不同，从资源角度看是互补的。例如瑞士雀巢公司和美国通用米勒公司达成联盟协议，雀巢公司的某些产品可在米勒公司的美国工厂中生产，然后成批运回欧洲，由雀巢公司以雀巢的产品包装在法国、西班牙和葡萄牙出售。

2. 共享供应联盟

当所有的战略联盟伙伴企业所贡献的资产在性质上是相同的时候，这时就从它们的产出的性质来区分。如果联盟成员企业只在某一配件或某一生产阶段上进行合作（目的是为了得到某一零配件或生产阶段的规模效应），但它们的最终产品却并不相同，则称这种联盟为共享供应联盟。例如共同进行研发活动等。

3. 半融合式联盟

如果联盟涉及整个生产线，并且生产所有联盟成员都销售的统一产品，则称这种联盟为半融合式联盟。例如2001年以前的空中客车集团（Airbus Consortium）就是由四个企业所组成的半融合式联盟，即法国的France's Aerospatiale、德国的Hutsche Airbus、西班牙的CASA和英国的British Aerospace等四个企业所组成的国际战略联盟。不过，2001年该公司成为一个单一的企业，由欧洲航空防务航天公司（EADS，占80%股份）和英国宇航公司（BAE SYSTEMS，占20%股份）所拥有。

四、建立有效战略联盟的原则

麦肯锡咨询公司对49家战略联盟追踪调查的结果显示，有三分之一的联盟因未达到合伙人预期的目的而失败。失败的原因很多，其中大部分与战略联盟的协调有关。因为战略联盟的管理者来自不同国家的不同企业，有着不同的文化背景和企业文化。建立有效战略联盟的原则如下。

（一）确定合适的战略联盟伙伴

合伙人必须具有某种专长才能成为战略联盟的成员。合伙人的长处或优势还要能经得起时间的考验，仅仅具有相对的长处或优势的企业有时并不能算是好的联盟伙伴，好的合作伙伴应当认同企业对联盟的愿景，必须拥有企业缺乏而又有价值的资源和能力。建立战略联盟的目的是通过不同企业的优势互补和整合而达到"一加一大于二"的效果。

（二）明确战略联盟伙伴之间的关系

多数战略联盟不是依靠股权等法律机制来维系的，而是出于合作各方共同的目标而自愿结合在一起的。从战略联盟建立的一开始，各方的责任、义务、权利等都应当明确地加以界定。经过仔细、审慎、精心雕琢的战略联盟协议可以大大减少所具有的潜在冲突的发生。应当尽量避免合作企业采取有利于自己的机会主义态度，窃取合作伙伴的技术，令伙伴企业无利可图的情况。战略联盟实践证明，要减少战略联盟各方之间的矛盾，必须建立一种和谐、融洽、平等的关系。

（三）战略联盟各方要保持必要的弹性

这里的弹性是指参与战略联盟的各方都必须随时能对市场和合伙各方的变化做出反应，特别是在战略联盟建立的初期。麦肯锡咨询公司的研究表明，最成功的战略联盟在最初的几年内变化频繁而且变化幅度很大。市场变化，合作的双方要变化；对方变化，自身也必须变化。例如，IBM公司与微软公司曾有过长期联盟的经历，但仍失败了。微软公司从几乎一无所有到拥有几百亿美元市值的发展，在很大程度上得益于与IBM公司的战略联盟关系。它最初是向IBM公司提供一种IBM个人软件。然而，就在开发新一代软件的问题上双方出现了分歧，结果使联盟破裂。双方都承认在战略联盟中要改变经营方向是相当困难的。

（四）坚持竞争中的合作

建立战略联盟不过是一种手段，最终目的是通过合作或战略联盟关系来增强自己的竞争能力，实现自己的经营目标。因此，战略联盟各方彼此平等和相互信任是必要的，但绝不是无原则地迁就对方或向对方提供一切。例如，微软公司与苹果电脑公司建有战略联盟，前者向后者提供应用软件，而后者借助于前者的应用软件使其Machintosh电脑获得了市场上的认可。尽管两家公司之间有战略联盟存在，但丝毫没有影响两家在其他领域内的竞争，苹果公司甚至诉诸法律，控告微软公司某种商业软件是对苹果电脑知识产权的偷窃。故而在联盟中不应忽略了合作中的竞争因素，过于草率地把核心技术和独特技能让给了伙伴，其结果是使自己的竞争能力下降。因此，战略联盟应该是竞争性合作。

（五）在战略联盟中向联盟伙伴学习

在进入战略联盟之前，企业必须保证自己能够从合作伙伴处学到东西并且将这些知识运用在自己的组织里。例如，日本企业与欧洲及美国许多企业形成战略联盟后，人们发现，日本公司在每次联盟之后都会变得越来越具有竞争力。其原因是日本企业做出很大的努力去学习战略联盟伙伴的长处，他们将联盟看成了解竞争对手竞争秘诀的绝好机会。丰田公司的一位日本经理说："通过联盟我们实现了自己的目标：我们学到了美国的供应与运输系统。我们也对管理美国工人更有信心。"

五、跨越战略联盟

关系企业是战略联盟发展的下一个阶段。

关系企业包括不同行业、不同国家的企业群，它们由共同的目标组织到一起来，而这个共同目标驱使它们像一个单独的公司一样行动一致。布茨·艾伦·汉密尔顿（Booze, Alkn & Hamilton）咨询公司的副主席赛里斯·弗雷德翰（Cyrus Freidheim）阐述了他对关系企业的看法。他认为，在以后的几十年中，波音、英国航空公司、西门子、TNT（一家以澳大利亚为基地的包裹运送公司）和法国航空发动机制造研究公司（Sneerna）将会合作在中国建造一些新机场。按照协议，英航和TNT将可获得一些航道和降落点的使用许可；中国政府将与波音或法国航空发动机制造研究公司签合同，全部飞机将从这两家公司购买；而西门子将为所有的10家机场提供交通控制系统。

比我们今天了解的简单的战略联盟更甚的是，关系企业将是全球大公司中的超级联盟，其收入将接近1万亿美元。它将能够凭借广泛的现金资源，绕过反垄断的堡垒，并在所有主要市场都有基地，它将在各地享有"当地公司"的政治优势。这种同盟的动因不仅仅是技术变化，还有在多国拥有本部基地的政治需要。

对战略联盟在未来的另一个展望将是"虚拟公司"的出现。按照《商业周刊》上的一篇文章所说的，"虚拟公司"看起来是一个具有许多能力的单独实体，但实际上是在需要时才集结的大量合作的结果。

在全球层次上，虚拟公司能把成本效益和敏感性结合起来，于是，它可以很容易地追求"在全球思考，在地方行动"的思想。这反映了"大规模定制"的趋向。例如，高速通信网络，将在虚拟公司中有所体现。就如威廉·大卫杜（William Davidow）和迈克尔·马隆（Michael Malone）在他们的《虚拟公司》一书中所说的："虚拟公司的成功依赖于通过其组织成员收集和综合大量信息流的能力及基于信息的明智行动。"

为什么虚拟公司会异军突起呢？首先，因为以前没有能支持这种数据管理的技术存在，而今天，分销数据库、网络工程和开放系统使得虚拟公司所需的数据流有了可能；其次，这些数据流允许供应连锁管理。福特公司为我们提供了一个技术如何在一个单独公司的远期实务操作中改进信息流的有趣例子。福特公司投资60亿美元的"世界汽车"项目——在美国的 Mercury Mystique 和 Ford Contour，以及在欧洲的蒙迪（Mondeo），该项目开发使用了国际通信网络来连接在三大洲的设计者和工程师们的工作站。

第三节 国际价值链与供应链战略

一、价值链与国际营销

(一) 价值链

迈克尔·波特于 1986 年以价值链模型为基础,从价值活动国际配置与协调角度分析了跨国公司跨国经营战略的类型。跨国公司从形式上来讲是相互区别但相互联系的各种活动的集合。这些活动可分为一级活动和二级活动。从跨国公司的战略来看,一级活动可进一步分解为上游活动和下游活动,它们给跨国公司的各海外子公司和各种活动产生具有影响的区位结果。上游活动包括研究与开发、生产制造等,下游活动包括营销、后勤工作、服务等。二级活动包括财务会计、人力资源管理、技术开发、物资供给以及所有商品和服务的采购等,如图 6-5 所示。

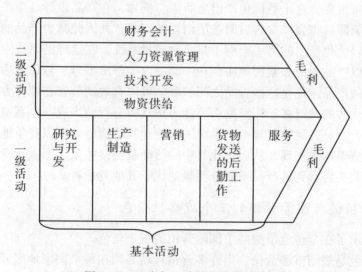

图 6-5 迈克尔·波特的价值链模型

为了建立国际竞争优势,跨国公司必须决定什么样的活动最好配置在什么样的国家。价值链则是任何企业战略分析的基础,在评估跨国公司的战略与母子公司的关系中,迈克尔·波特使用了另外两个只有这些企业才存在的概念,即配置(Configuration)和协调(Coordination)。配置用以衡量公司的多种活动在一个地点的集成度,跨国公司是从该地点来服务其国际网络的。反之,这些活动可能分散在许多点上,后一种情形的极端状况是公司价值链上的每种活动在其经营的每个国家来完成;协调则用以解释跨国公司如何调和分散在不同的地点的相似活动,协调的程度从无(国际网络中的每一个相似的子公司都独立于其他联属企业而运转)到高(对类似而分散的活动实行紧密的控制)。

每个厂家都有一个价值链。一个完整厂家包含的经营活动和辅助服务的范围极广。举一个极端的例子：如果某汽车企业作出决策，要"完全"将汽车行业的上游部分置于一体之下，它必须进入橡胶种植业、钢铁业等，而如果要向下游发展，它要涉入汽车的经销业务。实际上，这家公司只涉及价值链中很小的一部分范围。

并非所有的价值链在每个工业中都对竞争优势很重要。例如，在计算机和其他高科技产品行业里，技术发展、生产和售后服务对成功至关重要，而在家用产品行业里，如洗涤剂，生产制造很容易，服务也无关紧要，而广告才是最重要的。厂商们获得竞争优势的途径有多种，可以寻找新方法来重新组织价值链上的各项活动，以新的程序来处理事务，采用新技术，或为其各种各样的进程找到新的输入。例如，马科达公司（Makita）之所以成为机床行业的领先者，是因为它采用塑料代替了其机床中的部分金属，同时将其模具标准化，以便在一个单一工厂里集中生产。

价值链概念中的一个重要组成部分是联动思想。厂家的价值链是由许多相关的行动形成的网络系统，其行动的联接就是通过联动。任何时候只要一个行动影响到另一个行动的成本或效率时，这两个行动之间就会产生联动。一旦联动发生，两个行动之间的谐调和配合将非常重要，这正是优化产出之所需。例如，在产品设计、生产和品质控制方面投入更多的资源，将会减少售后服务所消耗的资源，并因此减少产品的总成本。紧密协调的联动可以优化产出的另一个例子是实时送货系统。在这样的系统中，所有与产品有关的行动都以产品为中心紧密地协调在一起，以生产出型号、数量及质量均准确满足实时送货需要的产品。优化这些行动之间的联动可以有效地节省在库存方面的开支。

取得竞争优势的关键在于厂家是否有能力把其所有行动当成一个系统，而不是一些独立行动的集合，是否能像管理一个系统一样管理其价值链。所以竞争地位的提高可以通过改革价值链架构来实现，从而优化其中的活动及链接关系，形成比竞争对手低的成本曲线，或令购买者看到其产品或服务明显地优于其他竞争者。

(二) 价值链与国际营销的三个战略性角色

价值链揭示了在全球竞争战略中国际营销的三个角色。

第一个角色是规划市场营销。当许多营销行动必须在每个国家地区开展时，集中部分营销行动在一个单一地区能取得优势。例如，服务必须遍及每一个国家，而培训则可以部分集中在某一地区。

第二个角色是协调各个国家的营销行动以合理利用公司的专有技术资源。这种整合形式十分多样，如在全球账户管理等领域中移植不同国家的相关经验，将研讨会方式或方法用于营销研究、产品定位及其他营销活动中等。

第三个重要角色是为价值链中上游部分优势的发挥发掘机会。开发佳能 AE-1 型相机就是在这方面成功的范例。佳能公司（Canon）在研究提供的市场需求信息基础上研制开发出了一种"世界性"的产品。价值链中的上游部分从这些信息中获益，令佳能新开发的这种产品基本有了一个统一模式，从而减少了部件的需求，大大减少了工程量，降低了库存，同时使产品本身的生产周期更长。而如果佳能公司开发的产品是分别唯一适用于某一国家的市场，上面的获益就不可能得到。

二、全球供应链与全球供应链管理

企业的国际资源配置需要全球供应链的支持，原材料和零配件的递送、信息的流动等都要在全球范围内对其供应链进行整合。而全球供应链和国内供应链具有完全不同的特征，它通常能延伸几千英里，跨越几个国家。由于各个地域在规章、法律方面的要求都不同，并且它们时时刻刻都在变化中，这就为供应链埋下了无数的潜在中断风险；此外，供应链节点越多，潜在的延误机会也就越多。全球化供应链隐藏着众多不确定性，从而削弱了离岸作业和采购所带来的价格成本节约。因此，企业的全球供应链的整合，对企业的国际资源战略起着至关重要的作用。

（一）全球供应链

所谓全球供应链，是指在世界范围内的商品、服务和相关信息从发生地到消费地的高效和有效的流动过程。全球供应链管理则是企业对其全球供应链的计划、实施和控制的过程。企业通过全球供应链的管理，沿着企业的价值链来整合企业的现有商务活动，优化这些活动，从而把不同职能和地区的活动整合起来，来为顾客创造价值。有效的全球供应链整合对企业的国际营销活动有着重要影响。

（二）全球供应链管理

1. 全球供应链管理的因素

全球供应链的设计涉及很多因素，主要包括以下方面。

（1）战略采购（Strategic Procurement）。战略采购是所有企业的最基本的资源战略和供应链战略。其主要在于挑选有能力的供货商，特别是当企业需要把生产和装配外包出去的时候。企业需要利用成本和地理位置优势在全球范围内采购原材料和零配件，供货商本身的素质和能力对于企业的采购质量起着关键性的作用。因此，企业在设计全球供应链的时候，最基本的要求是供应商能在适当的时间递送高质量的产品和服务，能够对企业所在的行业的市场趋势和技术变革做出快速反应，从而能为企业提供适应市场快速变化的零配件和物质原料等。此外，为了提高供应商的服务水平和服务质量，企业的全球供应链设计需要考虑企业间信息系统的兼容性、协作、互信互利的合作伙伴关系以及目标的相关性等等，从而建立起与供应商之间的互利互惠的关系，以简化供应链流程和提高供应链的竞争优势。

（2）制造工厂和分销中心的选址。设备设施的选址工作能够有效地使运输成本最小化，提高企业的市场反应能力。供应链管理的基本原则就是接近供货商或者是市场。特别是当企业是国际化经营的时候，企业需要与全球的供货商和顾客打交道，制造中心和分销中心的选址工作就显得尤为重要。选址的方法多种多样，主要有重心法（Center of Gravity）等。此外，可以通过计算机模拟来实现最佳选址。

（3）物流。就降低成本和提高服务质量而言，有效的物流对于企业的竞争优势是十分重要的。随着供应链的全球化，企业倾向于把自己的物流职能外包给有能力的物流商或第三方物流，这些物流企业具有全球的物流网络和地方化的专门能力，例如，UPS 等国际大型物流公司。在挑选合适的第三方物流时，需要考虑企业的专门技能、市场和地区的到达、声誉、网络、服务的多种方式、杰出的信息系统、定制化的能力、仓储和存货管理能力、混合服务（如通关、良好的基础设施、多种运输方式和高素质的员工和财务人员）等因素。

（4）顾客服务。企业的总体战略规定了企业的服务水平、送货时间和其他的顾客服务特征等都要与竞争对手实现差异化。

2. 全球供应链管理辅助手段

为了能对全球供应链的资本、信息和物料的流动进行有效的管理，企业需要建立一些辅助手段，以便提高全球供应链的效率和效果。

（1）财务和会计标准。全球供应链的管理需要对各个环节所发生的会计信息进行有效的管理。然而，由于全球供应链需要跨越两个或两个以上的国家或地区，而这些国家和地区的会计准则有可能存在很大差异，甚至哪怕是同一家公司内部的子公司，由于它们在不同的国家，也可能采用不同的会计准则，因此合适的、一致的会计方法和财务措施是必不可少的。

（2）互联网的应用。全球供应链的管理需要大量的信息流动，特别是对于瞬息万变的市场信息的捕捉和把握，都离不开快速传递的信息网络，并且为了提高采购效率，企业需要通过互联网来实现电子采购。因此，有效的全球供应链的管理需要很好地解决互联网的应用问题。

本章小结

企业在进行跨国经营时，面临的国际市场营销环境较之国内经营更加复杂。企业不仅涉及本国环境，还涉及国际环境和东道国环境。不同的地区、不同的国家、不同的政治制度、不同的文化与不同的宗教信仰都会给企业的国际竞争带来巨大的影响。另外，国际贸易制度也不同于国内的经济法律制度。因此，在制定国际企业经营战略时考虑的因素不同于在国内的经营。跨国公司必须从战略高度和全局充分考虑众多环境因素以及其中许多因素在不同国家、不同地区的不同存在的情况，并对资源运用方式和组织结构等诸方面做出重大调整，以适应这些环境因素。同时，要协调企业各地区、各部门以及各部分之间的关系。企业需要寻找组织学习新机会，根据自身特点进行全球资源部署，从以往只重竞争的战略发展到对全球合作的重视和应用。

关键概念

竞争　竞争力量　一般竞争战略　国际竞争战略　一体化与当地化　合作　战略联盟　价值链　供应链

思考题

（1）一般竞争战略和国际市场竞争战略的基本内容是什么？
（2）跨国企业当地化和一体化考虑的因素有哪些？

(3) 简述波特的五种竞争力量。
(5) 简述战略联盟的概念和意义。
(6) 成功的战略联盟要考虑哪些因素？
(7) 简述价值、价值链的概念和意义。

案例　华为的国际化市场策略

华为技术有限公司是一家总部位于广东深圳市的生产销售电信设备的员工持股的民营科技公司，于 1988 年成立于广东深圳，是电信网络解决方案供应商。华为的主要营业范围是交换、传输、无线和数据通信类电信产品，在电信领域为世界各地的客户提供网络设备、服务和解决方案。目前，华为的产品和解决方案已经应用于全球 100 多个国家，服务全球运营商 50 强中的 45 家及全球 1/3 的人口。

2009 年，华为全球销售收入 1491 亿元人民币（约合 218 亿美元），同比增长 19%，营业利润率 14.1%，净利润 183 亿元人民币，净利润率 12.2%。根据收入规模计算，华为已经成功跻身全球第三大设备商。2010 年 7 月 8 日，美国知名杂志《财富》公布了 2010 年《财富》世界 500 强企业最新排名，华为首次入围。继联想集团之后，华为成为闯入世界 500 强的第二家中国民营科技企业，也是 500 强中唯一一家未上市公司。

华为自 1996 年实施国际化战略，2007 年，华为海外销售额 115 亿美元，占总销售额的 72%，从这个指标评价，华为是真正国际化的公司。目前，其产品与服务现应用于 100 多个国家和地区，以及 35 个全球前 50 强的运营商，服务超过 10 亿用户。

华为在海外设立了 9 个地区分部和 90 多个分支机构，营销及服务网络遍及全球。华为在美国、印度、瑞典、俄罗斯及中国等地设立了 17 个研究所，每个研发中心的研究侧重点及方向不同。采用国际化的全球同步研发体系，聚集全球的技术、经验和人才进行产品研究开发，使华为的产品一上市，技术就与全球同步。华为还在全球设立了 36 个培训中心，为当地培养技术人员，并大力推行员工的本地化。全球范围内的本地化经营，不仅加深了我们对当地市场的了解，也为所在国家和地区的社会经济发展作出了贡献。

华为在瑞典斯德哥尔摩、美国达拉斯及硅谷、印度班加罗尔、俄罗斯莫斯科，以及中国的深圳、上海、北京、南京、西安、杭州、成都和武汉等地设立了研发机构，通过跨文化团队合作，实施全球同步研发战略。印度所、南京所、中央软件部和上海研究所等通过 CMM5 级国际认证，表明华为的软件过程管理与质量控制已达到业界先进水平。

一、市场策略

华为市场策略如下图所示：

根据地策略
- 华为先后创建了8个海外地区部，在90多个国家建立代表处和工程服务网络
- 直销模式是根据地策略的必然选择。华为强大的盈利能力能够支撑庞大的全球市场体系
- 制定明确的渠道政策

农村包围城市
- 先进入电信业发展比较落后的发展中国家，这些国家的技术准入门槛低，技术壁垒较少，对产品的要求也不严格
- 在发展中国家突破后再逐渐向发达国家迈进

友商战略
- 华为在国际市场的崛起给西方巨头造成竞争压力。为了突出核心竞争力，西方电信巨头们不得不压缩战线，降低研发投放，与华为进行战略合作
- 华为强调与全球同行在技术、制造和市场开发领域的合作

国家营销
- "新丝绸之路"的政策
- "东方快车"的品牌计划
- 印刷《华为在中国》的画册
- 参加20多个国际通讯展，每年在参展的投入至少是1亿元

"掐死"同行
- 中信是华为的头号敌人，"掐死同行比打败老外更重要"
- 中信与华为同质化高，互补性低，难以合作
- 海外市场开拓，政府资源是中信与华为争夺的焦点

政府关系
- 与政府"近而远之，远而近之"的策略是国际化的要求
- 淡化政府色彩，强调华为是100%私有企业，不涉及国家间政治性敏感问题

二、华为国际化市场策略的渐进过程

第一步，进入香港。1996年，华为与和记电信合作，提供以窄带交换机为核心产品的"商业网"产品，这次合作中华为取得了国际市场运作的经验，和记电信在产品质量、服务等方面近乎苛刻的要求，也促使华为的产品和服务更加接近国际标准。

第二步，开拓发展中国家市场。重点是市场规模大的俄罗斯和南美地区。1997年华为在俄罗斯建立了合资公司，以本地化模式开拓市场。2001年，在俄罗斯市场销售额超过1亿美元，2003年在独联体国家的销售额超过3亿美元，位居独联体市场国际大型设备供应商的前列。1997年华为在巴西建立合资企业，但由于南美地区经济环境持续恶化以及北美电信巨头占据稳定市场地位，直到2003年，华为在南美地区的销售额还不到1亿美元。

第三步，全面拓展其他地区。包括泰国、新加坡、马来西亚等东南亚市场，以及中东、非洲等区域市场。在泰国，华为连续获得较大的移动智能网订单。此外，华为在相对比较发达的地区，如沙特、南非等也取得了良好的销售业绩。

第四步，开拓发达国家市场。在西欧市场，从2001年开始，以10G SDH光网络产品进入德国为起点，通过与当地著名代理商合作，华为的产品成功进入德国、法国、西

班牙、英国等发达地区和国家。北美市场既是全球最大的电信设备市场，也是华为最难攻克的堡垒，华为先依赖低端产品打入市场，然后再进行主流产品的销售。

另外，为配合市场国际化的进展，华为不断推进产品研发的国际化。1999年，成立印度研究所。2000年之后，又在美国、瑞典、俄罗斯建立研究所，通过这些技术前沿的触角，华为引入了国际先进的人才、技术，为总部的产品开发提供了支持与服务。

美国私募基金贝恩资本和华为联合出价22亿美元收购3Com公司，其中，贝恩资本将获得83.5%的股权、华为获得16.5%的股份，并有权在未来增持5%的股份。这一收购虽然获得了董事会的批准，却遭到了美国专门负责对海外并购交易进行国家安全审查的监管部门——美国海外投资委员会（CFIUS）的严格审查，2006年10月的30天常规审查，到后来追加的45天的二期审查。

尽管贝恩以及华为已经多次声明，收购不涉及安全问题，华为并不会取得3Com公司的控制权，但仍然遭到了质疑。

美国国会认为，华为技术上是一家私营企业，但华为从不公布股份持有人的资料，只是重复说"100%为员工所有，公司总裁只拥有1%的股份"。

华为负责人随即给予书面回应："中国政府并不拥有或者控制华为的任何部分或者给华为任何优待。不仅中国政府、中国军队，而且任何商业组织都不在华为拥有股份。"华为还表示，去年的政府合同只占全部销售额的0.5%。

2007年2月21日，3Com公司正式表示，由于无法消除监管部门的顾虑，已经撤回了向CFIUS递交的申请文件，这意味着华为国际化步伐再次搁浅。

（资料来源：Charles W. L. Hill, Gerath R. Jones, Changhui Zhou：《战略管理》（英文第7版），孙忠译，中国市场出版社2007年版。）

案例讨论

（1）华为是如何进行国际化扩张的？
（2）华为采取了哪些措施实现国际化市场策略进程？
（3）从华为的国际化市场策略进程中你学到了哪些营销战略方法？

第七章 国际市场细分和目标市场选择

本章学习目标

通过本章的学习,要求学生掌握以下内容:①了解国际市场细分的概念及作用,国际市场细分的层次、标准和要求;②了解国际目标市场的营销策略;③了解国际市场定位的方法、步骤和策略。

第一节 国际市场细分

一、国际市场细分的概念与作用

(一)国际市场细分的概念

市场细分,是指根据消费者对产品的需求欲望、购买行为与购买习惯的差异,把整体市场划分为两个或更多的消费者群体,从而确定企业目标市场的活动过程。国际市场细分,是指市场细分概念在国际营销中的应用。具体来说,是指企业按照一定的细分标准,把整个国际市场细分为若干个需求不同的子市场,任何一个子市场中的消费者都具有相同或相似的需求特征,企业可以从这些子市场中选择一个或多个作为其国际目标市场。

国际市场细分理论的提出是以市场上存在的两个客观条件为依据的。

其一是消费者需求的差异性。国际市场上消费者在需求、爱好、欲望等方面存在着差异性,因此市场细分是把不同需求、不同爱好、不同欲望的消费者群体,归入不同的市场细分部分,构成不同细分市场。市场细分实际上是细分消费者的需求。例如鞋类市场,根据消费者的性别可分为男鞋市场、女鞋市场,在男鞋市场或女鞋市场上,由于有不同的需求和爱好的消费,又可分为皮鞋市场、胶鞋市场、布鞋市场和塑料鞋市场等。几年前,我国的布鞋曾风行欧美,这是顺应消费者图舒适的潮流而新开发的目标市场。

其二是消费者需求的类似性。消费者需求方面存在差异,并不是每人各属一种类型,而是有相当数量的消费者在对某种商品的需求上存在着相似性或一致性。这种类似性是由人们的居住环境、民族传统等因素决定的。每个具有类似性的消费群就成为一个具有一定个性特点的细分市场。

国际市场细分可以使企业认识市场,在市场营销决策时,明白自己的产品该往何处去。因为任何一个企业都不可能以自己的力量满足整个国外市场潜在消费者的所有需求,所以企业只能通过了解市场,明确满足哪个国家哪个部分人的需求,有针对性地生产满足这部分人需求的产品,也就是为自己的产品选定一个或几个目标市场。市场细分是企业选择目标市场的基础。

(二) 国际市场细分的作用

1. 有利于发掘国际市场机会

企业在市场调研的基础上进行市场细分,有利于对各细分市场的需求状况进行了解,即了解各细分市场上消费者需求的满足程度:哪些细分市场中产品的需求已得到满足,哪些细分市场中产品的需求未得到满足或未完全满足,从而可以从中发现市场营销机会。例如,日本钟表厂商对美国的钟表市场进行细分,发现高档钟表市场已被美国和瑞士占领,且已经饱和;中档钟表有大部分得到满足,且竞争十分激烈;而低档钟表市场几乎得不到满足。因此,日本选择了低档钟表市场作为目标市场,根据目标市场特点,相应地制订了具体的营销组合策略,日本电子手表风靡美国,成功地打开并占领了美国中低档钟表市场。

2. 有利于制订营销方案

根据细分市场的特点,分别采取有效的营销因素组合。国际市场范围广阔,各个区域消费者需求和竞争者状况不断变化。企业通过对国际市场进行细分,可以有针对性地观察和收集细分市场信息,对各个细分市场实行差异化的营销策略。当某个目标市场的需求特征和竞争态势发生变化时,企业可以及时地调整营销策略。例如对于高血压药物市场,可按年龄将市场细分为青年患者的轻、中、重度高血压,中年患者的轻、中、重度高血压,老年患者的轻、中、重度高血压等9个细分市场,然后通过调查确定每个细分市场的规模和性质,从中选择一至几个细分市场作为目标市场,最后制定相应的市场策略。

3. 有利于发挥营销效力

有利于企业分配国际营销预算,提高国际营销效益。具体来说,企业在对国际市场进行了细分后,可以根据各细分市场的市场潜量、竞争状况来合理地分配国际营销预算,使得在每个子市场的投入都能得到相应合理的回报,从而提高企业的国际营销效益。这实际上是缩短战线,集中兵力打歼灭战的战略思想的运用。

4. 有利于开发新产品

开发新产品是企业生存和成长的关键。不断研究国际细分市场的情况,企业就可以及时发现和掌握消费者需求的变化状况,发现新的市场机会,有针对性地发展新产品,以满足消费者不断变化的需求。1998年,我国海尔公司按照冰箱与冰柜的大小对美国冰箱市场进行细分,结果在竞争激烈的美国冰箱市场上细分出了一个被众多公司忽视的170升以下的冰箱市场。这是由于美国家庭小型化趋势的结果。于是,海尔公司制定了一个进军美国市场的计划,最终大获成功,当年的市场占有率达到25%。日本尼康也是按照产品细分市场的模式在运作,把产品细分为高端单反、中端单反、入门级单反三大类。正是这种对产品的细分,才使得尼康在单反数码相机领域取得了不错的成绩。

二、国际市场细分的层次

国际市场细分具有两个层次的含义,即分为宏观市场细分与微观市场细分。根据各国的地理环境、文化、经济、人口、消费者的性格和购买行为等的异同,就可以把庞大的市场进行细分。市场细分前必须进行认真的调查,系统地、全面地掌握资料,并且做好资料的筛选工作,去粗取精,去伪存真,力求资料准确度高,方可作为国际市场细分的依据。

(一) 宏观市场细分

宏观市场细分是要决定在世界市场上应选择哪个国家或地区作为拟进入的市场。这就需要根据一定的标准将整个世界市场划分为若干子市场,每一个子市场具有基本相同的营销环境,企业可以选择某一组或某几个国家作为目标市场。国际市场宏观细分的标准有地理标准、经济标准、文化标准和组合标准。世界市场十分复杂,各个国家在经济、文化、资源等方面均有自己的特点。虽然近些年来,随着经济全球化、文化交流的加剧,各国之间的区分在某些方面并不十分明显,但总体而言,按照地理条件的划分仍是国际市场细分中的一个重要因素。同时,界定区域性市场更有助于体现同类国家内部的共性和不同国家之间的差异,为国际营销活动奠定基础。例如,马西公司是加拿大多伦多的生产农业机械的公司,早在1959年,该公司就将世界农机市场划分为北美和北美以外两大市场,并决定将本公司的业务重点放在北美以外的市场上,以避免与福特汽车公司、迪尔公司和国际收割机公司进行直接竞争;公司花了多年时间实施其细分策略,最后终于使70%的产品销售到北美以外的市场上,果不其然,20世纪70年代,北美市场萎缩,福特、迪尔和国际收割机公司都在进行着激烈的竞争,难以盈利,而北美以外的市场却迅速发展,使马西公司的销售额持续增长。

根据地理标准、经济标准和文化标准的组合应用,可将全球市场分割为七大区域,分别为:西欧、东欧和中欧市场,北美市场,拉丁美洲市场,亚太市场,大洋洲市场,中东市场,非洲市场。第二次世界大战后区域性经济贸易一体化的迅速发展,使得区域性经济贸易组织内部的营销环境渐趋一致。比较有代表性的区域性经贸组织包括欧盟、北美自由贸易区、东南亚国家联盟等。每个区域市场内部都在地理位置、经济发展条件和文化方面有较大的相似性,而在不同的区域市场之间则有较大差别。

(二) 微观市场细分

微观市场细分类似于国内市场细分,即当企业决定进入某一海外市场后,它会发现当地市场顾客需求仍有差异,可进一步细分成若干市场,以期选择其中之一或几个子市场为目标市场。各大市场均有其细分标准。消费品市场有地理环境、人口状况、心理等标准,工业品市场有地理环境、用户性质、用户规模和用户要求四大标准。例如,一家牛仔裤公司根据消费者身材特点将世界划分为亚洲市场和欧美市场。很明显这是由于亚洲人身材矮小,欧美地区人较高大,因此,亚洲欧洲就构成了不同的子市场。这种国际市场细分就是宏观细分。根据企业的条件,目前比较适合进入亚洲市场,放弃欧美市场。而进入日本市场后,发现日本青年人对牛仔裤又有不同的要求,一是男女要求不同,二是对颜色要求不同,三是对裤腿的肥瘦要求不同。这样,在日本市场,该公司又根据需求的不同进行微观市场细分。

三、国际市场细分的标准

(一) 国际消费品市场细分的标准及依据

国际消费品市场,由于受消费者所在地理区域、年龄、性别、宗教信仰、收入水平、生活方式和购买行为等多种因素的影响,不同的消费者具有不同的需求特征。国际消费品市场细分的标准及依据,如表7-1所示。

表7-1 市场细分的标准及其方法

细分标准	典型细分方法
1. 地理细分	
·洲	·亚洲、欧洲、美洲、大洋洲
·国家和地区	·日本、美国、澳大利亚、摩洛哥、中国香港地区
·城市大小	·5000人以下;5000~49999人;50000~499999人;500000~999999人;1000000~3999999人;4000000人或以上
·密度	·市区、市郊、郊区
2. 人口细分	
·年龄	·6岁以下;6~11岁;12~17岁;18~34岁;35~49岁;50~64岁;65岁或以上
·性别	·男;女
·家庭大小	·1~2人;3~4人;5~6人;7~8人;9人以上
·家庭生命周期	·年轻单身;年轻已婚,未有儿女;年轻已婚,儿女在6岁以下;年轻已婚,儿女在6岁以上;年长已婚,儿女在18岁以下;年长单身;其他
·年收入	·5000元以下;5001~30000元;30001~70000元;70001~150000元;150001~250000元;250001~500000元;500000元以上
·职业	·专业性、技术性;经理、老板;文员、推销员、工匠、管工、操作员;农夫、退休者、学生;家庭主妇;失业者
·教育	·小学毕业及以下;初中;高中;大学;大学以上
·宗教	·天主教;基督教;佛教;伊斯兰教;犹太教;摩门教……
·种族	·白色人种;黑色人种;黄色人种
·国籍	·中国人;美国人;英国人……
3. 心理细分	
·生活方式	·时髦的人;追求社会地位的人;朴素的人
·性格	·随和;孤独;爱交际;专横;有野心的;贪心的;懦弱的;内向或外向的;保守或激进的
·对营销因素的敏感度	·品质;价钱;服务;广告;推销拓展

续表 7-1

细分标准	典型细分方法
4. 行为细分 · 使用者状况 · 对品牌的忠诚程度 · 有心购买程度	· 曾用者；有潜质的用者；初用者；常用者； · 没有；中等；强烈；极度 · 根本不知道；知道；详细了解；有兴趣；想购买；打算购买
5. 利益细分 · 着眼点	· 经济；方便；地位

资料来源：选自刘仓劲、罗国民《国际市场营销》，东北财经大学出版社 2007 年版。

1. 地理细分

所谓地理变数细分，是指企业按照消费者所在的地理位置、地理环境等变数来细分市场。这是一种传统的细分方法，之所以这样划分，是由于同一地理区域具有相似的自然条件和宗教文化背景。如宝洁公司把日本、东南亚的消费者头发拿到化验室，经过精心细致的化验，发现东方人的发质与西方人不同（如较硬较干）。于是，宝洁公司专门开发了营养头发的潘婷，满足亚洲消费者的需要，潘婷上市后成为宝洁公司在世界范围内上升最快的洗发水品牌。

（1）地理位置。在许多跨国公司的国际市场营销实践中，习惯于按照地理位置把国际市场划分为北美、拉美、非洲、西欧、亚洲、中东几大市场。企业如果想进行更为精确的细分，还可以把上述较大的地理区域做进一步划分，如国家、省、州等。不同的区域市场，它的需求、潜量、购买力水平、竞争强度是有差异的。企业应有针对性地提供不同的产品，运用不同的营销因素组合。

（2）地理环境。在进行地理细分时，除地理位置以外，地理环境，如地形气候也是一个重要的参考因素。美国在加拿大的通用汽车公司向伊拉克出售 25000 部雪佛兰马里汽车，但当马里汽车驶入巴格达道路和街道时，汽车的空气滤清器被堵塞，汽车的变速器失灵。通用汽车公司不得不派出 36 位专职工程师、机械师到巴格达去装置附加滤清器，并更换离合器，但是由于伊拉克属高温、多尘土的地理特征，因而所采取的临时措施不能排除掉汽车运输的困难。同样，销售到埃及的通用汽车公司的公共汽车，因为柴油的引擎噪音太大，被戏称为"美国之音"。最终所有 600 辆公共汽车都必须更换消音器才能在市区上使用。但是不到一年，汽车的性能就变得很糟糕。这种情况的出现，既是因为汽车设计不适应埃及气温及多尘土气候的要求，埃及行驶条件很差，同时由缺乏训练又鲁莽的司机驾驶，不注意保养车子，因而，使车辆提前报废。

2. 人口细分

所谓人口变数细分，是指企业按照人口总量、性别、年龄、文化程度、收入水平、家庭状况、宗教信仰、民族等人口统计学特征细分市场。由于人口因素直接影响消费者的需求特征，而且较其他因素更易于辨认和衡量，因而是国际消费品市场中最常用、最主要的细分标准。在人口细分的诸变数中，又以人均收入、人口总量、年龄特征、宗教信仰四项最有参考价值。

(1) 人均收入。一般来说，收入高低直接决定了收入的水平和构成。根据平均收入水平，可以将各国消费者的收入分为高收入、中等收入、低收入三个层次。目前，较为广泛接受的是世界银行按照各国人均国民生产总值对国家进行的划分。世界上的高收入国家除日本外，大部分都分布在西欧和北美。

(2) 人口总量。国民收入与居民人均收入水平的高低直接影响国际市场的规模。在国际市场中，对于许多低值易耗的消费品来说，人口总量往往是比人均收入更为重要的细分变量，这其中典型的例子就是中国和印度。值得注意的是，像中国和印度这样人口众多但人均收入很低的国家，仍有一批比例较小但绝对数可观的高收入消费者，从消费水平上看，这些消费者已接近或达到了中等发达国家消费者，从消费总量上看，也相当于一个小型的中等发达国家。因而这种情况也是在进行人口细分时应当考虑的。

(3) 年龄特征。按照年龄大小我们可以将人生划分为婴幼儿、儿童、少年、青年、中年、老年六个阶段。处于不同年龄阶段的消费者，由于生理状况、兴趣爱好的不同，对商品的需求也不同。随着社会经济的发展及居民收入的提高，各阶段消费者的需求发生了巨大变化，是国际市场细分不能忽略的因素。宝洁看中了年轻人富有个性色彩的生活画面和先导消费作用，广告画面多选用年轻男女的形象，如选取青春偶像郑伊健、张德培作为广告模特。宝洁的市场定位为青年消费群体，其高份额的市场占有率充分证明了定位的正确性。

(4) 宗教信仰。世界上有三大宗教，即基督教、伊斯兰教和佛教，当然还有许多种区域性宗教。不同宗教信仰的消费者在需求特征上也表现出差异。如在巴基斯坦，伊斯兰教是国教，信徒占全国人口的95%以上。信徒们严格遵守穆斯林传统，禁绝饮酒，若在该国售酒就是错误的。

3. 心理细分

所谓心理细分，是指企业按照人的生活方式、性格等因素细分市场。随着社会经济的发展，广大居民生活水平的不断提高，消费者的需求从生理需求向心理需求转化，这一点在经济发达国家尤为明显。因而消费心理因素成为国际市场尤其是发达国家市场细分的重要因素之一。例如，同年龄、同性别、同收入等，往往有不同的心理状态，有的可能差异很大，影响购买者的行为。在国际市场营销中，许多企业都按照心理因素来细分国际消费品市场，这不仅有利于企业针对不同生活方式和个性的消费群的需要与偏好来设计不同的产品，制定不同的国际市场营销组合策略，也利于企业从市场细分中发现新的市场机会，拓展国际市场。

(1) 生活方式。这里讲的生活方式主要指个人或团体的工作、消费、娱乐的习惯模式。人们所追求的生活方式不同，对产品的爱好和要求就有差别。企业经营者要针对不同的生活方式的团体，选定产品的目标市场，设计专门产品。如对女装的设计，就有所谓"朴素的女人"、"时髦的女人"等服装。又如，美洲虎牌轿车特殊的款式虽然有时可靠性稍差，但为了其特殊的款式，消费者依然乐意花高价购买。

(2) 性格。这是指根据目标市场消费者的性格（自我形象）设计品牌性格（品牌形象），以争取某一性格的顾客。例如，在20世纪50年代后期美国福特和雪佛兰即按不同的个性消费者来促销,当时福特的购买者被看成是独立的、易冲动、男性化、留心改变与具有自信的群体;而雪佛兰的拥有者则被视为保守、节俭、关心特权、较不男性化、避免极端的群体。

4. 行为细分

所谓行为细分,是指企业按照人们是否购买并使用一件产品,以及使用程度等因素细分市场。例如,使用度频繁、中等、轻度、不使用。也可以根据使用者身份来进行细分,如潜在使用者、非使用者、外部使用者、常规使用者、第一次使用者和竞争者产品使用者。例如,某企业将男用香水按照使用程度这个行为变量,将国际男用香水市场分为未使用者、曾经使用者、潜在使用者、初次使用者、经常使用者等五个子市场。

5. 利益细分

所谓利益细分,是指企业按照销售产品能给消费者解决的问题或带来的利益来细分市场。例如,企业可以按照消费者所追求的利益这个行为变数,将牙膏市场细分为保持牙齿洁白、防治龋齿、使口腔清新芳香等三个子市场。而雀巢公司发现,不管什么地方养猫人对该怎样喂养他们的宠物的态度都是相同的。又如,宝洁洗发水四个品牌皆有不同的利益细分同,即飘柔的"柔顺头发"、潘婷的"健康且富含维生素B5"、海飞丝的"有效祛除头屑"和维达沙宣的"使头发柔亮润泽"。运动鞋市场以产品功能和利益亦可以划分为以下几个细分市场(如图7-1所示)。

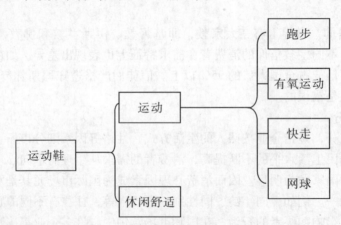

图7-1 识别顾客群体和市场细分

资料来源:Charles W. L. Hill, Gerath R. Jones, Changhui Zhou:《战略管理》(英文第7版),孙忠译,中国市场出版社2007年版。

企业运用以上任何一种或几种标准分析和选择细分市场时不仅要力求恰当,而且往往需要将几种标准进行综合分析。例如,在意大利对购买中国高档抽纱的消费者,进行如下细分:消费者主要是家庭收入高(人口细分)、年龄为中年人(人口细分)、居住在城市(地理细分)、注意名誉地位(心理细分)、爱交际(心理细分)的妇女(人口细分)。应该注意的是,消费者的购买行为特征较为抽象,具体的数据较难采集。为了有效地运用这种细分方法为企业的国际市场营销决策提供依据,企业一方面要进行深入的市场调查,对消费者的行为特点进行定量的统计分析,另一方面还应结合其他的细分方法来进行双重或多重细分,以保证市场细分的有效性。

(二) 国际工业品市场细分

国际工业品市场的变数虽然与国际消费品市场的变数基本相同,但企业还需运用以下一些新的变数来细分国际工业品市场。

1. 根据最终用户的行业和地理位置细分

一种工业品往往可用于多种行业。例如,电视几乎为所有行业所需要,但是工厂使用、渔船使用和其他行业使用,对该产品又都有其特殊的要求。通过按用户性质细分,可使产品更符合目标市场用户的需求。又如,按用户的地理位置细分,每个国家或地区,通常都根据自然资源、气候情况、交通条件和历史传统,形成若干工业地区。这使工业品市场比消费品市场更为集中,把目光放在用户集中的地区上,这样就可以节省销售成本,节约运输费用。生产发动机零部件的企业可以根据用户的最终用途,将零部件市场分为重型柴油机车用零部件市场,轻、微型汽油机车用零部件市场,农业及一些小型机械用零部件市场等子市场。

2. 根据顾客规模与购买力大小细分

顾客规模与购买力大小也是企业细分国际工业品市场的重要变数。工业企业常根据客户数量和大小来细分市场。不同类型的顾客,他们对产品质量、需求数量、服务等多方面均有不同的要求,企业可以根据顾客规模大小进行细分。例如,美国某大型办公用具公司根据用户大小将市场分为大客户以及其他小客户等子市场。以用户的资产和购买量的大小作为细分市场的标准。大户少,但购买量大;小户多,但购买量小。工业品市场的购买量集中在少数大企业,一般可采取直接销售和提供直接服务,对购买量小的众多用户,应采取间接销售途径,且要选择恰当的分销策略。

3. 根据购买组织的特点细分

购买组织的特点,是指企业的组织结构和组织系统,购买决策产生的过程和程序,什么人参与购买决策,他们在购买决策过程中充当什么角色,起什么作用。由于在国际工业品市场上的购买属于集团购买,因而购买集团或组织的特点是市场细分的重要变数。一般说来,参与企业购买决策的人员和规模大小同所购买的产品、企业的规模和管理模式有关。如果一个企业采购少量低值的原材料,参与决策的人会很少;但如果采购的是大型成套设备,那么就会有经营管理人员、技术人员、采购人员等众多的人参与决策。在通常情况下,大企业参与购买决策的人多,小企业参与决策的人少;民主管理式企业参与购买决策的人多,家族式集中管理企业参与决策的人少。

应当指出的是,尽管国际市场细分是企业制订国际市场营销战略和策略的重要前提和依据,要使市场细分合理和有效还必须注意以下几个方面的问题。

首先,细分国际市场的变数的个数取决于消费者需求差异的大小。对于消费者需求特征差异较小的产品或服务可采用单一变数进行细分,如果消费者需求特征差异较大,则应采取双重或多重变数细分,以保证细分的有效性。

其次,细分国际市场的变数也不是越多越好。因为若对某市场采用了过多的变数进行细分,会导致各个子市场过小,既给企业选择目标市场带来了困难,又会使得企业的

营销活动缺乏效率

最后,应把握市场细分的动态性。国际市场上的消费者需求和竞争者状况每时每刻都在发生变化,企业应注意信息的搜集,在必要时进行市场细分的调整。

四、国际市场细分的方法

国际市场细分的方法多种多样,但每种市场细分都是站在消费者的角度,基于消费者需求、动机和购买行为的差异性进行划分。而消费者的偏好又可分为同质偏好、分散偏好和集群偏好。

根据国际市场细分的标准和细分程度,国际市场细分方法一般有以下几种。

(一) 无细分

顾名思义,无细分就是将目标市场的消费者的偏好都看作同质的,也就是将国际市场看作一个整体,不进行任何划分。

(二) 完全市场细分

完全市场细分是以目标市场消费者的偏好的分散性为基础,将每一个消费者都看作潜在的独一无二的市场,为其定制产品。像波音等飞机制造厂就是典型的例子。

(三) 单因素市场细分

这是一种根据市场主体的某一因素进行细分的方法。例如,服装行业按性别可分为男装、女装,按气候可分为春装、夏装、秋装、冬装。

(四) 多因素组合市场细分

由于国际市场的多样性和复杂性,有时候用单因素细分市场效果并不理想。这时候就可以组合几个因素细分市场。以牙膏为例,同是冷酸灵的牙膏,但是旗下产品依然各具特色。以抗敏感为主打特色,分别辅以美白、去渍、护龈、清新口气等功能。这样一来,消费者可以根据自己的偏好从中获取不同的效益组合。

(五) 系列因素市场细分

当市场细分的因素多样且必须按照一定的顺序逐步细分时可采用系列因素细分法。它可使目标市场越来越明确。例如,虎飞自行车市场就可以用系列因素细分法做如下细分:

虎飞自行车市场
- 香港市场
- 东南亚市场
  - 普通自行车
  - 山地自行车
  - 自行车专用设备
- 北美市场
- 欧洲市场

五、国际市场细分的过程

国际市场细分可以按照以下步骤进行：

（1）选择合适的市场范围。根据企业的使命、目标和能力选择可能的经营范围，决定进入的行业，提供的产品和服务。

（2）分析潜在的顾客需求。评估目标市场潜在的顾客需求，为之后的分析奠定基础。

（3）确定不同的顾客需求。重点着眼于顾客需求的不同，作为细分市场的重要依据。

（4）筛选备选的市场细分。依据市场细分条件和原则，对备选细分市场进行分析，去除不合理的细分市场。

（5）命名细分市场。根据潜在顾客的需求差异，将其划分为不同的群体或市场，并赋予每一个市场一定的名称。

（6）复核细分市场。对细分市场进行再分析，包括市场规模、特点及潜力等，更深层次地认识该细分市场，以及是否需要进行进一步的细分或合并。

六、国际市场细分的要求

对于竞争激烈的国际市场，如果认为只要进行国际市场的细分就能在营销上获得成功，那么这种认识就是片面的。因为尽管国际市场细分是识别机会、发现机会的有效手段，但并不是所有的国际市场细分都是有效的。过于细分可能会影响企业的销售面；细分不当也可能招致营销上的失败。因此，有效的国际市场细分必须具备下述条件。

（一）可衡量性

可衡量性（Measurability）是指细分后形成的市场，其规模及购买力程度必须能够衡量，否则某些特性就不能成为细分市场的依据。例如，较大婴儿奶粉所形成的市场就比较好衡量，其中以 6～12 个月的婴儿为主要市场，满周岁到 3 周岁的幼儿则是次要市场。有时以消费者的心理变数为细分市场，就可能出现衡量不易的情况。事实上，有许多的消费者特性是不容易衡量的，比如用生活方式作为细分标准就很难确定一国中究竟有多少人属于某一种生活方式。

（二）可接近性

可接近性（Accessibility），是指企业的人力、物力及营销组合因素必须足以达到和占领所选择的细分市场。如果细分后的市场，消费者不能有效地了解商品的特点，不能在一定的销售渠道买到这些商品，则说明企业没能达到该细分市场，企业就应放弃该细分。也就是说，对于不能进入或难以进入的市场进行细分是没有意义的。

（三）足量性

足量性（Substantiality），是指细分后所形成的市场规模必须足以使企业有利可图，并有一定的发展潜力。因为每进行一次市场细分就需要推行一套独立的营销组合方案，要付出相当的代价。只有足够大的市场与发展潜力，才值得企业尽心尽力开发。反之若市场十分狭窄，或者潜在消费者很少，就不值得去占领。例如，发达国家人口增长缓慢，年龄结构老化问题日趋突出，对企业来说，老年市场具有相当潜力。各类老人保健、老人医院、老人娱乐、休闲等行业都将发展成具有足量性的市场。反之，对于那些不具有足量性的市场，这样的细分就不会尽如人意。

（四）可实施性

可实施性（Actionability），是指企业能够有效地吸引并服务于子市场的可行程度。例如，一家计算机公司根据某国的顾客对计算机的不同使用与服务要求，将顾客分为数个子市场，但公司资源有限，缺乏必需的技术与营销力量，不能为每个子市场制定切实可行的营销策略，因此该公司的市场细分就没有意义。

第二节 国际目标市场的选择

一、选择国际目标市场的意义

企业要占领国际目标市场，必须在国际市场细分的基础上，根据企业自身的人、财、物、产、供、销的条件，以及所处的客观环境选定自己的目标市场。国际市场细分和选择国际目标市场既有联系，又有区别。国际市场细分是按不同的消费群体划分，选择国际目标市场则是企业确定某一个或某几个细分市场作为市场营销对象的决策。企业选择目标市场必须从经营价值角度对细分市场进行评价，以决定取舍。

选择国际目标市场在企业的营销中是必不可少且至关重要的一步，其意义是：

（1）选择国际目标市场意味着企业要重视未被满足的市场需求，寻求潜在的国际购买者，开辟国际新市场，确定发展方向。

（2）选择国际目标市场可以采取扬长避短的方针，显示自己产品的优点，更多地满足购买者的需求，这也是战胜同类竞争产品的最有效途径。

（3）选择国际目标市场也就是把销售集中在对自己产品更有利的市场，这样就能促使市场营销更准确、更有效。

二、确定国际目标市场应遵循的原则

在国际市场营销中，确定目标市场应遵循以下三个原则。

（一）所确定的目标市场必须足够大

所确定的目标市场必须足够大或正在扩大，这是因为消费者的数量是企业利润的来源之一。一般要考察以下几点。

1. 市场规模

市场规模指的是企业从目标市场所获得的业务量。考察市场规模,一是要看它的人口,二是要看收入水平。

2. 发展潜力

一个小规模的目标市场,如果有发展潜力,也是具有吸引力的,成长中的市场是极具魅力的。而那些在如今看来获利较多,好像极有诱惑力的市场很可能正在衰退,因此衡量一个市场不仅仅要关注现在,更要看前景。

3. 服务成本

不同市场中的购买期望值不同,为不同的目标市场服务的成本也就不同。市场的服务成本必须与该市场的购买水平相协调,使得企业可以有一定的利润空间。

一个很好的例子就是美国的 Lee 牌牛仔裤。Lee 牌牛仔裤就始终把目标市场对准占人口比例较大的那部分"婴儿高峰期"的消费者群体,从而成功地扩大了该品牌的市场占有率。在 20 世纪 60～70 年代,Lee 牌牛仔裤以 15～24 岁的青年为目标市场。因为这个年龄段的人正是那些在"婴儿高峰期"出生的,在整个人口中占有相当大的比例。可是,到 20 世纪 80 年代初,昔日"婴儿高峰期"的青年一代已经步入中青年阶段。新一代青年在人口数量上已大大少于昔日青年。为了提高市场占有率,在 80 年代末,Lee 牌牛仔裤又将其目标对准 25～44 岁年龄段的消费者群体,即仍是"婴儿高峰期"一代。为适应这一目标市场的变化,厂商只是将原有产品略加改进,使其正好适合中青年消费者的体形。结果,20 世纪 90 年代初,该品牌牛仔裤在中青年市场上的份额上升了 20%,销售量增长了 17%。

(二) 所选择的目标市场竞争不激烈

所选择的目标市场竞争不激烈,是指没有竞争者或竞争对手实力不强。

日本"本田"公司在向美国消费者推销其汽车时,就遵循这一原则,从而成功地选择了自己的目标市场。同"奔驰"、"奥迪"、"富豪"等高级轿车比,本田的汽车不仅价格较低,技术也较高,足以从竞争对手口中争食。然而,"本田"公司没有这样做。根据"本田"的预测,20 世纪 80 年代末 90 年代初,随着两人收入家庭的增多,年轻消费者可随意支配的收入将越来越多,涉足高级轿车市场的年轻人也将越来越多。与其同数家公司争夺一个已被瓜分的市场———部分早就富裕起来并拥有高级轿车的中老年消费者市场,不如开辟一个尚未被竞争对手重视的,因而可完全属于自己的市场———刚刚和将要富裕起来的中青年消费者市场。

(三) 所确定的目标市场是企业的优势所在

如果所选择的目标市场很大,但该市场的消费者对你的品牌不感兴趣,仍然不能获得利润。20 世纪 70 年代中期,德国"宝马"牌汽车在美国市场上将目标对准当时的高级轿车市场。调查却发现,该细分市场的消费者不但不喜欢,甚至还嘲笑"宝马",说"宝马"就像是一个大箱子,既没有自动窗户也没有皮座套,同其他车简直无法媲美。显然,这个市场对"宝马"的高超性能并无兴趣。于是,生产厂家决定将目标转向收入较高、充满生气、注重驾驶感受的青年市场。因为该市场的消费者更关心汽车的性能，更喜欢能够体现不同于父辈个性和价值观的汽车。为吸引这个市场的消费者，厂家就突出宣传该车的高超性能。到了1978年，该车的销售量虽然还未赶上"奔驰"，但已达到3万多辆；到了1986年，已接近10万辆。然而，20世纪80年代末90年代初，美国经济开始走向萧条，原来的目标消费者已经成熟，不再需要通过购买高价产品来表现自我价值，加上日本高级轿车以其"物美价廉"的优势打入美国市场，"宝马"汽车面临新的挑战。通过市场调查发现，消费者之所以喜欢"宝马"汽车，是因为它能给驾驶人一种与众不同的感觉，即"人"驾驭车而不是"车"驾驭人。驾驶"宝马"，消费者感到安全、自信，因为他们不仅可以感觉汽车、控制汽车，从"宝马"身上，他们还可以得到如何提高驾驶技术的反馈。于是，厂家又将销售目标市场对准下列三种人：①相信高技术驾驶人应该驾驶好车的消费者；②为了家庭和安全希望提高驾驶技术的消费者；③希望以高超驾驶技术体现个人成就的消费者。到1992年，尽管整个美国汽车市场陷入萧条，但"宝马"汽车的销售量仍比1991年提高了27%。

三、国际目标市场的选择策略

（一）区域市场的相互支援

企业可以利用极具优势的区域市场支援打算进入或刚进入的目标市场，不论是品牌优势还是经济效益的支持。从国际化的角度看，企业应该更多地聚焦于多个区域市场，而不是"将鸡蛋放在一个篮子里"。也就是说，企业没必要在某一个市场和竞争对手争个你死我活，可以在其他市场击败对手。毕竟国际化市场不同的区域市场存在着很大的关联，很有可能会出现多米诺效应。因此，对于企业来说，全球布局很重要。

（二）界定相对较弱的区域市场

从目标区域中发展相对较弱但极具潜力的市场切入，对于企业国际化来说事半功倍，是个不错的选择。

（三）关注市场领导者

市场领导者是指在相关产品的市场上市场占有率最高的企业。它在价格调整、新产品开发、配销覆盖和促销力量方面处于主导地位。它是市场竞争的导向者，也是竞争者挑战、效仿或回避的对象。企业可以根据领导市场的需要，开发产品适应不同国家的需求。

四、国际目标市场的营销策略

（一）国际目标市场营销策略的种类

国际目标市场营销策略的种类如图7-2所示。

 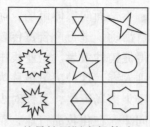 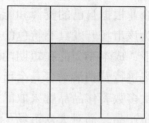

无差异性国际市场策略　　差异性国际市场策略　　密集性国际市场策略

图 7-2　国际目标市场营销策略的种类

1. 无差异性国际市场策略

无差异性国际市场是指企业不是针对某个市场，而是面向各个子市场的集合，企业仅推出一种产品，力图吸引所有的购买者。这种策略被称为无差异性市场策略。这种策略强调推销对象的共性，漠视个性，把市场作为一个整体目标，不进行细分，进行大量的统一的广告宣传。成本比较大，时间比较长，一般适合于大型企业。露华浓国际公司（Revlon International）为了使露华浓成为全球性品牌，所采用的就是标准化全球战略。其总裁宣称："所有北美的广告都是宣传所有的露华浓产品，不论是化妆品、护肤品还是护发品，这些广告将用于全球各地。"美国可口可乐公司初期因拥有世界范围的专利，可口可乐只生产一种外形包装、一种味道的汽水，甚至连广告词也只有一种。

消费者对企业产品有共同需求，市场需要没有差异性的情况下就可采取无差异性市场策略。这种策略的优点是有利于大规模生产，降低生产成本，节省储存、运输、广告及市场推广费用。缺点是忽视了个别市场的需要，有时候并不能很好地满足不同的消费者的需求，而且市场竞争也很激烈。

2. 差异性国际市场策略

面对已细分化的市场创业，从中选择两个以上或多个子市场作为目标市场，分别向每个市场提供有针对性的活动。这种策略被称为差异性市场策略。近年来，越来越多的企业针对各个细分市场的特点，设计不同的产品，运用不同的营销手段，以满足不同消费者群的需求。广告宣传应针对各自的特点有所不同，以调动各个子市场消费者的消费欲望，从而实现实际消费行为。

联合利华公司和考斯迈尔（Cosmair Inc.）采用的就是差异性国际市场营销策略，把目标同时对准高档和低档的香水市场。联合利华以卡尔文·克莱因（Calvin Klein）和伊丽莎白·泰勒（Elizabeth Taylor's）吸引高档消费市场，而风之歌（Wind Song）和布拉特（Brut）则是其在大众市场上的品牌。考斯迈尔向高端市场出售翠西娜（Tresnor）和吉尔吉奥·阿美尼·吉奥（Glorgia Armain Gio），向低端市场出售葛劳利亚范·德比尔特（Glorgia Vanderbilt）。可口可乐公司同样采用差异性国际市场策略，其生产的几种不同口味的碳酸饮料，分别用大小各不相同的罐装、瓶装销售。

差异性市场策略的优点是能满足不同市场的欲望，增加总销售量。缺点是各种费用会随之增加，生产成本加大，储存、运输、广告和市场推广费用都会增加。

3. 密集性国际市场策略

企业根据自己的资源和能力，不是面向整体市场，而是将主要力量放在一个子市场上，为该市场开发具有特色的项目活动，进行广告宣传攻势。这种策略主要适合于小规模企业，成本小，能在短期内取得促销的效果。企业集中所有努力向一个市场或少数几个市场进行营销活动，其余市场则放弃。这种决策被称为密集性市场策略。

大多数奢侈品品牌采取的是密集市场策略，只针对少数成功人士或贵族后代开发生产高价产品，而对大众市场不去问津。在化妆品行业，雅诗兰黛公司、夏奈尔和其他一些奢侈品牌，以高档、名流子市场为目标市场，获得了成功。相应地，一些低档产品也可以根据企业自身和消费者特点使用此策略，如德国福斯汽车公司曾实行密集性的市场策略，所推出的小型"小金龟"车，以省油、经济、引擎优良而闻名，在世界小汽车市场上占有率很高。

这种策略的优点主要表现在专有产品的盈利能力。一般来说，企业资源有限，那么与其在整个市场拥有很低的占有率，不如在部分市场上拥有很高的占有率。这可使生产专门化，节省市场营销费用，增加盈利。缺点是过分专门化风险比较大，如果目标市场情况发生变化，市场突然出现强有力的竞争对手，产品价格猛跌或购买者的兴趣转移，企业就会陷入困境。

（二）国际目标市场策略选择的依据

国际目标市场策略的选择要根据企业的自身条件而定。

1. 企业的规模与实力

如果企业的资源有限，财力、物力不足，最好采取密集性市场策略。如果企业资源雄厚，实力充足，则宜采取差异性市场策略。

2. 产品的特征

根据产品的特性而采取不同的市场策略。一些日常的低端普通消费品，差异性较小，如米、盐等。另外，若企业生产高度标准化的产品，如钢铁和阿司匹林等。这些产品只在意义上存在区别，宜采取无差异性市场策略。但若企业可以提供具有高度差异性的产品（如汽车、家具等），由于这些产品价格较高、属于耐用品，故而宜采用差异性市场策略或密集性市场策略。

3. 市场的类似性

顾客的需求、偏好及其他特点十分接近，或者消费的初级阶段，消费行为没有明显区分，亦即市场类似程度较高，如钢铁、煤炭、粮食等，可采取无差异性市场策略。反之，若市场差异程度高，如照相机、服装和一些机械产品等，则宜采取差异性市场策略或密集性市场策略。

4. 产品生命周期

企业在国外市场上推出一种新产品，当该产品处在介绍期、成长期时，通常应该采用无差异性市场策略，以摸清潜在顾客和探测市场需求。但产品进入成熟期或衰退期时，则需要采取差异性市场策略，发现新的市场机会，更新产品，以开拓新市场，或采取密集性市场策略，以延长产品生命周期。

5. 竞争对手的营销策略

如果竞争对手积极地进行市场细分，那么企业不应采用无差异营销策略与之抗衡。反之，如果竞争对手采用无差异营销策略，企业则可采用差异性营销策略或集中性营销策略与其竞争。

第三节 国际市场定位

一、市场定位的概念

市场定位，是指企业根据现有产品在目标市场上所处的位置，针对消费者或用户对该种产品某种特征或属性的重视，强有力地塑造出本企业产品与众不同的、给人印象鲜明的个性或形象，并把这种形象传递给顾客，从而使该产品在市场上确定适当的位置。企业产品定位准确、形象鲜明就容易在市场上获得成功，否则往往招致失败。

二、国际市场定位的步骤与要求

（一）国际市场定位的步骤

1. 分析竞争者的定位及其竞争优势

企业要形成自己的竞争优势，必须调查和分析竞争对手的定位策略，如提供的产品、价格、包装、技术水平、新产品开发、产品成本等，从而确认竞争者的竞争潜力和竞争优势。与西方跨国建筑公司相比，中国企业在资本、技术、设备、管理等方面都处于弱势。在此情况下，中国企业要想生存、发展、壮大就必须根据项目业主的需求差异，利用自身已有的优势和发展新的优势，合理进行市场定位，树立市场形象，确立市场特色，创立独特产品，使自己与其他同类企业包括西方企业严格地区分开来，以满足不同项目业主的特定需要，从而使自己在竞争中处于有利地位。

2. 了解目标顾客的需求特征和评价标准

企业在调查了解竞争者情况的基础上，还应了解顾客对其所购买产品和服务的最大偏好和愿望，弄清他们对产品优劣的评判标准。只有当企业的竞争优势能与目标市场上的需求相吻合时，企业才能在市场竞争中获胜。

3. 了解自身的竞争优势和核心能力

竞争优势是在对企业比较优势加以集聚和整合，形成核心竞争力的基础上产生的。比较优势是相对于竞争对手而言所具有的优势，如知名的品牌、优良的产品品质、丰富的营销经验、独有的供货和销售渠道、优秀的员工、较低的成本、领先的产品技术、先进的管理技术、获取与分析市场竞争信息的能力等。核心竞争力是在企业现有资源和比较优势的基础上产生的，是根植于企业内部组织运营中的知识、技能与经验的结合体。

4. 选择定位战略

了解和分析目标市场顾客的需要与竞争对手的竞争优势之后，在确定和选择企业的比较竞争优势的基础上，企业就可对产品的市场定位进行选择。竞争者之间往往是互有侧重，以确立独树一帜的产品形象。例如，在手表市场中，有设计屡创潮流的"卡地亚"，有代表高身价的"世家"表，有投资保值的黄金"劳力士"，有开始摒弃准确计时形象而加强其外形设计及价值形象的"欧米茄"，还有技术手段日新月异而款式多样的"精工"表，以及物超所值、质好耐用的"星辰"表，这些手表都各有其突出的形象。

5．利用营销组合实施定位战略

一旦企业选择好市场定位，就必须采取切实步骤把理想的市场定位传递给目标消费者。企业所有的市场营销组合必须支持这一市场定位战略。如果企业确定的市场定位是更高的质量和服务，那么它首先必须送达这个定位。所有战术细节，如设计、生产、销售、促销和宣传等都要围绕产品的市场定位展开。企业必须生产高质量产品，制订较高的价格，通过高水准的经销商来销售。可以通过广告、公关等方式进行定位宣传，让公众准确理解企业的定位观念，并避免因宣传不当而使企业的市场定位与公众的理解产生偏差。企业应通过定位宣传，体现企业市场定位的排他性，突出企业产品和服务的特色和个性。

（二）国际市场定位的要求

在市场定位过程中，企业应该尽量避免三种主要的市场定位错误。第一种是过低定位，即根本没有真正为企业定位，其表现是购买者对企业究竟生产什么只有一个模糊的概念，或者根本不知道企业的产品有什么特殊之处。第二种错误是过高定位，即传递给购买者的公司形象太窄。最后，企业必须避免混乱定位，即避免给购买者一个令人感到混乱的企业形象。企业应注意并不是所有的品牌差异都有意义或有价值，也不是每种差异都能成为很好的区别因素。因此，企业必须仔细地挑选区别于竞争对手的方法。一个市场定位是否值得建立，应看它是否能够满足以下几个条件。

（1）重要性。该定位能给目标市场带来高价值的利益。

（2）专有性。该定位竞争对手无法提供，或者企业能以一种更加与众不同的方法来提供该差异。

（3）优越性。该定位优越于其他可使顾客获得同样利益的办法。

（4）感知性。该定位实实在在，可为购买者感知。

（5）先占性。竞争对手不能够轻易地复制出此定位。

（6）可支付性。购买者有能力支付这一差异。

（7）可盈利性。企业能从此定位中获得利益。

消费者一般都选择那些给他们带来最大价值的产品和服务。因此，企业要赢得和保持顾客的关键是比竞争对手更好地理解顾客的需要和购买过程，通过提供比竞争对手更低的价格，或提供更多的价值以使较高的价格显得合理，来吸引更多的消费者。企业可以把自己的市场定位确定为向目标市场提供优越的价值，从而使企业赢得竞争优势。企业空洞的诺言并不能建立起巩固的市场定位，如果企业的产品定位是具有最好的质量和服务，那么就必须提供所承诺的质量和服务，从而给予消费者更多的利益。

三、国际市场定位的方法

具体来说，可以从以下四种方法进行国际市场定位。

（一）产品差异

企业可以使自己的产品区别于其他产品。例如，沃尔沃公司新生产的更安全的汽车、德尔塔航空公司提供的宽一些的座椅及飞机上的免费电话。

企业可以在产品性能上创造差异。例如，惠尔浦公司设计的静音洗衣、宝洁公司设计的液体汰渍洗衣剂使衣服能洗得更干净。

款式和设计是产品重要的差异因素。例如，美洲虎牌轿车特殊的款式虽然有时可靠性稍差，但为了其款式，消费者依然愿意花高价购买。

企业可以在持续性、耐久性、可靠性和易于维修等方面设法与其他公司的产品相区别。例如，在高级房车中，丰田（Toyota）的 Lexus 及尼桑（Nissan）的 Infiniti 在消费者心目中定位在高质量及省油，奔驰（Mercedes-Benz）定位在豪华与尊贵，沃尔沃（Volvo）定位在安全，宝马（BMW）定位在年轻及性能优异。

（二）服务差异

除了产品差异，企业还可在产品服务上区别于其他公司。

一些企业通过迅速、方便、谨慎交货来获得竞争优势。例如，企业在超市开设服务周全的分支机构，并在星期六、星期天和每天晚上为当地顾客提供便利的服务。

安装服务也能使本企业区别于其他企业。例如，IBM 以高质量的安装服务闻名于世，它总是把顾客购买所有的零件一次送到，当被要求把所有的 IBM 设备搬走和安装到别处时，IBM 经常把竞争对手的设备也帮忙搬走。

企业还可以通过提供顾客培训服务来区别于其他企业。例如，通用电气公司不仅销售和安装医院昂贵的 X 射线设备，而且负责训练使用这些仪器的医务人员。其他企业则只提供免费或收费的咨询服务，即为购买者提供他们所需要的数据、信息系统以及提供建议等服务。

（三）人员差异

企业可以通过雇用和训练好的营销人员来展示自己与竞争者的差别。例如，IBM 的员工专业技术特别强；迪斯尼公司的人特别友好和快乐；沃尔玛公司在它的超市设迎宾服务人员欢迎顾客，帮助顾客找到所需商品的位置，允许退换商品，并备有礼品给孩子们，以此来区别于其他的超市。

人员差异要求企业仔细选择、培训那些将与顾客打交道的工作人员。例如，客人在迪斯尼乐园里很快就知道每个迪斯尼乐园工作人员都是有能力的、礼貌的。每一位职员都明白：理解顾客、清楚愉快地与他们交流以及对顾客的要求和问题快速作出反应是极为重要的。

（四）形象差异

即使竞争的产品看起来很相似，购买者也会根据企业或品牌形象观察出不同来。因此，企业必须通过树立形象使自己不同于竞争对手。

企业的品牌形象应该能够传达产品与众不同的利益和定位。建立一个有力鲜明的形象需要进行创造和艰苦的工作，不能指望在一夜间靠几则广告就能在公众心目中建立自己的形象。如果 IBM 一词意味着"质量"，那么这一形象必须由公司的一言一行来保证。标志可以向顾客提供很强的企业或品牌识别，以及形象差异。企业设计的记号和标识语应能立即被认出。标志往往把自己和一些代表质量或其他特征的事物或人物联系起来，如麦当劳的金黄色双拱、布鲁丹什尔的岩石。企业还可以围绕几个名人建立品牌，甚至将品牌与颜色挂钩搭配。当然，标志必须通过对企业或品牌的个性进行广告宣传才能向外传播。广告是为了建立起一种故事情节、气氛或性能标准，使企业和品牌显得与众不同。

企业生产或传递其产品和服务的实际环境氛围则是另一个有力的塑造形象的因素。如海特旅馆以正门大厅闻名、维多利亚车站餐馆以其载货车厢停放位置著称。因此，为了显示不同的特点，必须选择正确的建筑和内部设计、布局、颜色以及内部陈设。

四、国际市场产品定位的方法

（一）产品产地定位

某些产品的质量和特点与产地有密切的关系，如香味纯正的"哥伦比亚咖啡豆"、晶莹剔透的"泰国香米"、饮誉全球的"瑞士手表"、"青岛啤酒"等。品名中突出产品的产地，使消费者一望便知产品的原产地，原产地盛产此种优质原料，出来的产品自然也就品质不凡，可以很好地吸引消费者。

（二）产品类别定位

产品类别定位就是要充分考虑商品属性的问题，如食品类与化工类就不能混淆，要让消费者得到准确的信息而不是模棱两可或错误的信息。比如一些玩具枪就只能定位为小孩子的游戏玩具，而不能定位为以假乱真的仿真手枪。即使是同一产品，也会有不少种类，产品定位必须要注意到它们的差别。

（三）产品特点定位

有些同类产品质量相当，各自的表达方式也很接近，如何突出其与众不同的特点，就必须要想办法创造一种理由，让顾客选择你的产品。西班牙是世界旅游胜地，"阳光、海水、沙滩"是最丰富的旅游资源，因而宣传口号是"阳光普照西班牙"，并用著名画家米罗的抽象画"太阳"作为旅游标志，使世界各国的游客，一见到"太阳"就想到西班牙。夏威夷也是著名的度假海岛，如果它也推出"阳光、海水、沙滩"的宣传口号，必然让游客难以区别，于是他们别出心裁地提出"夏威夷是微笑的群岛"的广告口号，同时还印刷大量的招贴画，画面的背景是灿烂的阳光、连绵的沙滩、湛蓝的海水，而占据画面主旋律的是一位美丽、天真、笑容满面、颈戴花环的夏威夷少女。如此形象，不能不令人神往。

（四）产品用途定位

不同的产品有不同的用途，相同的产品也会有不同的用途。比如，佳洁士牙膏宣传可以减少龋齿，而 Aim 牌则宣传味道极好；茶叶在中国饮用者眼中只是淡而无味的白开水中添些清香味，但中国香港一茶叶公司却相继推出"保健茶"、"减肥茶"等系列，使许多不喜欢喝茶的年轻人纷纷加入此行列，产品销路极佳。又如，一些人造黄油的定位是针对食用黄油的，而另一些定位是针对烹调油的。不难看出，从产品用途出发，积极开拓新用途，必然会令消费者耳目一新。

（五）产品使用时间定位

有一些商品如果不考虑消费者在什么时间使用它，往往会影响销路。现在众多化妆品都把护肤霜分为早霜、晚霜。夏天凯特瑞德牌饮料定位成补充运动员体内水分的饮品，冬天它被定位成医生建议的补充体内水分的饮品。一家中日合资的一次性"卫生筷"厂，因产品供过于求，一直未能打开销路。后来有人出谋划策，在筷子上刻上星期，星期一到星期日七双一包装，此举大获成功，不但在国内大宾馆饭店登堂，甚至漂洋过海出口日本。可见，标新立异也可以以时间为突破口。

（六）产品档次定位

每一类产品都有高、中、低三档之分，厂商可以根据市场特点和产品性能，作出不同的产品定位。例如，派克金笔是美国资历最老的金笔，在美国一直被认为是地位的象征，但派克金笔一度想扩大产品线，把产品打入中、低档市场，于是推出中、低档价格的派克笔，但此举大大损坏了派克笔的贵族身份，导致派克笔的名声一落千丈。最后，"派克"笔厂不得不重新回到高档笔市场上来，推出"派克金笔，总统用的笔"的口号，才使派克笔的声誉和销售又回到正轨上来。可见，产品档次定位也是颇具艺术的。

五、国际市场定位策略

企业可以通过价格、形状、色彩、技术和成分等体现其产品特色和个性，进行国际市场定位。在营销实践中，经常采用的市场定位的策略有对抗定位、避强定位、反向定位和重新定位。

（一）对抗定位

对企业的产品进行定位，应使之在目标顾客心目中占有支配地位的、与最强的竞争对手相对立的特有的位置。例如，可口可乐与百事可乐之间持续不断地争斗、汉堡王与麦当劳不断扩大的竞争等。当市场上已经有牢固地位的企业存在时，实行对抗性定位会有较大的风险。因此，企业必须清醒地估计自己的实力，并确定合理的营销目标。肯德基和麦当劳在中国是多年的老对手,肯德基之所以占据上风,是因为中国人爱吃鸡,鸡鸭鱼肉,鸡排在首位,而麦当劳在全世界最畅销的是牛肉巨无霸,中国人的胃口帮了肯德基的忙。面对形势,麦当劳当然要设法扭转局势,随即推出麦香鸡、麦辣鸡腿汉堡,一场"鸡战"便揭开序幕。这里就突出了两个问题:一是产品的市场深度和广度,当然是决胜的前提。同样是快餐食品,如果鸡肉的市场广度和深度比牛肉大,肯德基竞争自然占了上风。二是在某种程度上(从快餐食物的宏观角度看),对消费者来说几乎是"同类"的选择,在这种市场结构下,如果不对竞争对手亦步亦趋,很快便发现会落后于对手,最终以失利收场。

(二)避强定位

避强定位,是指采取迂回的方式,避开强有力竞争对手的市场定位。其优点是能够迅速地站稳脚跟,在消费者或用户心中迅速树立起一种形象。这种定位方式市场风险较低,成功率高,因而为多数企业所采用。例如,"七喜"碳酸饮料推出时,公司就曾为如何定位大伤脑筋,因为当时软饮料市场已被"可口可乐"和"百事可乐"两大饮料瓜分殆尽,如何树立一种与众不同的形象呢?在这种情况下,七喜公司推出了反其道而行之的定位战略,"七喜"汽水以人们惧怕咖啡因的心态作切入点,宣传它是一种不含咖啡因的饮料,以"非可乐汽水"进行市场定位,避开强劲的竞争,成为定位时代的一项伟大创意,抢得一定的市场份额。在实行"非可乐汽水"定位后的第一年,其销售额猛增10%。

(三)反向定位

在竞争激烈的市场上,有时竞争对手的形象可能和自己差不多,也可能比自己卓越。在这种情况下,反向定位是一种比较理想的定位方式。Avis是美国汽车租赁业的第二名,它提出的口号是:"Avis只是美国汽车租赁业的老二,为什么选择我们呢?因为我们更努力。"在提出这个口号之前的连续13年里,Avis一直在亏损,但当它承认自己是本行业的第二名后,每年都在盈利。

(四)重新定位

重新定位是指企业采取特定的营销组合,改变目标顾客对其原有的印象,使目标顾客对产品新形象进行重新的认识和接受。当企业产品在市场上的定位出现偏差,产品在目标顾客心目中的位置和企业的定位期望产生偏离时,企业往往需要重新定位。重新定位还有可能是由于消费者偏好发生变化,从喜爱本企业某品牌转移到喜爱竞争对手的某品牌,使本企业品牌的市场占有率有所下降。市场重新定位对于企业适应市场环境是必不可少的,但在进行重新定位时,必须考虑由此产生的成本以及预期效益。2003年9月,麦当劳在世界各地营运成绩欠佳之后,决定重新定位,首度推出全球性的品牌活动"I'm lovin' it 我就喜欢",取代"欢聚、欢笑、每一刻"的家庭温馨诉求,以年轻人的语言和格调,取得了成功。

(五) 对竞争对手进行再定位

为了准确地确定产品或品牌的位置，有时还可以给竞争对手重新定位。例如，Raphael 开胃葡萄酒的广告中显示了一瓶标有"法国制造"的 Raphael 和一瓶标有"美国制造"的 Dubonnet。标题写着"每瓶少花 1 美元，你可以享受进口产品"，这则广告让人们惊讶地发现 Dubonnet 原来是美国的产品。可以说，Raphael 广告的制作者成功地对竞争对手 Dubonnet 进行了再定位。表面来看，这种方式并不是对自己产品或品牌的直接定位，但却可以间接地达到这个目的。

本章小结

国际市场分析具有重要意义，国际市场具有市场容量迅速扩大、构成复杂、垄断加强、竞争激烈以及商品结构明显改变等特点。国际市场细分的标准主要分为两大类：一类是宏观细分标准，包括地理标准、经济标准、文化标准和组合标准；另一类是微观细分标准，包括地理环境、人口状况、心理等标准。国际目标市场营销策略包括无差异国际市场策略、差异性国际市场策略、密集性国际市场策略，在选择市场策略时要考虑企业规模实力、市场类似性、产品类似性、产品生命周期以及竞争者市场策略。国际市场产品定位方法包括产地定位、类别定位、特点定位、用途定位、使用时间定位以及档次定位。

关键概念

国际市场细分　宏观市场细分　微观市场细分　国际市场细分的标准　国际目标市场定位　国际目标市场选择及营销策略　国际市场产品定位策略

思考题

(1) 简述国际市场细分的概念及作用。
(2) 国际市场细分的标准有哪些？
(3) 国际市场细分的要求是什么？
(4) 国际目标市场营销策略有哪些？策略选择的依据是什么？
(5) 国际市场定位的方法有哪些？
(6) 国际市场定位策略有哪些？

案例　国际化市场定位

一

从鲁本·马特斯在 1921 年推出哈根达斯至今，哈根达斯享誉全球，它以提供全世界至臻完美的冰淇淋享受为己任，从东方到西方，跨越种族，哈根达斯把"尽情尽享、尽善尽美"的"哈根达斯一刻"的理念传递到全世界。一句"爱我，就请我吃哈根达斯"风靡全球。

哈根达斯取得的巨大成功原因之一在于定位的明晰：追求高贵的消费心态的群体。它走"极品餐饮冰淇淋"路线，瞄准的目标消费者是处于收入金字塔顶峰的、追求时尚的年轻消费者。他们或家庭富足或有着高薪足以支撑自己昂贵的消费。为了让消费者觉得物有所值，哈根达斯将自己装扮成"高贵时尚生活方式"代言人，重金礼聘不少明星为哈根达斯宣传造势。哈根达斯力求与其客户进行全方位的沟通，营造极品体验，用完美的产品与服务来回应对完美的追求，专卖店的格局布置简洁温馨，用轻松、悠闲、舒适、时尚、浪漫的氛围渲染顾客。像一切顶级产品一样，除一如既往、有目共睹地保持着最优质的选材、最科学的制作工艺和最讲究的搭配，哈根达斯还坚持不懈地把开发更多新口味、更多新创意凝结在一系列新的产品当中，而每一个新品的问世，又无不体现着哈根达斯一贯示人的品牌形象：体贴、尊贵、亲和以及对高品质的坚持。

二

IKEA（宜家）于1943年创建于瑞典，"为大多数人创造更加美好的日常生活"是IKEA的经营理念。IKEA的产品定位于"低价格，精美，耐用"的家居用品，形式上为单一风格的家具用品。在欧美等发达国家，IKEA把自己定位成面向大众的家居用品提供商。因为其物美价廉，款式新，服务好，受到广大中低收入家庭的欢迎。但到了中国之后的屡次受挫使得IKEA逐渐意识到国际品牌进入中国市场需要重新定位，这是由中国市场环境的特殊性决定的：中国市场虽然广泛，但普遍消费水平低，原有的低价家具生产厂家竞争激烈接近饱和，市场上的国外高价家具也很少有人问津。于是IKEA把目光投向了大城市中相对比较富裕的阶层。

IKEA在中国的市场定位是"想买高档货，而又付不起高价的白领"。这种定位是十分巧妙准确的，获得了比较好的效果，原因如下：IKEA作为全球品牌满足了中国白领人群的心理；IKEA卖场的各个角落和经营理念上都充斥异国文化；IKEA允许顾客自己拼装，免费赠送大本宣传刊物，自由选购。这些吸引了不少知识分子、白领阶层的眼球，加上较出色的产品质量，让IKEA稳定了固定的回头客群体且获得更多新顾客。IKEA的产品定位及品牌推广在中国如此成功，以至于很多中国白领们把"吃麦当劳，喝星巴克的咖啡，用IKEA的家具"作为一种风尚。

三

运动不分男女，但最近耐克、阿迪达斯两大国际体育运动品牌巨头却同时相中了女性这个细分市场。自2013年阿迪达斯女子产品市场营销活动推出以来，该公司看到女装品类的销量增长非常强劲。与此同时，女性消费群体的品牌意识也得到了显著提高。继2011年在韩国开设了首家女子概念店后，今年阿迪达斯将其引进到中国。近日，继阿迪达斯在北京开设了中国第一家女子专卖店后，耐克坐落于上海iAPM购物中心的中国首家女子体验店也揭开了神秘面纱。虽然耐克、阿迪达斯都开设了女子专卖店，但双方对女子专卖店的理解和定位差别是很大的。耐克的主要出发点是激发女性消费者的运动热情和欲望，因此想要打造的不单单是销售运动产品，还通过互动的形式，在培养消费者的运动爱好。而阿迪达斯不同，更多的是随需而动，看到最近几年市场上运动时尚化渐渐成为潮流，所以就引进了设计师品牌 Stellamccartney。另外，阿迪达斯中国首家女子专卖店位于北京西城区金融街购物中心三层，与 LV、GUCCI、杰尼亚等奢侈品牌为邻。从中不难看出，阿迪达斯女子专卖店并不准备完全面向大众消费人群，其服务的对象应该更倾向于高端消费群体。

四

国产品牌华为走向世界的"野心"越来越大。日前，在国际时尚之都法国巴黎，华为在来自 40 多个国家 500 多家媒体和来宾的共同见证下，推出了旗舰手机 Ascend P7，这是自 2014 年 6 月华为 P6 上市之后，华为再度发力国际智能手机高端市场又一力作。其实从 2005 年开始，其海外市场业务收入占全年销售收入的 58%，比 2004 年同期增长 17%，首次超过国内市场。这标志着华为的主攻市场从国内转向了国外。

华为定位的转变必然导致了经营策略上的改变。一方面，华为公司集中公司资源向海外市场倾斜，特别是欧美市场；一方面收缩产品线，试图通过转让等方式，将利润率低下或者市场劣势地位的产品线转卖给其他厂商，提高自身利润率和现金流，并通过修订公司策略进入移动终端市场。对于未来国际市场用户，特别是欧美用户，具有浓重中国本土特色的拼音标识比较难以接受。因此，换标就成为华为国际化策略的重要环节，换标对其国际品牌形象建设起到关键作用。换标能让世界上更多的人认识华为、了解华为，让更多的国际用户接受华为、忠于华为。另外，华为欲借此改变低价形象，进入国际一流设备供应商之列。

（资料来源：作者整理所得）

案例讨论

（1）结合案例，试分析国际市场定位的重要性。
（2）试分析华为市场的定位策略。
（3）结合案例，试分析国际市场定位的必要性和应该注意的问题。

第八章 国际市场营销产品策略

本章学习目标

通过本章的学习,要求学生掌握以下内容:①了解产品的概念和分类,了解国际营销的产品观念和产品策略;②了解国际营销品牌的含义和品牌策略类型,了解国际市场品牌的打造的方法;③了解国际市场包装的含义和包装策略类型,掌握国际市场包装的策划;④了解国际市场产品组合的概念,了解国际市场产品组合策略和优化;⑤了解国际市场产品生命周期概念和界定,掌握国际市场产品生命周期各阶段的特点和策略;⑥了解新产品的概念、分类和开发过程,掌握国际市场新产品开发的策略。

第一节 国际市场营销产品策略概述

一、产品的概念和分类

(一) 产品的概念

人们通常把产品理解为具有某种物质形状、能够提供某种用途的物品。这是一种狭义的理解。现代市场营销理论认为,产品概念具有广阔的外延和丰富的内涵。菲利普·科特勒认为:"产品是指为留意、使用或消费以满足某种欲望和需要而提供给市场的一切东西。"从营销学的意义上讲,产品的本质是一种满足消费者需求的载体,或是一种能使消费者需求得以满足的手段。

现代市场营销要求确立"产品整体概念",使企业对产品的认识不是局限在产品特定的物质形态和具体用途上,而是归结为消费者需求的实际利益与满足。产品整体概念清晰地体现了以顾客为中心的现代营销观念,对企业不断开发产品、优化服务和提高产品市场竞争力具有重要意义。

现代市场营销理论认为,产品整体概念包含核心产品、有形产品、附加产品和心理产品四个层次(见图8-1)。

1. 核心产品

核心产品也称为实质产品,是指消费者购买某种产品时所追求的利益,是顾客真正要买的东西,因而在产品整体概念中也是最基本、最主要的部分。消费者购买某种产品,并不是为了占有或获得产品本身,而是为了获得能满足某种需要的效用或利益。如买自行车是为了代步,买汉堡是为了充饥,买化妆品是希望美丽、体现气质、增

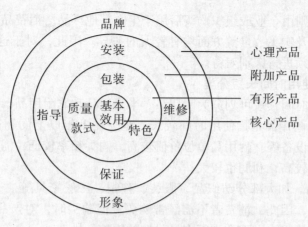

图 8-1 产品的整体概念

加魅力等。因此，企业在开发产品、宣传产品时应明确地确定产品能提供的利益，产品才具有吸引力。

2. 有形产品

有形产品是指核心产品借以实现的形式，即向市场提供的实体和服务的形象。如果有形产品是实体物品，则它在市场上通常表现为产品质量水平、外观特色、式样、品牌名称和包装等。产品的基本效用必须通过某些具体的形式才得以实现。市场营销者应首先着眼于顾客购买产品时所追求的利益，以求更完美地满足顾客需要，从这一点出发再去寻求利益得以实现的形式，进行产品设计。产品的有形特征主要指质量、款式、特色、包装。如冰箱，有形产品不仅仅指电冰箱的制冷功能，还包括它的质量、造型、颜色、容量等。

3. 附加产品

附加产品是指顾客购买有形产品时所获得的全部附加服务和利益，包括提供信贷、免费送货、保证、安装、售后服务等。附加产品的概念来源于对市场需要的深入认识。因为购买者的目的是为了满足某种需要，因而他们希望得到与满足该项需要有关的一切。

青岛电视机厂能在激烈的市场竞争中保持不败，产品走进全国 500 多万户家中，靠的就是热情周到的售后服务。到 1993 年 4 月，该厂已在全国设立了 236 个维修网点，并用最精密的维修检测设备，最先进的通信和交通工具，最优秀的技术人才和最优质的技术服务，向市场提供最佳的附加产品。

4. 心理产品

心理产品是指产品的品牌和形象提供给顾客心理上的满足。产品的消费往往是生理消费和心理消费相结合的过程。随着人们生活水平的提高，人们对产品的品牌和形象看得越来越重，因而它也是产品整体概念的重要组成部分。

（二）产品的分类

1. 按产品的用途分类

按产品的用途可划分为消费品和工业品。消费品是直接用于满足最终消费者生活需要的产品，工业品则由企业或组织购买后用于生产其他产品。消费品与工业品两者在购买目的、购买方式及购买数量等方面均有较大的差异。因此，对于这两类不同的产品，企业的营销策略必须进行区别对待。

2. 按消费品使用时间长短分类

按消费品使用时间长短可划分为耐用品、半耐用品和非耐用品。

（1）耐用品。耐用品是指使用时间较长，至少在1年以上的物品，如电冰箱、汽车、电视机、机械设备等。耐用品单位价值较高，购买频率较低，需要许多的人员推销和服务，销售价格较高，利润也较大。

（2）半耐用品。如大部分纺织品、服装、鞋帽、一般家具等。这类产品的特点在于能使用一段时间，因此，消费者不需经常购买，但购买时，对产品的适用性、样式、色彩、质量和价格等基本方面会进行有针对性的比较、挑选。

（3）非耐用品。其特点是一次性消耗或使用时间很短，因此，消费者需要经常购买且希望能方便并及时购买。企业应在人群集中、交通方便的地区设置零售网点。

3. 按产品之间的销售关系分类

按产品之间的销售关系可划分为独立产品、互补产品和替代产品。

（1）独立产品。即产品的销售不受其他产品销售的影响。比如钢笔与手表、电视机与洗衣机等都互为独立产品。

（2）互补产品。即产品与相关产品的销售相互依存、相互补充。一种产品销售的增加（或减少）就会引起相关产品销售的增加（或减少）。如乒乓球和球拍、手机和手机充电器等都互为互补产品。

（3）替代产品。即两种产品之间销售存在着竞争关系。也就是说，一种产品销售量的增加就会减少另外一种产品潜在的销售量。如空调和电风扇互为替代产品。

二、国际市场营销产品的观念

国际市场营销必须具备：产品定位的观念、整体产品的观念、产品组合的观念、产品生命周期的观念和新产品开发的观念。

（一）产品定位的观念

在当前市场中，有很多的人对产品定位与市场定位不加区别，认为两者是同一个概念，其实两者还是有一定区别的。具体说来，目标市场定位（简称市场定位），是指企业对目标消费者或目标消费者市场的选择；而产品定位，是指企业对用什么样的产品来满足目标消费者或目标消费市场的需求。从理论上讲，应该先进行市场定位，然后才进行产品定位。产品定位是对目标市场的选择与企业产品结合的过程，也即是将市场定位企业化、产品化的工作。

在产品定位中，一般说来应该包括产品的功能属性定位、产品的产品线定位、产品的外观及包装定位、产品卖点定位、产品的基本营销策略定位和产品的品牌属性定位。

（二）整体产品的观念

市场营销学所研究的产品就是整体产品。整体产品的概念包括三个方面的内容：①实质产品又称核心产品，是指产品的基本需求效用；②形式产品，是指产品的实体外在形态，包括品质、特征、式样、包装、商标和厂牌等；③延伸产品，是指针对产品本身的商品特性而产生的各种服务保证。

市场营销学的产品价值观就是消费者的需要，产品的整体概念就体现着以用户为中心思想，正因为这样，国际营销者在营销过程中，就应不折不扣地考虑产品的各个方面适应消费国的顾客需要，否则在策略的运用上便有失策的可能。

（三）产品组合的观念

所谓产品组合，是指企业所经营的全部产品的有机构成，或者是各种类产品的数量比例。国际市场营销要求每一个企业，一定要根据国际市场的需求和自己的资源、技术条件来确定产品的经营范围及产品的结构，这是任何企业面对国际市场必须要解决的问题。如果一个企业不能根据国际市场情况充分发挥本国优势，确定产品的出口结构，它就不能利用国际经济为本国的建设发挥作用。

（四）产品生命周期的观念

产品在市场上出现到消失的过程就是产品的市场生命周期。就同类性质的产品而言，大类的产品与某种产品或某个牌号产品的生命周期是不同的。从一个国家或一个企业来说，向国际市场提供的产品一般都是某种产品或某种牌号的产品，这就要求产品的经营者不仅要考虑到各自产品的经营周期，还要考虑到该种产品及该类产品的周期。企业的市场营销战略必须适应产品的这种周期变化并符合各种类型产品周期间的内在关系，这是企业在动态的市场上求得生存和持续发展的关键。

（五）新产品开发的观念

国际市场不仅是市场营销的新领域，而且也是竞争创新最广阔场所，不创造就没有前途。就企业的自身条件来看，开拓精神是企业最大的潜在精神力量。国际市场营销者，必须多动脑筋，经常保持头脑清醒，多创新意，不断采用新的科研成果和技术，不断开辟新的生产领域和服务领域，不断生产独特新颖的产品，去争取顾客、影响市场、开拓市场、创造市场，使自己在国际竞争中立于不败之地。

三、国际市场营销产品的策略

企业进入国际市场营销产品，可以选用固有产品策略、专门产品策略、产品更改策略、尾随跟进策略、聚力开发策略和机会牵引策略。

（一）固有产品策略

以本国或本企业原有的产品直接打入国际市场，即为固有产品策略。运用此策略的产品范围是有限的,并不是任何固有产品都可销往国外,凡可直接销往国外的产品,一般都具有某种需求共性。下述三类产品可用于此策略:①传统产品,如景德镇瓷器、法国葡萄酒、美国的可口可乐;②矿产品及某些原材料产品,如石油、煤炭等;③某些已畅销国内市场的产品。由于此策略大大方便了营销者,诸如无须另行研究开发和可以降低成本等,所以此策略很具有吸引力。

(二) 专门产品策略

专门产品策略不主张开发普通的大众化产品。这种策略不仅可以及时设计与投产新产品适应新兴的市场需要,而且还充分反映了市场细分化的观点。一般性产品生产批量大、品种少、市场面大,方便企业的生产,但应变性差,一旦在竞争中被淘汰,就会招致重大损失。因此,在新技术革命条件下,国际上从经营一般产品转向经营专门化产品已成潮流。

(三) 产品更改策略

产品更改策略是基于改变整体产品要素的思想之上而产生的产品策略。国际市场的需求与国内市场的需求是有很大不同的,很多产品在某些方面必须作出相应的改变,才能适应国际市场的需要。当然,更改整体产品的哪个部分和如何更改,需要根据国际市场情况而定,也正因如此,在变化无常的国际市场上,在产品的"个性化"方面,该策略显示了很高的灵活性。一般产品的更改着眼于下述五个方面:功能的更改、外观的更改、包装的更改、商标厂牌和标签的更改、服务的更改。

(四) 尾随跟进策略

尾随跟进策略是一种企业着眼于发展刚刚被某家企业开发出来的新产品的策略。在现代社会,由于市场信息系统和各类情报网的建立,先进厂家花大力气首创的新产品,不难被其他企业很快学到手。所以,先进者不一定很成功;而紧跟者却受益不少,可以节省大量研究费用,缩短发展时间,及时跟上先进水平,甚至会超过首创者。

以日本索尼公司为例,它在家用电器方面推陈出新,可列世界前茅,但由于竞争激烈,它的新产品往往很快被普及开来,因此所获利益越来越少。拿盒式录像机来说,1983年它的盈利额出现大幅度下降。而著名的国际商用机器公司却是一个成功的紧跟者,它在中央处理机和微型机这两个重要产品方面都是后发制人,后来居上的。这种情况可以使后进企业把研究和开发战略的重点放在仿制、引进和学习上,而不是最先进的产品上。

(五) 聚力开发策略

聚力开发策略主张,新产品在按照严格的管理程序生产并打入市场以后,企业不再对这一产品项目进行小的改动,而是把改进的思想和方法积累起来,运用到下一代新产品的设计中去。

目前,产品的生命周期大大地缩短了。在美国新开发的产品,经过2~3年就要退出市场，在我国有些产品经过 3~5 年的时间也会失去原有的市场地位。因此，在已经缩短的产品生命周期内，企业保持产品的相对稳定性是极为重要的。

（六）机会牵引策略

机会牵引策略是一种以市场机会为导向的产品开发策略。该策略要求国际营销者树起"全方位天线"，正如雷达的天线对准天空 360°旋转一样，在任何方位遇有反射波就可以确定周围环境中某种产品的潜在市场存在，之后便据此提供产品。

第二节　国际市场营销产品的品牌策略

策划国际产品的目的是让国际用户从产品中获得他们需要的整体满足，即不但在产品质量、品种等实体层上，也在产品品牌、包装、订交货和服务等附加层上让国际用户满意。

一、国际市场品牌的概念、种类和作用

（一）品牌的概念

品牌的英文单词 Brand，源出古挪威文 Brandr，意思是"烧灼"。人们用这种方式来标记家畜等需要与其他人相区别的私有财产。

美国市场营销协会定义委员会对品牌（brand）的定义是：品牌是用来识别一个（或一群）卖主的货物或劳务的名称、术语、记号、象征、设计或其组合，以与其他竞争者相区别。

品牌由品牌名称和品牌标志组成，这是品牌的最基本的概念。但是，现代品牌已经超越了区别的功能，成为企业形象和文化的象征，消费者从形象和文化中能感受到消费该品牌产品或服务带来的心理上的价值利益。因此，品牌最持久的核心是其价值、文化和个性，它们构成了现代品牌的实质。

（二）品牌的内容

品牌从本质上是传递一种信息。一个品牌能表达六层含义。

1. 属性

一个品牌首先给人们带来特定的属性。例如"海尔"表现出的质量可靠、服务上乘，"一流的产品，完善的服务"奠定了海尔中国家电第一品牌的成功基础。

2. 利益

消费者购买的是利益而不是属性，属性需要转换成功能和情感利益。属性耐用可以转换为功能利益，如"由于汽车的耐用可以好几年不用买新车"；属性昂贵可以转换为情感利益，如豪华车体现了某人的地位、富有并让人羡慕。

3. 价值

品牌体现制造商的某种价值。例如，"高标准、精细化、零缺陷"体现了"海尔"的服务价值。

4. 文化

品牌可能附加和象征了一种文化。例如，海尔体现了中国文化，可口可乐则体现了美国文化。

5. 个性

品牌还能代表一定的个性。如"海尔"广告词"真诚到永远"，让人一想到海尔就会想到其广告词和"品牌标志"（两个永远快乐的小伙伴）。

6. 使用者

品牌还体现了购买和使用这种产品的是哪一类消费者。这类消费者也代表一定的年龄、文化、个性，这对于公司细分市场、定位市场有很大帮助。例如，人们认为伏特加（Absolute Vodka）是一个真正的品牌，是因为一看到这个品牌用彩色粗体字体直接印在瓶身上的简约 LOGO、完全透明的酒瓶、没有任何纸质包装遮盖的纯净瓶身，我们就知道那是一群注重品牌价值、喜欢创意生活的有着"时尚、尊贵"个性的人群最爱。

（三）品牌的种类

品牌按照不同的分类标志，可以分成以下不同类型。

1. 根据品牌知名度和辐射区域划分

根据品牌的知名度和辐射区域划分，可以将品牌分为地区品牌、国内品牌、国际品牌。

地区品牌是指在一个较小的区域之内生产、销售的品牌。这些产品一般在一定范围内生产、销售，产品辐射范围不大，主要是受产品特性、地理条件及某些文化特性影响。

国内品牌是指国内知名度较高，产品在全国范围销售的品牌。例如，海尔、娃哈哈等。

国际品牌是指在国际市场上知名度较高，产品辐射全球的品牌。例如，可口可乐、麦当劳、万宝路、奔驰、微软、皮尔·卡丹等。

2. 根据产品生产经营的不同环节划分

根据产品生产经营的所属环节可以将品牌分为制造商品牌和经营商品牌。制造商品牌是指制造商为自己生产制造的产品设计的品牌。经销商品牌是经销商根据自身的需求和对市场的了解，结合企业发展需要创立的品牌。制造商品牌很多，如 SONY（索尼）、奔驰、长虹等。经销商品牌如"西尔斯"（美国）、家乐福（法国）、吴裕泰等。

3. 根据品牌的来源划分

根据品牌的来源可以将品牌分为自有品牌、外来品牌和嫁接品牌。

自有品牌是企业依据自身需要创立的，如本田、摩托罗拉、全聚德等。

外来品牌是指企业通过特许经营、兼并、收购或其他形式而取得的品牌。例如，联合利华收购的北京"京华"牌、香港迪生集团收购的法国名牌商标 S. T. Dupont。

嫁接品牌主要指通过合资、合作方式形成的带有双方品牌的新产品。

4. 根据品牌的生命周期长短划分

根据品牌的生命周期长短来划分，可以分为短期品牌、长期品牌。

短期品牌是指品牌生命周期持续较短时间的品牌，由于某种原因在市场竞争中昙花一现或仅仅持续一时。

长期品牌是指品牌生命周期随着产品生命周期的更替，仍能经久不衰，永葆青春的品牌。例如，同仁堂、全聚德等。也有些是国际上经长久地发展而来的世界知名品牌，如可口可乐、奔驰等。

5. 根据品牌产品内销或外销划分

依据产品品牌是针对国内市场还是国际市场，可以将品牌划分为内销品牌和外销品牌。由于世界各国在法律、文化、科技等宏观环境方面存在巨大差异，同一种产品在不同的国家市场上可能有不同的品牌，在国内市场上也有单独的品牌。品牌划分为内销品牌和外销品牌并不利于企业形象的整体传播，但往往由于历史、文化等原因，不得不采用。

6. 根据品牌的行业划分

根据品牌产品所属的行业不同可将品牌划分为家电业品牌、食用饮料业品牌、日用化工业品牌、汽车机械业品牌、商业品牌、服务业品牌、网络信息业品牌等大类。

7. 根据品牌的原创性与延伸性划分

根据品牌的原创性与延伸性可划分为主品牌、副品牌、副副品牌。例如，海尔品牌，现在有海尔冰箱、海尔洗衣机、海尔彩电、海尔空调等。海尔洗衣机中又分为海尔小神童、海尔节能王等。另外，可将品牌分成母品牌、子品牌、孙品牌等，如宝洁公司的海飞丝、飘柔、潘婷等。

8. 根据品牌的本体特征划分

根据品牌的本体特征划分又可将品牌划分为个人品牌、企业品牌、城市品牌、国家品牌、国际品牌等。例如，成龙、张艺谋等属于个人品牌；哈尔滨冰雪节、宁波国际服装节等属于城市品牌；金字塔、万里长城、埃菲尔铁塔、自由女神像等属于国家品牌；奥运会、国际红十字会等属于世界级品牌。

（四）品牌的作用

品牌在市场营销中具有产品识别、产品保护、市场细分、市场控制和企业形象传播等功能，在国际市场营销产品中，品牌的这一系列营销功能显得更加重要。

1. 品牌的识别功能

国际消费者识别外国产品或进口产品的难度要比识别本国产品更大一些，这个道理如同人们分辨外国人要比分辨本国人更加困难一样。尤其在一些市场开发不久或国际消费经验不多的国家，大多数消费者对进口产品与本国产品的区别比较注意，而对进口产品之间的国别或产地的注意程度要差一些。因此，国际产品要为东道国消费者所识别，要在他们眼里同国际竞争对手区别开来，要产生一定的知名度，就有更大的难度，这就要求国际产品的品牌具有更强的识别功能和提高产品知名度的作用。

2. 品牌的法律保护功能

国际市场比较远，比较难以监视，因而，国际产品被仿制或假冒的可能性要比国内产品更大一些，这就要求国际产品的品牌具有更强的法律保护功能，也就是说，对国际商标的注册和管理显得更加重要了。

3. 品牌的市场细分功能

国际市场比较远，又隔着国界，比较难以控制，通过商业渠道、广告人员推销乃至跨国生产等控制手段来控制东道国市场的成本比较高，这就要求国际市场营销者在营销预算有限的情况下更加重视利用品牌尤其是名牌控制市场的功能。

4. 品牌的市场控制功能

国际市场比国内市场大得多，更需要也更容易进行市场细分，除了对东道国市场进行微观细分外，还需要按地区、按经济发展水平和按社会文化差异对整个全球市场进行宏观细分，因而国际市场的细分是更加多样化的，这就要求国际营销者更加重视利用品牌的市场细分功能。

5. 品牌的形象传播功能

国际营销企业，除跨国经营的企业外，一般距离国际消费者比较远，因而，要在东道国树立企业形象比在本国更加困难，这就要求国际营销企业更重视利用品牌来传播企业形象。

二、国际市场的品牌策略

品牌策略，是指企业为实现品牌战略所采取的具体方法和措施。国际市场营销者的品牌策略主要有品牌有无策略、品牌归属策略、品牌名称策略、品牌延伸策略、多品牌策略、品牌再定位策略。

（一）品牌有无策略

品牌有无策略，是指企业决定是否给产品起名字、设计标志。今天，品牌的商业作用为企业特别看重，品牌化迅猛发展，已经很少有产品不使用品牌了。像大豆、水果、蔬菜、大米和肉制品等过去从不使用品牌的商品，现在也被放在有特色的包装袋内，冠以品牌出售，这样做的目的自然是获得品牌化的好处。

使用品牌对企业有如下好处：①有利于订单处理和对产品的跟踪；②保护产品的某些独特特征被竞争者模仿；③为吸引忠诚顾客提供了机会；④有助于市场细分；⑤有助于树立产品和企业形象。

尽管品牌化是商品市场发展的大趋向，但对于单个企业而言，是否要使用品牌还必须考虑产品的实际情况，因为在获得品牌带来的上述好处的同时，建立、维持、保护品牌也要付出巨大成本，如包装费、广告费、标签费和法律保护费等。所以，在欧美的一些超市中又出现了一种无品牌化的现象，如细条面、卫生纸等一些包装简单、价格低廉的基本生活用品，这使得企业可以降低在包装和广告上的开支，以取得价格优势。

下列几种情况可以考虑不使用品牌：①大多数未经加工的原料产品，如棉花、大豆、矿砂等；②不会因生产厂商而形成不同特色的商品，如钢材、水泥、煤炭等；③某些生产比较简单、选择性不大的小商品,如小农具;④临时性或一次性使用的商品,如一次性筷子、一次性水杯等。

(二) 品牌归属策略

品牌归属策略是指企业决定使用本企业(制造商)的品牌,还是使用经销商的品牌,或两种品牌同时兼用。

一般情况下,品牌是制造商的产品标记,制造商决定产品的设计、质量、特色等。享有盛誉的制造商还将其商标租借给其他中小制造商,收取一定的特许使用费。近年来,经销商的品牌日益增多。西方国家许多享有盛誉的百货公司、超级市场、服装商店等都使用自己的品牌,如美国的沃尔玛经销的90%商品都用自己的品牌。同时,强有力的批发商中也有许多使用自己的品牌,以增强对价格、供货时间等方面的控制能力。

在现代市场经济条件下,制造商品牌和经销商品牌之间经常展开激烈的竞争,也就是所谓品牌战。一般来说,制造商品牌和经销商品牌之间的竞争,本质上是制造商与经销商之间实力的较量。在制造商具有良好的市场声誉,拥有较大市场份额的条件下,应多使用制造商品牌,无力经营自己品牌的经销商只能接受制造商品牌。相反,当经销商品牌在某一市场领域中拥有良好的品牌信誉及庞大的、完善的销售体系时,利用经销商品牌也是有利的。因此,品牌使用者在策略实施时,要结合具体情况,充分考虑制造商与经销商的实力对比,以求客观地作出决策。这也是国际贸易中要重点考虑的问题。

(三) 品牌名称策略

品牌名称策略是指企业决定所有的产品使用一个或几个品牌,还是不同产品分别使用不同的品牌。在品牌名称策略问题上,可以有以下四种策略。

1. 个别品牌名称策略

个别品牌名称策略,是指企业决定每个产品使用不同的品牌。采用个别品牌名称,为每种产品寻求不同的市场定位,有利于增加销售额和对抗竞争对手,还可以分散风险,使企业的整个声誉不致因某种产品表现不佳而受到影响。如宝洁公司的洗衣粉使用了"汰渍"、"碧浪",肥皂使用了"舒肤佳",牙膏使用了"佳洁士"。

2. 对所有产品使用共同的家族品牌名称策略

对所有产品使用共同的家族品牌名称策略,是指企业的所有产品都使用同一种品牌。对于那些享有高声誉的著名企业,全部产品采用统一品牌名称策略可以充分利用其名牌效应,使企业所有产品畅销。同时企业宣传介绍新产品的费用开支也相对较低,有利于新产品进入市场。如美国通用电气公司的所有产品都用 GE 作为品牌名称。

3. 各大类产品使用不同的家族品牌名称策略

企业使用这种策略,一般是为了区分不同大类的产品,一个产品大类下的产品再使用共同的家族品牌,以便在不同大类产品领域中树立各自的品牌形象。例如,史威夫特公司生产的一个产品大类是火腿,还有一个大类是化肥,就分别取名为"普利姆"和"肥高洛"。

4. 个别品牌名称与企业名称并用策略

这种策略是指企业决定其不同类别的产品分别采取不同的品牌名称，且在品牌名称之前都加上企业的名称。企业多把此种策略用于新产品的开发。在新产品的品牌名称上加上企业名称，可以使新产品享受企业的声誉，而采用不同的品牌名称，又可使各种新产品显示出不同的特色。例如，海尔集团就推出了"探路者"彩电，"大力神"冷柜，"大王子"、"小王子"冰箱和"小小神童"洗衣机，等等。

（四）品牌延伸策略

品牌延伸（Brand Extensions），是指一个现有的品牌名称使用到一个新类别的产品上。品牌延伸并非只借用表面上的品牌名称，而是对整个品牌资产的策略性使用。随着全球经济一体化进程的加速，市场竞争愈加激烈，厂商之间的同类产品在性能、质量、价格等方面强调差异化变得越来越困难。厂商的有形营销威力大大减弱，品牌资源的独占性使得品牌成为厂商之间竞争力较量的一个重要筹码。于是，使用新品牌或延伸旧品牌成了企业推出新产品时必须面对的品牌决策。品牌延伸是实现品牌无形资产转移、发展的有效途径。品牌也受生命周期的约束，存在导入期、成长期、成熟期和衰退期。品牌作为无形资产是企业的战略性资源，如何充分发挥企业的品牌资源潜能并延续其生命周期便成为企业的一项重大的战略决策。品牌延伸一方面在新产品上实现了品牌资产的转移，另一方面又以新产品形象延续了品牌寿命，因而成为企业的现实选择。

例如，在国际市场上，日本丰田汽车公司将"丰田"品牌用于手表、衬衣和小型收录机等延伸产品上；美国麦当劳快餐公司，将"麦当劳"品牌用于速冻油炸食物、主题游园活动和照相冲印等延伸产品上；荷兰"海尼根"啤酒品牌被用于葡萄酒、淡啤酒和爆米花等产品上。

品牌延伸策略具有以下优点：①品牌延伸可以加快新产品的定位，保证新产品投资决策的快捷准确；②品牌延伸有助于减少新产品的市场风险；③品牌延伸有助于强化品牌效应，增加品牌这一无形资产的经济价值；④品牌延伸能够增强核心品牌的形象，能够提高整体品牌组合的投资效益。

同时，品牌延伸策略也有以下缺点：一是损害原有品牌形象，二是有悖消费心理，三是形成"跷跷板"现象，四是产生株连效应，五是淡化品牌特性。

（五）多品牌策略

在相同产品类别中引进多个品牌的策略称为多品牌策略。宝洁公司名称 P&G 宝洁没有成为任何一种产品和商标，而根据市场细分洗发、护肤、口腔等几大类，各以品牌为中心运作。在我国市场上，香皂用的是"舒肤佳"，牙膏用的是"佳洁仕"，卫生巾用的是"护舒宝"，洗发精就有"飘柔"、"潘婷"、"海飞丝"等品牌，洗衣粉有"汰渍"、"洗好"、"欧喜朵"、"波特"、"世纪"等品牌。要问世界上哪个公司的牌子最多，恐怕非宝洁公司莫属。多品牌的频频出击，使公司在顾客心目中树立起实力雄厚的形象。

多品牌策略具有以下优点：一是有助于企业培植市场，二是有助于企业最大限度覆盖市场，三是有助于企业限制竞争者扩展，四是有助于企业突出和保护核心品牌。

多品牌策略也具有以下缺点：一是降低市场贡献率，二是扩大品牌推广成本。

（六）品牌再定位策略

品牌再定位策略，是指一种品牌在市场上最初的定位也许是适宜的、成功的，但是到后来企业可能不得不对之重新定位。其原因是多方面的：①如竞争者可能继企业品牌之后推出他的品牌，并削减企业的市场份额；②顾客偏好也会转移，使对企业品牌的需求减少；③公司决定进入新的细分市场。

在实施品牌再定位策略时，首先，应考虑将品牌转移到另一个细分市场所需要的成本，包括产品品质改变费、包装费和广告费。一般来说，再定位的跨度越大，所需成本越高。其次，要考虑品牌定位于新位置后可能产生的收益。收益大小是由以下因素决定的：某一目标市场的消费者人数；消费者的平均购买率；在同一细分市场竞争者的数量和实力，以及在该细分市场中为品牌再定位要付出的代价。

七喜品牌的重新定位是一个成功的典型范例。七喜牌饮料是许多软饮料中的一种，调查结果表明，主要购买者是老年人，他们对饮料的要求是刺激性小和有柠檬味。七喜公司使了一个高招，进行了一次出色的活动，标榜自己是生产非可乐饮料的，从而获得了非可乐饮料市场的领先地位。

三、国际市场品牌的打造

企业实施国际市场营销产品时，不可避免地要打造国际品牌。

（一）打造国际品牌的方法

1. 让企业 Logo 和名字国际化

作为国际化企业的 Logo 设计，宜简洁、易记、色彩搭配协调和名称含国际化意思，忌用已被广泛采用的名字。目前，在中国市场的韩资企业 LG 在商标变更方面也是一个很成功的例子，它将以前的"GOLDSTAR"改为"LG"之后，不但标识简洁易记，而且 CI 标识也变得具有人性化、像一张很亲切的笑脸，它对 LG 的成功起了很好的作用。

2. 获得国际认证

目前，世界上一些有实力的企业均采用严格的国际认证，包括 ISO 9001、ISO 9002、ISO 14000 及其他安全方面的认证（如 UL 认证）等。企业获得了这些认证后，一方面可取得向国外出口的通行证；另一方面，向国外消费者展示中国企业产品的质量、实力和技术能力，从而提高中国产品在外国消费者当中的影响，这无疑会提升中国企业的国际品牌影响。

3. 培育国际营销网络

中国企业在向国外出口产品时往往是通过进口商和代理商销售，只管销售业绩，不管销售渠道建设，一旦竞争对手凭价格或其他优势抢去，国内出口企业便失去了国外市场，只得又重新寻找进口商。其实，建立自己的驻国外代表处能第一时间捕捉当地的市场信息，同时寻找信誉好的代理商、经销商、采购协会和有影响力的大型超市等，再作一些市场调查对产品作改进后，相信产品肯定会受到消费者的欢迎，并能培养顾客对品牌的忠诚度。

4. 投放媒体广告

跨国公司为了争夺国际市场投放了大量的广告，而且广告均富有创意和创新，借此提高目标国消费者对其认知度，同时挤占目标国的市场份额。因此，中国企业在向国际拓展品牌时，广告也是打造国际品牌的中国企业的必不可少的投资。在进行国际营销时，国内企业应做好产品的市场定位和细分、进行差异化和性价比比较营销等，注重所在国消费者心理分析、流行时尚及相关文化背景研究。另外，做广告时应注重本土化原则。

5. 赞助或捐助

具有国际品牌的跨国企业在目标国经常赞助各种活动，包括赞助运动赛事、某项事业和文化活动及公益活动等，经过媒体报道后，其赞助和捐助行为既能让老百姓感觉其善举，又让他们提高了对跨国企业形象的认知。

6. 参加国际展会

参加国际展会是拓展国际品牌的一个窗口，一方面可以让国外消费者直接了解企业情况和产品，另一方面可结交国外的代理商和经销商。例如，富士通（Fujitsu）自1993年开始每年在日本东京举办高科技展，自2005年起正式命名为"富士通国际论坛"。在每届论坛中，富士通都会展示出其最新的尖端科技和综合解决方案，全方位、多角度地向人们展示富士通的先进技术为人类社会及生活所带来的便利。

7. 投身国际赛事

之所以将国际赛事单列出来，主要是因为它对国际品牌的树立有绝佳的好处，它远较一般的赞助或捐助的影响大得多、深得多，许多在国际上名声大噪的跨国企业就是利用体育赛事打造国际品牌的。在众多赛事中，篮球赛、排球赛、网球赛和棒球赛等广受欢迎的国际比赛或地区赛事是企业值得赞助、提升品牌影响的良好渠道。

（二）打造国际品牌的注意事项

1. 国际品牌与产品设计者

要创立国际品牌，就要积极支持、培养和宣传产品的设计者，因为他们可以使产品技术的个性和民族的个性人格化。因此，支持产品设计者在国际舞台上成名，可以更生动、更有力地表现品牌的个性特色，从而促进国际品牌知名度的提高，产生"名人出名品"的效应。

许多国际时装品牌的成名是与设计师的名气分不开的，而且品牌往往就以设计师的名字命名。例如，法国的皮尔·卡丹时装、伊夫·圣洛朗时装，美国的丽兹·克莱蓬时装，等等。我国长期来国际名牌服装为什么这么少？一个不容忽视的原因就是缺乏一批具有国际知名度的服装设计师。近年来，这个问题正在得到重视，一些企业提出要加紧扶植和培育我国的品牌设计师。

2. 国际品牌与民族个性

要创立国际品牌，就要使产品具有独特的个性。独特的个性，不但是指技术或生产上的独特性，也包含生产者的民族个性或国家个性在内。产品，与任何其他东西一样，"只有民族的，才是世界的"。坚持国际产品的民族的或国家的个性特色，是创立国际品牌的一条正确的途径。

3. 国际品牌与产品特色

要创立国际品牌，就要使产品有鲜明的特色或独特的价值。国际品牌无一不是依靠自己的个性特色立足于世界市场的。

说起麦当劳的产品，只要去过一次的顾客一般都能说出个八九不离十，这就意味着麦当劳的产品种类很少，只有屈指可数的几类。但是，在麦克唐纳兄弟改造麦当劳食品制作技术和工艺之前，麦当劳作为普通的小型食品店，和其他小型食品店铺一样，也在制作近百种食品。然而，麦当劳通过将食品种类减少，通过将产品的集中供应，减少了顾客的选择项，提高了服务人员的效率。更重要的是，麦当劳还开发出了针对某类产品的专用食品制作设备和机器，使得食品制作过程标准化和高效化。当然，虽然麦当劳产品的种类少，但是，其产品质量一点都不含糊，麦当劳通过对采购体系的重塑、再造，打造了一条清晰的高质量生产链。

4. 国际品牌与产品质量

要创立国际品牌，就要使产品质量达到和超过国际水平。以"实"求"名"，"名"、"实"相符，是创立国际品牌的根本途径。质量的发展经历了一个漫长的过程，从"质量检验"到"统计质量控制"再到"全面质量管理"，人们对质量的认识从20世纪五六十年代"好的质量"到80年代的"符合要求"再到21世纪的"顾客满意"，都充分说明了一个问题，质量越来越被人们所重视，其重要性在市场竞争中得到了证实，并且将是未来市场竞争的关注焦点。质量已走出狭义的范围，延伸到更广阔的空间，如服务质量、工作质量、学习质量直至人们的生活质量等等。正如质量管理大师朱兰博士提出的"即将到来的世纪是质量的世纪"一样，质量无所不在。这一发展趋势再次说明了，市场的竞争将以"质量竞争"为前提，因而如何提升产品质量又再次成为质量管理的一大课题。

5. 国际品牌与品牌创意

在当今的商业竞争中，品牌创意已经成为了开拓新市场，推广新品牌，提升固有品牌价值的有效利器。顾客对品牌的认同、信任和忠诚才有了品牌的价值，品牌价值大小在于占据了多少顾客心中份额。

我们看一下国际品牌耐克的品牌创意：耐克采用反向思维的方式让消费者在深夜奔跑于荒郊野外。一轮明月，枯竭的树干，勾画出了旷野的荒凉与恐怖。但是，不用怕，"是狼害怕你，而不是你怕狼"。文案的副标题写道："晚上就如在家里"。广告创意用一个生活中我们有可能经历的一个场景，将耐克产品隐藏在恐怖与夜色之中，但它却鲜明地彰显出了如同阳光一般明媚的个性。优秀的创意即使在黑暗中也照样发光，关键是如何从生活的源泉中去观察和体验产品特性和品牌之间的内在联系，之后，再用一种意想不到的方式将它表现出来。耐克在黑夜、狼和恐惧的反面要素中，找到了与品牌的联想。

6. 国际品牌与品牌估价

品牌是一家企业最有价值的资产之一，对这些无形资产的管理成为企业成功的一个重要因素，这一事实已经逐渐被全世界的企业所接受。品牌价值评估也就应运而生，排行榜也就出现在公众的视野中。世界著名品牌都有很高的品牌估价。

目前的品牌价值排行榜，Interbrand 每年在美国《商业周刊》发布的"全球100个最有价值品牌"是最有公信力的排行榜之一。而 WPP 市场服务集团旗下的 Millward Brown Optimor 现在也进入这个领域，采用新的方法编辑出 BrandZ 全球品牌100强排名。由于两家所采取的评估体系不同，每年两家公司所公布的全球100强品牌的名单中，都会存在些许出入。例如，在2006年，BrandZ 将 IBM 排在第8位，对该品牌的估价仅为361亿美元，而 Interbrand 将 IBM 排在第3位，品牌估价高达534亿美元；BrandZ 对万宝路品牌估价高达385亿美元，排名第5，而 Interbrand 将其放在第10位，品牌估价212亿美元。BrandZ 将中国移动（China Mobile）排在第4位，品牌估价392亿美元，但该品牌均未能列入 Interbrand 100强，而入选 Interbrand 的赫兹（Hertz）也没有进入 BrandZ 100强。

第三节 国际市场营销产品的包装策略

国际市场营销产品的包装分为运输包装和销售包装两个种类。运输包装，习惯上又称为大包装或外包装，主要用于国际产品的运输、装卸和储存。销售包装，习惯上又称为小包装或内包装，主要用于国际产品的分销和零售。这里主要研究销售包装的相关内容。

一、国际市场营销产品包装的概念和功能

（一）产品包装的概念

产品包装，是指将产品盛装于某种容器或包装物之内，以便于运输、陈列、销售和消费。在现代经济生活中，产品的包装日臻重要，包装对产品的促销具有十分重要的意义，所以它是产品整体概念的重要组成部分。

（二）产品包装的功能

随着产品的同质化，什么更能吸引消费者？著名的杜邦定律指出，大约63%的消费者是根据商品的包装和装潢进行购买决策的。正是因为这样，现在的市场经济被称为眼球经济，只有吸引到消费者的注意，品牌才能被消费者接受，产品才能被消费者购买。

产品包装主要有保护功能和营销功能。在国际营销中，包装除了保护产品不受损害外，包装的营销功能主要表现在以下几个方面。

1. 包装是一种销售力

在商品极大丰富的今天，消费者对每个产品的关注时间非常短暂，必须抓住消费者

的眼光从货架扫过的一瞬间。只有包装能够综合利用颜色、造型、材料等元素，同时表现出产品、品牌等企业的内涵和信息，突出了产品与消费者的利益共同点，对消费者形成较直观的冲击，进而影响到消费者对产品和企业的印象，使产品醒目地摆在货架上，有效地完成吸引消费者的目的。产品的包装首先是表现出销售力，承担着吸引消费者的主要功能。

2. 包装是一种识别力

"买椟还珠"之所以被当成一个笑话，这就是说"椟"的包装功能发生了偏差，原因是那只"为木兰之柜"，再"熏以桂椒"，又"缀以珠宝"的精美包装盒（椟）"掩盖"了盒中珍宝的光泽。无怪乎郑人不爱珍宝而爱美椟了。虽然成功地把消费者吸引过来，买了包装却把产品给留下了，根本在于包装的核心没有突出表现珍珠（产品）的诉求，这样的产品包装同样也是失败。现在的消费者虽不"买椟还珠"，但同样需要让消费者看到包装后，才能够完全了解产品的功能与特性。一个产品的包装不能仅仅要求设计漂亮，还能够把产品的功能、特点恰如其分地表示出来。产品包装在消费者面前所表现出的沟通力的大小，直接影响着一个产品在市场表现情况的好坏。

3. 包装是一种品牌力

21世纪进入了品牌消费的时代，而且进入了个性化的消费时代，消费者购买商品不单纯为了满足物质需要，而更看重商品能给自己带来的个性满足和精神愉悦，这在感官上要靠包装来表现出来。包装作为一个品牌的外在表现，是企业希望自己的品牌给消费者一种什么感觉。它所产生的差异以及由此而表现出的"品牌特征"，使其成为吸引消费者的主导因素。包装所承载的物质利益与精神利益就是消费者购买的东西，对包装所代表的品牌要在心智中形成一个烙印，充分表现出品牌的内涵。

4. 包装是一种文化力

包装的核心并不仅仅是体现在外观形象上，重要的是要显示个性与亲和力之间的融合，把所承载文化有效地展现出来。例如，在矿泉水的营销中，由于口感很难加以区分，各个厂家纷纷采用包装来吸引消费者，一些外形新潮、色彩鲜亮的瓶装水得到消费者的青睐。一些新增添的腰间配带功能，以其独特的随身配带功能和方便的饮用获得了青少年消费群的认可。这里，产品包装再次诠释了"谁迎合了消费文化谁获得市场"的理念。

5. 包装是一种亲和力

产品包装就是以消费者为中心，既满足消费者不同的需求，又给消费者带来亲和力。

综上所述，包装在营销中发挥着越来越重要的作用，被赋予了更多的功能，包装再也不被认为是浪费资源，而成为了营销战略一个重要的组成部分。

二、国际市场营销产品的包装策略

包装作为整体产品的一部分，企业在产品设计、制造和销售中应配合国际市场营销策略，根据产品的不同情况，通常采用如下包装策略：类似包装策略、等级包装策略、配套包装策略、复用包装策略、附赠包装策略和改变包装策略。

(一) 类似包装策略

类似包装策略，是指企业对自己所生产的各种不同的产品使用相同或相似的图案、色彩和形状，形成相同的特色，使消费者易于辨认和联想是同一企业的产品。这种策略的优点在于企业通过整体实力来扩大企业知名度，树立企业形象，有利于消费者对企业的认知；可以节省包装设计费用；有利于推销新产品。但是，类似包装策略只适用于同一质量水平的产品。如果产品质量相差悬殊，就会增加低档产品的包装成本，或使优质产品产生贬低的不良效果。所以，不同质量的产品在考虑使用类似包装策略时，要考虑在使用相似外观的基础上，以不同材质的材料制作包装用品。

(二) 等级包装策略

等级包装策略，是指企业将产品分成若干个等级，分别采用不同的包装。这种策略有利于把不同品质的产品明确区分开来，有利于满足不同消费者的需求和爱好。但是，为了企业形象的统一，在外观设计上最好采用统一的尺寸和图案。这种包装策略主要适用于品质相差悬殊的产品。

(三) 配套包装策略

配套包装策略，是指根据消费者的特殊要求，将多种相关的不同类型和规格的商品组合在同一个包装容器内同时出售。如套装首饰的包装、情侣饰品的包装、玉器摆件和底座的包装等。这种策略为消费者的购买和使用提供了方便，同时也有利于提高企业的销售额和推出新产品。但是需注意，配套包装的产品在某一方面要有密切的关联性。

(四) 复用包装策略

复用包装策略，是指企业在设计和制作包装容器时，考虑到商品用完后剩下的包装容器可以给消费者作新的用途。这种策略是根据消费者求廉和追求纪念意义的心理角度所使用的一种策略，一方面可以通过给消费者额外利益，引起其购买兴趣而扩大产品销售；另一方面还能发挥广告宣传作用，吸引用户重复购买。但是若包装成本过高，往往使消费者失去购买兴趣。

(五) 附赠包装策略

附赠包装策略，是指企业在包装内附有优惠券、小物品、小纪念品，以此吸引顾客重复购买的策略。这也是利用消费者追求实惠的心理策略。但是，这种包装策略一定要消费者感受到这是一份意外的收获，是购买本企业产品后的额外利益。

(六) 改变包装策略

改变包装策略，是指改变和放弃原有的产品包装，改用新的包装。由于包装技术、包装材料的不断更新，消费者的偏好不断变化，采用新的包装以弥补原包装的不足。企业在改变包装的同时必须配合好宣传工作，以消除消费者以为产品质量下降或其他的误解。

企业在进行国际市场营销工作时，必须根据具体情况选择合适的包装策略。

三、国际市场营销产品的包装设计

国际市场营销产品包装的策划，是指通过对包装材料、方式、规格、形状、颜色、标签、文字说明的选择或设计来加强包装的保护功能和营销功能。这里着重介绍产品包装设计要注意的问题。

（一）要表现国际产品的核心内容

国际产品的包装设计应与其核心内容相一致，即应能表现本产品在满足国际消费者需要方面的宗旨和理念。

例如，出口"绿色"食品，最好设计"绿色包装"。这种包装应具有以下特点：①尽量采用绿色包装材料。要求这种包装材料能极大地减少包装物废弃后对环境的污染。②包装减量化。在一些发达国家，不少超市鼓励消费者使用能多次使用的尼龙购物袋，而少用一次性塑料袋，在包装设计中使用的材料尽量减少，以节省资源。③包装材料单一化。采用的材料尽量单纯，不要混入异种材料，以便于回收利用。④包装设计可拆卸化。需要复合材料结构形式的包装应设计成可拆卸式结构，有利于拆卸后回收利用。⑤重视包装材料的再利用。采用可回收、复用和再循环使用的包装，提高包装物的生命周期，从而减少包装废弃物。⑥包装材料的无害化。《欧洲包装与包装废物指令》规定了重金属（如铅、汞和铬等）含量水平。

（二）要烘托国际产品的质量

国际产品的包装质量应与其实体质量相一致，并能表现和烘托产品实体的质量，以吸引国际消费者。

例如，日本一些企业要求其产品是以高质量占领国际市场，不但在包装质量设计上精益求精，还特别注重包装设计的人性化。在日本，无论卖什么东西都包装得很人性化，如比较讲究的信封都带有内衬，如果想对着灯光看信的内容一点机会都没有；装金针菇的塑料袋上下分为两种颜色，上面为透明的，下面是蓝色的，吃的时候就从两色分界的地方切开，因为蓝色包装那部分是根，不能吃；等等。

（三）要突出国际产品品牌特色

（1）包装的商标位置、文字和图案等设计，应能引起国际消费者注意并留下强烈印象。我国一些出口包装设计上存在的一个问题就是商标标记及文字（名称）在包装装潢上所占的部位太小，不成比例，被称为"纽扣"商标，有的罐头商标在包装纸上所占面积只有2%～3%，有的甚至不足1%，很难想象消费者能注意并记住这种不起眼的商标。

（2）包装设计要突出品牌特色和增强品牌的可识别性。柯达是世界上第一家把公司名称和标志融合为一体并将之作为企业标识的公司。自20世纪80年代，其"黄盒子"的标识随着其黄盒子一样的胶卷，一同被中国消费者所熟悉。

（3）包装设计要起到品牌或商标的保护作用。例如，采用防伪标记、防伪包装等。

（四）要适合国外零售商的需要

国际产品的包装设计应适合国外零售商的需要，目前尤其要重视零售商业的新形式即超级市场对包装的要求。

超级市场最大的特点之一，就是没有服务人员介绍商品，全靠顾客自己去识别和挑选，也就是说，全靠商品的"自我推销"，而商品"自我推销"的手段就是包装。因此，进入国外超级市场的产品包装应当具有更强的促销功能，在材料、形式、形状、颜色、规格、文字说明和图案标记的选择上，应当同东道国超级市场的商业风格相适应，要多了解这些超级市场对包装的要求。

（五）要适合东道国的包装促销方式

国际产品包装设计要适合东道国市场采用的促销方式。例如，美国市场近年来风行一种叫"酬谢包装"的促销方式。酬谢包装，又称为特惠包装，是以标准包装原价格供给较标准包装更大的包装，或以标准包装另外附加商品来酬谢购买者。此种方法在食品、保健食品、美容产品、洗化品等类别中使用非常广泛。如某品牌的维生素 E 产品，在其 60 粒瓶装中增加 15 粒，但价格却保持不变，这额外的 15 粒维生素 E 就是酬谢部分或特惠部分，对消费者而言就是一种酬谢品。酬谢包装被那些计划上市新的、较大包装产品的营销者，在改换包装时广泛使用。酬谢包装也可在面临竞争品牌进行促销活动或广告活动时，用于稳定现在顾客。进入美国市场的外国产品，可以采用"酬谢包装"的设计方式，这样有利于赶上东道国市场的促销潮流。

（六）要遵守东道国对进口产品包装的规定

国际产品要进入东道国市场，就要遵守东道国对进口产品包装的规定，这也是促销功能对包装设计的一个要求。世界各国对进口产品包装都有禁用标志图案的规定。例如，阿拉伯国家规定进口商品的包装禁用六角星图案；德国对进口商品的包装禁用类似纳粹和军团符号标志；利比亚对进口商品的包装禁止使用猪的图案和女性人体图案；等等。

（七）要适应东道国的文化环境

国际产品的包装设计应适应东道国的文化环境，否则难以起到国际沟通的作用。例如，设计包装的颜色，就应考虑东道国对颜色的偏好、忌讳和审美观。包装的形状、文字、图案等，也具有文化色彩，因而也应当与东道国的文化环境相适应。例如，日本人认为绿色是不吉利的象征，所以忌用绿色；巴西人以棕黄色为凶丧之色；欧美许多国家以黑色为丧礼的颜色，表示对死者的悼念和尊敬；埃塞俄比亚人则是以穿淡黄色的服装表示对死者的深切哀悼；叙利亚人也将黄色视为死亡之色；巴基斯坦忌黄色；委内瑞拉却用黄色作医务标志；蓝色在埃及人眼里是恶魔的象征；比利时人也最忌蓝色，如遇有不吉利的事，都穿蓝色衣服；土耳其人则认为花色是凶兆，因此在布置房间、客厅时绝对禁用花色；等等。

（八）要适时开发新的包装

国际产品的创新，不仅是实体的创新，也是包装的创新。新包装的开发，也可以促进产品的国际营销。

2015年3月，业界传出加多宝要换"土豪金"及"蓝色"包装的消息，新包装把红色改为以金色为底色，加多宝三个字由黄色变为红色。3月22日，饮料行业资深营销专家肖竹青接受《中国经营报》记者采访时认为，如果加多宝真能换罐是个利好消息，原因是食品饮料行业的换包装是一种普遍存在的营销方式。中国副食流通协会会长何继红认为，换罐是件好事，相信消费者对加多宝的"新装"接受度比较高。企业只要做的产品适合消费者口感，把有限的钱用在产品质量的提高上，将更得民心，反而能更好地促进销售。

第四节　国际市场营销产品组合策略

一、国际市场产品组合的含义

（一）产品组合

产品组合，是指企业生产或销售的全部产品线和产品项目的组合或结构，即企业的业务经营范围。它反映了一个企业提供给市场的全部产品项目和产品线系列构成，也是企业的生产经营范围和产品结构。现代企业出于自身的发展需要，往往有许多产品种类，但产品组合不恰当可能造成产品的滞销积压，甚至引起企业亏损。

（二）产品线

产品线，是指密切相关的产品，这些产品功能相同，售给同类顾客群，通过同一类渠道销售出去，售价在一定幅度内变动。产品线内一般有许多不同的产品项目。根据不同的功能标准、用户相似性、分销渠道相似性可以将密切联系的产品项目归为一条产品线。如海尔有空调、冰箱、手机和电视机等产品线。

（三）产品项目

产品项目，是指产品大类中各种不同品种、规格、质量的特定产品，企业产品目录中列出的每一个具体的品种就是一个产品项目。如海尔的彩电系列规格中可能有21英寸、25英寸、29英寸、39英寸纯平彩电等多种产品项目。

（四）产品组合的维度

产品组合的维度可以用宽度、长度、深度和相关性等四个因素来衡量。

产品组合的宽度，是指企业生产经营的产品线的多少。如宝洁公司生产清洁剂、牙膏、肥皂、纸尿布及纸巾，有5条产品线，表明产品组合的宽度为5。产品组合的长度是企业所有产品线中产品项目的总和。

产品组合的深度，是指产品线中每一产品有多少品种。例如，宝洁公司的牙膏产品线下的产品项目有三种，佳洁士牙膏是其中一种，而佳洁士牙膏有三种规格和两种配方。

产品的相关性，是指各产品线在最终用途、生产条件、分销渠道和其他方面相互关联的程度。

二、国际市场营销产品组合的策略

国际市场产品组合策略主要有全线全面型组合策略、市场专业型组合策略、产品系列专业型策略、产品系列化集中型策略和特殊产品系列专业型策略五种。

（一）全线全面型组合策略

全线全面型组合策略也叫多系列全面型组合策略，是指采用多条产品线和每一条产品线中多个产品项目的组合，也就是其宽度、深度都大而关联度可大可小的组合。该策略的特点就是着眼于向任何顾客提供其所需要的一切产品，即要照顾到整个市场的需求。其优点是市场广阔，缺点是需要企业的实力雄厚。

（二）市场专业型组合策略

市场专业型组合策略，是指采用多条产品线及多个产品项目的组合，也就是其宽度、深度大而关联度小的组合。该策略的特点是采用多种产品的组合满足某个专业市场的需要。其优点是由于对某种顾客比较熟悉，因而容易满足他们的需要，占领该专业市场，缺点是需要企业的实力雄厚。

（三）产品系列专业型策略

产品系列专业型策略，是指采用关联度大的少数几个产品线或几个产品项目的组合，也就是其宽度、深度小而关联度大的组合。该策略的特点是生产某一类产品满足所有的顾客的需要。其优点是由于技术要求接近，生产专业化，效率高。

（四）产品系列化集中型策略

产品系列化集中型策略，是指集中企业的力量，生产单一产品线中的几个产品项目，也就是其组合的宽度小、深度略大、关联度密切的组合。该策略的特点：生产单一系列产品满足单一的市场需要。其优点是产品和市场比较集中，容易集中力量去占领。这是中小企业经常采用的组合策略。

（五）特殊产品系列专业型策略

特殊产品系列专业型策略是指企业利用自己的特长，生产某些销路好的特殊产品线的几个产品项目满足市场特殊要求。例如生产某种工艺美术制品。其优点是市场竞争弱，缺点是市场范围较小。

三、国际市场营销产品组合的优化

产品组合的优化过程就是分析、评价和调整产品组合并且保持动态平衡的过程。由于国际市场需求和竞争形势的变化，产品组合中的每个项目必然会在变化的市场环境下发生分化，一部分产品获得较快的成长，一部分产品继续取得较高的利润，另有一部分产品则趋于衰落。企业如果不重视新产品的开发和衰退产品的剔除，则必将逐渐出现不健全的、不平衡的产品组合。为此，企业需要经常分析产品组合中各个产品项目或产品线的销售成长率、利润率和市场占有率，判断各产品项目或产品线销售成长上的潜力或发展趋势，以确定企业资金的运用方向，做出开发新产品和剔除衰退产品的决策，以优化其产品组合，从而扩大在国际市场上的销售量，提高经济效益。

（一）产品组合的评价方法

产品组合的宽度、长度、深度、关联度和促进销售、增加利润都有密切的关系。一般来说，拓宽、增加产品线有利于发挥企业的潜力、开拓新的市场；延长或加深产品线可以适合更多的特殊需要；加强产品线之间的一致性，可以增强企业的市场地位，发挥和提高企业在有关专业上的能力。

产品组合分析评价方法主要有产品组合三维分析法、产品项目分析法、产品定位图分析法、波士顿集团法和通用电气公司法等。这里着重介绍产品组合三维分析法。

产品组合三维分析法是建立在三维空间坐标上的，以 x、y、z 三个坐标轴分别表示市场占有率、销售成长率以及利润率，每一个坐标轴又分为高、低两段，这样就能得到八种可能的位置（如图 8-2 所示）。

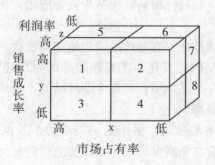

图 8-2 产品组合三维分析图示

如果企业的大多数产品项目或产品线处于 1、2、3、4 号位置上，就可以认为产品组合已达到最佳状态。因为任何一个产品项目或产品线的利润率、成长率和占有率都有一个由低到高又转为低的变化过程，不能要求所有的产品项目同时达到最好的状态，即使同时达到也是不能持久的。因此，企业所能要求的最佳产品组合，必然包括：①目前虽不能获利但有良好发展前途、预期成为未来主要产品的新产品；②目前已达到高利润率、高成长率和高占有率的主要产品；③目前虽仍有较高利润率而销售成长率已趋降低的维持性产品；④已决定淘汰、逐步收缩其投资以减少企业损失的衰退产品。

（二）产品组合的调整决策

企业在调整产品组合时，可以针对具体情况选用以下产品组合策略。

1. 扩大产品组合策略

扩大产品组合策略是开拓产品组合的广度和加强产品组合的深度。开拓产品组合广度是指增添一条或几条产品线，扩展产品经营范围；加强产品组合深度是指在原有的产品线内增加新的产品项目。

（1）扩大产品组合的方式：①在维持原产品品质和价格的前提下，增加同一产品的规格、型号和款式；②增加不同品质和不同价格的同一种产品；③增加与原产品相类似的产品；④增加与原产品毫不相关的产品。

（2）扩大产品组合的优点是：①满足不同消费者偏好的多方面需求，提高产品的市场占有率；②充分利用企业信誉和商标知名度，完善产品系列，扩大经营规模；③充分利用企业资源和剩余生产能力，提高经济效益；④减小市场需求变动性的影响，分散市场风险，降低损失程度。

2. 缩减产品组合策略

缩减产品组合策略是削减产品线或产品项目，特别是要取消那些获利小的产品，以便集中力量经营获利大的产品线和产品项目。

（1）缩减产品组合的方式：①减少产品线数量，实现专业化生产经营；②保留原产品线，削减产品项目，停止生产某类产品，外购同类产品继续销售。

（2）缩减产品组合的优点：①集中资源和技术力量改进保留产品的品质，提高产品商标的知名度；②生产经营专业化，提高生产效率，降低生产成本；③有利于企业向市场的纵深发展，寻求合适的目标市场；④减少资金占用，加速资金周转。

3. 增加高档产品策略

增加高档产品策略，就是在原有的产品线内增加高档次、高价格的产品项目。

（1）增加高档产品策略的优点是：①高档产品的生产经营容易为企业带来丰厚的利润；②可以提高企业现有产品声望，提高企业产品的市场地位；③有利于带动企业生产技术水平和管理水平的提高。

（2）增加高档产品策略的风险：采用这一策略的企业也要承担一定风险。因为企业惯以生产廉价产品的形象在消费者心目中不可能立即转变，使得高档产品不容易很快打开销路，从而影响新产品项目研制费用的迅速回收。

4. 增加低档产品策略

增加低档产品策略，就是在原有的产品线中增加低档次、低价格的产品项目。

（1）增加低档产品策略的优点是：①借高档名牌产品的声誉，吸引消费水平较低的顾客慕名购买该产品线中的低档廉价产品；②充分利用企业现有生产能力，补充产品项目空白，形成产品系列；③增加销售总额，扩大市场占有率。

（2）增加低档产品策略的风险：与增加高档产品策略一样，增加低档产品策略的实行能够迅速为企业寻求新的市场机会，同时也会带来一定的风险。如果处理不当，可能会影响企业原有产品的市场声誉和名牌产品的市场形象。此外，这一策略的实施需要有一套相应的营销系统和促销手段与之配合，这些必然会加大企业营销费用的支出。

第五节 国际市场营销产品生命周期策略

现代市场营销学十分重视对产品生命周期的理论研究，将其作为企业制定产品决策以及整个市场营销组合决策的重要依据。此外，市场营销中的其他战略和策略的制定也必须适应产品生命周期的变化，这是企业在动态的市场环境中求得生存和发展，赢得有利的市场地位的一个关键性问题。

一、国际市场营销产品生命周期的概念和界定

（一）产品生命周期的概念

产品生命周期（Product Life Cycle，简称 PLC），是指产品在市场中有效的营销时间，或称之为产品经济生命，即产品进入市场后的成长、成熟和衰退的过程。

如果以时间为横坐标，以销售和利润为纵坐标，则产品生命周期一般呈侧 S 形曲线（见图 8-3）。该曲线适用于一般产品的生命周期的描述，不适用于风格型、时尚型、热潮型和扇贝型产品的生命周期的描述

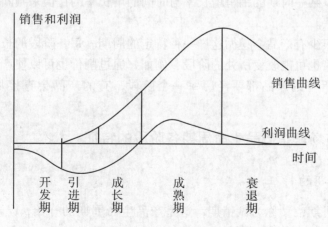

图 8-3 产品生命周期示意

一般说来，产品生命周期可分为开发阶段（含引进阶段）、成长阶段、成熟阶段和衰退阶段。商品从设计、研制到进入市场之前，属于潜在（孕育）阶段，不列入产品生命周期之内。此外，有些学者对产品生命周期采取五阶段的分法，即把第 II 阶段分为采用和增长两个阶段，强调了首次应用时和销售的速度缓慢增长。

产品生命周期是一个很重要的概念，它和企业制定产品策略以及营销策略有着直接

的联系。管理者要想使他的产品有一个较长的销售周期,以便赚取足够的利润来补偿在推出该产品时所做出的一切努力和经受的一切风险,就必须认真研究和运用产品的生命周期理论。此外,产品生命周期也是营销人员用来描述产品和市场运作方法的有力工具。

研究产品生命周期理论具有以下方面的意义:

(1) 产品生命周期理论揭示了任何产品都和生物有机体一样,有一个从诞生—成长—成熟—衰亡的过程,不断创新,开发新产品。

(2) 借助产品生命周期理论,可以分析判断产品处于生命周期的哪一阶段,推测产品今后发展的趋势,正确把握产品的市场寿命,并根据不同阶段的特点,采取相应的市场营销组合策略,增强企业竞争力,提高企业的经济效益。

(3) 产品生命周期是可以延长的。

(二) 产品生命周期的界定

能否正确判断产品处在生命周期的哪个阶段,对企业制定相应的营销策略非常重要。企业最常用的界定产品生命周期有下面两种方法。

1. 类比法

该方法是根据以往市场类似产品生命周期变化的资料来判断企业产品所处市场生命周期的何阶段。如要对彩电市场进行判断,可以借助类似产品如黑白电视机的资料为依据,作对比分析和进行判别。

2. 增长率法

该方法就是以某一时期的销售增长率与时间的增长率的比值来判断产品所处市场生命周期阶段的方法。

在现实中,很少有产品会遵循这样一种特定的周期。每一阶段的长度都会有很大的变化。商家的决策也可能改变所处的阶段,例如,通过削价也可以使产品从成熟期进入衰退期。并不是所有的产品都要经历每一个阶段,有的产品会直接从引入期进入衰退期。

二、国际市场营销产品生命周期各阶段的特征

(一) 开发期的特征

开发期含引进期,又称为试销期,这是产品生命周期的开始,是产品刚进入市场时期。

开发期的特征如下:①生产批量小,试制费用大,制造成本高;②由于消费者对产品不熟悉,广告促销费较高;③产品售价常常偏高。这是由于生产量小、成本高、广告促销费较高所致;④销售量增长缓慢,利润少,甚至发生亏损。

(二) 成长期的特征

成长期又称为畅销期,是产品通过试销阶段以后,转入成批生产和扩大市场销售

阶段。

成长期的特征如下：①销售额迅速增长；②生产成本大幅度下降，产品设计和工艺定型，可以大批量生产；③利润迅速增长；④由于同类产品、仿制品和代用品开始出现，使市场竞争日趋激烈。

（三）成熟期的特征

成熟期又称为饱和期，是指产品在市场上销售已经达到饱和状态的阶段。其主要特征：①销售额虽然仍在增长，但速度趋于缓慢；②市场需求趋向饱和，销售量和利润达到最高点，后期两者增长缓慢，甚至趋于零或负增长；③竞争最为激烈。

（四）衰退期的特征

衰退期又称为滞销期，是指产品不能适应市场需求，逐步被市场淘汰或更新换代的阶段。

衰退期的特征如下：①产品需求量、销售量和利润迅速下降；②新产品进入市场，竞争突出表现为价格竞争，且价格压到极低的水平。

三、国际市场营销产品生命周期各阶段的策略

（一）开发期的策略

开发期是产品成功的开始，但是，往往很多新产品在向市场投放以后，还没有进入成长期就被淘汰了。因此，企业要针对介绍期的特点，制定和选择不同的营销策略。可供企业选择的营销策略，主要有以下几种类型。

1. 迅速撇脂策略

迅速撇脂策略，是指以高价格和高促销水平推出新产品的策略，采用此策略必须具备如下条件：产品鲜为人知；了解产品的人急于购买，并愿意以卖主的定价支付；企业面临潜在的竞争，必须尽快培养对本产品"品牌偏好"的忠实顾客。

2. 缓慢撇脂策略

缓慢撇脂策略，是指以高价格和低促销水平推出新产品的策略。它适用于这样一些情况：市场规模有限；顾客已经了解该产品；顾客愿意支付高价；没有剧烈的潜在竞争。

3. 迅速渗透策略

迅速渗透策略，是指用低价格和高水平促销费用推出新产品的策略。采用此策略必须具备的条件如下：市场规模大；顾客并不了解该新产品；市场对价格比较敏感；有强大的潜在竞争对手存在。

4. 缓慢渗透策略

缓慢渗透策略，是指以低价和低促销水平推出新产品的策略。采用此策略必须具备的条件如下：①市场规模大；②产品有较高的知名度；③市场对价格敏感；④存在潜在的竞争对手。

（二）成长期的策略

在产品进入成长期以后，有越来越多的消费者开始接受并使用，企业的销售额直线上升，利润增加。在此情况下，竞争对手也会纷至沓来，威胁企业的市场地位。因此，在成长期，企业的营销重点应该放在保持并且扩大自己的市场份额，加速销售额的上升方面。另外，企业还必须注意成长速度的变化，一旦发现成长的速度由递增变为递减时，必须适时调整策略。这一阶段可以适用的具体策略有以下几种：

（1）积极筹措和集中必要的人力、物力和财力，进行基本建设或者技术改造，以利于迅速增加或者扩大生产批量。

（2）改进商品的质量，增加商品的新特色，在商标、包装、款式、规格和定价方面做出改进。

（3）进一步开展市场细分，积极开拓新的市场，创造新的用户，以利于扩大销售。

（4）努力疏通并增加新的流通渠道，扩大产品的销售面。

（5）充分利用价格手段。在成长期，虽然市场需求量较大，但在适当时企业可以降低价格，以增加竞争力。当然，降价可能暂时减少企业的利润，但是随着市场份额的扩大，长期利润还可望增加。

（6）改变企业的促销重点。例如，在广告宣传上，从介绍产品转为树立形象，以利于进一步提高企业产品在社会上的声誉。

（三）成熟期的策略

在产品进入成熟期后，有的弱势产品应该放弃，以节省费用开发新产品；同时，也要注意到原来的产品可能还有其发展潜力，有的产品就是由于开发了新用途或者新的功能而重新进入新的生命周期的。因此，企业不应该忽略或者仅仅是消极地防卫产品的衰退，而是有系统地考虑市场、产品及营销组合的修正策略。

1．市场改革策略

（1）通过宣传推广，促使顾客更频繁地使用或每一次使用更多的量，以增加现有顾客的购买量。

（2）通过市场细分化，努力打入新的市场区划，如在地理、人口、用途等方面细分。

（3）赢得竞争者的顾客。

2．产品改良策略

（1）品质改良，即增加产品的功能性效果，如耐用性、可靠性、速度及口味等。

（2）特性改良，即增加产品的新的特性，如规格大小、重量、材料质量、添加物以及附属品等。

（3）式样改良，即增加产品美感上的需求。

3．营销组合调整策略

（1）通过降低售价来加强竞争力。

（2）改变广告方式以引起消费者的兴趣。

（3）运用多种促销方式，如大型展销、附赠礼品等。

（4）扩展销售渠道，改进服务方式或者货款结算方式等。

（四）衰退期的策略

当商品进入衰退期时，企业不能简单地一弃了之，也不应该恋恋不舍，一味维持原有的生产和销售规模。企业必须研究商品在市场的真实地位，然后决定是继续经营下去还是放弃经营。该阶段的主要策略有以下方面。

1. 维持策略

这是指企业在目标市场、价格、销售渠道、促销等方面维持现状。由于这一阶段很多企业会先行退出市场，因此，对一些有条件的企业来说，并不一定会减少销售量和利润。使用这一策略的企业可配以产品延长寿命的策略。

2. 缩减策略

这是指企业仍然留在原来的目标上继续经营，但是根据市场变动的情况和行业退出障碍水平在规模上做出适当的收缩。如果把所有的营销力量集中到一个或者少数几个细分市场上，以加强几个细分市场的营销力量，也可以大幅度地降低市场营销的费用，以增加当前的利润。

3. 撤退策略

这是指企业决定放弃经营某种商品以撤出该目标市场。

第六节 国际市场营销新产品开发策略

国际产品品种（品类）、款式、规格的多样化和替代，往往需要引入新的品种（品类）、款式和规格，这就是国际新产品的开发。国际市场需求的多样化和新的需要的不断涌现，随着国际新技术的发展和新技术进入国际消费生活的需要日益迫切，以及国际市场竞争的加剧和技术创新越来越成为衡量国际竞争力的一个主要标志，国际营销者越来越重视国际新产品的开发。

一、新产品的概念和分类

（一）新产品的概念

市场营销意义上的新产品是一个广义的新产品概念，它是指新发明的产品、改进的产品、改型的产品和新的品牌产品。

新产品除包含因科学技术在某一领域的重大发现所产生的新产品外，还包括如下方面：①在生产销售方面，只要产品在功能或形态上发生改变，与原来的产品产生差异，甚至只是产品单纯由原有市场进入新的市场，都可视为新产品；②在消费者方面，只要能进入市场给消费者提供新的利益或新的效用而被消费者认可的都可视为新产品。

（二）新产品的分类

按产品研究开发过程，新产品可分为全新产品、改进型新产品、模仿型新产品、形成系列型新产品、降低成本型新产品和重新定位型新产品。

1. 全新产品

全新产品，是指应用新原理、新技术、新材料，具有新结构、新功能的产品。该新产品在全世界首次开发，能开创全新的市场。它占新产品的比例为10%左右。

2. 改进型新产品

改进型新产品，是指在原有老产品的基础上进行改进，使产品在结构、功能、品质、花色、款式及包装上具有新的特点和新的突破，改进后的新产品，其结构更加合理，功能更加齐全，品质更加优质，能更多地满足消费者不断变化的需要。它占新产品的26%左右。

3. 模仿型新产品

模仿型新产品，是指企业对国内外市场上已有的产品进行模仿生产，称为本企业的新产品。模仿型新产品占新产品的20%左右。

4. 形成系列型新产品

形成系列型新产品，是指在原有的产品大类中开发出新的品种、花色、规格等，从而与企业原有产品形成系列，扩大产品的目标市场。该类型新产品占新产品的26%左右。

5. 降低成本型新产品

降低成本型新产品，是指以较低的成本提供同样性能的新产品，主要是指企业利用新科技，改进生产工艺或提高生产效率，削减原产品的成本，但保持原有功能不变的新产品。这种新产品的比重为11%左右。

6. 重新定位型新产品

重新定位型新产品，指企业的老产品进入新的市场而被称为该市场的新产品。这类新产品占全部新产品的7%左右。

二、国际市场新产品开发过程

（一）国际市场新产品开发的程序

国际市场新产品的开发程序与国内产品开发程序类似，是一个复杂的系统工程，它需要营销、开发、生产等各部门的参与，而且风险较大，因此遵循科学的开发程序十分重要。新产品设计开发程序分以下八个阶段。

1. 创意的产生

进行新产品创意是新产品开发的首要阶段。创意是创造性思维，即对新产品进行设想或构思的过程。一个好的新产品创意是新产品开发成功的关键。企业通常可从企业内部人员和企业外部人员寻找新产品创意。公司内部人员包括研究开发人员、市场营销人员、高层管理者及其他部门人员。这些人员与产品的直接接触程度各不相同，但他们的共同点便是都熟悉企业业务的某一或某几方面，对企业提供的产品较外人有更多的了解与关注，因而往往能针对产品的优缺点提出改进或创新产品的构思。企业可寻找的外部人员创意，这些人员包括顾客、中间商、竞争对手、企业外的研究和发明人员、咨询公司、营销调研公司等。

2. 创意筛选

创意筛选，是指采用适当的评价系统及科学的评价方法，对各种创意进行分析比较，从中把最有希望的设想挑选出来的一个过滤过程。在这个过程中力争做到除去亏损大和必定亏损的新产品创意，选出潜在盈利大的新产品的创意。创意筛选包括确定筛选标准和确定筛选方法。对创意进行筛选的主要方法是建立一系列的评价模型，评价模型一般包括评价因素、评价等级、权重和评价人员，其中确定合理的评价因素和给每个因素确定适当的权重是评价模型是否科学的关键。

3. 形成新产品概念

新产品构思是企业创新者希望提供给市场的一些可能新产品的设想，新产品设想只是为新产品开发指明了方向，必须把新产品构思转化为新产品概念才能真正指导新产品的开发。新产品概念是企业从消费者的角度对产品构思进行的详尽描述。即将新产品构思具体化，描述出产品的性能、具体用途、形状、优点、外形、价格、名称、提供给消费者的利益等，让消费者能一目了然地识别出新产品的特征。因为消费者不是购买新产品构思，而是购买新产品概念。新产品概念形成的过程亦即把粗略的产品构思转化为详细的产品概念。任何一种产品构思都可转化为几种产品概念。新产品概念的形成来源于针对新产品构思提出问题的回答，一般通过谁使用该产品、该产品提供的主要利益是什么、该产品适用于什么场合等三个问题回答，形成不同的新产品概念。

新产品概念测试主要是调查消费者对新产品概念的反应，测试的内容是：①产品概念的可传播性和可信度；②消费者对该产品的需求程度；③该产品与现有产品的差距；④消费者对该产品的认知价值；⑤消费者的购买意图；⑥谁会购买此产品及购买频率。

4. 初拟营销规划

营销战略规划包括三个部分：一是描述目标市场的规模、结构和行为，新产品在目标市场上的定位，市场占有率及头几年的销售额和利润目标等。二是对新产品的价格策略、分销策略和第一年的营销预算进行规划。三是描述预期的长期销售量和利润目标以及不同时期的市场营销组合。

5. 商业分析

在新产品进入正式产品开发阶段以前还需对已经形成的产品概念进行商业分析。商业分析的主要内容是对新产品概念进行财务方面的分析，即估计销售额，估计成本和利润，判断它是否满足企业开发新产品的目标。

6. 产品实体开发

产品实体开发是将新产品概念转化为新产品实体的过程，主要解决产品构思能否转化为在技术上和商业上可行的产品这一问题。它是通过对新产品实体的设计、试制、测试和鉴定来完成的。新产品开发过程是对企业技术开发实力的考验，能否在规定时间内、用既定的预算开发出预期的产品。根据美国科学基金会调查，新产品开发过程中的产品实体开发阶段所需的投资和时间分别占开发总费用的 30%、总时间的 40%，且技术要求很高，是最具挑战性的一个阶段。

雀巢公司开发国际新产品的主要经验之一，是将研究与开发部门设置在世界各地。该公司在瑞士、美国、英国、法国、德国、新加坡等 11 个国家建立了自己的研发中心。这样，雀巢公司研制的新产品可以及时地反映世界各地市场的变化趋势，提高新产品的市场成功率。

7. 市场试销

市场试销的目的是对新产品正式上市前所做的最后一次测试，且该次测试的评价者是消费者的货币选票。通过市场试销将新产品投放到有代表性地区的小范围的目标市场进行测试，企业才能真正了解该新产品的市场前景。市场试销是对新产品的全面检验，可为新产品是否全面上市提供全面、系统的决策依据，也为新产品的改进和市场营销策略的完善提供启示，但试销也会使企业成本增加。由于产品试销时间一般要花费一年以上的时间，这会给竞争者提供可乘之机，而且试销成功并不意味着市场销售就一定成功，因为各国及各地区消费者的心理本身不易准确估计，还有竞争的复杂多变等因素，因此企业对试销结果的运用应考虑一个误差范围。

8. 商业化

如果新产品试销达到了预期的结果，企业就应该决定对新产品进行商业性投放。在这个阶段要注意在以下几个方面作出决策：①何时推出新产品；②何地推出新产品；③向谁推出新产品；④如何推出新产品。企业必须制定详细的新产品上市的营销计划，包括营销组合策略、营销预算、营销活动的组织和控制等。

（二）国际市场新产品开发的实施要点

1. 做好深入细致的市场调研

任何企业要开发出适销对路的新产品，都离不开深入细致的市场调研。市场调研包括直接和间接调研两种形式。

（1）直接调研主要是根据市场（消费者）的需求，了解市场上竞争对手产品的品质、包装、性能、价位，充分收集有求新求异观念的消费者的资料，分析这些消费者对新产品的市场反应，包括已有产品在市场销售上存在的优劣势和消费者潜在的市场需求。

（2）间接调研主要是将市场业务员和经销商反馈的新产品信息，进行汇总、整理后得出的结果，包括产品销量、市场占有率和消费者的反应。产品开发人员根据调研的结果，在广泛征求市场销售人员、经销商和消费者意见的基础上，进行产品设计、局部投放，在投放过程中要了解市场对新产品的反应。

2. 要组建灵活的开发组织

产品开发是一项复杂而细致的工作，产品创新的特点决定了新产品开发组织与一般管理组织相比具有其突出的特点，新产品开发组织应具有高度的灵活性、简单的人际关系、高效的信息传递系统和较高的决策权力等，需要供应、生产、技术、财务、销售等各个部门的紧密配合，形成一个相互协作的团队。总的原则是使新产品开发能快速、高效地进行。新产品开发组织的特征使新产品开发组织的形式多种多样。一般常见的新产品开发组织有新产品委员会、新产品部、产品经理、新产品经理、项目团队、项目小组等。

3. 要做好新产品市场投放方案

新产品设计完之后,企业不能进行盲目的产品市场投放,而是和营销策划人员、市场业务人员一起,重点研究新产品投放市场之前的策划方案。其内容包括如何将新产品投放到目标市场、如何进行新产品的铺货、如何消除消费者的顾虑使其尝试新产品并最终使新产品上市做到一举成功等。

三、国际市场新产品开发策略

新产品开发策略的类型是根据新产品策略的维度组合而成,产品的竞争领域、新产品开发的目标及实现目标的措施三维构成了新产品策略。对各维度及维度的诸要素组合便形成各种新产品开发策略。国际市场新产品开发策略主要有以下方面。

(一) 进攻式开发策略

进攻式开发策略又称为抢占市场策略或先发制人策略。企业抢先开发新产品,投放市场,使企业的某种产品在激烈的市场竞争中处于领先地位。施行进攻式开发策略的企业有以下特征:①具有强烈地占据市场"第一"的意识;②具有较强的科技开发能力;③具备领先的技术、巨大的资金实力、强有力的营销运作能力;④开发出的新产品不易在短期内为竞争者模仿;⑤决策者具有敢冒风险的精神。

(二) 防御式开发策略

防御式开发策略又称为模仿式开发策略。施行防御式开发策略企业主动性防御,企业并不投资研制新产品,而是当市场出现成功的新产品后,立即进行仿制并适当改进,消除上市产品的最初缺陷而后来居上。这类企业一是具有高水平的技术情报专家,能迅速掌握其他企业研究动态、动向和成果;二是具有高效率研制新产品的能力,能不失时机地快速解决别人没解决的消费者关心的问题。

(三) 系列化开发策略

系列化开发策略又称为系列延伸策略。企业围绕产品上下左右前后进行全方位的延伸,开发出一系列类似的,但又各不相同的产品,形成不同类型、不同规格、不同档次的产品系列。如电冰箱的使用能够延伸出对电冰箱断电保护器、冰箱去臭剂、保鲜膜、冰糕盒的需求等。企业针对消费者在使用某一产品时所产生的新的需求,推出特定的系列配套新产品,可以加深企业产品组合的深度,为企业新产品开发提供广阔的天地。具有加深产品深度组合能力的企业可采用这种开发策略。

(四) 差异化开发策略

差异化开发策略又称为产品创新策略。市场竞争的结果使市场上产品同质化现象非常严重，企业要想使产品在市场上受到消费者的青睐，就必须创新出与众不同的、有自己特色的产品，满足不同消费者的个性需求。这就要求企业必须进行市场调查，分析市场，追踪市场变化情况，调查市场上需要哪些产品，哪些产品企业使用现有的技术能够生产，哪些产品使用现有的技术不能生产。对这些技术，企业要结合自己拥有的资源条件进行自主开发创新，创新就意味着差异化。具有创新产品技术、资源实力的企业可采用这种开发策略。

（五）超前式开发策略

超前式开发策略又称为潮流式开发策略。企业根据消费者受流行心理的影响，模仿电影、戏剧、体育、文艺等明星的流行生活特征，开发新产品。众所周知，一般商品的生命周期可以分为导入期、成长期、成熟期和衰退期等四个阶段。而消费流行周期和一般商品的生命周期极为相似并有密切的联系，包括风格型产品生命周期、时尚型产品生命周期、热潮型产品生命周期等特殊类型。在消费者日益追求享受、张扬个性的消费经济时代，了解消费流行的周期性特点有利于企业超前开发流行新产品，取得超额利润。具有及时捕捉消费流行心理并能开发出流行产品能力的企业可采用这种开发策略。

（六）滞后式开发策略

滞后式开发策略也称为补缺式开发策略。消费需求具有不同的层次。一些大企业往往放弃盈利少、相对落后的产品，必然形成一定的市场空当。如国内洗涤用品市场几乎被几个"寡头企业"所瓜分，无论城乡，无论发达地区欠发达地区，均充斥着"寡头企业"的知名产品。似乎其他后来者已很难进入市场。实际情况却是，各地尤其是在中西部农村，一些实力偏弱的小企业的中低档次的洗涤用品仍销得很好，它们在各大品牌产品的冲击下，仍能获得可观的市场份额。具有补缺市场需求能力、技术和资金实力相对较弱的小企业可采用这种开发策略。

本章小结

产品策略是市场营销4Ps组合的核心，是价格策略、分销渠道策略、促销策略的基础。从营销学的意义上讲，产品的本质是一种满足消费者需求的载体，或是一种能使消费者需求得以满足的手段。现代市场营销理论认为，产品整体概念包含核心产品、有形产品、附加产品和心理产品四个层次。国际营销必须具备产品定位的观念、整体产品的观念、产品组合的观念、产品生命周期的观念和新产品开发的观念。企业产品进入国际市场可以选用一般产品策略。一般产品策略主要有固有产品策略、专门产品策略、产品更改策略、尾随跟进策略、聚力开发策略和机会牵引策略。

关键概念

产品整体概念　产品策略　品牌策略　包装策略　产品组合策略　产品生命周期各阶段策略　新产品开发策略

思考题

(1) 简述产品的概念。
(2) 国际市场营销的产品策略有哪些？
(3) 打造国际品牌的方法和注意事项有哪些？
(4) 国际市场营销产品的包装设计要注意哪些事项？
(5) 国际市场产品组合的策略主要有哪些？
(6) 国际市场营销产品生命周期各阶段的特点是什么？
(7) 国际市场新产品开发的策略有哪些？

案例　三星 W 系列智能手机的设计理念

一、三星顶级设计团队

三星 W 系列智能手机是经过对中国中年消费者群体仔细观察而设计的产品，是针对特定的中年消费者群体设计的。在 2014 年三星论坛演讲中，三星（中国）设计团队负责人、高级设计总监李炫弘先生以三星 W 系列智能手机设计故事为开场，拉开本届论坛之中"设计师论坛"的序幕。

综观目前全球市场尤其是智能手机市场之中，三星具有显著的领先优势。三星旗下消费类电子产品之所以取得如此成就，各个领域优秀产品的持续亮相自然是重要原因。对于优秀的消费类电子产品而言，其显然源自于三星的顶级设计团队。随着 2014 年三星旗下全系最新消费类电子产品的依次亮相，三星顶级设计团队也从幕后走向台前，与媒体展开深入沟通交流，深入解读三星"Make it Meaningful"理念，以及未来发展趋势。

二、解读三星设计哲学

"用户体验"，无疑是近年来全球业界、媒体、消费者均已喜闻乐见的词语。关于用户体验，最为直观的体现即是消费类电子产品究竟如何满足消费者的需求。尤其是当前全球消费类电子市场竞争趋势愈加激烈，消费者对于产品的需求愈加提升，真正有意义的价值就尤为重要。

"Make it Meaningful"理念，即是针对创造有意义的价值应运而生的设计理念，旨在以产品外观、用户体验唤醒消费者内心的共鸣。对此，李炫弘先生就表示，三星从人们的生活之中撷取灵感，致力于创造美丽而实用的新产品。三星设计目前正在经历重大变革——不只专注于产品美观，更注重于消费者体验的价值。

作为 2014 年最具重量级最新产品之一的三星 GALAXY S5，正是三星"Make it Meaningful"设计理念的最佳体现。回顾这款智能手机的正式发布，相较于纯粹硬件配置提升而言，颠覆性拍照体验的升级、指纹识别功能的加入、达到 IP67 级别防护性能的表现、随时心率监测功能的创新更为意义重大，其因此得以与消费者日常生活融合更为紧密。

三、见证设计个性演变

针对 2014 年震撼亮相的三星 GALAXY S5，梁喜喆先生率先针对这款智能手机的设计初衷介绍道："三星 GALAXY S3、三星 GALAXY S4 代表着舒适自然体验，激发年轻消费群体情感；三星 GALAXY S5 则体现着亲切、优雅、时尚，崇尚多样性与个性化。"这位 IT 与手机通讯部 UX 设计二组、设计团队总监还表示，2014 年之中强烈个性表现将是激发消费群体尤其是年轻消费群体对于产品情感的重要趋势。

三星 GALAXY S5 皮革质感材质运用、四款各具特点色彩版本以及更具自由时尚之感的三星 GALAXY Gear 家族三款新品，无不是先进科技与极致时尚融合的代表之作。而三星 GALAXY Gear 2、三星 GALAXY Gear 2 Neo、三星 GALAXY Gear Fit 三款创新智能佩戴设备的同场亮相，可以看到其差异化定位体现着极强的针对性。

对于三星 GALAXY Gear 2、三星 GALAXY Gear 2 Neo、三星 GALAXY Gear Fit 所代表的差异化产品定位，安镛日先生将其归纳为消费类电子产品设计之中愈加重要的"个人化特点"。所谓"个人化特点"，即是有针对性地研发产品，同时注重于产品的本质与功能。身为三星副总裁、公司设计中心设计规划部和服务体验部设计负责人的安镛日先生随后深入解读称，"设计 3.0 时代"应更为重视传达社会价值、忠实于真正实用功能体验。

四、探索真正实用设计

事实上正是源自于从生活之中撷取灵感、从产品之中激发情感的"Make it Meaningful"设计理念，创造出三星 GALAXY S5、三星 GALAXY Gear 2、三星 GALAXY Gear Fit 以及其他极具创新性的产品——不再是冰冷的电子产品和不再刻意强调枯燥的硬件参数，而是真正在消费者日常生活之中发挥重要价值。

那么关于三星未来消费类电子产品发展趋势将会如何延续、如何持续推出具有真正实用价值的创新体验产品，显然是极为重要的问题。对此，梁喜喆先生坦言，继续探索对于消费者生活有意义的功能将是三星未来前进的方向，三星设计将继续秉承简约、移动、简单、一致的特点。

综观目前全球消费类电子产品市场，产品设计理念呈现着功能多样化、操控智能化、定位差异化的趋势，但在此趋势之下难免产生着"为创新而创新"的尴尬局面。然而针对消费者需求创新、创造真正有意义价值的三星"Make it Meaningful"设计理念，无疑即是三星得以在市场之中取得优秀成绩的真正原因。对于未来，我们有理由期待三星继续展现更具设计内涵与创造能力的产品。

（资料来源：天极网 http://mobile.yesky.com/460/36209460all.shtml#p36209460）

案例讨论

（1）分析三星产品设计理念中创造真正价值的含义。
（2）简述三星电子产品的设计理念。
（3）三星在中国的营销产品策略对我国企业的国际营销有什么启发？

第九章 国际市场产品价格策略

本章学习目标

通过本章的学习，要求学生掌握以下内容：①了解影响国际市场产品定价的因素；②了解国际市场产品定价的方法与策略；③了解国际市场产品价格变化的应对策略。

第一节 影响国际市场产品定价的因素

一、企业定价目标

面对不同的国际市场，企业定价目标不可能完全一样。有些企业将国内市场作为主导市场，而将国外市场看作国内市场的延伸和补充，因此针对国际市场往往会采用比较保守的定价策略。也有一些企业将国际市场看得和国内市场一样重要，甚至把国内市场当作国际市场的一部分。企业针对各个国际市场设定的不同的定价目标，对定价策略也有很大影响。

企业产品的定价目标主要有以下几种。

（一）获取利润

获取利润是企业从事生产经营活动的最终目标，具体可通过产品定价来实现。以获取利润为目标的定价方法一般有以下三种。

1. 以获取投资收益为定价目标

以获取投资收益为定价目标，是指企业在一定时期内能够收回投资并能获取预期的投资报酬的一种定价目标。采用这种定价目标的企业，一般是根据投资额规定的收益率，计算出单位产品的利润额，加上产品成本作为销售价格。这样做必须注意两个问题：①要确定适度的投资收益率。一般来说，投资收益率应该高于同期的银行存款利息率。但不可过高，否则消费者难以接受。②企业生产经营的必须是畅销产品。与竞争对手相比，产品具有明显的优势。

2. 以获取合理利润为定价目标

以获取合理利润为定价目标，是指企业为避免不必要的价格竞争，以适中、稳定的价格获得长期利润的一种定价目标。采用这种定价目标的企业，往往是为了减少风险，保护自己，或限于力量不足，只能在补偿正常情况下的平均成本的基础上，加上适度利润作为产品价格。条件是企业必须拥有充分的后备资源，并打算长期经营。临时性的企业一般不宜采用这种定价目标。

3. 以获取最大利润为定价目标

以获取最大利润为定价目标，是指企业追求在一定时期内获得最高利润额的一种定价目标。利润额最大化取决于合理价格所推动的销售规模，因而追求最大利润的定价目标并不意味着企业要制定最高单价。最大利润既有长期和短期之分，又有企业全部产品和单个产品之别。有远见的企业经营者，都着眼于追求长期利润的最大化。当然并不排除在某种特定时期及情况下，对其产品制定高价以获取短期最大利润。还有一些多品种经营的企业，经常使用组合定价策略，即有些产品的价格定得比较低，有时甚至低于成本以招徕顾客，借以带动其他产品的销售，从而使企业利润最大化。

（二）市场占有率

把保持和提高企业的市场占有率（或市场份额）作为一定时期的定价目标。市场占有率是一个企业经营状况和企业产品在市场上竞争能力的直接反映，关系到企业的兴衰存亡。较高的市场占有率，可以保证企业产品的销路，巩固企业的市场地位，从而使企业的利润稳步增长。

在许多情形下市场占有率的高低，比投资收益率更能说明企业的营销状况。有时，由于市场的不断扩大，一个企业可能获得可观的利润，但相对于整个市场来看，所占比例可能很小，或本企业占有率正在下降。无论大、中、小企业，都希望用较长时间的低价策略来扩充目标市场，尽量提高企业的市场占有率。

以提高市场占有率为目标定价，通常有以下方法。

1. 定价由低到高

定价由低到高，就是在保证产品质量和降低成本的前提下，企业入市产品的定价低于市场上主要竞争者的价格，以低价争取消费者，打开产品销路，挤占市场，从而提高企业产品的市场占有率。待占领市场后，企业再通过增加产品的某些功能，或提高产品的质量等措施来逐步提高产品的价格，旨在维持一定市场占有率的同时获取更多的利润。

2. 定价由高到低

定价由高到低，就是企业对一些竞争尚未激烈的产品，入市时定价可高于竞争者的价格，利用消费者的求新心理，在短期内获取较高利润。在竞争激烈时，企业可适当调低价格，赢得主动，扩大销量，提高市场占有率。

（三）定价目标策略

企业对竞争者的行为都十分敏感，尤其是价格的变动状况更甚。在市场竞争日趋激烈的形势下，企业在实际定价目标前都要广泛收集资料，仔细研究竞争对手产品价格情况，通过自己的定价策略去对付竞争对手。

企业根据自身的不同条件，对付竞争对手一般有以下定位目标策略可供选择。

1. 稳定价格目标

以保持价格相对稳定，避免正面价格竞争为目标的定价。当企业准备在一个行业中长期经营时，或某行业经常发生市场供求变化与价格波动，需要有一个稳定的价格来稳定市场时，该行业中的大企业或占主导地位的企业率先制定一个较长期的稳定价格，其他企业的价格与之保持一定的比例。这样，对大企业产品定价不会受冲击，中小企业也避免遭受由于大企业的随时随意提价而带来的打击。

2. 追随定价目标

企业有意识地通过产品定价避免与竞争对手竞争。企业价格的制定，主要以对市场价格有影响的竞争者的价格为依据，根据具体产品的情况稍高或稍低于竞争者。若竞争者的价格不变，实行此目标的企业也维持原价；若竞争者的价格或涨或落，企业也相应地参照调整价格。在一般情况下，中小企业的产品价格定得略低于行业中占主导地位的企业的产品价格。

3. 挑战定价目标

如果企业具备强大的实力和特殊优越的条件，可以主动出击，挑战竞争对手，获取更大的市场份额。那么，一般常用的定价目标有：一是打击定价。实力较强的企业主动挑战竞争对手，扩大市场占有率，可采用低于竞争者的价格出售产品。二是特色定价。实力雄厚并拥有特殊技术或产品品质优良或能为消费者提供更多服务的企业，可采用高于竞争者的价格出售产品。三是阻截定价。为了防止其他竞争者加入同类产品的竞争行列，在一定条件下，往往采用低价入市，迫使弱小企业无利可图而退出市场或阻止竞争对手进入市场。

（四）维持生存

企业在市场竞争中，最重要的是维持生存。因此，当企业生产能力过剩，在国际市场面临激烈竞争导致出口受阻时，为了确保企业继续开工和使存货出手，企业必须制定较低的价格以求扩大销量。此时，企业需要把维持生存作为主要目标。

二、成本因素

成本核算在定价中十分重要。产品销往的地域不同，其成本组成也就不同。出口产品与内销产品即使都在国内生产，其成本也不会完全一样。如果出口产品为了适应国外的度量衡制度等其他方面而做出了改动，产品成本就可能增加。反之，如果出口产品被简化或者去掉了某些功能，生产成本就可能会降低。

在国际市场产品营销中，主要考虑的成本因素包括以下方面。

（一）关税

关税是当货物从一国进入另一国时所缴纳的费用，它是一种特殊形式的税收。关税是国际贸易最普遍的特点之一，它对进出口货物的价格有直接的影响。征收关税可以增加政府的财政收入，而且可以保护本国市场。关税额一般是用关税率来表示，可以按从量、从价或混合方式征收。事实上，产品缴纳的进口签证费、配额管理费等其他管理费用也是一个很大的数额，成为实际上的另一种关税。此外，各国还可能征收交易税、增值税和零售税等，这些税收也会影响产品的最终售价。不过，这些税收一般并不仅仅是针对进口产品。

(二) 中间商与运输成本

各个国家的市场分销体系与结构存在着很大的差别。在有些国家，企业可以利用比较直接的渠道把产品供应给目标市场，中间商负担的储运、促销等营销职能的成本也比较低。而在另外一些国家，由于缺乏有效的分销系统，中间商进行货物分销必须负担较高的成本。

出口产品价格还包括运输费用。据了解，全部运输成本占出口产品价格15%左右。可见，运输费用是构成出口价格的重要因素。

(三) 风险成本

在国际营销实践中，风险成本主要包括融资、通货膨胀及汇率风险。由于货款收付等手续需要比较长的时间，因而增加了融资、通货膨胀以及汇率波动等方面的风险。此外，为了减少买卖双方的风险及交易障碍，经常需要有银行信用的介入，这也会增加费用负担。这些因素在国际营销定价中均应予以考虑。

三、产品因素

产品本身的因素包括产品成本因素、产品生命周期因素和产品形象因素等。

(一) 产品成本因素

马克思主义理论告诉人们，商品的价值是构成价格的基础。

商品的价值由 C+V+M 构成。C+V 是在生产过程中物化劳动转移的价值和劳动者为自己创造的价值。M 是劳动者为社会创造的价值。显然，对企业的定价来说，产品成本是一个关键因素。企业产品定价以成本为最低界限，产品价格只有高于成本，企业才能补偿生产上的耗费，从而获得一定盈利。但这并不排斥在一段时期在个别产品上，价格低于成本。

产品的价格是按成本、利润和税金三部分来制定的。成本又可分解为固定成本和变动成本。产品的价格有时是由总成本决定的，有时又仅由变动成本决定。成本有时又分为社会平均成本和企业个别成本。就社会同类产品市场价格而言，主要的是受社会平均成本影响。在竞争很充分的情况下，企业个别成本高于或低于社会平均成本，对产品价格的影响不大。

(二) 产品生命周期因素

产品生命周期是指产品从进入市场到退出市场所经历的市场生命循环过程。产品只有经过研究开发、试销，然后进入市场，其市场生命周期才算开始。产品退出市场，标志着生命周期的结束。典型的产品生命周期一般可分为导入期、成长期、成熟期和衰退期四个阶段。在生命周期的不同阶段，采取价格策略是不同的。

（三）产品的形象因素

有时企业根据企业理念和企业形象设计的要求，需要对产品价格做出限制。例如，企业为了树立热心公益事业的形象，会将某些有关公益事业的产品价格定得较低；为了形成高贵的企业形象，将某些产品价格定得较高；等等。

四、市场因素

市场因素包括市场需求和市场竞争结构两个方面。

（一）市场需求

产品的最低价格取决于该产品的成本费用，而最高价格则取决于产品的市场需求状况。各国的文化背景、自然环境、经济条件等因素存在着差异性，决定了各国消费者的消费偏好不尽相同。对某一产品感兴趣的消费者的数量和他们的收入水平，对确定产品的最终价格有重要意义。即使是低收入消费群体，对某产品的迫切需要也会导致这种产品能够卖出高价，但仅有需求是不够的，还需要有支付能力作后盾。所以，外国消费者的支付能力对企业出口产品定价有很大影响。要详细了解需求与支付能力，还需要深入研究该国国民的习俗及收入分布情况。

企业制定价格就必须了解价格变动对市场需求的影响程度。反映这种影响程度的一个指标就是商品的价格需求弹性系数。

所谓价格需求弹性系数，是指由于价格的相对变动，而引起的需求相对变动的程度。通常可用下式表示：

$$需求弹性系数 = 需求量变动百分比 \div 价格变动百分比$$

（二）市场竞争结构

在上限和下限之间，企业能把这种产品价格定多高，则取决于竞争者提供的同种产品的价格水平。与国内市场不同，企业在不同的国外市场面对着不同的竞争形势和竞争对手，竞争者的定价策略也千差万别。因此，企业就不得不针对不同的竞争状况而制定相应的价格策略。竞争对企业定价自由造成了限制，企业不得不适应市场的价格。除非企业的产品独一无二并且受专利保护，否则没有可能实行高价策略。

根据行业内企业数目，企业规模以及产品是否同质三个条件，国际市场竞争结构可以划分为下列三种情况。

1. 完全竞争对价格的影响

在完全竞争状态下，企业几乎没有定价的主动权。各个卖主都是价格的接受者而不是决定者。在实际生活中，完全竞争在多数情况下只是一种理论现象，因为任何一种产品都存在一定的差异，加之国家政策的干预以及企业的不同营销措施，完全竞争的现象几乎不可能出现。但是，如果出现了完全竞争，企业可以采取随行就市的营销价格策略。

2. 完全垄断对价格的影响

完全垄断是指一种商品完全由一家或几家企业所控制的市场状态。在完全垄断状态下，企业没有竞争对手，可以独家或几家协商制定并控制市场价格。在现实生活中，完全垄断只有在特定的条件下才能形成。然而，由于政府的干预（如许多国家的反垄断立法），消费者的抵制以及商品间的替代关系，一个或几个企业完全垄断价格的局面一般不易出现。但是，如果出现了完全垄断，那么非垄断企业在制定营销价格时一定要十分谨慎，以防垄断者的价格报复。

3. 不完全竞争对价格的影响

不完全竞争介于完全竞争与完全垄断之间，它是现实中存在的典型的市场竞争状况。不完全竞争条件下，最少有两个以上买者或卖者，少数买者或卖者对价格和交易数量起着较大的影响作用，买卖各方获得的市场信息是不充分的，它们的活动受到一定的限制，而且它们提供的同类商品有差异，因此，它们之间存在着一定程度的竞争。在不完全竞争情况下，企业的定价策略有比较大的回旋余地，它既要考虑竞争对象的价格策略，也要考虑本企业定价策略对竞争态势的影响。企业可以根据不同产品的成本、质量、促销力量等因素来规定价格。同时，应特别注意替代品的价格竞争。

五、消费者心理和习惯

价格的制定和变动都会在消费者心理上产生反应，这是价格策略必须考虑的因素。

在现实生活中，很多消费者存在"一分钱一分货"的观念。面对不太熟悉的商品，消费者常常从价格上判断商品的好坏，从经验上把价格同商品的使用价值挂钩。消费者心理和习惯上的反应是很复杂的，某些情况下会出现完全相反的反应。例如，在一般情况下，涨价会减少购买，但有时涨价会引起抢购，反而会增加购买。因此，在研究消费者心理对定价的影响时，要持谨慎态度，要仔细了解消费者心理及其变化规律。

消费者的习惯与不同国家和地区的风俗、文化往往联系在一起。对于一个新进入的国际市场，要对这些因素进行详细调研后，才进行产品定价。例如，在经济持续疲软的时候，美国消费者普遍减少消费、增加储蓄。经济学家表示，即使在经济走出衰退期后，消费者预计还会保持较为保守的消费理念。许多消费统计数字显示，在目前的经济衰退中，美国的中下层消费者在想方设法减少消费以节约日常生活开支。原来深受欢迎的名牌产品被廉价产品取代，人们减少外出消费的次数，甚至在一些平常看来微不足道的方面，人们也开始打起了小算盘，如周末到电影院看电影的人减少了，留在家中看录像带的人多了。在经济萧条中，美国正在兴起一股缩衣节食、省吃俭用的风潮。总部位于纽约的经济研究机构"会议委员会"（the Conference Board）资深经济学家肯·戈尔茨坦（Ken Goldstein）在接受记者采访时指出，美国消费者们正在尽一切可能减少开支。全美各地的许多家庭基本上就是拿挣来的钱付房租、房贷，付电气、煤气、电话费和吃饭，除此之外，其余的开销要么先等一下要么就取消了。其实这种情况不仅仅在美国、欧洲、亚洲、拉丁美州，全世界到处都一样，这是目前全球的普遍现象。

六、政府的价格调控政策

东道国政府可以从很多方面影响企业的定价政策,如关税、税收、汇率、利息、竞争政策以及行业发展规划等。一些国家为保护民族工业而制定的关税和其他限制政策使得进口商品成本增加很多。作为出口企业,不可避免地要遇到各国政府的有关价格规定的限制,比如政府对进口商品实行的最低限价和最高限价,都约束了企业的定价自由。

即使东道国政府的干预很小,企业仍面临着如何对付国际价格协定的问题。国际价格协定是同行业各企业之间为了避免恶性竞争,尤其是竞相削价而达成的价格协议。这种协议有时是在政府支持下,由同一行业中的企业共同达成的;有时则是由政府直接出面,通过国际会议达成的多国协议。企业必须注意目标市场的价格协议,同时关注各国的公平交易法(或反不正当竞争法)对价格协定的影响。

本国政府对出口产品实行价格补贴,可以降低出口产品价格,增强产品国际竞争力。如美国政府对农产品实行价格补贴,可以提高其农产品的国际市场竞争力。我国出口产品退税制也是为增强出口产品的竞争力。

第二节 国际市场产品定价策略

价格是一把"双刃剑":一方面对着消费者和市场份额,另一方面对着竞争对手和企业利润。在国际市场竞争中,合理的产品定价与适当的策略,能够吸引更多的消费者群体,应对竞争,获取利润。

国际市场产品定价的基本方法与国内市场产品定价方法相同,也分为成本导向定价法、需求导向定价法和竞争导向定价法。不同的是在具体的价格制定当中,要结合各种因素进行分析。这里不对定价方法赘述。

国际市场产品定价策略包括新产品定价策略、心理定价策略、折扣定价策略和地区性定价策略。

一、新产品定价策略

(一)撇脂定价策略

撇脂定价,是指把产品的价格定得很高,远远高于成本,以求短期内获取最大利润、尽早收回投资,犹如从鲜奶中撇取奶油一样。企业能够这样做,是因为新产品刚刚推出时,市场上缺乏有力的竞争,又由于是新产品,价格缺乏可比性,产品需求弹性小,而有些购买者可能主观上认为这类商品具有很高的价值。

1. 撇脂定价的优点

(1)便于有效竞争。在产品生命周期的介绍期,作为竞争手段,价格相对次要,而且竞争的产品种类少,产品的独特性还创造了非价格竞争的机会。

（2）便于价格调整。撇脂定价对于企业来说安全可靠，因为如果证明决策失误，纠正起来容易得多。由高价向下调整，顾客总是乐于接受。

（3）便于控制需求。给新产品定较高的起始价，有助于企业把需求保持在企业生产能力的限度内。

iPod 是苹果公司推出的近几年来最成功的消费类数码产品之一。第一款 iPod 零售价高达 399 美元，即使对于美国人来说，也是属于高价位产品，但是有很多"苹果迷"既有钱又愿意花钱，所以纷纷购买；苹果认为还可以"撇到更多的脂"，于是不到半年又推出了一款容量更大的 iPod，定价 499 美元，仍然销路很好。苹果的撇脂定价大获成功。

2. 撇脂定价的缺点

高价将鼓励竞争者进入市场。而且由于新产品刚投入国际市场，声誉尚未树立，实行高价不利于开拓市场。

3. 采取撇脂定价的条件

从国际营销实践看，企业采取撇脂定价需具备以下条件：

（1）市场有足够的购买者，市场需求缺乏弹性，即使把价格定得很高，市场需求也不会大量减少。

（2）高价使需求减少，因而产品减少，单位成本增加，但不至于抵消高价所带来的利益。

（3）在高价情况下，企业在一定时间内仍能独家经营，无其他竞争者。有专利保护的产品尤其可以采用这样的定价策略。

（4）把某种产品的价格定得很高，还可以使人产生这种产品是高档产品的印象。

（二）渗透定价策略

渗透定价，是指企业把新产品投入国际市场时价格定得相对较低，以吸引大量顾客及迅速打开市场，短期内获得比较高的市场占有率。这是阻挡其他打算进入该领域的竞争者的一种定价策略。日本成功企业的秘诀之一，就是采用新产品低价策略，迅速占领国际市场，提高市场占有率。

1. 渗透定价的优点

可使产品迅速占领国际市场，并有效地阻碍新竞争者的进入。

2. 渗透定价的缺点

低价不利于投资的尽快收回，也不利于日后提价，还有可能给顾客造成低价低质的印象。

3. 采取渗透定价的条件

从国际营销的实践看，企业采取渗透定价需具备以下条件：

（1）市场需求弹性大，顾客对价格比较敏感。

（2）企业的生产成本和经营费用会随着销售量的增加而下降。

（3）低价不致引起竞争者的报复和倾销的指控。

二、心理定价策略

(一) 声望定价策略

声望定价,是指对在消费者心目中享有一定声望、具有较高信誉的产品的定价。在国际市场上不少高级名牌产品和稀缺产品,如豪华轿车、高档手表、名牌时装、名人字画、珠宝古董等,在消费者心目中享有极高的声望价值。购买这些产品的人,往往不在乎产品价格,而最关心的是产品能否显示其身份和地位,价格越高,心理满足的程度也就越大。因此,可以按照消费者对这类商品的期望价值,制定出高于其他同类产品几倍,甚至十几倍的声望价格。这样既可以满足消费者的心理需求,又能增加企业盈利,促进销售。

声望定价的基础是产品的质量,若产品质量不能够保证,企业声望将会受到严重损害。

(二) 尾数定价策略

尾数定价也称为零头定价或缺额定价,是指给产品定一个零头数结尾的非整数价格。大多数消费者在购买产品时,尤其是购买一般的日用消费品时,乐于接受尾数价格,如0.99元、9.98元等。消费者会认为这种价格经过精确计算,购买不会吃亏,从而产生信任感。同时,价格虽离整数仅相差几分或几角钱,但给人一种低一位数的感觉,符合消费者求廉的心理愿望。这种策略通常适用于基本生活用品。

(三) 整数定价策略

整数定价,是指企业有意将产品价格定为整数,以显示产品具有一定质量。整数定价多用于价格较贵的耐用品或礼品,以及消费者不太了解的产品,对于价格较贵的高档产品,顾客对质量较为重视,往往把价格高低作为衡量产品质量的标准之一,容易产生"一分价钱一分货"的感觉,从而有利于销售。

(四) 习惯定价策略

习惯定价,是指产品在长期的市场交换过程中已经形成了为消费者所适应价格的定价。企业对这类产品定价时要充分考虑消费者的习惯倾向,采用"习惯成自然"的定价策略。对消费者已经习惯了的价格,不宜轻易变动。降低价格会使消费者怀疑产品质量是否有问题。提高价格会使消费者产生不满情绪,导致购买的转移。在不得不需要提价时,应采取改换包装或品牌等措施,减少抵触心理,并引导消费者逐步形成新的习惯价格。

(五) 招徕定价策略

招徕定价,是指企业对部分产品制定比较低的价格,使买方可能产生企业所有产品价格都比较低的感觉。这种定价有利于吸引买方对企业产品的注意,最终达到扩大销售的目的。

（六）分档定价策略

分档定价，是指把同类商品比较简单分成几档，每档定一个价格，以简化交易手续，节省顾客时间。例如，经营鞋袜、内衣等商品，就是从××号到××号为一档，一档一个价格。

三、折扣定价策略

（一）现金折扣

为了改善企业现金流动，降低因为催收欠款而相应增加的成本和减少呆账的发生，企业常常根据不同购货者付款方式和付款时间的情况按原价格给予一定的折扣。

现金折扣是国际上十分流行的一种价格策略。在美国，最常见的现金折扣用语是"2/10，net 30"，即要求30天付清货款，如果10天内付清货款，则给予2%的折扣。

（二）数量折扣

数量折扣是企业给那些大量购买某种产品的顾客的一种减价，以鼓励顾客购买更多的货物。例如，顾客购买某种产品100单位以下，每单位10美元；购买100单位以上，每单位9美元。

数量折扣分为累计折扣和非累计折扣两种。

累计折扣是基于一定时期内顾客与企业所达成的交易总量而给予的折扣，旨在促成买卖双方之间长期的大量的购销关系。

非累计折扣的目的是鼓励顾客一次多买。

（三）功能折扣

功能折扣又叫贸易折扣。它是企业给某些国外批发商或零售商的一种额外折扣，促使他们愿意执行某种企业在国外市场上不便于执行的市场营销功能（如调查、储存、服务）。

企业常常对处于不同渠道的中间商或者同一渠道中不同环节的中间商，按照他们在渠道中所发挥的功能、作用的不同，在交易时给予不同的折扣，来达到充分发挥中间商潜在功能的目的，以取得渠道最佳使用效果。

（四）季节折扣

季节折扣是企业给那些购买季节性强的商品或服务的顾客的一种减价，使企业的生产和销售在一年四季保持相对稳定。

生产厂商利用这种折扣鼓励批发商、零售商提早进货，从而使自己获得资金和维持稳定的生产。例如，冬季到国外旅游，由于天气寒冷，游客需求减少，为了招徕顾客，采用对机票及旅店房间租金进行季节折扣策略。

四、地区性定价策略

企业在国际市场上销售产品，由于各国地理分布的差异而带来了成本费用的差异，因而，企业需要对销售于不同地区的产品制定出差异价格。地区性定价的形式有如下几种。

（一）原产地定价与到岸价格

原产地定价或离岸价（FOB），是指顾客按照企业定价购买的某种产品，由企业负责将这种产品运到某种运输工具上（如卡车、火车、船舶、飞机等）交货。交货后，从产地到目的地的一切风险和费用都由顾客承担。采用这种定价方法，与企业相邻国家的顾客负担的费用小，离企业远的国家的顾客负担的费用大，有可能导致离得远的国家的顾客不愿意购买这个企业的产品，而购买离他们近、运费低的企业的产品，使本企业失去地理位置较远的市场。

到岸价格，是指由出口企业提供海外运输与保险。从产地到目的地的一切风险和费用都由厂家承担。

（二）统一交货定价

统一交货定价，是指企业对于卖给不同地区顾客的产品，都按照相同的出厂价加相同的运费（按平均运费计算）定价，保证企业全球市场上的顾客都能以相同价格买到同一产品。这种策略便于企业的价格管理，有助于企业在各国的广告宣传中保持价格的统一。很明显，这种定价有利于巩固和发展离企业远的目标市场的占有率，但容易失去距离较近的部分市场。

（三）分区定价

分区定价，是指企业把销售市场划分为若干区域，对于不同区域的顾客，分别制定不同的地区价格，例如出口到美洲各国用一种价，在欧洲各国用另一种价，在亚太地区用第三种价格。产品在同一地区的价格相同，在不同地区价格有差异，离得远的区域产品的价格略高一些。

企业采用分区定价也有问题：①在同一价格区内，有些顾客距离企业较近，有些顾客距离企业较远，前者就不合算；②处在两个相邻价格区附近的顾客，他们相距不远，但是要按高低不同的价格购买同一种产品。相邻区域的价格差异有可能导致中间商随意地跨区域销售（俗称窜货），不利于企业对区域价格的控制。企业在划分区域时，要注意这些问题。

（四）基点定价

基点定价，是指企业选定某些地点作为基点，然后按同样的价格向其他地点供货。采用这种方法，减少了顾客购买价格的差异，有利于统一产品的市场价格。企业可以选定多个基点，按照顾客离得最近的基点计算运费。例如，企业出口产品到欧洲，可将产品先运输到荷兰的港口，然后通过集装箱将产品运到欧洲各地。

（五）运费免收定价

运费免收定价，是指由企业负担全部或部分实际运费。企业认为，如果产品销量增加，其平均成本就会降低，能够弥补运费开支。采取运费免收定价，有利于企业在国外市场实现快速渗透，在新市场尽快站稳脚跟。

第三节 国际市场转移定价

一、转移定价的概念

转移定价，是指企业逃避税收和操纵财务报告、转移资金的行为。转移定价问题最先引起关注的是跨国企业的出现，导致税收的国际分配问题。但随着经济的发展，尤其是企业集团的不断增多，转让定价已不仅仅是一个国际税收问题。越来越多的企业开始利用关联方交易转让定价来粉饰财务报表、转移上市公司资金和利润。

国际市场转移定价（Transfer Price），是指跨国公司母公司与子公司、子公司与子公司及关联企业之间在国际市场进行商品、劳务或技术交易时所采用的内部价格。这种内部价格的制定以实现公司的全球战略、追求全球利润最大化为根本目标，与同类商品、劳务或技术的市场价格并无必然联系。各国的税收制度及其法规的不同，加上国际市场存在结构性缺陷和交易性缺陷，为跨国公司最大限度地使用转移价格，以实现其全球战略提供了诱因和条件。

转移定价的具体做法主要有以下几种：

（1）当产品从甲国向乙国转移时，如乙国关税较高，并且是从价税，那么，公司就将转移价格定得很低，以减少应缴纳的税金。

（2）如果某国征收的所得税很高，将产品转移价格定得高些；将产品转移该国时，把转移价格定得低些。这样，就可降低公司在该国的利润，从而减少在该国应缴纳的所得税。

（3）如果某国实行外汇管制，对外国子公司的利润汇出实行严格限制或征税，则跨国公司在向该国的子公司转移产品时，可将价格定得高些；产品由该国转出时，将价格定得低些，以减少在该国的利润，避免利润汇出时的麻烦，也可少纳税。

（4）如果某国已经出现或即将出现较高的通货膨胀率，为了避免资金在该国大量积累，在向该国子公司转移产品时，可将价格定得高些；由该国转出时，将价格定得低些。现代跨国公司一般都实行分权管理，独立核算，母公司及各国的子公司是不同的利润中心，为了评估各自的经营状况，也必须为这种内部交易制定价格，即国际转移价格。

二、转移定价的目的

（一）减轻税负

跨国公司在不同的国家开设子公司，各国的税率都不同，跨国公司可以通过转移定价把盈利从高税率国家的公司转移到低税率国家的公司，以减少公司整体的应纳税所得额。有些公司还利用避税港，就是在那些免税或低税区开设子公司，通过运用转移定价策略来降低税负总额。例如，一家在美国的公司需要将产品卖给它的中国子公司。在使用避税港之前，美国公司销售产品的所得交所得税，中国公司购进产品可用于抵减盈利。但是如果这家美国公司通过避税港转移定价，就将大大降低税负。它可以先以低价将产品卖给设在避税港的子公司，这样收入减少，应交的所得税也随之减少。然后再由这家子公司将产品以高价出售给中国的子公司，相应的中国子公司可抵扣的成本就增加。而设在避税港的子公司由于超低的税率，又只需缴纳少额的税费。这样做大大降低了整体税负，使各关联企业共同获取利润的最大化。

此外，这些关联企业也可以通过使用转移定价，通过较低的价格来降低进口关税。但也需注意到的是使用转移定价对逃避关税和所得税的影响是正好相反的，企业也需权衡得失，择优选择。

（二）粉饰会计报表

企业还可以通过关联企业之间的转移定价来调高或调低公司的账面利润水平。如果是上市公司其必定想招揽大量的投资者，那么其就可以通过转移定价来使其利润虚增，蒙蔽投资人，使投资人高估其获利能力和经营状况。如果企业为了保护其子公司免受竞争者由于高利润而进入市场的威胁，那么它也可利用转移定价来掩盖子公司真实的获利水平。总之，企业可以通过不同的经营要求，利用转移定价来调试会计报表以达到自己期望的水平。

（三）避免相关的管制

当前在一些国家有严格的反倾销和反垄断的条款，反倾销主要是为了保护本国产品避免外来产品非正常低价的冲击。企业为了避免被指控是反倾销，其就可通过关联企业之间的转移定价和避税港来提高进口半成品的成本，由于进口成本的提高，则其销售价格也随之提高，在实际成本不变的情况下，利润也就增大。而反垄断法则相反，通常越高的价格会被裁定为垄断的可能性就越大。因此，企业也可以运用转移定价来降低中间产品的价格，从而使最终产品的售价得以降低。

三、转移定价的方法

（一）以市场价格为基础制定内部转移价格

市场价格为基础作为内部转移价格是在企业内部产品或者劳务的转移，有一方涉及利润或投资中心的情况下采用的。这样可以在企业的"内部市场"产生一定的竞争性，促进接受产品或劳务供应的有关交易方将"内部购货"与"外部购货"进行对比，从而做出最佳购货决策；具体有市场价格定价法、协商定价法和双重定价法三种方法。

1. 市场价格定价法

市场价格定价法，是指直接根据市场上的商品价格制定企业内部价格。该法在企业内部交易中引进了外部市场竞争机制，给"买卖"交易双方提供相对重要的主动权。"买方"可以在价格相等条件下，从外部的市场环境中选择质优量多的产品，从而舍弃内部相对质劣的产品；同样的，"卖方"也可以舍内而求外，以获得企业更高的收益。

2. 协商定价法

协商定价法，是指"买卖"交易双方以正常的市场价格为基础，双方共同协商，确定一个令交易双方都满意的价格。它一般情况都比市场价格低，这是由于产品或劳务在内部转移时可以节约销售等各项费用，也可减少税金的支付，又可降低风险的缘故。因为这种定价方法保留了市场定价的优点，所以在一定程度上减缓了由于竞争所带来的冲击和震荡。

3. 双重定价法

双重定价法，是指根据不同责任中心的需要，买卖双方所发生的购销活动可分别采用不同的计价基础进行结算。如"卖方"可以采用最高价格来计算，买方可采用最低价格来计算，其差额部门则可由会计部门处理，这种方法有利于接受各部门正确地进行经营决策，避免因为内部定价高于外部市价而使其从外部进货，而不从内部购买，因而使企业内部的供应部门很有可能出现生产能力闲置的情况。同时，也有利于供应单位在生产经营过程中充分发挥其主动性和积极性。

（二）以产品或劳务成本为基础的内部转移价格

以产品或劳务成本为基础的内部转移价格的方法主要有一般成本定价法、变动成本定价法、成本加成定价法。

1. 一般成本定价法

一般成本定价法，是指以标准成本作为有关责任中心间转移产品或提供劳务的结算价格的方法。它能够排除各责任中心间因实际成本变化造成的相互影响，省去了成本核算中的相互之间的等待，有利于各责任中心加紧控制成本，提高了降低成本的积极性。

2. 变动成本定价法

变动成本定价法，是指以变动成本为内部转移价格的方法，适用于采用变动成本计算产品成本的结算。该法能够明确指出成本与产量的依存关系，便于考核各责任中心的工作业绩，有利于进行各种生产经营决策。

3. 成本加成定价法

成本加成定价法，是指在某些产品或劳务的标准成本的基础上，加上一定数额的利润来制定内部转移价格的方法。在实际的生产工作中，要想确定一个令"买卖"交易方都满意的加成数额或加成比例是非常困难的。因而一般可认为，成本加成接近于外部市价的内部转移价格是较为合适的。而关联公司在明确产品或劳务的成本的同时，很好地结合了公司关联方的实际情况,合理地选用以成本加成为基础的内部转移价格方法,使公司利润与成本力争控制在最佳状态。

第四节 国际市场产品价格变动及应对策略

一、国际市场产品价格变动与策略

(一) 产品的提价与策略

由于国际市场供求关系及竞争状况的变化,产品价格在不断地变动,或者是价格提高,或者是价格下降。企业提高产品价格,有可能引起消费者和国外中间商的不满,甚至本公司的销售人员也会表示异议。但是,一个成功的提价策略可以使企业的利润大大增加。产品价格提高,除了追求更高利润外,还有其他一些导致企业不断提高产品价格的因素。

1. 通货膨胀

世界范围内持续的通货膨胀,使得企业的成本费用不断提高。与生产率增长不相称的成本增长速度,压低了出口企业的创汇幅度,使得许多企业不得不定期提高产品价格。

为了应付国际上普遍存在的通货膨胀趋势,企业可以采取以下策略来调整价格:

(1) 采取推迟报价的策略。即企业决定暂时不规定最后价格,等到产品制成时或交货时才规定最后价格。在工业建筑和重型设备制造等行业中一般采取这种定价策略。

(2) 签订短期合同,或者在长期合同中附加调价条款。即企业在合同上规定在一定时期内(一般到交货时为止)可按某种价格指数来调整价格。

(3) 把产品供应和定价作为两个文件分别处理。在通货膨胀、物价上涨的条件下,企业不改变原有产品的报价,但将原来免费提供的某些劳务另外计价,不包括在原有定价范围内,实际上提高了产品的价格。

(4) 提高最小批量,减少价格折扣。企业削减正常的现金和数量折扣,限制销售人员以低于价目表的价格来签订合同。

(5) 取消那些以前为增加产品种类,而实际上为企业带来利润比较低的产品。对成套出口的系列产品,可以在中间增加一些利润高的品种。

(6) 降低产品质量或者减少产品功能和服务。企业采取这种策略短期内能够获得一定的利润,但有可能影响企业声誉和形象,失去顾客的忠诚。

需要注意的是,企业提高产品价格后,应该使用各种沟通渠道,向客户说明提价原因并听取反应。企业的外销人员应该帮助客户解决因提价而带来的各种问题。

2. 供不应求

企业的产品供不应求,不能满足所有顾客的需要。在这种情况下,企业也必须提价,或者对客户限额供应,或者两种措施共同采用。

3. 市场竞争

在国际市场营销实践中，企业会出于对竞争者价格或产品的考虑而提价。当同行业主导企业提价时，为了避免与其抵触所造成的损失，必须考虑随之提价。当企业产品在与竞争产品的抗衡过程中，已在顾客心理上确立了某种差别优势时，企业可以考虑利用自己的独特优势提价。但此时，提价幅度必须是顾客能够承受，且能够维系顾客忠诚的。提价幅度过大，差别优势就可能丧失，顾客将依据价格另选品牌，转向竞争产品。

（二）产品的降价与策略

在经济全球化的推动下，市场竞争已经从国内竞争扩展到国际竞争，企业由于诸多因素的交织作用，有时不仅会提高产品价格，也会降低产品价格。如下情况可能会导致企业降低价格。

1. 供过于求

当国际市场产品供过于求时，企业为了追加出口额，可能会千方百计地改进产品，增加促销手段或者采用其他措施。这些均不能奏效时，就要考虑降低售价。

2. 竞争加剧

当国际市场上出现了强有力的竞争者时，往往会导致企业市场占有率的下降。例如，美国的汽车、消费电子产品、照相机、钟表等行业，由于日本竞争者的产品质量高、价格较低的竞争优势，使美国产品已经丧失了一些市场份额。在这种情况下，美国一些公司不得不降低价格竞销。

3. 成本优势

当企业进入国际市场的成本费用比竞争者低时，一般会考虑通过降低价格来扩大市场或提高市场占有率，从而扩大生产和销售量及排挤竞争者。

总之，企业在采取降价策略之前一定要考虑降价对整个产品线的影响以及对企业利润的影响。由于价格高低常常被视为产品质量的象征，当产品降价时，顾客可能以为产品质量出了问题，且怀疑原先是否受骗了，从而影响到产品线其他产品的销售。而且，降价势必会减少企业的收益，因此，必须权衡利弊，慎重选择此策略。

（三）购买者对价格变动的反应

企业在国际市场无论是提高产品价格还是降低产品价格，都必然会影响到国外消费者的购买，进而影响到企业产品的销量。一般说来，产品降价时，用户的购买量会增加，但也可能由于以下因素影响顾客的购买量：①认为降价的这种产品的式样老了，将被新型产品所代替；②认为这种产品有某些缺点，销售不畅才降价；③认为企业财务困难，难以继续经营下去才会降价销售；④认为价格还要进一步下跌；⑤认为现售的这种产品的质量下降了。

企业提高产品价格通常会使销售量减少，但是购买者也可能因以下原因提价而购买：①提高价格，表明这种产品很畅销，不赶快买就买不到了；②认为提价表明这种产品很有价值。

一般说来，购买者对于不同价值的产品价格变动的反应有所不同。购买者对于价值高又是必需品的产品的价格变动比较敏感。对价低、不经常购买的小商品的价格变动不大注意。购买者对产品的价格变动,虽产生直接的反应,但他们通常更关心取得、使用和维护产品的总费用。因此,如果企业能使顾客相信某种产品购买、使用和维护的总费用较低就会积极购买,企业就可能把这种产品的价格定得比竞争者高,并取得较多的利润。

(四)企业对竞争者价格变动时的策略

企业改变产品价格时,不仅要考虑到购买者的反应,还必须考虑竞争对手的反应。当某一行业中企业数目很少,产品差别不大,购买者颇具辨别力与知识时,竞争者的反应就显得更为重要。

企业如何去估计竞争者的可能反应呢?我们可以通过竞争者的内部资料或借助其他方法来进行估计。内部资料来源于竞争者以前的雇员、顾客、金融机构、供应商、代理商或者由其他渠道获得。企业要调查研究竞争对手目前的财务状况,销售和生产能力,顾客忠诚度以及企业目标等。如果竞争者的目标是提高市场占有率,他就可能随着本企业产品价格的变动而调整价格。如果竞争者的目标是取得最大利润,他可能会采取其他对策,如增加广告预算,加强促销或者提高产品质量等。总之,企业在产品价格变动时,必须善于利用企业内部和外部的信息来源,判断竞争对手的反应,以便采取适当的对策。

针对竞争者做出的价格反应,企业可以采取如下的应变策略:

(1)维持原价。如果企业对产品一再降价,会造成较大的利润损失时,便可采用这一措施。

(2)提高感受价值。企业可以通过改进质量、加强和用户之间的联系等手段,提高用户对产品的感受价值。

(3)降价。当企业发现市场需求弹性很大,夺回失去市场的代价远远高于降价所造成的损失时,企业可以采取降低价格的策略,以求扩大销售量。

(4)提高产品质量和价格。企业为了在竞争中采取主动进攻的策略,推出高质高价产品到国际市场销售,同时加强广告宣传,从两个方面来夹击竞争者。

二、国际市场产品价格变动趋势与对策

(一)价格逐步升级

同在国内销售产品相比,出口到国际市场上的产品由于地理距离的增加、经济差异的加大,导致了国际市场营销需要更多的运输和保险服务,需要更多的中间商和更长的分销渠道服务,还需要支付出口所需的各种案头工作费用和进口税。以上各种费用都作为成本费用加在产品的最终售价上,从而导致了产品在国际市场上的最终价格要比国内销售价格高很多的现象。我们把这种外销成本的逐渐加成所形成的出口价格逐步上涨的现象称为价格升级。

产品内销外销价格的巨大差异是由国际销售比国内销售需要增加更多的营销职能而

决定的。人们不能因此就认为企业将产品销往国外就能得到更多的利润。出口过程中各环节费用的逐渐增加是造成价格升级的根本原因。

从上述分析可以看出，价格升级并没有给出口企业带来任何额外的利润。相反，由于价格升级，使得企业目标市场的消费者需要花高价购买同样的商品，高的价格抑制了需求，减少了企业产品的销售量，对生产企业本身产生不利的影响。因此，价格升级也是企业要想办法解决的一个问题。

企业可以采取以下对策来减少价格升级所造成的消极影响：

（1）降低净售价，即通过降低净售价的方法来抵销关税和运费。但这种策略常常行不通，一是因为减价可能使企业遭受严重的损失；二是企业这种行为可能被判定为倾销，被进口国政府征收反倾销税，使价格优势化为泡影，起不到扩大销量的作用。

（2）改变产品形式。例如，将零部件运到进口国，在当地组装，这样可以按照比较低的税率缴纳关税，在一定程度上降低了关税负担，从而使价格降低。

（3）在国外建厂生产。这样做可以在很大程度上减少运费、关税、中间商毛利等价格升级造成的影响，但也会面临国外政治经济形势变动的风险。

（4）缩短分销渠道。这样做可以减少交易次数，从而减少一部分中间费用。但是，有时渠道虽然缩短了，成本却未必会降低，因为许多营销的职能无法取消，仍然会有成本支出。在按照交易次数征收交易税的国家，可以采用这种办法来少缴税。

（5）降低产品质量，即取消产品的某些成本昂贵的功能特性，甚至全面降低产品质量。一些发达国家需要的功能在发展中国家可能会显得多余，取消这些功能可以达到降低成本控制价格的目的。降低产品质量也可以降低产品的制造成本，不过这样做有一定的风险，决策时一定要慎重。

（二）政府价格管制加强

随着经济全球化的发展，一方面，各国市场进一步扩大开放度；另一方面，各国政府为了保护国内市场，对价格控制力度加强，控制的形式多样化。政府对企业定价的调控是多方面的，既可以是宏观的也可以是微观的；既可以是法律形式也可以是行政命令形式。国际营销中的定价要同时受本国政府和外国政府的双重影响，国内政府多半采用价格补贴形式来降低企业出口产品价格，增强其竞争实力。国外政府对价格的管制主要通过立法形式或行政手段规定产品价格的上限与下限，以反倾销法来反对倾销政策，政府通过直接定价来限制进口货的消费及保护国内市场。政府在国内经济滞膨时期，往往在一定时期内冻结一切价格。此外，各国政府对国际市场上某些产品定价起着日益重要的作用，诸如咖啡国际协定、可可国际协定、白糖国际协定，以及部分小麦价格通过政府间谈判来决定。

面对政府价格管制的加强，企业既要遵循东道国的立法，也必须善于运用"大市场营销"策略，特别是要注重运用政治力量这一手段，来赢得对企业有利的定价环境。

（三）倾销问题日益突出

对倾销的解释多种多样，没有统一的法律定义。一种比较公认的说法是：倾销是指出口到东道国市场上的产品价格按低于当地市场价格销售，致使当地市场上生产和销售同类产品的企业受到实质性的损害和威胁。

倾销可分为以下四种类型。

1. 零星倾销

零星倾销即制造商抛售库存，处理过剩产品。这类制造商既要保护其在国内的竞争地位，又要避免发起可能伤害国内市场的价格战，因此，必然选择不论定价多低，只要能减少损失就大量销售的办法，向海外市场倾销。

2. 掠夺倾销

企业实施亏本销售，旨在进入某个外国市场，而且主要为了排斥国外竞争者。这种倾销持续时间较长。一旦企业在市场上的地位确立，该企业便依据其垄断地位而提价。

3. 持久倾销

企业在某一国际市场持续地以比在其他市场低的价格销售，是持续时间最长的一类倾销。其适用前提是，各个市场的营销成本和需求特点各有不同。

4. 逆向倾销

这是指母公司从海外子公司输入廉价产品，以低于国内市场价格销售海外产品而被控告在国内市场倾销，这种情况在国际营销实践中时有发生。

国外许多公司事实上都曾进行过倾销。它们为了逃避反倾销调查，除了给进口商回扣、把出口产品伪装成进口国内生产的产品、开具假文件隐瞒出口产品真实价值等手段隐瞒倾销行为外，还经常通过如下措施"合法地"逃避反倾销控告：

（1）设法使出口产品从表面上与在国内市场销售的产品有差别，即对实质上的同一产品，通过促销宣传，使之差异化，在国内市场上也就没有相应产品作价格比较的基础，从而使倾销行为被掩盖。这种对策不可取。

（2）采取多种国际营销方式，变单纯的出口为在东道国生产，可以降低成本及低价销售。这是一种积极的对策。

本章小结

价格是市场营销组合的一个重要因素。国际市场产品定价问题不同于国内市场的定价。影响国际市场产品定价包括企业定价目标、成本因素、产品因素、市场因素、消费者心理和习惯以及政府管制等因素。

国际市场产品定价策略包括新产品定价策略、心理定价策略、折扣定价策略和地区性定价策略。在国际市场上，跨国公司可以利用不同国家的政策法规进行避税和转移资金，这就是通常所说的国际市场转移定价。

当面临重大市场变化时，企业需要根据市场变化进行价格调整加以应对，包括提价和降价，但在提价和降价时，需要考虑竞争对手和消费者的感受和反应。

关键概念

定价　心理定价　折扣定价　招徕定价　撇脂定价　提价　降价　转移定价

思考题

（1）影响企业国际市场产品定价的因素有哪些？
（2）企业怎样主动对产品提价和降价？
（3）国际市场产品定价方法与策略有哪些？
（4）当企业面对竞争对手价格变动时，其应对策略有哪些？

案例　迈宝瑞公司定价策略的失误

2014年6月13日，英国奢侈皮具品牌 Mulberry Group PLC（MUL.L，迈宝瑞公司）公布了截至2014年3月31日的2014财年业绩。财报显示，迈宝瑞公司全年税前利润从2600万英镑下降至1400万英镑，店内同比销售额下降3%；净利润为860万英镑，较上一年的1870万英镑下降了54%，总销售同比轻微下降约1%至1.635亿英镑。

中投顾问咨询顾问崔瑜在接受《每日经济新闻》记者采访时表示，迈宝瑞公司税前利润和净利润大幅下滑，意味着企业经营管理出现问题或成本支出大幅增长。企业利润的减少，与企业研发费用的增加以及扭转战略性经营策略失误有关。

据了解，迈宝瑞公司过去两年在曾任职爱马仕国际集团高管的前首席执行官 Bruno Guillon 的错误领导下，针对中国和中东等富裕顾客的需求而开发售价1000英镑以上的手袋款式，而忽略了本土消费者的真实需求，使集团业绩急剧下滑，两年内发布了4次盈利预警。

迈宝瑞公司董事会执行主席 Godfrey Davis 正放弃前任的经营战略，其表示迈宝瑞正在重新平衡定价范围。他在财报中称，公司正采取措施，通过创造更具吸引力的新产品来恢复业绩增长。

但在崔瑜看来，公司高管层换人，经营策略出现战略性的失误，对企业的负面影响将会延迟。企业目前正在扭转之前的客户群体定位错误，以及产品价格定位过高的失误，通过推出新产品，定位在合适的价格区间来找回流失的潜在客户，但效果一时难以显现。

公司高层表示，当前财年仍旧充满挑战，预计本财年批发渠道收入将出现双位数的跌幅，今年初集团曾遭遇韩国批发客户大幅取消订单。

在崔瑜看来，价格对大多数消费者的影响力十分明显，企业定价失误将导致原有客户流失，并对企业品牌形成认知。企业当前的处境仍然不容乐观，不仅仅是零售客户群体有所流失，亚洲批发商也缩减了订单，这将造成企业在亚洲市场的收缩，降低市场占有率。此外，企业出现战略性失误，导致经营业绩明显下滑，原有亚洲市场开拓也遇阻，预示公司未来发展面临挑战。在这样的情况下，集团决定派发每股5便士的年度股息，与2013财年相近。这反映出企业面临的股东压力较大，需要满足股东的利益从而得到大股东的支持。

巴克莱银行分析师 Helen Norris 在研究报告中指出，迈宝瑞公司以过渡的状态进入新的财年，预计上半年经营会持续困难；把该公司2015财年税前收入预期从1100万英镑下调至1000万英镑。

(资料来源：搜狐证券 http://stock.sohu.com/20140616/n400870252.shtml)

案例思考

(1) 简述迈宝瑞公司造成利润大幅度下滑的定价策略的失误。
(2) 试述高价撇脂策略需要具备的前提与利弊。

第十章　国际市场分销渠道策略

本章学习目标

通过本章的学习，要求学生掌握以下内容：①了解影响国际市场分销渠道的类型及渠道选择的影响因素；②了解中间商的类型及特点；③了解国际市场分销渠道的管理与控制；④了解国际市场物质分销策略。

如同国内的市场营销一样，任何企业在进行国际市场营销时，都必然会面临分销的决策问题。分销是指将产品或服务从生产者向消费者转移的过程。国际市场分销与国内市场分销的重要区别在于，国际市场分销是跨越国界的营销活动，而国内市场分销活动则仅限于一国的国境之内。因此，国际市场分销要比国内市场分销复杂得多，决策也困难得多。

本章就国际市场分销系统、国际市场分销渠道的选择、国际市场分销渠道管理和国际市场物质分销等进行阐述。

第一节　国际市场分销渠道概述

一、国际市场分销系统的概念

国际市场分销系统，是指由营销中介机构、生产者和消费者构成的国际分销机构。

营销中介机构可以被区分为许多不同的类型，例如，根据各营销中介机构所执行的功能的不同，营销中介机构可以区分为经销中间商、代理中间商和营销辅助机构。营销辅助机构是那些不参与商品交换（这里的交换是指买卖双方为达成交易而进行的谈判过程），但对商品交换的实现提供支持的各种机构，如管理顾问公司、商业银行、运输公司、仓储公司、保险公司等。根据国际市场分销中所使用的营销中介机构所处的国境的差异，国际分销渠道机构还可以区分为国内中介机构和国外中介机构。

当企业以出口方式进入国际市场时，产品不仅要经过国内的分销渠道，而且要经过进口国的分销渠道，才能最终到达目标市场国家的消费者和用户手中。在这种情况下，一次分销的完成必须经过三个环节：第一个环节是本国国内的分销渠道；第二个环节是由本国进入进口国的分销渠道；第三个环节是进口国的分销渠道。

在产品从生产者转移到消费者的过程中，任何一个对产品拥有所有权或负有推销责任的机构，就叫作一个渠道层次。国际市场分销系统结构如图 10-1 所示。

从事国际市场营销的企业在国外设厂生产、就地销售时，产品或服务的分销所需经

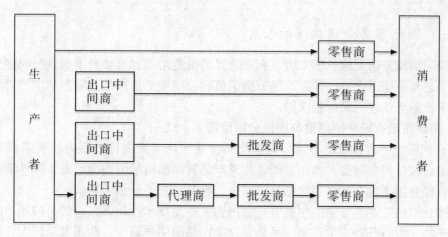

图 10-1　国际市场分销系统结构

过的过程和环节，与出口的方式相比则可能要简单一些，最明显的就是在国外生产时不需要经过母公司所在国的国内中间商。

越来越多的购物者为追求新颖和与众不同，不再满足于国内产品样式，"代购"曾一度成为新潮营销手段。然而，代购的风险性、差价的悬殊度等都不能阻挡消费者对异国产品的购买，这样，中国消费者对于异国产品的需求成了市场缺口。国内企业发起的外贸原单销售或异国二手货转销活动不能填满庞大的市场需求。鉴于此，很多有实力的外国电子商务公司先后在自己的销售官网打出"世界直邮"、"直邮中国"的招牌，这样不仅避免了转销地中间商为赚取暴利的提价，减轻了进出口产品在海关被征收高昂的税费，也为自己搜集客户信息、发展潜在顾客提供了更广阔的机会。

微信营销是网络经济时代企业营销模式的一种，是伴随着微信的火热而兴起的一种网络营销方式。微信不存在距离的限制，用户注册微信后，可与周围同样注册的"朋友"形成一种联系，订阅自己所需的信息，商家通过提供用户需要的信息，推广自己的产品，从而实现点对点的营销。微信营销主要体现在以安卓系统、苹果系统的手机或者平板电脑中的移动客户端进行的区域定位营销，商家通过微信公众平台二次开发系统展示商家微官网、微会员、微推送、微支付、微活动、微CRM、微统计、微库存、微提成、微提醒等，这已经形成了一种主流的线上线下微信互动营销方式。

由此可见，从事国际市场营销的企业有多种分销渠道模式可供选择，这依赖于企业已确定的国际市场进入战略。不仅如此，企业在选择具体的国际分销策略和设计国际分销渠道结构时，还必须充分地考虑企业自身的资源及其所在行业的特点、竞争者的渠道策略、目标市场特征、目标市场国家的法律环境以及消费者的生活方式和购买习惯等。此外，不论选择何种渠道，国际市场营销企业都必须考虑渠道的效率和对渠道的控制。

二、国际市场分销渠道结构

国际市场分销渠道，是指在国际营销中商品的流通渠道，即产品由生产商向国外消费者转移过程所经过的通道。

（一）国际市场分销渠道的长度

从国际市场分销渠道长度来看，企业选择的渠道结构有直接分销渠道与间接分销渠道或长渠道与短渠道之分。国际市场分销渠道的长度就是指产品或服务从生产者到最终用户或消费者所经过的渠道层次数。

1. 国际市场直接分销渠道与间接分销渠道

（1）国际市场直接分销渠道，是指产品在从生产者流向国外最终消费者或用户的过程中不经过任何中间商，而由生产者将其产品直接销售给国内出口商、国外消费者或用户。直接分销渠道是两个层次的分销渠道，也是最短的分销渠道。

直接分销是工业品分销的主要方式，因为工业品技术性较强，有的是按用户的特殊要求生产的，售后服务非常重要。另外，这类产品的用户较少，购买批量较大，购买频率低，直接分销方便，有利于节省费用，保证企业信誉，更可以获得较高的利润。但对消费品则不同，消费品的技术性不强，在国际市场使用面广，每次购买量少，消费者也比较分散，许多生产企业不能或很难将产品直接销售给广大的国际市场消费者。所以，作为消费品分销渠道一般宜通过国外进口商采取间接分销，而不是直接分销（当然也有特殊情况，如随着现代网络技术的发展，许多消费品生产企业也可以通过网络直销自己的产品）。

（2）国际市场间接分销渠道，是指产品经由国外中间商销售给国际市场最终用户或消费者的一种分销形式，如以出口方式进入国际市场时，较典型的间接分销渠道是制造商→出口中间商→进口中间商→经销商→最终消费者。间接分销渠道有三个或三个以上的商品流转层次。

2. 国际市场长分销渠道与短分销渠道

产品从生产企业流向国际市场消费者或用户的过程中，所经过的渠道层次越多，分销渠道越长；层次越少，分销渠道越短。在国际市场上，产品分销的层次可能长达十几个，也可能短到只有两个，即直接销售。

对分销层次的确定，生产企业应综合考虑进出口条件、国际市场容量（特别是目标市场容量）、中间商销售能力、产品特点、生产企业本身的状况和要求、消费者购买要求以及其他的国际市场环境。例如，生产企业有较强的国际市场销售能力（组织机构、营销经验、推销员等），运输、仓储条件好，财力能够承担，而经济效益又合理时，可减少中间层次；在出口商或进口商能力强、信誉高的条件下，生产企业也可以使用较少的中间层次，甚至在国外某一区域内只设一个特约经销商或独家代理商。但有时根据国家法律、政策和国际惯例，生产企业又必须采取某一特定的分销渠道。

（二）国际市场分销渠道的宽度

分销渠道的宽度，是指渠道的每个层次使用同种类型中间商数目的多少。依据渠道的宽度，国际分销策略可以被区分为宽渠道策略与窄渠道策略。制造商在同一层次选择较多的同类型中间商（如批发商或零售商）分销其产品的策略，称为宽渠道策略；反之，则称为窄渠道策略。具体来说，国际营销企业在渠道宽度上可以有三种选择。

1. 广泛分销策略

在国际市场上，对价格低廉、购买频率高、一次性购买数量较少的产品如日用品、食品等，以及高度标准化的产品如小五金、润滑油等，多采用这种策略。

2. 选择分销策略

消费品中的选购品、特殊品及工业品中专业性较强、用户较固定的设备和零配件等，较适合采用这种分销策略。例如，Nike 在六种不同类型的商店中销售其生产的运动鞋和运动衣：①体育用品专卖店；②大众体育用品商店；③百货商店；④大型综合商场；⑤耐克产品零售商店；⑥工厂的门市零售店。

3. 独家分销策略

消费品中的特殊品，尤其是名牌产品，多采用这种分销策略。需要现场操作表演、介绍使用方法或加强售后服务的工业品和耐用消费品也较适合采用这种策略。

三、国际市场分销渠道选择的影响因素

营销者在选择国际市场分销渠道时一般要考虑成本（Cost）、资金（Capital）、控制（Control）、覆盖（Coverage）、特征（Character）和连续性（Continuity）六个因素。这六个因素被称为渠道决策的六个"C"。

（一）成本

成本是指分销渠道的成本，即开发渠道的投资成本和维持渠道的维持成本。在这两种成本中，维持成本是主要的、经常的。它包括维持企业自身销售队伍的直接开支，支付给中间商的佣金，物流中发生的运输、仓储、装卸费用，各种单据和文书工作的费用，提供给中间商的信用、广告、促销等方面的支持费用，以及业务洽谈、通讯等费用。支付渠道成本是任何企业都不可避免的，营销决策者必须在成本与效益间作出权衡和选择。一般来说，如果增加的效益能够补偿增加的成本，渠道策略的选择在经济上就是合理的。较高的渠道成本常常是企业开拓国际市场的重要障碍。评价渠道成本的基本原则是能否用最少的成本达到预期的销售目标，或能否用一定的费用最大限度地扩展其他五个"C"的利益。

（二）资金

资金是指建立分销渠道的资本要求。如果制造商要建立自己的国际市场分销渠道，使用自己的销售队伍，通常需要大量的投资。如果使用独家中间商，虽可减少现金投资，但有时却需要向中间商提供财务上的支持。在通常情况下，资本不是渠道设计中的关键因素，除非企业的业务正处在不断扩展阶段，或者建立自己投资的国际分销渠道，而其他几个因素才是左右渠道设计的关键。

（三）控制

控制是指直接对企业进行国际市场营销的影响程度。企业自己投资建立国际分销渠道时，将最有利于渠道的控制，但增加分销渠道成本。如果使用中间商，企业对渠道的

控制将会相对减弱,而且会受各中间商愿意接受控制的程度的影响。一般来说,渠道长度越长,渠道宽度越宽,企业对价格、促销、顾客服务等的控制就越弱。渠道控制与产品性质有一定的关系。对于工业品来说,由于使用它的客户相对比较少,分销渠道较短,中间商较依赖制造商对产品的服务,所以制造商对分销渠道进行控制的能力较强,而就消费品来说,由于消费者人数多,市场分散,分销渠道也较长、较宽,制造商对分销渠道的控制能力较弱。

(四) 覆盖

覆盖是指渠道的市场覆盖面,即企业通过一定的分销渠道所能达到或影响的市场。营销者在考虑市场覆盖时应注意三点:一是渠道所覆盖的每一个市场能否获取最大可能的销售额;二是这一市场覆盖能否确保合理的市场占有率;三是这一市场覆盖能否取得满意的市场渗透率。对于企业来说,市场覆盖面并非越广越好,主要看是否合理、有效,最终能否给企业带来较好的经济效益。国外不少企业在选择分销渠道时,并不是以尽可能地拓展市场的地理区域为目标,而是集中力量在核心市场中进行尽可能的渗透。从事国际市场营销的企业,在考虑市场覆盖时还必须考虑各类、各个中间商的市场覆盖能力。对于大中间商来说,尽管数量不多,但一个中间商的市场覆盖面却非常大;而小中间商虽然为数众多,但单个中间商的市场覆盖面却非常有限。

(五) 特征

营销者在进行国际市场分销渠道设计时,必须考虑自身的企业特征、产品特征以及进口国的市场特征、环境特征等因素。

(六) 连续性

这里说的连续性是指国际市场分销渠道的连续性。一个企业国际市场分销渠道的建立往往需要付出巨大的成本和营销努力,而且一个良好的分销渠道系统,不仅是企业重要的外部资源,也是企业在国际市场中建立差异优势的一个基础。因此,维持渠道的连续性对于企业营销者来说是一项重要的任务和挑战。

分销渠道的连续性会受到三个方面力量的冲击:一是中间商的终止;二是激烈的市场竞争;三是随着现代技术尤其是信息技术的不断发展及营销的不断创新,一些新的分销渠道模式可能会出现,而传统的模式可能会因此而失去其竞争力。因此,企业要维持分销渠道的连续性,首先要慎重地选择中间商,并采取有效的措施提供支持和服务,同时在用户或消费者中树立品牌信誉,培养中间商的忠诚。其次,对已加入本企业分销系统的中间商,只要他们愿意继续经营本企业的产品,而且也符合本企业的条件和要求,则不宜轻易更换,应努力与之建立良好的长期关系。再次,对那些可能不再经营本企业产品的中间商,企业应预先作出估计,预先安排好潜在的接替者,以保持分销渠道的连续性。最后,应时刻关注竞争者渠道策略、现代技术以及消费者购买习惯和模式的变化,以保证渠道的不断优化。

第二节 中间商类型

一、国内中间商

国内中间商一般处在同一国家的国境之内，由于社会文化背景相同，所以彼此容易沟通，可以很方便地合作。但由于它们远离目标市场国家，与目标顾客的接触少，所以在提供目标市场信息方面存在一定的不足。国内中间商一般是在生产企业由于资源不足或缺乏国际市场营销经验，或认为没有必要直接进入某个或某些国际市场时被使用。

国内中间商根据其是否拥有出口商品的所有权可以分为两大类，即出口商和出口代理商。凡对出口商品拥有所有权的，称为出口商；凡接受委托，以委托人的名义买卖货物、收取佣金但不拥有商品所有权的，称为出口代理商。

（一）出口商

出口商的基本职能与全能批发商相同，不同的只是出口商的客户是国外买主。出口商以自己的名义买卖商品，自己决定买卖商品的花色品种和价格，自己筹集经营的资金，自己备有仓库，从而自己承担经营的风险。一些发达国家的大出口商还能给国外买主提供融资服务，在目标国市场进行促销宣传。大多数出口商一般都长期从事一个行业的出口业务，因此比较了解该行业的情况，能向需要商品出口的生产企业提供一定的专业服务。

出口商经营出口业务有两种形式。一种是"先买后卖"，另一种出口形式是"先卖后买"。常见的出口商主要有以下三种类型。

1. 出口行

有的国家称之为"国际贸易公司"，有的国家称之为综合商社（如日本、韩国），我国则一般称之为"对外贸易公司"或"进出口公司"。由于出口行熟悉出口业务，与国外的客户联系广泛，拥有较多的国际市场信息，一般在国际市场上享有较高的声誉，而且拥有大批精通国际商务、外语和法律的专业人才，因此对一些初次进入国际市场的企业来说，使用出口行往往是比较理想的选择。对国外买主来说，由于出口行能提供花色品种齐全的商品，他们也愿意与出口行打交道。

2. 采购/订货行

采购/订货行（Buying/Indent House）主要依据从国外收到的订单向国内生产企业进行采购，或者向国外买主指定的生产企业进行订货。它们拥有货物的所有权，但并不大量、长时期地持有存货，在收购数量达到订单数量时，就直接运交国外买主。因采购/订货行是先找到买主，而后才向生产企业进行采购，而且也不大量贮备货物，所以其风险较低，资金周转快，成本较低。

3. 互补营销

互补营销（Complementary Marketing）又称"猪驮式出口"（Piggy Back Exporting），

或合作出口，或附带式出口，它实际上是一种将自己与其他企业的互补产品搭配出售的出口营销形式。互补出口对于那些没有力量进行直接出口的小企业来说，是一种简单易行、风险小的进入国际市场的形式。

（二）出口代理商

出口代理商是指接受出口企业的委托代理出口业务的中间商。与出口商不同的是，出口代理商不以自己的名义向国外买主出售商品，而只是接受国内卖主的委托，以委托人的名义，在双方的协议所规定的条件下，代理委托人开展出口业务，不拥有商品所有权，而在商品售出后向委托人收取一定的佣金。利用出口代理商可使生产企业获得几种好处：出口代理商可随时向生产企业提供外国市场信息和国际市场营销技术；由于同时经营几种互补产品，出口代理商在远洋运输和海外市场代理方面可以取得规模经济；利用出口代理商可节省为建立自己的出口部门所耗费的时间和费用；出口代理商也可使生产企业对海外购买者具有较大的控制权。从理论上讲，中小企业刚开始从事国际市场营销时，使用出口代理商是一种理想的进入国际市场的方式。但在实践中，上述有些优势可能实现不了。然而，中小企业仍大量地使用出口代理商，在国际市场上，出口代理商主要有综合出口经理商、制造商出口代理商、销售代理商、出口佣金商和国际经纪人等。

1. 综合出口经理商

综合出口经理商（Combination Export Manager）为产品需要出口的生产企业提供全面的管理服务，以生产企业的名义向国外买主出售产品，实际上相当于生产企业的出口部。他们一般负责资金融通和单证的处理，有时还要承担信用风险。其获得报酬的形式一般是收取销售佣金，此外每年还收取少量服务费用。

2. 制造商出口代理商

制造商出口代理商（Manufacturer's Export Agent），又称为制造商出口代表。他们与综合出口经理商的作用非常相似，不同之处是，制造商出口代理商提供的服务相对要狭窄一些，经营的产品品种也要少一些，一般是经营非竞争的互补的产品。在国际营销中许多中小企业都使用制造商出口代理商，此外，有些企业在开拓海外新市场、推销新产品或市场潜力不大时，也常使用制造商出口代理商。

3. 销售代理商

销售代理商（Selling Agent）是独立的中间商，代理出口企业的产品销售，并为生产企业提供较其他出口商更多的服务，如负责全部促销活动，设置商品陈列处，召开订货会，参加国际展览会，开展市场调研，并提供咨询和产品售后服务等。销售代理人与生产企业是委托代理关系，他没有商品所有权。在法律上，所有业务活动都是由生产企业作最后决定，但他在实际上又可以完全控制产品的定价、销售和促销，等于生产企业的销售经理。生产企业按销售额一定比例付给销售代理人佣金，这笔佣金一般在汇付货款时予以扣除。

4. 出口佣金商

出口佣金商（Export Commission House）也是一种接受生产企业的委托代理出口业

务的出口中间商。他们从事的业务有两种：一种是代理国外买主在国内采购其所需的商品后办理出口；另一种是代理国内企业向国外销售产品。

出口佣金商代理国内企业开展出口业务时，通常又有两种方法：一种是所谓的寄售，另一种是佣金商先在国际市场上寻找客户，取得订单，然后由国内生产企业供货。在第二种情况下，出口佣金商的职能与作用相当于制造商代理商。佣金商所收佣金，因商品性质、交易额大小、国际市场供求状况、国际惯例等情况而定，一般占交易额的2%～6%。"二战"后，佣金商的地位下降。目前，单纯从事出口代办业务的佣金商越来越少，一般都兼营其他业务。

5. 国际经纪人

国际经纪人（International Broker）是指从事进出口业务的经纪人。这种代理商只负责给买卖双方牵线搭桥，既不拥有商品所有权，也不实际持有商品和代办货物运输工作，与进出口双方一般也没有长期的、固定的关系。适用国际经纪人的情况主要有：一是缺乏国际营销经验的企业；二是季节性强的产品；三是无力设立国外销售机构的中小企业；四是不值得或没有必要设立国外销售机构；五是目标市场遥远、市场分散或市场规模小等。

二、厂商自营出口的机构

商品出口量较大的企业，往往设有自营出口的机构。厂商自营的出口机构主要有以下几种类型。

（一）销售部门内附设出口部

这种出口部仍隶属于企业的销售部，通常设有一名出口经理，专门负责对国外的销售业务，而国内的销售业务仍由销售部中的其他单位及人员负责，国内与国外的销售工作在一起，二者由销售部经理统一协调和控制。

（二）独立的出口部或分公司

独立的出口部或分公司专门负责整个企业的外销业务，虽也不具有法人资格，但与附设出口部不同，它不再隶属于销售部，而直接受总经理或分管该业务的副总经理的领导。

（三）出口子公司

这是指具有进出口经营权的大型企业为进一步扩大出口、更多地占领国际市场而设立的具有独立法人地位的子公司。这类子公司由于专门承担母公司产品的出口业务因此熟悉产品，了解客户，便于积累经验。同时，由于在法律上具有法人地位，所以也具有较大的自主权和灵活性以及较强的国际市场适应能力。

（四）海外销售分支机构

有些企业除在国内设立出口机构外，还在海外设有分支机构，直接向海外客户展示、销售其产品，拓展海外市场。海外销售分支机构除了承担产品的海外分销职能外，还可以承担市场调研、仓储、促销、产品展示、顾客服务等职能。

三、进口中间商

与出口商类似，根据进口商是否拥有商品的所有权，也可以将其区分进口经销商和进口代理商，凡拥有商品所有权的，称为"进口经销商"；凡接受委托、不拥有商品的所有权，以佣金形式获取报酬的，称为"进口代理商"。除此之外，还有一种"进口佣金商"。

（一）进口经销商

进口经销商主要有四种类型：进口商（Import Merchant）、经销商（Distributor Dealer）、批发商（Wholesaler）、零售商（Retailer）。其中进口商又称为"进口行"。凡从国外进口商品向国内市场销售的商贸企业，都可以称为进口商。进口商既可以"先卖后买"，也可以"先买后卖"。按其业务范围，一般可区分为三种：一是专业进口商；二是特定地区进口商；三是从国际市场广泛选购商品的进口商。进口商熟悉所经营的产品和目标国际市场，并掌握有一套商品的挑选、分级、包装等处理技术和销售技巧，因此国内中间商很难取代进口商的作用。

（二）进口代理商

进口代理商是接受出口国卖主的委托，代办进口，收取佣金的贸易企业。它们不承担信用、汇兑和市场的风险，不拥有进口商品的所有权。其主要类型有经纪人（Brokers）、融资经济商（Factors）、制造商代理人（Manufacturer's Representatives）和经营代理商（Managing Agents）。进口代理商的职能主要有：一是代国内买主办理进口；二是代国外出口商销售寄售的商品；三是以代表身份代理国外出口商或制造商销售产品。

（三）进口佣金商

进口佣金商是一种代办进口、收取佣金的贸易企业，又称为进口代办行。其业务主要有三种：一是代国内买主办理进口，在国际市场上选购商品，并按买主授权范围进行代理性质的进口业务，其性质类似于进口代理商；二是代国外出口商销售寄售商品；三是以代理人的身份代国外出口商销售商品。从事后两种业务，佣金商的职能是销售商品，得到佣金。

进口佣金商的业务很多是由进口商兼营的，因为许多进口商与国内买主联系密切，熟悉市场状况。但随着经营品种增多，风险增大，从事一部分代理业务反而非常有利，有的进口商甚至从自营转向专门代办业务。

四、国外零售商渠道的结构

各国零售商的结构一般是随该国的经济发展水平而变化的。在发达国家，零售业态结构比较合理，专卖店、超级市场、购物中心和便利店等较多，零售业的集中程度也较高，露天市场发挥的作用很小。在发展中国家，零售商的规模通常较小，而且业态比较单一，新兴的业态发展迟缓并且很不成熟，传统的业态如杂货店、百货店等在零售业中仍占据着主导地位。当然，一些发达国家的零售结构也有例外，这些国家零售商的规模水平与大多数发展中国家的差不多。发达国家之间也存在很大的差异。

从总体上看，世界各国的零售商结构是在不断变化的。许多发展中国家、新兴工业化国家都在努力改善各自的零售业态结构、零售商的规模水平和效率。发达国家的零售业也处在不断的发展变化之中。零售业发展的一个新趋势是它的国际化的发展。这一趋势对国际市场分销的影响应引起国际营销企业的重视。零售业发展的另一趋势是它的规模化和连锁化经营。规模化主要通过连锁经营的途径来实现。连锁经营的基本原理是将进货与销售两种零售功能区分开来，由总部进行大量集中进货，由众多分散的店铺实现大量销售，并以此来克服零售业固有的小规模分散性的缺点。

第三节 国际市场分销渠道管理

一、国际市场分销渠道管理的含义

国际市场分销渠道管理，从广义上讲包括制定渠道目标和选择渠道策略，选择、激励、评价、控制渠道成员以及渠道改进等。当国际分销不经过目标市场国家的中间商而将产品或服务直接销售给国外的最终用户或消费者时，制造商将不需要考虑国外中间商的管理问题，这时的国际分销渠道相对来说比较简单。但当国际分销渠道需要利用国外中间商来履行部分营销职能时，营销者则必须关注从制造商到最终用户或消费者的整个分销过程，考虑对国外中间商的控制和管理问题。在这种情况下，产品在从生产者向最终用户或消费者转移过程中的每一个环节的效率都会影响整个分销渠道的效率，因此其管理是富有挑战性的，也是应引起企业充分重视的。

国际市场分销渠道管理的首要任务是确定国际分销渠道的目标。目标可能是预期达到的顾客服务水平、中介机构应该发挥的功能、在一定的渠道（如超级市场）内取得大量的分销、以尽可能少的投资在新的国际市场上实现产品分销数量的增长、提高市场渗透率等等。

在制定国际市场分销渠道管理目标时，除了必须考虑前面所述的成本、资金、控制、覆盖、特征的连续性的因素外，更重要的是必须考虑目标市场顾客对分销服务的需要。

二、寻找和选择国外中间商

如果企业决定使用国外中间商进入和开拓目标国家市场，那么在国际分销渠道设计和管理中，就需要寻找合适的中间商并对具体的中间商做出选择，以保证所选择的中间商具有高效率，能有效地履行所期望的分销职能，从而确保企业国际营销目标的完成。

（一）选择国外中间商的方式

寻找中间商有以下两种方式。

（1）被动寻找法。这是指将相关信息发布出去，让中间商自己找上门来。其优点是节约成本，可以用更严格的要求去评价中间商。缺点是覆盖面比较小。

（2）主动寻找法。这是指企业主动出击，通过间接或直接与中间商的接触，来寻找和评价中间商。

中间商的最佳选择在于采取主动方式。制造商也可以通过更为直接的方式来吸引分销商。例如，登载广告是一种选择范围很广的方式，或通过参加贸易展览会来寻找潜在分销商。

对于国外中间商的选择，会直接关系到国际市场营销的效果甚至成败，因为中间商的质量和效率将影响产品在国际市场上的销路、信誉、效益和发展潜力。但是，从事国际营销的企业对国外中间商的吸引力是不同的。一般来说，那些知名度高、享有盛誉、产品销路好的企业，可以轻而易举地选择到合格的中间商；那些知名度低、产品利润率不高的企业，则需要投入大量的精力、时间和费用，才能寻找到足够数量的、合格的中间商。但不管是哪一种类型的企业，在选择中间商时都要有一个筛选的过程，充分评价每一个候选的中间商是否满足一些基本的条件。

（二）选择国外中间商的步骤

企业在选择国外中间商时一般应遵循以下八个步骤。

（1）收集有关国外中间商的信息，列出可供选择的中间商名单。

（2）依据企业开展国际市场营销的需要确定选择标准。

（3）向每位候选的中间商发出一封用其本国文字书写的信件，内容包括产品介绍和对中间商的要求等。

（4）从复信中挑选一批比较合适的候选人，企业再去信提出更为具体的询问，如经营商品种类、销售覆盖区域、公司规模、销售人员数量及其他有关情况。

（5）向候选人的客户调查其信誉、经营、财务状况等情况。

（6）如果条件允许，派人访问所优选的中间商，进行更深入的了解。

（7）按照挑选标准，结合其他有关情况，确定中间商入选者名单。

（8）双方签订合同，正式确定分销过程中一些具体问题的条款。

（三）选择国外中间商的条件

企业在选择国外中间商时应注意的基本条件包括以下六个方面。

（1）中间商的市场范围。

（2）中间商的财务状况及管理水平。

（3）中间商的专业知识。

（4）中间商的地理位置和拥有的网点数量。

（5）中间商的信誉。

(6) 预期合作程度。

三、国际市场分销渠道的控制

企业选择了中间商以后,还要加强对分销渠道的控制。对国际市场分销渠道的控制主要包括专门管理、健全档案、适当鼓励、定期评估、有效监督和及时调整等几项工作。

(一) 专门管理

出口企业,尤其是经常开展国际市场营销活动的大型企业,一般应设立管理国际市场分销渠道的专门机构,至少要有专人负责这项工作,以加强对分销渠道的专业化、系统化管理。

(二) 健全档案

与国内外企业、银行、咨询机构及政府等保持经常性的联系,不断收集、分析、整理有关中间商(重点是本企业客户)的资信材料。

(三) 适当鼓励

对中间商给予适当鼓励,目的是促使双方友好合作,互利互惠,融洽感情。

(四) 定期评估

这要做两方面的工作:一是对分销渠道模式和分销渠道结构进行评估,这种评估的标准主要是经济效益;二是对客户进行评估,这种评估主要是对客户的履约率、资信状况、销售能力、合作态度、经营效率等做出鉴定。

(五) 及时调整

市场环境、分销渠道和企业内部条件等是经常变化的,因此对分销渠道的适时调整是必要的。国际市场分销渠道的调整方法主要有增减渠道或中间商、改变整个渠道系统。后者的难度远大于前者。

第四节 国际市场物质分销的目标及策略

一、国际市场物质分销的重要性

物质分销又称为实体分配、物质流通、物流等,是指产品实体从生产者手中运送到消费者手中的空间移动。其基本功能是向购买者在需要的时间和需要的地点,提供所需要的产品。

如同国内市场物质分销一样,国际市场物质分销也主要包括商品的包装(保护性包装）、装卸、储存、运输、加工整理等。其中，储存与运输是物质分销的中心环节。但国际市场物质分销比国内市场物质分销要复杂得多。在国际市场营销中，企业必须面对不同于国内市场的物质分销机构（如运输公司、仓储公司等）、物质分销习惯，以及相关的社会文化、政治法律、经济和技术环境。而且与国内市场物质分销相比，国际市场物质分销中的产品移动距离、所需耗费的时间和费用一般也要多一些。物质分销在国际市场营销中的重要性主要体现在以下几个方面：①物质分销是实现整合营销的重要一环；②物质分销是最后完成销售的保证；③物质分销的效率与质量关系着顾客的满意度；④物质分销的运行状态影响着企业的经济效益。

二、国际市场物质分销的目标

企业的国际市场物质分销的目标是以企业战略目标和销售目标为基础的，是为实现企业营销总目标而确定的一个次级目标。同时，它又是企业制定物质分销策略，进行国际市场物质分销管理的依据。归纳起来，国际市场物质分销的目标可分为以下几类。

（一）经济性目标

经济性目标，是指企业把降低运输、储存、装卸等费用作为国际市场物质分销的目标。追求物质分销中的规模经济效益就是经济性目标的一种具体体现。

（二）安全性目标

安全性目标，是指企业把保证按照正确的数量与质量，准确、及时、完整地将产品运送到指定的地点作为国际市场物质分销的目标。一般来说，安全性越高，代表着服务水平越高，顾客的满意度也就越高。

（三）灵活性目标

灵活性目标，是指企业把保证和提高物质分销系统的灵活性和应变能力作为国际市场物质分销的目标。在那些环境变化快的市场中，保持物质分销系统的灵活性往往是企业在国际市场物质分销决策和管理中的首要目标。

（四）方便性目标

企业在建立国际市场物质分销系统时，有时可能会选择以尽可能地方便顾客购买作为国际物质分销的目标。如日用消费品的国际市场分销中就往往以方便性作为企业的物质分销目标。

除了上述几类目标外，企业在国际市场营销中可能还会制定其他物质分销的目标，如扩大市场覆盖面的目标。而且这里列举的几类目标之间，往往是相互矛盾的，例如，要提高顾客购买的方便性通常就需要以牺牲规模经济为代价，因此在同一时期应注意不要同时确立几类相互矛盾的目标，否则，会在物质分销中引起混乱。

三、国际市场物质分销策略

在国际市场物质分销中，成本费用上升和决策失误是两个主要的问题。一般来说，国际市场物质分销渠道系统的设计和管理不能以国内的业务经营为准则，也不能仅仅从自己的业务角度出发制定决策，它必须考虑企业市场营销整体活动与企业外部环境的协调，特别是与国际市场文化、政治、法律和经济环境的协调。要做到这一点，企业开展国际市场物质分销活动，就必须以市场为出发点，充分考虑目标市场用户的位置、中间商和用户对产品流通的便利性需求以及竞争者的服务水平等等，并在此基础上制定出有效的国际物质分销策略，不断改善对顾客的物质分销服务。国际市场物质分销策略主要包括以下方面。

（一）存货策略

企业在制定国际市场物质分销策略时，需要在服务水平与服务成本间寻求一个平衡点。因为要提高物质分销的服务水平，企业就需要增加存货，采用最迅速、最周到、最安全的方式将产品实体运送到顾客的手中。然而随着服务水平的提高，分销成本会不断增加，而且当服务水平接近100%的顾客满意水平时，分销成本会直线上升。为此，企业必须确定科学的订货量和订货点。

1. 确定订货量

在供应较充裕、销售量较均衡的情况下，企业要权衡进货费用和储存费用，求得总费用最少的进货数量，达到经济合理的储存量，即经济批量。进货费用包括订购费用、运输管理费用、行政管理费用和货品检验费用等，这些费用与进货频率（次数）有关。储存费用包括财务费用、保管保养费、搬运费等，它们与进货数量有关。在全年销售量确定的条件下，其总费用可用下式表示：

$$S = K \cdot n + h \cdot (1/2Q) \cdot T \cdot n + M \cdot p$$

式中：S——全年的总费用；

K——一次订购费用；

n——全年订购次数；

h——单位商品年保管费用率；

T——订购周期；

M——全年总订购量；

Q——一次订购量；

P——商品单价。

由于

$$n = M/Q, \ T = Q/R \ （R 为平均月需要量）$$

所以

$$S = KM/Q + (hM/2R) \cdot Q + MP$$

对 Q 求偏导并令其等于0，则得：

$$KM/Q^2 = hM/2R$$

推导得：

$$Q = (2Rk/h)^{1/2}$$

这一数字就是订货量。

2. 订货点

当存货随着销售下降到一定数量时，就要求购进下一批商品，这一数量水平称为订货点。其计算公式如下：

$$订货点存储量 = (备运天数 + 误期天数) \times 平均销售量$$

式中的备运天数包括提出订单、办理采购手续、在途运输和验收入库等时间。误期天数乘以日均销售量实际上是企业根据历史资料和管理水平而确定的保险储备量。

（二）仓库策略

依据企业是否拥有仓库的所有权，仓库可分为自有仓库和公共仓库，而根据仓库的业务性质又可分为贮存仓库和分配仓库。自有仓库的所有权归制造商、批发商、零售商等工商企业拥有，主要用于本企业的商品储存、分配之用。公共仓库则由专业的仓储经营机构所拥有，主要是用来向社会出租仓位而获利。公共仓库包括一般商品仓库、特殊商品仓库、冷冻仓库和保税仓库等。使用公共仓库时，租赁企业只要支付仓位租金，就可以享受相应的仓储服务，而不必负担建立自有仓库的投资和增加管理费用。但使用公共仓库的租金相对于使用自有仓库的日常费用一般要高一些。如果储存商品是经常性的，数量大，则使用自有仓库会经济一些。

企业在国际市场营销中除了要决定使用公共仓库还是自有仓库之外，还要对仓库位置作出选择。企业在选择仓库位置时要注意以下几点：

（1）用户的地理分布和要求的运输量。由于运费等于运输量、运输里程和单位运价三者的乘积，所以仓库位置应选在运输吨公里最大的用户的位置。

（2）用户要求的服务水平。在运输方式既定的情况下，仓库位置应尽可能选在能够满足主要客户订货要求的位置。

（3）仓库位置与仓库数量的配合关系。仓库数量多，较容易满足客户的需求，总运输费用也相对较低，但仓储费用会增大。仓库数量少，仓储费用会低一些，但运费会增大，运输时间会延长，因此可能会降低顾客服务水平。

（三）运输策略

总的来说，国际市场物质分销对商品运输的基本要求是使商品按照合理的流向，力求以最短的运输里程、最少的转运环节和最省的运输费用、安全完好地从产地运送到销地。为此，要做好以下工作：

（1）要合理选择商品运输方式。运输方式主要有：铁路运输、公路运输、水路运输、航空运输和管道运输。①铁路运输的特点是运量大，运输速度快，费用较低廉，安全可靠，比较准时，适合于长距离运输。缺点是不够灵活机动，调度比较缓慢。②公路运输灵活机动，服务面广，随着高速公路的发展，速度也较快，但费用较高，它一般适合中小数量商品的短距离运输。③水路运输可分为远洋运输、沿海运输、内河运输三种形式。它的特点是运量大，运价低，适宜于数量庞大、价值低的商品的运输。缺点是速度慢，安全性和准时性较差。④航空运输的最大特点是速度快，适宜于运距长、时间性强的商品的运输。缺点是运费高，且受航线和机场影响，服务面较窄。⑤管道运输具有运送速度快、运量大、损耗小等优点,适合于液气体商品的运输,但管道运输货物单一,机动性小。在具体组织商品运输时,企业应根据商品的特征、数量、价值、市场需要的缓急情况等,结合各种运输方式的特点进行正确的选择,主要标准应是运费省和运送快。

(2) 应在条件允许时组织直达运输和"四就直拨"运输。直达运输是指产品自生产企业直接运往销地和主要用户手中,中间不经过任何转运环节和中转仓库。"四就直拨"是指就站就港直拨和就厂就仓直拨。就站就港直拨是指产品由生产企业运送到目的地车站或港口后,直接送交需用单位,无需经中转仓库分装整理。这样可以减少商品的装卸次数,加速商品运送。就厂就仓直拨是指按销售合同,就厂或就仓将商品验收分装后,直接发送给需用单位,或由需用单位自提。这样也减少了中间环节,可以缩短运送时间。

(3) 应加强商品运输的计划性。搞好物流计划工作不仅是降低运费、加快商品运送速度、提高运输效率的需要,而且也是实现产、运、销整合的需要。要加强运输的计划工作,应处理好运输计划与生产计划和销售计划或销售合同之间的衔接。销售计划或销售合同是整个计划工作起点,运输计划是完成销售计划的保证,而生产计划的完成又是保证按计划发货的前提。

本章小结

当企业以出口方式进入国际市场时,产品不仅要经过国内市场的分销渠道,而且要经过进口国的分销渠道,才能最终到达目标市场国家的消费者和用户手中。在产品从生产者转移到消费者的过程中,任何一个对产品拥有所有权或负有推销责任的机构,就叫做一个渠道层次。因此,国际市场经营需要考虑渠道的长度、宽度。在选择渠道的长度和宽度的时候,需要考虑成本、资金、控制、覆盖、特征和连续性等六方面的因素。

国际市场中间商主要包括国内中间商(含出口商和出口代理商)、厂商自营出口机构和进口中间商(含进口经销商和进口代理商)。企业根据其在国际市场的营销目的制定渠道目标和选择渠道策略,选择、激励、评价、控制渠道成员,以及改进渠道,我们称为渠道管理与控制。

在国际市场上,需要考虑物质分销策略,主要涉及存货策略、仓库策略和运输策略。

关键概念

国际市场分销渠道　选择分销渠道　独家分销渠道　渠道长度　中间商　物质分销策略

思考题

(1) 试比较广泛分销渠道和独家分销渠道策略的优点和缺点。
(2) 分别说明在本国生产和在东道国生产的产品的国际市场分销渠道的基本结构。
(3) 国际市场营销企业怎样对国际市场货物运输进行管理?

案例 2014年IBM渠道"新政"

2014年2月,IBM在美国举办的"2014年Partner World领导力峰会"上发布了最新的全球渠道发展计划,包括全新的应用开发云即Power开发平台、Partner World全新的"智慧商务就绪"计划以及增强的Partner World内容,其目的是帮助合作伙伴把握云计算、大数据和分析、移动、社交商务、Waston认知计算平台和安全的商业机会。

与此同时,IBM也面向中国的合作伙伴发布了2014年整体渠道策略。2013年,IBM立足业务创新,不断加大对合作伙伴的支持力度,同时深化区域拓展,为合作伙伴提供了全面地支持。新的一年,IBM将专注于社交商务、移动、数据分析、云计算和智慧城市五大领域,从市场拓展、解决方案销售和价值增长三大方面着手,携手中国的合作伙伴把握全新商机。

IBM大中华区副总裁及全球合作伙伴事业部大中华区总经理刘莉莉女士表示:"随着新计算时代的到来,社交商务、移动、数据分析、云计算和智慧城市五大领域逐渐成为新的市场引擎,将推动新一轮的业务增长。IBM在以上五个领域有着很大的投入和技术积累,能够为合作伙伴提供丰富的渠道支持。在新的一年里,我们将积极落实针对新计算时代的最新渠道策略,帮助合作伙伴不断增值转型,最终把握全新商机。"

一、IBM全球渠道计划更新

IBM最新的全球渠道计划包括全新的应用开发云即Power开发平台,旨在为解决方案开发者提供免费利用IBM Power Systems服务器来构建、移植和测试应用的机会;全新的"智慧商务就绪"的Partner World计划,旨在创建全新的生态系统,允许客户访问集成云、移动和社交功能的预建的合作伙伴解决方案,验证解决方案是否符合开放标准并能加速创新;增强的Partner World内容,旨在帮助通过云交付解决方案和服务的合作伙伴增长业务和提升盈利率。

二、强大的Power开发平台

通过Partner World,Power开发平台能够为全球的开发者提供访问权限,开发者可远程访问最新的基于POWER7和POWER7+的服务器(包括运行Linux、AIX和IBM i三种操作系统的Power服务器)。这个线上资源对Linux开发者来说堪称完美,因为他们需要强大、现代的服务器来处理为大数据、移动计算和社交商务而生的开放、协作的最新应用。

开发者只要登录该平台并开始运行,就可以访问强大的Power Systems,包括支持Waston认知计算平台的基础架构。该开发平台还提供全新的IBM Linux和DB2 10.x移植界面、IBM Web Sphere 8.5.5和最新的面向Power的Linux开发工具。另外,该平台同时提供接入点,可以访问IBM软件集团数以百计的IBM软件应用。

三、针对云计算而增强的Partner World计划

基于云计算的客户解决方案市场将持续增长,预计在2020年达到两千亿美元。因

此，合作伙伴必须掌握不同云架构和部署模型的咨询与设计技能，才能把握住这些商业机遇。为此，IBM 部署了全新的 Think Academy 互动培训平台来帮助合作伙伴们提升相应技能，同时调整了 Partner World 的成员资格的等级标准，旨在认可合作伙伴在云计算方面的成就。

四、2014 年中国渠道建设

随着新计算时代来临，IT 市场风云变幻，市场需求有了新的变化。根据 IDC 报告，社交、移动、数据分析、云计算和智慧城市五大领域年均复合增长率持续增高，将成为 2014 年的渠道商机所在。IBM 在云计算、大数据、移动、社交商务和智慧城市等领域有着长久的投入和行业领先的优势，2013 年已经在以上领域取得了傲人成绩。2014 年，IBM 将继续加大投入，从市场拓展、解决方案销售和价值增长三大方面着手，携手合作伙伴把握全新商机。

首先，IBM 将加强在智慧城市领域的区域拓展，通过智慧城市及行业解决方案深入区域市场。其次，面向新兴工作负载加强解决方案销售，特别在 Power Linux，存储虚拟化和软件等方面。最后，进一步推动价值增长：凭借新的云计算合作模式，联合合作伙伴共同销售 ITS 服务；通过整合行业解决方案，建立行业导向的企业客户联合销售模式；加强与合作伙伴的战略合作，共同推进智慧城市业务增长；携手合作伙伴，提升面向社交、移动、大数据以及云计算等新兴负载的高价值解决方案能力。

五、2013 年渠道硕果累累

2013 年，IBM 立足创新，不断帮助合作伙伴实现业务增长。

首先，IBM 通过"天合计划"，联合 200 多家独立软件开发商在 IBM Power Linux 的平台上进行应用移植，成功测试调优了 530 个应用解决方案，向客户提供了更丰富的行业解决方案。

其次，IBM 在 2013 年加大了对合作伙伴的支持力度，帮助合作伙伴实现业务转型，奖励金额实现了超过 20% 的年增长。另外，IBM 在市场活动和渠道大学方面不断投入，推动合作伙伴向价值营销转型。2013 年，IBM 和合作伙伴一起举办市场营销活动近 2000 多场，投资额实现超过 20% 的年增长；同时举办了超过 700 场课程，共计培训了 3500 家合作伙伴，覆盖了 11000 多名合作伙伴员工，完成了 15000 个技术认证。

最后，IBM 不断深化区域拓展，通过精耕细作的方式帮助合作伙伴实现价值销售，并实现了区域软件业务的超额增长。在不懈的努力下，IBM 区域拓展体系和合作伙伴生态系统日趋成熟，将在未来创造更多价值。

（资料来源：商业伙伴 http://news.cnbp.net/channel/20140228/4330.html）

案例思考

（1）简述 2013 年 IBM 的渠道策略及其成果。
（2）试分析 2014 年 IBM 的渠道策略的构想。

第十一章 国际市场促销策略

本章学习目标

通过本章的学习,要求学生掌握以下内容:①了解国际市场促销和促销组合的概念和特征;②了解国际市场广告的现状、特点及选择,掌握国际市场广告的主要策略;③了解国际市场人员推销的功能、任务和优缺点,掌握国际市场人员推销的类型、结构和管理;④了解国际市场营业推广的种类、特点和影响因素,掌握国际市场营业推广的主要策略及其制定。

第一节 促销概述

一、促销的概念与作用

(一)促销的概念

促销对应的英文为 Sales Promotion,直译为销售促进。所谓促销,是指通过人员或非人员的方法传播商品信息,帮助和促进消费者熟悉某种商品或劳务并促使消费者对商品或劳务产生好感与信任,继而使消费者踊跃购买的活动。国际营销大师菲利浦·科特勒认为,促销是刺激消费者或中间商迅速或大量购买某一特定产品的促销手段,包含了各种短期的促销工具,是构成促销组合的一个重要因素。

促销本质上是一种通知、说服和沟通活动,是沟通者有意识地安排信息、选择渠道媒介,以便对特定沟通对象的行为与态度进行有效的影响。这种沟通说服有几种途径:一是雄辩式说服。讲话人首先以其人格博得听众的信赖感,再激起听众的情感以取得信任,列举鲜明的证据诱发需求。二是宣传式说服。最早是以组织(如教会、政府、政党、企业)为主体来获得别人的支持,用语言、文字、气氛和事件等来争取支持者。现在则是通过公共关系人员,借助新事件、制造一种新的气氛来进行宣传沟通。三是交涉式说服。这是指一方的交涉代表与另一方的代表相互进行拉锯式谈判,以取胜对方,企业在市场营销活动中常用的是劝诱策略,非极端条件下不用威胁策略。

(二)促销的作用

促销有强烈的刺激效应和特殊的激励效果,具有其他营销行为不可替代的作用。

1. 传递信息，扩大影响

促销实质上是一种沟通活动，即营销者（信息提供者或发送者）发出作为刺激物的各种信息，把信息传递到一个或更多的目标对象（即信息接受者，如听众、观众、读者、消费者或用户等），以影响其态度和行为。在商品花色品种繁多、规格形式多样、消费者选择余地增大的买方市场条件下，促销可使消费者强烈感受到在促销企业购物的好处，从而对企业和商品发生兴趣，实现企业与消费者之间的沟通。营销者为了有效地与消费者沟通信息，可采用多种方式加强与消费者的信息沟通，以促进产品的销售。譬如，可通过广告传递有关企业及产品的信息；可通过各种营业推广方式加深顾客对产品的了解，进而促使购买其产品；可以通过各种公关手段改善企业或产品在公众心目中的形象；还可派遣推销员面对面地说服顾客购买其产品。常用的促销手段有广告、人员推销、营业推广和公共关系。企业可根据实际情况及市场、产品等因素选择一种或多种促销手段的组合。

2. 增加需求，促进消费

在一般情况下，消费者的购买行为除受自身消费需求影响外，还会受到外界因素的诱导。促销正是利用可以向购买者提供额外利益的优势，不但能够鼓励和报答现实消费者的重复购买和大量购买，而且可以吸引潜在消费者，激发其产生购买欲望，促成其购买活动。例如，格兰仕是中国炊用微波炉第一品牌，其市场占有率在同类产品中达20%以上，但如果比照中国城市家庭数量而言，格兰仕微波炉的销售仅仅占很小的比例。所以扩大销售就必须让更多的家庭接受它。一本叫作《格兰仕菜谱》的烹饪书出版了，书中汇集了多种精美的菜肴制作方法，而这些美味丰富的菜肴只需通过微波炉就能够制作。于是许多潜在消费者从中看到了微波炉的功能，销量自然也就上升了。

3. 突出重点，树立形象

在激烈竞争的市场环境中，各企业提供的许多同类商品差别甚微，这时，企业运用促销既可宣传自己，还可帮助消费者认识购买本企业商品所获得的特殊利益，从而在市场上树立企业以诚待客、优惠让利的独特形象。

4. 造成偏爱，稳定事业

当竞争者大规模地发起促销活动时，企业通过采取针锋相对的促销措施，可以有效地抵御和击败竞争对手，使自己在竞争中占据主动地位。例如，1994年，娃哈哈果奶推出一项500万元大赠送的促销方案；在每一份赠送的娃哈哈果奶中，都有一张设计精美的12生肖课程表，只要集齐12生肖，就可获得5000元奖学金。集齐12生肖至少需要12封果奶，设计精美的生肖课程表与奖励刺激的配合，有效地激发了孩子们的购买兴趣，使果奶销量稳步上升。这样娃哈哈果奶不仅有效地抵制了来自不同品牌者的竞争，稳稳地保有了自己的市场份额，而且在某种意义上增加了现有消费群体的消费量。

二、促销组合的概念、方式及影响因素

（一）促销组合的概念

促销组合是一种组织促销活动的策略思路，是指企业运用广告、人员推销、营业推广、公关宣传四种基本促销方式组合成一个策略系统，使企业的全部促销活动互相配合、协调一致，最大限度地发挥整体效果，从而顺利实现企业销售目标。

促销组合体现了现代市场营销理论的核心思想——整体营销。促销组合是一种系统化的整体策略，四种基本促销方式则构成了这一整体策略的四个子系统。每个子系统都包括了一些可变因素，即具体的促销手段或工具，某一因素的改变意味着组合关系的变化，也就意味着一个新的促销策略。

（二）促销组合的方式

1. 广告促销

广告促销是指企业按照一定的预算方式，支付一定数额的费用，通过不同的媒体对产品进行广泛宣传，促进产品销售的传播活动。

2. 人员推销

人员推销是指企业派出推销人员或委托推销人员，直接与消费者接触，向目标顾客进行产品介绍、推广，促进销售的沟通活动。人员推销的主要形式有上门推销、柜台推销、会议推销。

3. 营业推广

营业推广是指企业为刺激消费者购买，由一系列具有短期诱导性的营业方法组成的沟通活动。常见的营业推广方式有：①折扣促销。例如，包括直接折扣、间接折扣、套餐折扣、指定折扣、时段折扣等。②赠品促销。此种方法用得最多，顾客一般都会认为自己得了好处，效果比较明显。③优惠卡促销，例如，会员卡、友情卡、顾客推荐卡等。④积分促销。包括无时间限制的和有时间限制的购物积分。⑤联合促销。例如，同行业的结盟以及和其他行业结盟，通常异行业结盟选择得好，则效果比较明显。⑥抽奖促销。⑦游戏促销。⑧会员制促销。

4. 公共关系

公关促销是指企业通过开展公共关系活动或通过第三方在各种传播媒体上宣传企业形象，促进与内部员工、外部公众良好关系的沟通活动。常见的公共关系活动有：赞助和支持各项公益活动，利用新闻媒体，参加各种社会活动，借助公益广告，印刷宣传品，提供无偿服务，关心职工家属，密切与社会各界的联系，等等。

（三）促销组合的影响因素

1. 促销目标

促销目标是影响促销组合决策的首要因素。每种促销工具，如广告、人员推销、营业推广、公共关系等都有各自独有的特性和成本，其成本效应各不相同。营销人员必须根据具体的促销目标选择合适的促销工具组合。

一般来说，广告、营业推广和公共宣传在建立顾客知晓度方面，比人员推销的作用显著，但顾客是否购买以及购买多少，广告和公共宣传的作用不甚显著，而人员推销的作用则十分显著。由此可见，促销方式同促销目标的关系是密不可分的。

2. 市场特点

市场特点也是影响促销组合决策的重要因素。市场特点受每一地区的文化、风俗习惯、经济政治环境等的影响，促销工具在不同类型的市场上所起作用是不同的，所以企业应该综合考虑市场和促销工具的特点，选择合适的促销工具，使它们相匹配，以达到最佳促销效果。

3. 产品性质

由于产品性质的不同，消费者及用户具有不同的购买行为和购买习惯，因而企业所采取的促销组合也会有所差异。如对家电类商品来说，最重要的促销方式是广告，其次是营业推广，然后才是人员推销，最后是公关宣传。而对于日用消费品来说，首先是营业推广，其次是人员营销，最后是公关宣传。

4. 产品生命周期

商品所处的生命周期阶段对于促销组合决策会产生影响，因为对处于生命周期不同阶段的商品，促销侧重的目标不同，所采用的促销方式亦有不同。

在产品导入期，需要提高知名度，投入较大的资金用于广告和公共宣传，能产生好的效果；营业推广活动也是有效的。

在产品成长期，广告和公共宣传可以继续加强，促销活动可以减少，因为这时所需的刺激较少。

在产品成熟期，相对广告而言，营业推广又逐渐起着重要作用。购买者已知道这一品牌，仅需要起提醒作用水平的广告。

在产品衰退期，应把促销规模降到最低限度，以保证足够的利润收入。广告和公关宣传活动可以全面停止，人员推销可减至对产品最低限度的关注，营业推广可以继续保持较强的势头。

5. "推动"策略和"拉引"策略

促销组合较大程度上受公司选择的"推动"或"拉引"策略的影响。"推动"策略是利用人员推销与销售渠道促销推动产品，从制造商推动批发商，从批发商推动零售商，直至最终推动消费者。"拉引"策略则着重于最终消费者，花费大量资金开展广告活动和促销活动，以促进消费者形成需求，消费者向零售商购买，零售商向批发商购买，批发商向生产商购买。

"推动"策略要求使用销售队伍和贸易促销，通过销售渠道推出产品；而"拉引"策略则要求在广告和消费者促销方面投入较多，以建立消费者的需求欲望。这种策略选择显然会影响促销资金的分配，并影响促销方式的选择。

6. 其他营销因素

影响促销组合的因素是复杂的，除上述五种因素外，公司的销售预算、营销风格、销售人员素质、整体发展战略、社会和竞争环境等都不同程度地影响促销组合的效果。营销人员应审时度势，全面考虑才能制定出有效的促销组合决策。

第二节 国际市场广告

一、国际市场广告的概念、特征和发展趋势

（一）国际市场广告的概念

国际市场广告是国际营销活动发展的产物，是一种国际促销的方式；它是指通过报纸、杂志、广播、电视、户外展示和邮件等大众传媒向国际市场传递产品信息或企业信息，使出口产品能迅速地进入国际市场，从而实现销售目标。

（二）国际市场广告的特征

同国内广告相比，国际市场广告由于其诉求对象和目标市场是国际性的，广告代理是世界性的，因而有自身的一些特点。这是因为不同的国家和地区，有不同的社会制度、不同的政策法令、不同的消费水平和结构、不同的传统风俗与习惯、不同的自然环境、不同的宗教信仰，以及由此形成的不同的消费观念及市场特点。

1. 国际市场广告必须考虑各国的经济环境

广告是商品经济社会产生的一种经济现象，必然受到各国经济状况的影响和制约。由于历史和现实的原因，东西方国家在经济发展水平上存在着相当大的差距。

经济水平的客观差异，使得大多数中国人在消费过程中仍然特别重视产品的功能，即产品带来的物质利益，人们在购买商品尤其是较昂贵的商品时必须慎之又慎，因此他们迫切需要了解商品的详细信息，而广告正是充当了人们的千里眼和顺风耳。它通过对产品的厂家、商标、性能、质量、价格、用途以及使用保养、售后服务等有关信息的有效传递，帮助消费者提高对商品的认知程度，指导消费者购买和使用商品，极大地方便了消费者的日常生活。可以说，人们讨厌一个劲地宣传产品功能的浅露直白没有创意的广告，但人们却仍然需要优秀的广告。而在西方社会，大胆、夸张的想象在广告中高频率出现，比如百事可乐公司创作的一系列电视广告中，大白鲨、外星人、飞碟、会开车的易拉罐等都成了广告模特，但却不会背上"失实"的罪名，关键就在于这些广告的表现方式虽在意料之外，其间的逻辑联系却在情理之中。意料之外的表现被叹为创意，情理之中的逻辑则使人信服。

2. 国际市场广告必须适应各国的文化差异

不同国家的文化，是根据一系列按照某些基本的尺度或核心的价值特征建立起的变量来表现差异的。这些变量包括语言文字、思维方式、价值观念、审美心理等等，它们可以说是国际广告传播中"潜在的陷阱"，如果不懂或忽视这些在信息交流中发挥重要作用的传播变量，广告发布的可能性和广告传播的效果就可能受到极大的影响和冲击。

语言是文化的载体，每一种语言符号都蕴含着约定俗成的意义——它们都与文化有关。国际广告传播在语言符号方面的难度就在于理解任何文化的语言意味着必须超越这

种文化的词汇、语法和范畴。当人们一旦置于一个多元的文化背景和国际市场中，人们面临着众多的语言文化差异——语言文字的种类、使用范围、使用习惯、语言歧义时，就必然会产生沟通的障碍。在国际广告传播中，无论是品牌名称、广告文本还是包装及说明，广告语言在不同国家和地区所造成的误译、误读或误解，主要是由缺乏对语言差异的深入了解所致。翻译既不是建立在共同的词汇基础上，也缺乏熟悉的指标对象，以致广告想传播什么信息与实际传播了什么信息有时是不一致的。比如，我国出口的白象牌电池在东南亚各国十分畅销，但在美国市场却无人问津，因为白象的英文"White Elephant"，其意思为累赘无用令人生厌的东西，谁也不喜欢。美国布孚公司在德国宣传该公司的薄绵纸时才发现，"puff"在德语里是"妓院"的意思。CUE作为美国一个牙膏的品牌名，在法语俚语里却是屁股的意思。因此，对于一个国家来说完全没有攻击性的品牌名称，对于另一种语言的人们或许就很具有攻击性。语言的差异使得一些信息不是被错误传播就是根本无法传播，即使同样的词在不同的文化中都会有完全意想不到的语意。

3. 国际市场广告必须尊重各国的风俗习惯

风俗习惯是很难改变的，无论哪个国家、民族都存在这样那样的忌讳，对于千百年来形成的民族风俗，人们应给予必要的尊重，正如ABB总裁阿西·巴尼维克所言："我们如何能取消千百年来的风俗习惯呢？我们没有并不应企图去这么做。但是我们的确需要增进了解。"不同的社会习俗对广告的影响很大，对于国际广告传播来说，只有了解与尊重当地特殊的风俗习惯，有的放矢地传递信息，才能使广告奏效。

尊重风俗习惯意味着广告信息不能触犯当地的禁忌，否则将会引起不必要的麻烦，甚至受到抵制。比如对性有着特别禁忌的东方国家如泰国和印度，广告一旦涉及"性"，很可能冒犯风俗。例如，里斯特公司将著名的美国电视广告照搬到泰国，该广告表现了一个男孩和一个女孩手拉着手，推销里斯特公司的产品。这一广告没有获得成功，因为在泰国公开地描绘男孩与女孩的关系是无法接受的。后来该公司把广告中的人物换成两个女孩后，产品的销售就明显地增加了。

4. 国际市场广告必须尊重各国的宗教信仰

宗教作为一种精神现象，从消费的角度看，既有精神消费的内容，又有物质消费的成分，能满足人们的双重需求；从传播角度讲，它又是能引起人们广泛关注的注意力元素。因此，把宗教作为广告传播的题材元素，除了能立即引起受众注意外，更有不可低估的吸引力和感召力。同时，宗教作为敏感的话题，也容易引起争议，对广告传播而言，这本身就是某种意义上的成功。中外广告史上以宗教为主题的很多，由于宗教元素运用不当而引发的争议、冲突甚至诉讼在国际广告界也是屡见不鲜的。例如，1989年春，超级巨星麦当娜为百事可乐公司拍了一部广告片，并为其新歌《像个祈祷者》拍了音乐片。这个耗资500万美元的广告片在美国及世界40个国家同时上映，场面感人。然而在百事可乐毫不知情的情况下，麦当娜又为同一首歌拍了摇滚版，并在音乐电视台几乎同一时段的黄金档播出。在这部渎圣的音乐电视中，麦当娜在燃烧的十字架前跳来跳去，向人们展现手掌上的圣痕，还和一个黑人圣徒在教堂的长椅上亲热。这部片子立刻激起公愤，百事可乐公司不得不撤下该广告。

5. 国际市场广告必须考虑各国的自然环境

人类生活在地球表面，这里包含一切生命体生存、发展、繁殖所必需的种种优越条件：新鲜而洁净的空气、丰富的水源、肥沃的土壤、充足的阳光、适宜的气候以及其他各种自然资源。这些环绕在人类周围自然界中的各种因素，如水、空气、土壤、岩石、植物、动物、阳光等综合起来，就是人类的自然环境。自然环境是人类和其他一切生命赖以生存和发展的基础。

世界各国气候、地形及资源具有很大的差异性，对国际营销有很大的影响，相应的国际广告也要因地制宜。自然环境对国际营销的影响有三：一是影响国际营销产品选择，二是影响国际营销产品改进，三是影响国际营销时机选择。

6. 国际市场广告必须遵守各国对广告的管制

广告被喻为"带着镣铐跳舞"，除了宗教，广告的"镣铐"还有法律。国与国之间对广告内容、形式和传播等方面在法律上的差异也是非常大的。无论是发达国家还是发展中国家，政府在法律层面上对广告控制的日益加强已成为广告业的一个普遍趋势。不同国家有关广告实施的法律、法规、法令、政策各异，它们直接限制、影响着跨国广告的进行。因此，在跨文化广告传播中，必须了解各国的法律环境，知晓并遵循各国政府制定的有关广告的法规。比如，2003年欧洲议会通过一项决议，从2005年7月起，禁止在报纸、广播和互联网上刊播烟草广告，也禁止烟草公司赞助一级方程式等国际性体育赛事。此举是为了减少德国、希腊和西班牙等欧盟国家居高不下的烟草消费量（但禁止播发烟草广告的范围不包括电视台，因为电视广告受到欧盟其他法律的保护）。

（三）国际市场广告的发展趋势

20世纪80年代和90年代是全球广告业飞速发展的时代，广告业作为一个朝阳产业的姿态已经越来越明显。作为市场经济活动的伴生物，广告业是经济活动最灵敏的晴雨表，广告业的发展状况反映了经济活动的冷热，同时非常明显地受到经济活动的影响。国际经济活动日益呈现出全球化和数字化的特征。经济活动的这两个倾向自然而然地影响到对新变化无比灵敏的广告活动，广告活动的变动反过来又促进经济活动朝全球化和数字化发展。

当前，国际市场广告业发展存在以下趋势。

1. 广告业广泛运用高技术成果

当前，人类社会正面临第六次信息革命，也就是以电子计算机技术为主导的高度综合现代高科技的"多媒体技术"基础上的更高阶段上的信息革命。"多媒体技术"就是应用数字化技术，综合利用各种传播媒体，将各种不同媒体所记载、传播、表述的信息融为一体，自如地分析组合成新的信息的技术。多媒体技术的产生和应用，使社会生产的场所、组织形式，直至整个生产方式都将发生十分重大的变化，使人类的整个生存环境都将发生根本性的变革，它将是人类历史上又一次伟大的信息革命。

和传统广告相比，新媒体广告的投资成本大大降低。图案是平面广告的重要"视觉传达要素"，而色彩在视觉传达上要优于其他要素。在电子制版和印刷机械飞速发展的今天，广告业如雨后春笋般地出现，而作为半永久平面户外广告，借助某个载体使其广告能悬挂在墙壁上，其安全性能有待改进。而且面积越大，投资成本就越高。而新媒体广告只借助不到一个平方米的平面就可以做出同样的效果，其投资成本大大地降低了。

2. 广告业日益受到电子信息的渗透

数字媒体的出现，对广告业带来巨大的冲击。首先是对现有大众媒体时间的争夺。受众上网时间必然会争夺使用大众媒体尤其是电视媒体的时间。同时，数字媒体的互动性对大众媒体的单向性传播模式也是一个挑战。广告是典型的大众传播现象。如何适应新的传播模式，增强广告的传播效果，是广告业面临的一个严峻问题。更值得关注的是，以互联网为主的数字媒体的发展最终将整合现有的所有媒体。未来的传播是互动式的全新的传播平台。在这种新的传播环境中，广告到底还能扮演什么角色？发挥什么作用？这些都是需要业内人士认真思考的问题。

一些专家认为，未来的广告业将渐渐失去市场，直至消失。纽约康普顿广告社前主席巴尔顿·卡明斯指出："旧的传播手段将会消失，它们将会被新的传播手段取代。"信息时代对广告业将会有极大的冲击，光导纤维、个人通信设备、多功能电脑，尤其是多媒体信息高速公路的发展，将为消费者提供更多更新的信息，帮助他们做出更明智的购物选择。消费者不看广告就可以在家中非常方便地查询出他要购物的全部信息，目前靠广告盈利的传媒将会丧失其存在价值。

3. 广告设计更加突出民族风格

在世界文明发展史上，不同的国家与民族都有其独特的艺术创造。正像鲁迅先生所说："法国人善于讥讽，英美人善于幽默。"由于风俗、地域、艺术传统、文化承袭、经济发展等方面的不同，世界各民族的文化也存在差异。这些独特的文化在潜移默化中也融入了广告设计艺术领域，从而为广告打上了某一民族所特有的烙印。尽管广告作为传递信息的重要手段，个性突出甚至标新立异是成功广告的必备，但是由于任何一种风格、流派以及广告师本人都无法摆脱其特定的民族环境，总要或多或少受到前辈所创造的民族风格的影响，因此，民族化风格在广告中的正确运用是关系设计成败的一个关键。

4. 广告制作更加专业化

广告制作更为专业化，广告表现形式更为多样化和注重人情化。

常见的广告制作表现形式有以下14种：①直接展示法；②突出特征法；③对比衬托法；④合理夸张法；⑤以小见大法；⑥运用联想法；⑦富于幽默法；⑧借用比喻法；⑨以情托物法；⑩悬念安排法；⑪选择偶像法；⑫谐趣模仿法；⑬神奇迷幻法；⑭连续系列法。

5. 广告表现形式更加艺术化

由于广告数量越来越多，竞争日益激烈，产品更新换代周期缩短，广告变化的周期也在缩短。为了有效地吸引消费者对广告的注意，并使之产生购买兴趣，必须及时更换广告的表现形式，使之保持新鲜感与感染力，因此广告表现的新奇和对美的情趣的追求日益受到重视。今日的消费者对广告的要求是，不仅希望获取信息，而且要有艺术性和娱乐性，满足审美心理上的需要；欧洲广告商协会主席罗纳德·皮逊认为，广告必须尊重人们的尊严，了解他们的需求和以相应的方式满足他们的利益；成功的广告人应有创见和懂得顾主们的需要，应是"半个诗人加半个商人"；应用亲切和微笑的手法去赢得消费者，使广告的"软性"成分不断增加，更带有艺术性和人情味，变得更为吸引人，更具有视听效果。

6. 广告宣传更加注重形象

企业广告是形象传播与推广的重要途径和手段，是企业外部行为系统的重要方式之一。企业广告通过生动、富有成效的宣传，向社会公众传递企业优良的产品、服务，良好的企业精神、经营方针、价值观念，一流的管理水平和生产技术，从而在社会公众心目中形成美好的企业形象，获得他们对企业的认同、理解和支持，促进企业的继续经营与发展。

7. 广告活动具有全球化倾向

由于经济运作关联性日益增强，各国之间的经济形成千丝万缕、密不可分的关系，国际贸易数量有增无减。全球大市场的形成，加速了跨国大企业的对外扩张倾向和活动，市场竞争更加激烈。这种经济全球化强烈地影响各种具体产业的发展，比如，与广告业密切相关的世界商品零售业，也开始趋向于全球化，美国、法国等国大型超市和连锁店持续向海外扩张。

随着国际经济的日益融合，必然出现日益增多的国际广告活动，国际广告市场也将日益融合起来，广告公司必将面向跨国方向发展，国际广告业的合作将会进一步发展。"经济无国界，文化无国界，艺术无国界"，将会使"广告也无国界"，相互融合，相互交流，相互推动，共同构建国际广告业的新格局，将会是一种不可忽略的发展趋势。

8. 广告企业具有大规模合并的趋势

全球广告业经过 100 多年的发展，已成为一个巨大的产业。广告公司的集团化是广告业为了适应传播整合期市场和传播环境变化所进行的调整的产物。这一过程始于 20 世纪 80 年代。这一现象的出现主要由于传播环境和市场环境的巨大变化。就传播环境而言，20 世纪 80 年代以后，大众传播的发展进入竞争白热化的阶段。媒体高度密集，各种新媒体形式不断出现，信息冗余严重，这使得信息的传播变得更加艰难。面对高度分化的市场，对广告业来说，广告越来越难做了；而对企业而言，则是广告在企业与消费者沟通方面的作用降低了。

二、国际市场广告策略

（一）广告策略的含义

广告策略是指广告方在分析环境因素、广告目标、目标市场、产品特性、媒体可获得性、政府控制和成本收益关系等的基础上，对广告活动的开展方式、媒体选择和宣传劝告重点的总体原则作出的决策。

制定国际市场广告策略，首先必须有一个具体的广告目标。广告目标总的来说，是通过广告在公众中树立企业或产品的良好形象，引起和刺激公众对本企业产品的兴趣并导致购买。当然，最终的目标是为了盈利。

国际市场广告要实现其目标，必须使广告能适应目标市场所在国的各类环境因素，在此基础上选择广告的方式和广告的媒体。

(二) 国际市场广告策略的种类

国际市场广告策略的种类主要有：①按照广告主题在各国是否相同，分为标准化策略和差异化策略；②按照广告目标是宣传企业还是产品，分为形象广告策略和产品广告策略；③按照产品满足消费者的需求不同，分为满足基本需求策略和满足选择需求策略；④按照促销活动的方向，分为推动需求策略与拉引需求策略。

1. 标准化策略和差异化策略

从事国际化经营的企业都面临着国际市场广告标准化或差异化的选择。所谓标准化，是指企业在不同国家的目标市场上，使用主题相同的广告宣传。美国万宝路香烟、可口可乐饮料和麦当劳快餐店的广告宣传基本上采用标准化策略。而国际市场广告的差异化则是指企业针对各国市场的特性，向其传送不同的广告主题和广告信息。雀巢公司在世界各地雇佣了150家广告代理商，为其在40多个国家的市场上做各种主题的咖啡广告宣传，运用的是国际广告差异化策略。美国的宝洁公司及日本的松下电器公司也是实施差异化策略的杰出代表。

国际市场广告标准化的主要优点是：①可以降低企业广告促销活动的成本；②充分发挥企业人、财、物的整体效益；③易于与企业营销总目标保持一致并以统一的整体形象传递给目标市场国，从而增强消费者对企业及产品的印象。国际广告标准化也有其不尽如人意之处，其中最主要的是没考虑到各国市场的特殊性，特别是在特殊性成为矛盾的主要方面时，标准化的策略更显得力不从心，所以很多企业采取差异化的国际广告策略。

由于不同国家或地区存在着不同的政治、经济、文化和法律环境，消费者对产品需求动机差异甚大。因此，根据不同的市场特点，设计不同的广告主题，传递不同的信息，以迎合不同消费者的需求。如莱威牌牛仔裤之所以在70多个国家打开销路，主要是采用地区性或区域性的差异性广告策略。

国际市场广告差异化策略的主要优点是：①适应不同文化背景的消费者的需求；②利于克服当地市场的进入障碍；③针对性较强。差异化策略的缺点是：企业总部对各国市场的广告宣传控制较差，甚至出现相互矛盾，影响企业形象。

企业采用国际市场广告的标准化和差异化策略取决于消费者购买产品的动机，而不是广告的地理条件。当不同市场对相同的广告做出相同程度的反应时，即对同类产品的购买动机相似时，或企业采取全球营销战略时公司就可采用"标准化"的广告策略。标准化策略并不排斥就地区差异作一定程度的修改。当消费者对企业产品购买动机差异很大时，或企业实行差异化国际营销战略时，应采用"差异化"的广告策略。

2. 形象广告策略与产品广告策略

不管是标准化广告或差异化广告，都要根据具体广告目标去进一步制定更加具体的广告策略，以使它更加具有可行性。

形象广告策略是指广告主的广告目标是为了塑造企业及其产品、商标的形象，并巩固和发展这一形象，使消费者对企业及其产品产生信赖和感情，而不是单纯地为了销售产品。而产品广告策略是指产品广告目标在于推销产品，其核心是要采用各种方式介绍、宣传产品的特点和优点，利用各种劝说内容和形式，诱导人们购买。如各种削价销售广告、抽奖广告等。

形象广告与产品广告并不是截然分开的。形象广告的最终目标也是为了推销企业的产品，获得更大的利润，而产品广告也必须考虑产品形象，企业形象的树立，绝不能与产品、企业的形象背道而驰。

3. 满足基本需求策略和满足选择需求策略

满足消费者基本生活需求的产品，广告应着重塑造其产品大众化和实惠的特点，宣传货源充足、售后服务良好，语言简明易懂。

满足消费者选择需求的产品，广告策略应把宣传产品的独特性作为重点，显示产品的高档次和高价格。

4. 推动需求策略和拉引需求策略

推动需求策略是在产品已经上市的情况下，利用广告宣传这些产品，推动需求，使消费者接受这些产品，从而扩大产品的销售。

拉引需求策略是在一种新产品上市之前或一种产品在新市场上市之前，就用广告来宣传这些产品，将顾客拉向自己的产品。消费者先见广告后见产品，拉动消费者需求。如太阳神口服液进入上海市场采用的就是这种策略。

（三）国际市场广告设计策略

广告内容的设计是一项较为复杂的工作，既要有科学性又要有艺术性，必须与广告目标紧密相连，为实现广告目标服务。设计一则成功的广告，要求广告设计者具有较高的创造力和想象力，广告设计者还必须将广告目标融于广告内容之中。广告目标是广告设计的指导思想，广告创意是广告目标的信息传递和体现形式。

国际市场广告设计策略包括以下几项。

1. 以理性诉求为主，还是以感性诉求为主

广告的理性诉求，是指广告诉求定位于受众的理智动机，通过真实、准确、公正地传达企业、产品、服务的客观情况，使受众经过概念、判断、推理等思维过程，理智地做出决定。它主要是在广告诉求中告诉受众如果购买某种产品或接受某种服务会获得什么样的利益，或者告诉受众不购买产品或不接受服务会对自身产生什么样的影响。理性诉求广告有一定的强制性，需要消费者通过理性思考，进行分析、比较进而做出选择。恰当地使用理性诉求策略，可以起到良好的劝服效果，使用不当，又常常会变成对消费者的一种说教，使消费者从本能上产生抵触情绪，从而造成广告的失败。

广告的感性诉求，是指广告诉诸消费者的情感、情绪，如喜悦、恐惧、喜爱、悲哀等，形成或者改变消费者的品牌态度。在这类广告中，消费者首先得到的是一种情绪、情感的体验，是对产品的一种感性认识，得到的知识产品的软信息。这种软信息能够在无形中把产品的形象注入消费者的意识中，潜移默化地改变消费者对产品的态度。感性诉求广告以消费者的情感或社会需要为基础，宣传的是产品品牌的附加价值。

2. 以对比描述为主，还是以一般陈述为主

所谓对比描述广告，是指将企业产品与其他同类产品进行对比分析，以期明示出本

企业产品的独特之处。目前，对比广告较为流行。美国苏埃弗公司是一家生产洗发精的企业，它将其他公司（宝洁公司和强生公司）的洗发精进行对比，强调"他们的产品功能我们也具备，然而，我们产品的价格仅为他们产品的一半"这一广告主题，使苏埃弗公司的洗发精在市场上占有主导地位。

宝洁公司的广告极具说服力。该公司的电视广告惯用的公式是"专家法"和"对比法"。宝洁先指出你面临的一个问题，如头痒、头屑多；接着便有一个权威的专家来告诉你，头屑多这个问题可以解决，那就是使用海飞丝；最后用了海飞丝，头屑没了，秀发自然更出众。这就是"专家法"。"对比法"是指宝洁将自己的产品与竞争者的产品对比，通过电视画面，消费者能够很清楚地看出宝洁产品的优越性。当然，宝洁广告常常糅合"专家法"和"对比法"，如舒肤佳广告。舒肤佳先宣扬一种新的皮肤清洁观念，表示香皂既要去污，也要杀菌。它的电视广告，通过显微镜下的对比，表明使用舒肤佳比使用普通香皂，皮肤上残留的细菌少得多，强调了它强有力的杀菌能力。它的说辞"唯一通过中华医学会认可"，再一次增强其权威性。综观舒肤佳广告，虽然它的表现手法平平，但广告冲击力却极强。

3. 以正面叙述为主，还是以全面叙述为主

正面叙述，是指在广告中只强调产品的优点，而全面叙述则是既讲产品优点也讲产品缺点。一般来讲，如果广告受众的文化水平高，则可采用全面叙述方法，既告诉消费者产品优点又讲述其不足之处。而对于文化水平较低的受众，则应强调产品的优点。另外，从产品角度来讲，对于超豪华、超高级类产品应仅强调其长处，因为指出这类产品的不足有损其高贵和卓越的形象，而对于那些对本企业产品持有疑问的消费者，则最好采用全面叙述方法，促使其逐渐改变对本企业产品的偏见。

4. 以不变主题为主，还是以变换主题为主

从理论上讲，广告主题的重复播送能增强受众的印象。如日本松下电器公司经常反复播其电器广告、美国宝洁公司反复播送其化妆品广告，从而增强受众印象，引起购买行为。但是，某些产品重复播送广告次增加，会使受众产生厌烦心态，使印象逐渐变浅，而且容易造成产品老化的印象。因此，即使是一个十分成功的广告主也须根据情况的变化及时调整广告的主题。

三、国际市场广告媒体

在国际市场广告促销活动中，使用最多的广告媒体仍是报纸、杂志、广播与电视四大媒体。媒体的选择是国际市场广告中十分重要的问题。世界各国的广告媒体类型基本相同，但又各有其特点。

（一）国际市场广告媒体的类型

1. 媒体分类

（1）按形态分类。

第一，平面媒体。平面媒体主要包括报纸、杂志、商函、海报、型录。报纸：最重要的平面媒体，多用于说明性、促销性、品牌形象性广告。杂志：发展最快的平面媒体

之一，在可以预见的将来，将发展为主流媒体。商函：英文缩写为 DM，是针对性和即时销售的最佳媒体。海报：为 POP 的一种，是最常见的提醒式、告知式广告形式。型录：指企业自己印制的各种宣传册、年鉴、展会目录、产品说明等用于企业形象宣传或产品宣传的印刷品。广泛应用于工业品营销以及日消品营销中，是一种针对性很强的小型印刷媒体。

第二，电子媒体。电子媒体主要包括广播、电视、电影、网络等。其中的广播是最传统的电波媒体，近几年出现大规模下滑趋势。电视：目前最强势的媒体。一般用于快速建立知名度、维护知名度和建立品牌形象等。随着国外大片被引进我国以来，电影广告迅速发展起来。那些知名度高、观众欣赏欲望强的影片，受到了品牌厂家的追捧。电影广告以目标精确、视觉冲击力强、美轮美奂成为小而精致的媒体，比较典型的案例是美国大片《泰坦尼克》。而网络则被称为第四媒体，是最新兴和最有前途的媒体之一。

第三，户外媒体。户外媒体主要包括路牌、户外展板、候车亭广告等。

第四，人际媒体。人际媒体主要指建立在人际传播基础上的口碑广告以及各种人体广告等。

第五，实物媒体。实物媒体包括商店的橱窗和展览会等以实物展出为特点的媒体形式。

（2）按期间分类。

第一，长期媒体。长期媒体包括户外广告、杂志等，其时效性差，一般多用于建立品牌形象或者企业形象。

第二，短期媒体。短期媒体包括电视、电台、报纸等，其时效性强，多用于建立知名度或者促销性广告。

（3）按地区分类。

第一，全国性媒体。全国性媒体包括国家电视台、卫视联播、全国报纸等。其主要优势是高视听率和较低的千人成本。

第二，地区性媒体。地区性媒体包括有线电视、交通、户外等。其区域针对性强。

（4）按感觉分类。

第一，视觉媒体。视觉媒体包括报纸、POP、型录等。其特点是阅读主动性强，可以详细接收资讯，多为说明性或者内容比较复杂的高关心度品类的广告。

第二，听觉媒体。包括广播录音等。属于伴听状态的媒体，抗拒心理小，多用于提醒记忆或者延续电视效果。

第三，视听觉媒体。视觉媒体包括电视、电影、录影。其特点是声画结合，动态演示，适合多种广告创意形式。

第四，嗅觉媒体。例如特种 DM 等，多用于香水、食品等，需要精心策划的很特殊的媒体。

（5）按规模分类。

第一，大众媒体。大众媒体包括报纸、电视等。其特点是可以迅速在最广泛的范围内建立知名度。

第二，小众媒体。小众媒体包括业界报、情报杂志等。其特点是可以在专业人士之间有效建立知名度。

2. 常规媒体

媒体虽然有各种分类,但国际市场广告中采用最多的媒体主要是报纸、杂志、电视、广播、直邮、户外、POP 等常规媒体。它们的优劣势比较见表 11-1。

表 11-1 不同类型常规媒体的优劣势比较

	优　　势	劣　　势
报纸	适用于各种规模的广告。信息、反馈也及时,成本容易计算,也可根据地区强调推销重点,变动广告也容易	缺乏精确与逼真,特别是半口头描述,难以控制广告在一版的具体位置
杂志	高质量的生产与制作,有权威性,准确的人文信息分类,色彩效果好,且空白、字形等的使用富于变化	发行量有限,周期比较长,不灵活,缺乏及时性,有堆积广告的倾向
电视	声、形、动兼备,能提供产品示范,可信性强,注目率高,其广告效果往往是其他媒体的 3～5 倍。具有权威性	不能有足够时间传递众多信息,有时整个画面信息零乱,费用高
广播	声音富于表现力,适宜使用幽默、亲切感语调,读者会较稳定,信息改变很快、很容易	缺乏视觉刺激,注意力容易转移,听众的时间和习惯不确定,信息短暂易消失
直邮	容易制作,能使用三维效果,针对性强,效果容易测定	对邮寄广告有很多政策限制,难以避免"垃圾邮件"之嫌
户外	容易制作,有色彩,大规模,高逼真制作,简单、直接、视觉效果好	单媒体所展示的信息有限,特别对于交通广告到达范围有限
POP	有三维效果,富于动感,属于新技术	难以准确针对目标受众

3. 网络媒体

网络被作为媒体,是由于国际互联网具备了传播新闻信息的各种强大功能,包括电子邮件(Email)、网络新闻组(Usenet)、万维网浏览(WWW)、网络论坛(BBS)、网络聊天(IRC、ICQ)等等,并且在实际生活中扮演了媒体的角色。当前,国内外各种新闻传播媒体纷纷开辟网上新闻传播新领域,网络报纸、网络广播、网络电视应运而生,国际互联网被越来越多的媒体使用,逐渐达到了作为大众传播媒体的标准。基于此,人们称之为"网络媒体"。相对于原有的媒体,它被称为一种"新媒体"(New Media);由于其具有数字化传播的特点,被称为一种"数字媒体"(Digital Media);因其诞生在报刊、广播、电视这三种大众传播媒体之后,又被形象地称作"第四媒体"。联合国新闻委员会在 1998 年 5 月的年会上正式提出"第四媒体"这一概念:是继报刊、广播和电视出现后的互联网和正在兴建的信息高速公路。

网络媒体的优点主要有：①覆盖范围广泛；②信息容量大；③信息交互传递；④形式多样；⑤广告投放准确；⑥动态实时；⑦易统计性；⑧广告投入效率高。

网络媒体的局限性是硬件要求高、上网费用居高不下、主动性差、视觉效果不佳。

4. 新媒体

新媒体是相对传统媒体而出现的，是一个动态的发展的概念。国内外学者和不同机构对新媒体都有着各自的定位和理解，美国《连线》杂志对新媒体的定义为："所有人对所有人的传播。"它从一个角度揭示了新媒体的一个特性。清华大学熊澄宇教授认为："新媒体（New Media）是一个宽泛的概念，是利用数字技术、网络技术，通过互联网、宽带局域网、无线通讯网、卫星等渠道，以及电脑、手机、数字电视等终端，向客户提供信息和娱乐服务的传播形式。"

在这种以传播工具分类的思路下，一些学者认为，数字杂志、数字报纸、数字广播、手机短信、移动电视、网络、桌面视窗、数字电视、数字电影、触摸媒体等都可称为新媒体。相对于传统的报纸、杂志、广播、电视四大媒体，新媒体又被形象地称为"第五媒体"。

国外在这方面的研究非常丰富，其中 Vin Crosbie 从传播机制上而非在传播渠道上进行了深入分析，其论文 *What is New Media* 对新媒体进行了较全面和精确的定义；该文对大家认知的媒体的概念进行了纠正，区分了媒体与传播工具，在此基础上对三类媒体进行了详细的界定。该文首先定义了两种相对独立的媒体，即人际媒体（Interpersonal Medium）和大众媒体（Mass Medium），认为这两种媒体有着其各自的特征，同时也有以下各种的优缺点：

（1）人际媒体更强调交流参与者对交流的内容有对等的和相互的影响和控制，交流内容是每个参与者的特定需求和兴趣，非常有针对性；其缺点是对交流内容的对等控制和个性化，越来越多的参与者对话后，使得每个人对内容的控制性越来越差了，使得传播的内容与每个参与者个性化的需求匹配度越来越差，最终随着参与者增加而蜕化成噪声。例如，我们在聊天室聊天过程中，随着人数的增加，聊天室越发热闹，也越发混乱。在这种约束下，人际媒体多被用在两个人之间的交流，从而一些学者称之为"一对一"的媒体。

（2）大众媒体更强调的是完全相同的内容到达所有接收者，内容发送者对内容有绝对的控制；其缺点是内容不具备个性化，它不能针对接收者的独特需求和兴趣，接收者也是被动接收信息，而对内容没有控制，是典型的"一对多"的模式。

（3）Vin Crosbie 在清晰地界定了两种媒体以后，分析其优缺点，认为人际媒体和大众媒体是完全互补的。人际媒体可以递送个性化与大众媒体广泛性和同时性传播特点的结合就出现了新媒体概念，即对大众提供个性化的内容。从 20 世纪 40 年代的数字化通讯技术，推动了一种新媒体成功实现，并随着传播手段的多元化，形成了一个全新的新媒体环境。

（二）国际市场广告媒体的选择

在选择国际市场广告媒体时，应着重考虑以下问题。

1. 产品的技术性能

不同的产品特性对媒体有不同的要求。技术性能高的，可采用报纸、杂志作详细的文字说明，也可以用电视短片作详细介绍。对于特别需要表现外观和质感的商品，如服装、化妆品，就需要借助具有强烈色彩性的宣传媒介，那么广播、报纸等媒介就不宜采用，而电视、杂志则能更好地表现其视觉效果。

2. 沟通对象的媒体接触习惯

有针对性地选择为广告沟通对象所易于接受并随手可得、到处可见的媒体，是增强广告促销效果的有效措施。例如，生产玩具的企业若将学龄前儿童作为目标沟通对象，绝不能在杂志上做广告，而最好在电视上做广告。若广告信息的传播对象是青年，那么 Seventeen、《读者文摘》等当然是理想的媒体。

3. 媒体的社会影响度

广告媒体的影响度是指媒体在社会上的影响力和影响范围，标志设计即媒体自身的知名度和美誉度。媒体的影响度越高，在受众中的威信也就越高，它可传播的信息的可信度也就越强。

4. 媒体的传播范围

选择广告媒体，必须将媒体所能触及的影响范围与企业所要求的信息传播范围相适应。如果企业产品是销往全国的，宜在全国性报纸或中央电视台、中央人民广播电台做广告。而在不同国家和地区销售的产品，则可以选择国际性的报纸、电台等传播媒体。

5. 媒体的发布时间

选择广告媒体，必须使广告效果与媒体的信息传递周期保持协调一致，广告媒体的选择应与媒体的信息传递周期结合起来。如，新产品导入市场的开拓性广告，最好选择以日为周期的媒体；保持老产品市场占有率的提示性广告，可以考虑选择以周或月为周期的媒体等等。

6. 媒体的使用费用

不同媒体所需成本不同。电视广告是最昂贵的媒体，而报纸则较便宜。不过，最重要的不是绝对的成本数字的差异，而是目标对象的人数与成本之间的相对关系。如果用每千人成本来计算，可能会出现电视广告比报纸广告更便宜的情形。

7. 媒体的组合形式

我们把同一广告活动中，采用两个或两个以上媒体进行广告信息传播称之为媒体组合。在媒体组合中，除了要遵循有关媒体选择的原则外，还必须要注意媒体组合的一些基本原则要求：①被组合的媒体必须具有互补性，也就是说，媒体组合必须能够扩大广告的受众总量，否则就失去了组合的意义。②组合媒体要能对单一媒体受众增加频率，通过适当的重复加强广告记忆，刺激广告联想。例如，一个产品在电视媒体上通过感性展示增加了直观印象和品牌认知，通过报纸媒体则可能进一步认识到其产品功能和工作机制，有利于对产品的深刻理解。③媒体组合在播出和刊发的周期上必须有机协调，密切配合。例如，电视媒体暴露时间短，报纸广告展示时间长，在广告刊播中可以利用电视进行密集发布，利用报纸进行持续发布。④媒体组合要达到效益最大化。就是尽可能地节约广告投入，获取最佳的传播效果，突出主要媒体的有效到达程度，并掌握广告刊播时间和规格、频次。

8. 竞争对手的态势

广告商品竞争对手的有无及其选择媒体的情况和所花费的广告支出的多少，对企业的媒体选择有着显著的影响。如果企业尚无竞争对手，那么它就可以从容地选择自己的媒体和安排广告费用；如果企业竞争对手尚少，还不足以对它产生重大影响，只需在交叉的广告媒体上予以重视；如果竞争对手多而且强大，在企业财力雄厚的情况下，就可以采取正面交锋，以更大的广告开支在竞争媒体上以及非竞争媒体上均压倒对方；在该企业财力有限，无法支付庞大持久的广告开支的情况下，可以采取迂回战术，或采用其他媒体，或在同样的媒体上避免正面交锋而将刊播的日期提前或移后。

四、国际市场广告代理

（一）国际市场广告业务的管理体制

几乎所有从事国际市场营销的大公司都委托广告代理商办理广告事务。公司对广告业务的管理体制一般有三种情形：一是由总公司对公司系统的广告方针政策实行集中管理，在各地的广告活动亦由总公司统一实施。二是对广告方针政策实行集中管理，但广告业务的实施则由各国当地的机构承担。三是广告方针政策的管理和广告业务的实施全由当地公司直接负责。

（二）国际市场广告代理商的类型

现代广告代理制，是指广告主委托广告公司进行市场调查、广告策划、广告创意、广告设计和创作、广告媒体选择、广告预算、广告实施和监督、广告宣传反馈等总体策划与全面服务代理业务。选择现代广告代理制，不仅能提高广告宣传的社会效益与经济效益、提高广告的设计与制作水平、提高广告队伍的素质，而且能适应大中型企业开拓国内外市场需要，与国际广告市场接轨，有效地参与国际市场竞争。

国际市场广告代理商主要有三大类型：一是本国的广告代理商，二是东道的广告代理商，三是跨国的广告代理商。

1. 本国的广告代理商

选择本国的广告代理商，具有以下优点：

（1）本国的广告公司比国外的广告公司更容易理解国际广告主产品的理念，更能准确地创意。例如，日本企业进入中国的广告主要选择日本广告公司而不是中国广告公司，是因为前者比后者更能把握日本产品的广告创意。

（2）找本国广告公司比找国外广告公司更容易、更方便。这一点对那些缺乏国际营销经验的企业来说，尤为重要。

（3）可以利用本国广告公司现成的国际业务关系，迅速地进入国外媒体。例如，我国的天坛牌清凉油在非洲进行的广告宣传，就是利用上海广告公司与国际著名的奥美广告公司的合作关系迅速打入非洲市场的。

2. 东道国的广告代理商

选择东道国的广告代理商，具有以下优点：

（1）使广告更有效地到达目标受众。因为当地广告公司与当地媒体的关系更为密切，委托当地广告公司代理更能找到有效的媒体来向目标受众做广告。

（2）使广告创意更合乎当地受众的接受心理。如雀巢公司委托北京、广州、上海三地的广告公司分别在三地做广告，就收到了很好的效果，其中上海的效果尤其显著。

3. 跨国的广告代理商

选择跨国广告代理商的优点，与选择国际性或全球性广告媒体的优点是相似的，主要是比较适合那些"全球产品"或持"全球无差异市场战略"的企业。例如，IBM这样的全球公司选择"奥美"这样的全球性广告公司作为代理商是合适的。

（三）国际市场广告代理商的选择

如上所述，国际市场广告代理商有多种。实施国际市场广告委托代理业务时，应就如何选择代理商慎重考虑以下问题：

（1）广告主与广告代理商的广告理想是否一致。广告理想是指广告主与广告代理商，在对待广告的原则与态度上是否相同，在创意上是否意气相投，在态度上是否诚恳，在人际关系上是否和谐。这些条件如果具备，就是国际广告踏上成功之路的第一步。要了解这些问题就必须与该广告代理商进行面谈，详细了解对方的观点和态度。

（2）广告公司的作业能力是否具备。作业能力包括设备、人力、创意、制作、实施和调查测定等。广告的作业能力是广告公司的命根子，广告主付出费用所要求的就是这种能力。对广告代理商作业能力的了解，最简便的方法，是通过目前的广告主去了解，也可以通过广告媒体去了解。

（3）广告公司的经验与实绩如何。一个有口皆碑的广告公司总是有其成功的实绩的。但是，对广告公司只从"名气"上了解是不够的，因为广告公司虽能代理一切商品广告，但它也是有其专长的，所以要知道代理商过去的客户是哪些方面的，对哪些行业比较熟悉，所经办的主要是哪些产品。广告公司的经验与业绩是否有利于本公司的广告代理活动。

（4）广告规模的大小。如果广告的项目多，要求高，便需要相当规模的广告代理商方能胜任；如果广告的项目较少，规模不大，那就不一定要找大型代理商。小代理商的重要客户可能会胜于大代理商的一个附加小客户。小商品也不必做大广告。

（5）广告代理商是否具备一定资金能力。广告代理商资金薄弱，可能由于先天投资不足，也可能由于后天的经营失调。不管由于什么原因，代理商的规模很小，资金困难很大，也就难以向广告主提供良好的服务。因此，公司应当寻找那些有资金实力、善于经营的广告代理商做广告。

（6）代理商的收费标准和收费方式。例如，委托代理商作调查研究或代办某项服务，各企业的收费标准与方式是不相同的，必须作出事先调查和对比，择优选用。

第三节　国际市场人员推销

一、国际市场人员推销的功能

人员推销，又称派员推销和直接推销，是一种古老的但很重要的促销形式。它是指企业派出或委托推销人员、销售服务人员或售货员，亲自向国际市场顾客（包括中间商和用户）介绍、宣传、推销产品。

国际市场人员推销，是指以销售人员为媒介的国际促销方式，也就是通过人际沟通促进国际营销。国际人员推销是一种最为传统但又最有现实性的国际促销方式。

国际市场人员推销的主要功能是：

(1) 进行市场研究。搜集情报信息，反馈市场信息，制定营销策略。

(2) 发现市场机会。推销人员必须具有一定的开拓能力，能够发现市场机会，发掘市场潜在需求，培养国际市场新客户。

(3) 传递产品信息。让现有顾客和潜在顾客了解企业的产品和服务，树立形象，提高信誉。

(4) 促成交易实现。善于接近顾客，推荐商品，说服顾客，接受订货，洽谈交易。

(5) 搞好销售服务。搞好销售服务主要包括免费送货上门安装、提供咨询服务、开展技术协助、及时办理交货事宜、必要时帮助用户和中间商解决财务问题并搞好产品维修等。

二、国际市场人员推销的优缺点

（一）在国际市场上采用人员推销的优点

在国际市场上采用人员推销方式，主要有以下优点。

1. 直接和灵活

人员推销形式最直接，也最灵活。国际人员推销是本企业销售人员直接地、面对面地与国外客户进行沟通，这就有助于国外客户对企业及其产品有比较深入的了解，同时也有助于企业对国外客户心理的了解和针对不同的客户灵活地采取不同的沟通策略。

2. 现场示范

推销人员可当场对产品进行示范性使用，消除国际市场顾客由于对商品规格、性能、用途、语言文字等不了解，或者由于社会文化、价值观念、审美观、风俗习惯的差异而产生的各种怀疑。

3. 改善关系

人员推销可以促进买卖双方的良好关系，进而建立深厚的友谊，通过友谊又可以争取更多的买主。

人际沟通的过程，不仅是信息沟通的过程，也是人与人之间感情沟通和友谊形成的过程，而这种感情和友谊有助于国外客户对企业及其产品形成偏好和产生信任，有助于消除信息沟通的障碍，同时也有助于企业发展长期的客户关系。

4. 搜集信息

由于推销人员亲临市场，及时了解顾客的反应和竞争者的情况，可以迅速反馈信息，提出有价值的意见，为企业研究市场、开发新产品创造良好的条件。

（二）在国际市场上采用人员推销的缺点

在国际市场上采用人员推销方式有以下不足之处。

1. 产品传播的范围有限

推销人员不可能遍布国际市场，推销范围也不可能太大，往往只能作选择性和试点性的推销，其效果有好有坏。

2. 费用比较高

人员推销的费用一般比较高，增加了销售成本，导致价格上升，显然不利于企业在国际市场上开展竞争。

3. 对人员素质要求很高

国际市场推销人员的素质要求很高，而高素质的推销人员又很难得到且不易培养。美国学者弗兰克·沃尔什对国际市场人员的素质要求提出六条标准：

（1）国际市场推销人员需具备决断能力。国际市场变化很快，如不能果断决断，就很可能贻误时机。同时，国际市场推销人员是面对面同外商接触和交锋，本身就具有一种紧迫感，它往往迫使销售人员做出决断。

（2）国际市场推销人员需具备调查能力。国际客户的购买行为是比较复杂的，受其国内外环境多种因素的影响。国际市场推销人员只有通过调查，更多地掌握国外客户的购买行为及影响因素，才能提高与他们沟通的效率和取得更好的沟通效果。另外，国际市场推销人员本身就兼有市场调查或收集信息的职能，就是说，企业派人出国销售，不仅仅是为了签下销售协议，也是为了收集国际市场信息。因此，不具备调查能力的国际市场推销人员很难完成这双重任务。

（3）国际市场推销人员需具备文化环境适应能力。因为国际文化环境的差异是国际沟通乃至整个国际营销最大的障碍之一，国际市场推销人员只有尽量去适应东道国的文化环境，就是所谓的"入乡随俗"，才能减少或克服这种障碍。

（4）国际市场推销人员需具备独立工作能力。这种能力主要表现为：①能在远离上司和同事的情况下独立处理业务和作出决策；②能以个人形象代表企业形象；③能在缺乏监督的情况下进行自律和保持对企业的忠诚；④能在面临困难和挑战的情况下保持耐心和坚忍不拔的意志力。事实上，国际市场推销工作正是一种远离上司及同事、缺乏监督和经常面临挑战的工作，没有独立工作能力的人是难以胜任的。

（5）国际市场推销人员需具备良好的身体素质。国际市场推销人员的体质，要能适应长期旅行、恶劣的气候、怪异的食物、各种各样的旅馆条件、繁忙的商务聚会和应酬。国际市场推销人员很重要的是要始终保持饱满的精神和充沛的活力，因为销售人员是产品的"活包装"，"活包装"只有充满活力，才能起到促销产品的作用。然而，身体素质较差的销售人员很难始终保持饱满的精神和充沛的活力。

（6）国际市场推销人员需具备较强的外语能力。国际沟通最大的障碍之一是文化环境的差异，而文化环境的差异表现之一就是语言差异。国际市场推销人员只有具备较强的外语能力，才能克服语言障碍，提高国际沟通的效率。

三、国际市场人员推销的类型

在国际市场上，采用人员推销方式通常包括以下四个类型。

（一）企业经常性派出的外销人员或跨国公司的销售人员

他们在国外专门从事推销和贸易谈判业务，或定期到国际市场调研、考察和访问时代为推销。这是国际市场人员推销的一般形式。

（二）企业临时派出的有特殊任务的推销人员和销售服务人员

这种形式一般有三种情况：当国际目标市场出现特殊困难和问题时，其他办法不能解决，必须由企业组织专业推销人员或其他人员前往解决；企业突然发现了一个庞大的值得进入的市场，有必要派出一个专业推销小组，集中推销；企业建立一个后备推销小组和维修服务组织，待命而行。任务一到，出国推销兼做维修工作，或在国际市场维修时，开展推销工作。西方国家的许多公司还特别组织一个专家小组，在国际市场巡回考察、调研、推销，解决与本企业有关的经济、贸易和技术问题。

（三）企业在国外的分支机构或附属机构的推销人员

许多大公司特别是贸易公司，都在国外有分支机构（或附属机构），这些机构一般都有自己的推销人员，专门负责本公司产品在有关地区的推销工作。这些推销人员不仅有本国人，往往还大量雇用当地人员或熟悉当地市场的第三国人员（比如，请第三国某公司在本地分公司的推销人员代为推销）。

（四）利用国际市场的代理商和经销商进行推销

在许多情况下，企业不是自己派员推销，而是请国外中间商代为推销。但是，请国外代理推销人员，必须有适当的监督和控制，而不能单听代理推销人的意见和策略，或者完全交给代理推销人去做。在必要的时候，企业应该直接了解目标市场顾客的有关情况，或派出专业人员陪同代理推销人员去推销，或企业派自己的推销人员，对这些做法企业须慎重选择。此外，企业还可以在主要市场派出常驻贸易代表，协助代理推销人员，在该市场上开展推销工作。

四、国际市场人员推销的结构

国际市场人员推销结构，是指推销人员在国际市场的分布和内部构成。它一般包括地区结构型、产品结构型、顾客结构型和复合结构型四种。

（一）地区结构型

每个推销员负责一两个地区内本企业各种产品的推销业务。这种结构常用，也比较简单，因为划定国际市场销售地区，目标明确，容易考核推销人员的工作成绩；有利于推销人员熟悉当地的市场和顾客，掌握推销重点，并与顾客建立发展长期的关系；差旅费用相对较少。但是，其局限性是只适合于产品种类、技术较为单纯的企业。当产品或市场差异性较大时，推销人员不易了解众多的产品和顾客，会直接影响推销效果。

（二）产品结构型

每个推销人员专门推销一种或几种产品，而不受国家和地区的限制。如果企业的出口产品种类多，分布范围广，差异性大，技术性能和技术结构复杂，采用这种形式效果较好，因为对产品的技术特征具有深刻了解的推销人员，有利于集中推销某种产品，专门服务于有关产品的顾客。但这种结构的最大缺点是，不同产品的推销员可能同时到一个地区（甚至一个单位）推销，这既不利于节约推销费用，也不利于制定国际市场促销策略。

（三）顾客结构型

按不同的顾客类型来组织推销人员结构。由于国际市场顾客类型众多，因而国际市场顾客结构形式也有多种。例如，按服务的产业区分，可以对机电系统、纺织系统、手工业系统等派出不同的推销员；按服务的企业区分，可以让甲推销员负责对 A、B、C 企业推销的任务，而让乙推销员负责对 D、E、F 企业销售产品；按销售渠道区分，批发商、零售商、代理商等，由不同的推销人员包干；按客户的经营规模及其与企业关系区分，可以对大客户和小客户、主要客户和次要客户、现有客户和潜在客户等，分配不同比例的推销员。采用这种形式的突出优点是，企业与顾客之间的关系密切而又牢固，因而有着良好的公共关系，但若顾客分布地区较分散或销售路线过长时，往往使推销费用过大。

（四）复合结构型

综合地采用上述三种结构形式来组织国际市场推销人员。在企业规模大、产品多、市场范围广和顾客分散的条件下，上述三种单一的形式都无法有效地提高推销效率，则可以采取综合结构型。

五、国际市场人员推销的步骤、策略与技巧

（一）国际市场人员推销的步骤

1．寻找潜在顾客

推销工作的第一步就是要搜集潜在客户的名单。搜集潜在客户的主要途径有以下方面。

（1）查阅企业现有销售资料。目的是分析掌握企业现有客户的类型、需求状况，进一步挖掘现有客户资源。

（2）向现有顾客征询潜在客户。这样可以大大避免推销的盲目性，也容易赢得新客户的信任。

（3）个人观察及个人关系网。推销人员要善于学习、善于思考，锻炼提高自己捕获信息的能力。此外还应特别注意并善于结交人际关系，还可通过参加各种社交、培训活动扩大自己的人际关系网络，为寻找潜在顾客提供更丰富的线索。

（4）查阅各种信息来源。如报纸、电视、电话簿、政府部门的出版物、行业协会资料、网上搜索等。

推销人员要及时对搜集到的潜在顾客的资料进行记录、归类、更新，不断积累潜在顾客的资料。

2．事前准备

在拜访顾客之前，一般需要作好两方面的准备。一是了解拟拜访顾客的背景信息，二是要做好推销面谈计划。对顾客背景的了解一般包括其购买、消费历史，目前需要，甚至其性格、爱好等。在此基础上，分析、制定自己的推销方式、策略。总之，准备得越充分，推销成功的可能性就越大。

3．接近顾客

在推销人员与潜在顾客开始接触的最初几分钟，往往是很关键的，因为给顾客留下的第一印象的好坏直接关系到以后的推销能否继续进行下去。因此，推销人员应精心设计开场白，应设法从潜在顾客感兴趣的话题入手，顺利地打开推销的局面。此外，推销人员还应特别注意自己的服饰仪表、行为举止。

4．讲解与示范

这是推销工作的核心步骤。推销人员必须明确的一项基本原则是：推销员推销的不是产品本身，而是产品带给顾客的利益；顾客也不是为产品的特性所吸引，而是为产品的特性能给他带来的利益所吸引。因此，在推销中，推销员应以产品性能为依据，着重说明产品给顾客所带来的利益。

5．处理异议

顾客的异议是成交的障碍，但同时也表明顾客已经对推销员的讲解给予了关注，因此只要克服了异议，就有望达成交易。

顾客在接受推销的过程中，几乎都会表现出不同程度的抵触情绪，会提出各种各样的问题，如价格问题、产品问题、交货问题、操作使用方面的问题等。推销人员应注意倾听顾客的意见，以了解顾客异议背后的真实想法。推销人员还应注意搜集各种可能的异议，多做分析，才可能有备无患，给出圆满的回答。

6．达成交易

在洽谈过程中，一旦顾客认可了企业的产品，推销人员就应及时把握机会，促成交易。达成交易常用的方法有：

（1）优点汇集成交法。即将产品的特色或优点重复再现，以促成交易。

（2）假定成交法。即在顾客认可产品后，就其感兴趣的问题，给予适当承诺，以促成销售。

（3）选择成交法。即向顾客提出几个购买方案，请顾客从中作出选择。

（4）优惠成交法。即通过给顾客一定的优惠条件，促使其作出购买决定。

7. 跟踪服务

跟踪服务就是要确保顾客能及时收到订货和得到指导、服务。跟踪服务做得好，可以加深顾客对企业和产品的信任，有利于顾客重复购买，也有利于企业通过老顾客发展新顾客，因此跟踪服务既是人员推销的最后环节，也是新推销工作的起点。

（二）国际市场人员推销的策略

国际市场人员推销策略主要有三种。

1. 试探性策略

试探性策略，亦称为刺激—反应策略。就是在不了解客户需要的情况下，事先准备好要说的话，对客户进行试探。同时密切注意对方的反应，然后根据反应进行说明或宣传。

2. 针对性策略

针对性策略，亦称为配合—成交策略。这种策略的特点，是事先基本了解客户的某些方面的需要，然后有针对性地进行"说服"，当讲到"点子"上引起客户共鸣时，就有可能促成交易。

3. 诱导性策略

诱导性策略，也称为诱发—满足策略。这是一种创造性推销，即首先设法引起客户需要，再说明我所推销的这种服务产品能较好地满足这种需要。这种策略要求推销人员有较高的推销技术，在"不知不觉"中成交。

（三）国际市场人员推销的技巧

1. 上门推销技巧

（1）找好上门对象。可以通过商业性资料手册或公共广告媒体寻找重要线索，也可以到商场、门市部等商业网点寻找客户名称、地址、电话、产品和商标。

（2）做好上门推销前的准备工作，尤其要对企业发展状况和产品、服务的内容材料要十分熟悉、充分了解并牢记，以便推销时有问必答；同时对客户的基本情况和要求应有一定的了解。

（3）掌握"开门"的方法，即要选好上门时间，以免吃"闭门羹"，可以采用电话、传真、电子邮件等手段事先交谈或传送文字资料给对方并预约面谈的时间、地点。也可以采用请熟人引见、名片开道、与对方有关人员交朋友等策略，赢得客户的欢迎。

（4）把握适当的成交时机。应善于体察顾客的情绪，在给客户留下好感和信任时，抓住时机发起"进攻"，争取签约成交。

（5）学会推销的谈话艺术。

2. 洽谈艺术

首先注意自己的仪表和服饰打扮，给客户一个良好的印象；同时，言行举止要文明、懂礼貌、有修养，做到稳重而不呆板、活泼而不轻浮、谦逊而不自卑、直率而不鲁莽、敏捷而不冒失。

在开始洽谈时，推销人员应巧妙地把谈话转入正题，做到自然、轻松、适时。可采取以关心、赞誉、请教、炫耀、探讨等方式入题，顺利地提出洽谈的内容，以引起客户的注意和兴趣。

在洽谈过程中，推销人员应谦虚谨言，注意让客户多说话，认真倾听，表示关注与兴趣，并做出积极的反应。遇到障碍时，要细心分析，耐心说服，排除疑虑，争取推销成功。在交谈中，语言要客观、全面，既要说明优点所在，也要如实反映缺点，切忌高谈阔论、"王婆卖瓜"，让客户反感或不信任。

洽谈成功后，推销人员切忌匆忙离去，这样做，会让对方误以为上当受骗了，从而使客户反悔违约。应该用友好的态度和巧妙的方法祝贺客户做了笔好生意，并指导对方做好合约中的重要细节和其他一些注意事项。

3. 排除推销障碍的技巧

（1）排除客户异议障碍。若发现客户欲言又止，自方应主动少说话，直截了当地请对方充分发表意见，以自由问答的方式真诚地与客户交换意见。对于一时难以纠正的偏见，可将话题转移。对恶意的反对意见，可以"装聋扮哑"。

（2）排除价格障碍。当客户认为价格偏高时，应充分介绍和展示产品、服务的特色和价值，使客户感到"一分钱一分货"；对低价的看法，应介绍定价低的原因，让客户感到物美价廉。

（3）排除习惯势力障碍。实事求是地介绍客户不熟悉的产品或服务，并将其与他们已熟悉的产品或服务相比较，让客户乐于接受新的消费观念。

六、国际市场人员推销的管理

国际市场推销人员的管理主要包括招聘、培训、激励和评估各环节。

（一）国际市场推销人员的招聘

国际市场推销人员的招聘多数是在目标市场所在国进行。因为当地人对本国的风俗习惯、消费行为和商业惯例更加了解，并与当地政府及工商界人士，或者与消费者或潜在客户有着各种各样的联系。但是，在海外市场招聘当地推销员会受到当地市场人才结构和推销人员的社会地位的限制，在某些国家或地区要寻找合格的推销人选并非易事。

企业也可以从国内选派人员出国担任推销工作。企业选派的外销人员，最主要的是要能适应海外目标市场的社会文化环境。

（二）国际市场推销人员的培训

1. 培训的地点和内容

推销人员的培训既可在目标市场国进行，也可安排在企业所在地或者企业地区培训中心进行。跨国公司的推销人员培训多数是安排在目标市场所在国，培训内容主要包括产品知识、企业情况、市场知识和推销技巧等方面。若在当地招聘推销人员，培训的重点应是产品知识、企业概况与推销技巧。若从企业现有职员中选派推销人员，培训重点应为派驻国市场营销环境和当地商业习惯等。

2. 对推销高科技产品推销人员的培训

对于高科技产品，可以把推销人员集中起来，在企业培训中心或者地区培训中心进行培训。因为高科技产品市场在各国具有更高的相似性，培训的任务与技术要求也更加复杂，需要聘请有关专家或富有经验的业务人员任教。

3. 对推销人员的短期培训

对于这类性质的培训，企业既可采取组织巡回培训组到各地现场培训的方法，也可将推销人员集中到地区培训中心进行短期集训。

4. 对海外经销商推销员的培训

为海外经销商培训推销人员，也是工业用品生产厂家常常要承担的任务。对海外经销商推销人员的培训通常是免费的，因为经销商推销人员素质与技能的提高必然会带来海外市场销量的增加，生产厂家与经销商均可从中受益。

（三）国际市场推销人员的激励

对海外推销人员的激励，可分为物质奖励与精神鼓励两个方面。物质奖励通常指薪金、佣金或者奖金等直接报酬形式，精神鼓励可有进修培训、晋级提升或特权授予等多种方式。企业对推销人员的激励，应综合运用物质奖励和精神鼓励等手段，调动海外推销人员的积极性，提高他们的推销业绩。

对海外推销人员的激励，更要考虑到不同社会文化因素的影响。海外推销人员可能来自不同的国家或地区，有着不同的社会文化背景、行为准则与价值观念，因而对同样的激励措施可能会作出不同的反应。

（四）国际市场推销人员的评估

对于海外推销人员的激励，建立在对他们推销成绩进行考核与评估的基础上。但是企业对海外推销人员的考核与评估，不仅是为了表彰先进，而且还要发现推销效果不佳的市场与人员，分析原因，找出问题，加以改进。

人员推销效果的考核评估指标可分为两个方面：一是直接的推销效果，例如所推销的产品数量与价值、推销的成本费用、新客户销量比率，等等。二是间接的推销效果，如访问的顾客人数与频率、产品与企业知名度的增加程度、顾客服务与市场调研任务的完成情况，等等。

企业在对人员推销效果进行考核与评估时，还应考虑到当地市场的特点以及不同社会文化因素的影响。例如，产品在某些地区可能难以销售，则要相应地降低推销限额或者提高酬金。若企业同时在多个海外市场上进行推销，可按市场特征进行分组，规定小组考核指标，从而更好地分析比较不同市场条件下推销员的推销成绩。

第四节 国际市场营业推广

一、国际市场营业推广的概念、特点与种类

（一）国际市场营业推广的概念

营业推广是一种适宜于短期推销的促销方法。

国际市场营业推广，是指企业在国际目标市场上为了刺激需求、扩大销售而采取的能迅速产生激励作用的促销措施。

（二）国际市场营业推广的目的

营业推广的目的通常有两个：一是诱发消费者尝试一种新产品或新牌子，尤其是刚进入国际市场的产品；二是刺激现有产品销量增加或减少库存。

国际市场营业推广主要是针对国际目标市场上一定时期或一项任务，为了某种目标而采取的短期的特殊的推销方法和措施。如为了打开产品出口的销路、刺激国际市场消费者购买、促销新产品、处理滞销产品、提高销售量等等，使用这种促销方法是为了配合广告和人员推销，使三者相互呼应，相互补充，相得益彰。

（三）国际市场营业推广的特点

作为一种促销策略和促销方式，国际市场营业推广见效快，可以在短期内刺激国际目标市场需求，使之大幅度地增长，特别是对一些质优名牌和具有民族风格的产品效果更佳。这种促销方式的特点是具体、实在、针对性强、灵活多样，它能够唤起消费者的广泛注意，对想购买便宜东西和低收入阶层的顾客等颇具吸引力。

（四）国际市场营业推广的种类

在国际市场上，营业推广一般可分为直接对消费者的营业推广以及直接对进出口商和中间商的营业推广。

1. 直接对消费者的营业推广

（1）赠送。向消费者赠送样品或试用样品，样品可以挨户赠送，在商店或闹市区散发，在其他商品中附送，也可以公开广告赠送，赠送样品是介绍一种新商品最有效的方法，费用也最高。

（2）优惠券。给持有人一个证明，证明他在购买某种商品时可以免付一定金额的钱。

（3）廉价包装。是在商品包装或招贴上注明，比通常包装减价若干，它可以是一种商品单装，也可以把几件商品包装在一起。

（4）奖励。可以凭奖励券买一种低价出售的商品，或者凭券免费以示鼓励，或者

凭券买某种商品时给一定优惠，各种摸奖抽奖也属此类。

(5) 现场示范。企业派人将自己的产品在销售现场当场进行使用示范表演，把一些技术性较强的产品的使用方法介绍给消费者。

(6) 组织展销。企业将一些能显示企业优势和特征的产品集中陈列，边展边销。

2. 直接对进出口商和中间商的营业推广

(1) 批发回扣。企业为争取批发商或零售商多购进自己的产品，在某一时期内可给予购买一定数量本企业产品的批发商以一定的回扣。

(2) 推广津贴。企业为促使中间商购进企业产品并帮助企业推销产品，还可以支付给中间商一定的推广津贴。

(3) 销售竞赛。根据各个中间商销售本企业产品的实绩，分别给优胜者以不同的奖励，如现金奖、实物奖、免费旅游、度假奖等。

(4) 举办交易会或博览会、业务会议等。

(5) 工商联营。企业分担一定的市场营销费用，如广告费用、摊位费用，以建立稳定的购销关系。

二、影响国际市场营业推广的因素

在国际市场上开展营业推广，除了考虑市场供求和产品性质、消费者的购买动机和购买习惯、产品在国际市场上的生命周期、目标市场的政治与经济等因素外，应特别注意不同国家或地区政府对营业推广活动的限制、经销商的合作态度以及当地市场的竞争程度等因素的影响。

(一) 当地政府的限制

许多国家或地区政府对营业推广方式加以限制。例如，有的国家规定，企业在当地市场上进行营业推广活动要事先征得政府有关部门的同意；有的国家则限制企业营业推广活动的规模；有的国家对营业推广的形式进行限制，规定赠送的物品必须与推销的商品有关；等等。

(二) 经销商的合作态度

企业在国际市场营业推广活动要取得成功，需要得到当地经销商或者中间商的支持与协助。例如，由经销商代为分发赠品或优惠券，由零售商来负责交易货物发运处理，进行现场示范或者商店陈列，等等。对于那些零售商数量多、规模小的国家或地区，企业在当地市场的营业推广活动的困难就比较多。这是因为当地零售商数量多、分布散、不容易联系、商场规模小、无法提供必要的营业面积或者示范表演场地，加上营业推广经验缺乏，难以收到满意的促销效果。

(三) 市场的竞争程度

目标市场的竞争程度，以及竞争对手在促销方面的动向或措施，都会直接影响到企业的营业推广活动。例如，竞争对手推出新的促销举措来吸引顾客争夺市场，企业若不采取相应的对策，就有失去顾客而丧失市场的危险。同样，企业在海外目标市场的营业推广活动，也可能遭到当地竞争者的反对或阻挠，甚至通过当地商会或政府部门利用法律或法规的形式来加以禁止。

三、国际市场营业推广策略的制定

企业要结合产品、市场等方面的情况，制定一套良好的国际市场营业推广策略，慎重确定营业推广的规模与对象、营业推广的途径、营业推广的时机与期限、营业推广的目标等。在营业推广实施过程和实施结束以后，企业还有必要不断地进行营业推广效果评价，以调整今后企业的营业推广策略。

（一）营业推广的规模

营业推广的规模必须适当。在通常情况下，选择单位推广费用效率最高时的规模，低于这个规模，营业推广不能充分发挥作用；高于这个规模，或许会促使营业额上升，但其效率会递减。

（二）营业推广的对象

在国际市场上，营业推广鼓励对象可以是任何人，也可以是部分人，通常是鼓励商品的购买者或消费者。但企业有时可以有意识地限制那些不可能成为长期顾客的对象或购买量太少的对象参加。

（三）营业推广的途径

企业在确定了上面两个问题以后，还要研究通过什么途径向国际市场的顾客开展营业推广。营业推广的途径和方式不同，推广费用和效益也不一样，企业必须结合自身内部条件、市场状况、竞争动态、消费者需求动机和购买动机等进行综合分析，选择最有利的营业推广途径和方式。

（四）营业推广的时机和期限

不同的商品，在不同的市场、不同的条件下，营业推广的时机是不同的。市场竞争激烈的产品、质量差异不大的同类产品、老产品、刚进入国际市场的产品、滞销产品等，多在销售淡季或其他特殊条件下运用营业推广策略。至于营业推广期限，企业应考虑消费的季节性、产品的供求状况及其在国际市场的生命周期、商业习惯等适当确定。因为营业推广的目的是为了更多地销售商品，如果促销活动持续的时间过短，就产生不了应有的效果；而持续的时间过长，也会使企业投入的资金和精力过多，而促销所得到的收入则不一定能够弥补其支出。

（五）营业推广的目标

营业推广目标主要是指企业开展营业推广所要达到的目的和期望。推广目标必须依据企业的国际市场营销战略和促销策略来制定。营业推广的目标不同，其推广方式、推广期限等都不一样。

本章小结

国际市场营销要求企业不仅要开发适合国际市场消费者需求的优良产品，制定适当的价格，以适宜的分销渠道提供产品给消费者，还要开展各种国际市场促销活动，包括人员推销、广告、营业推广和公共关系，它们构成了企业的促销组合。

国际市场广告是指为了配合国际营销活动，在产品出口目标国或地区所做的商品广告。国际市场人员推销，是以销售人员为媒介的国际促销方式，也就是通过人际沟通促进国际营销。国际市场营业推广，就是除了人员推销、广告和公共关系等手段以外，在国际目标市场上，企业为了刺激需求，扩大销售，而采取的能迅速产生激励作用的促销措施。营业推广的目的通常是诱发消费者尝试一种新产品或新牌子，尤其是刚进入国际市场的产品，以及刺激现有产品销量增加或库存减少。

企业要制定一套良好的国际市场营业推广策略，不只是选择一种或几种推广方式，还要结合产品、市场等方面的情况，慎重确定营业推广的规模、营业推广对象、营业推广的途径、营业推广的时机和期限、营业推广的目标等。在营业推广实施过程中和实施结束以后，企业还有必要不断地进行营业推广效果评价，以调整企业今后的营业推广策略。

关键概念

促销　促销组合　国际市场广告　国际市场人员推销　国际市场营业推广

思考题

（1）简述促销和促销组合的概念。
（2）国际市场广告的现状和特点是什么？
（3）简述国际市场广告的主要策略。
（4）国际市场广告媒体的种类有哪些？选择广告媒体的影响因素有哪些？
（5）国际市场人员推销的功能是什么？
（6）简述国际市场人员推销的类型和结构。
（7）简述国际市场人员推销的管理。
（8）国际市场营业推广的特点和影响因素有哪些？
（9）简述国际市场营业推广的种类。

案例　小米公司的新媒体营销

一、新媒体营销的概念

每次新媒体的出现都会带来企业营销环境的剧变。在很多品牌认为电视广告是提高知名度的有力武器时，小米公司依靠互联网新媒体营销，经过短短三年的发展，2013

年成为当年中国最赚钱的手机企业。移动互联时代的来临使整个营销环境发生了剧变，企业能否适应时代的变革、展开有效的营销，成为新媒体时代企业竞争力提升的关键。

清华大学教授熊澄宇在2008年新媒体传播学年会中的发言中提到，新媒体是一个相对的概念，是一个时间的概念，是一个发展的概念。也就是说，新媒体不仅仅是网络，它一直在变化，不会停止或终结在任何一个平台上。奥巴马就是研究新媒体非常好的案例。《纽约时报》总编说，没有互联网，奥巴马当选不了总统，没有互联网，奥巴马甚至不能成为总统候选人。罗斯福是电台总统，肯尼迪是电视总统，今天我们看到了一位互联网总统。怎么理解网络对奥巴马当选的意义，熊澄宇教授选择了三句话，即"无处不在，无时不有，无所不能"。本文提到的新媒体指的是基于互联网技术、通信技术、数字广播等技术，通过互联网、无线通信网等渠道，以电脑、电视、手机等设备为终端媒体，能够实现个性化、互动化的传播，包括微信、微博、博客、微电影、社交网站等。

二、新媒体营销模式

1. 微信营销

中国智能手机用户已经突破4亿。北京时间2014年2月14日消息，据《纽约时报》网络版报道，市场研究公司Forrester称，智能手机用户数量四年内将达到10亿，其中许多人将用这些设备办公。因此，企业需要着力思索如何用手机产品吸引客户。随着使用习惯的转变，用户形成了对手机上网的无限依赖，微信作为移动互联网第一应用，凭借其独特的产品定位及良好的用户体验，已经成为移动端用户的必备应用。微信拥有移动互联网史上最强大的用户量基础，智能手机以其获取信息、沟通联系的方便性挤占了人们对于传统媒体甚至互联网媒体的关注时间。企业公众账号作为微信一大创新性产品举措，为企业与其目标消费者群体进行互动营销提供了非常巧妙的切入点。

2. 微博营销

据相关统计，新浪微博、腾讯微博、网易微博和搜狐微博的注册用户总数已经突破6亿，每天登陆数超过了4000万。这部分群体有着一些共同的特点，即对新鲜事物比较敏感，也是在网上购物比较活跃的群体，同时具有很强的购买力。微博营销是指通过微博平台为商家、个人等创造价值的一种营销方式，也是商家或个人通过微博平台发现并满足用户的各类需求的商业行为方式。

3. 博客营销

博客营销简单来说就是利用博客这种网络形式开展网络营销。而博客（Blog）是个人互联网出版工具，是网站应用的一种新方式，它是一个网站，它为每一个人提供了一个信息发布、知识交流的传播平台，博客使用者可以很方便地用文字、链接、影音、图片建立起自己个性化的网络世界。博客内容发布在博客托管网站上，如博客网、google属下的Blogger网站等，这些网站往往拥有大量的用户群体，有价值的博客内容会吸引大量潜在用户浏览，从而达到向潜在用户传递营销信息的目的。

4. 微电影营销

微电影是指在新媒体平台上播放的、适合在移动状态和短时状态下观看的影视作品。微电影既是加长版的广告片也是精华版的电影，它是广告，同时传递了电影的剧情。它在紧张的生活节奏中，快速地如同快餐一样满足了受众的某种精神需求。它的火爆再次将营销的模式变得温情而抢眼。微电影不同于商业化的影视大片，也不同于视频短片，它的营销手段与效果评估也与微博等类似，是介于代表大众言论的微博与商业影视作品中间的一个新媒体网络化的营销手段。

5. 网站营销（主要是社交网站）

社交网络营销型网站人们称之社交站，它是 web 2.0 或新世纪的交流平台，企业必须把社交站当作自己的优势，因为它们有大量的免费流量。

三、小米公司的新媒体营销

北京小米科技有限责任公司（以下简称小米公司）正式成立于 2010 年 4 月，是一家专注于智能手机自主研发的移动互联网公司，定位于高性能发烧手机。小米公司首创了用互联网模式开发、销售手机操作系统和硬件、发烧友参与开发、改进的模式。小米公司于 2011 年 8 月发布第一款手机后，不到三年的时间，2013 年小米共销售手机 1870 万台，实现含税销售额 316 亿元，净利润达 30 亿元人民币。当然，除了小米手机本身具有强大的功能之外，其高超地利用互联网新媒体营销的手段也是促成小米手机销售神话极其重要的原因。

小米公司主要实施网站营销和微博营销两种新媒体营销。

1. **网站营销**

小米手机官网是小米手机进行网站营销的主阵地，无论是作为官方发布信息最重要的平台，还是作为购买小米手机的唯一通道，还是小米论坛的所在地，小米手机集网站式的发布资源于一身，甚至包含了商城，旗下软件 MIUI（小米定制系统）用户已经超过 3000 万。小米论坛注册用户数突破 1000 万，活跃用户 100 万，每天发的帖子超过 25 万。

2. **微博营销**

通过微博这个平台，小米不仅仅通过各种促销或有创意的活动吸引眼球，而且大大提高了知名度，可以说在战略性的饥饿营销时期，微博营销是小米手机网络营销最重要的一个实施手段。小米手机既然已经定位于网络销售，也的的确确将微博当成其营销的主阵地。在这方面，其公司创始人雷军更是做到了极致，"低调"的雷军在小米手机的新媒体营销上体现了个人影响力。过去雷军每天发微博的数量控制在两三条，但在小米手机发布前后，他不仅利用自己微博高密度宣传小米手机，还频繁参与新浪微访谈，出席腾讯微论坛、极客公园等活动。这增加了媒体对小米相关资讯的曝光力，媒体抓住读者的关注，把相关资讯刊登在报纸杂志、微博网站上，不但满足了老米粉的需求，也将会带来一批新的米粉。

（资料来源：中国集体经济网 http://www.ccenet.cn/html/hwhd/2014/0521/885.html）

案例思考

（1）新媒体营销相对于传统营销方式有什么特点？

（2）小米公司的新媒体营销为什么能够取得成功？

第十二章　国际市场政治营销策略

本章学习目标

通过本章的学习，要求学生掌握以下内容：①了解政治营销策略的概念、产生背景、发展历程和作用；②了解国际市场非关税壁垒的主要形式；③了解国际市场中的政企关系；④了解企业与政府建立良好关系的重要性；⑤了解国际市场政治营销策略的基本方法。

第一节　政治营销策略概述

一、政治营销策略的概念

政治营销策略，是指依据政治对营销活动的影响范围、程度和规律，借助政治权力和政府的政治行为来实现组织目标的营销活动。

目前政治营销策略已作为新的营销观念而风靡世界，并成为企业开拓市场的利器。这是因为，在国际市场上，随着世界范围贸易保护和政府干预经济的日益加强，政治在营销中的作用显得越来越重要。在这种情况下，除了传统的4P组合外，企业的战略研究部门应该关注与企业相关的政策变动，在战略层面加强对公共政策的研究、了解、利用和影响，根据政策的变化及时调整企业的营销战略。企业还必须掌握政治权力和公共关系这两个更重要的因素，利用权力和公共关系，取得政府官员、立法部门、企业高层决策者以及社会民众的支持和合作，扫清市场障碍，变封闭性市场为开放性市场。

世界著名的大企业或公司，都对政治表现出异乎寻常的热情和关注，并努力寻求以政治推动企业长足发展的战略，实施全方位的政治营销策略。例如，波音飞机在中国市场的兴衰，往往是中美政治的晴雨表。万宝路公司特聘英国前首相撒切尔夫人为客籍资政，以沟通政治和经济的广泛联系等，都是政治营销策略成功的事例。

美国企业管理专家彼德·萨勒尔博士认为，政治与经济是一对连体儿，有远见的企业家是不应当孤立地讲经营、讲发展，而应当把经济与政治结合起来，既研究经济对政治的影响也研究政治对经济的影响，既研究现实性问题也研究战略性问题，全方位研究政治格局的变化，并据此制定一揽子营销计划。

二、企业政治营销策略的背景

目前，国际大企业正兴起利用政治营销策略的热潮，以前瞻的眼光把握政治机遇，实施全方位的国际营销。企业政治营销策略产生的背景主要有以下方面。

(一) 国际政治经济关系发展格局

当今的世界经济和国际经济关系，越来越多地受到非经济因素（如政治、文化、历史、意识形态）的干扰。国际政治经济关系格局出现两种趋势：一是政治经济化与经济政治化的趋势日益明显，二是国际问题国内化与国内问题国际化的趋势日益突出。政治与经济是一对连体儿，有远见的企业家需要把经济与政治结合起来，借助政治力量促进企业的市场营销活动。

(二) 国际贸易保护主义回潮

随着经济全球化和一体化，各国政府纷纷从本国利益出发，设置非关税贸易壁垒，国家间贸易摩擦渗透着政府因素；同时，民族中心主义高涨，有的政府利用国人对国货的偏好，及对外国货的偏见，大肆宣扬"外国威胁论"，暗地诱导国人抵制。这就要求企业从政治和战略高度来策划市场营销活动，突破有关国际市场的贸易保护主义体系。

(三) 安全成本日益受到关注

安全成本受到关注的原因：一是金融危机引起全球对经济自由主义的反思，维护金融安全已成为国际社会的广泛共识；二是国际恐怖主义使得世界经济的安全成本大大提高，政治因素对经济的影响日显突出。企业迫切需要在国际市场上得到政治庇护，也需要通过政治营销活动降低安全成本。

三、国际市场的非关税壁垒

政治营销策略是企业在国际市场营销中突破非关税壁垒的重要途径。

所谓非关税壁垒，是指由政府通过法律直接规定、以非关税方式实施的、对商品和服务的国际流动具有一定限制作用的管理措施。非关税壁垒则为非关税措施中具有贸易扭曲效果的措施。在非关税措施中，绝大部分措施是由政府部门实施的，只有极少一部分，如有些装运前检验是属于企业行为。

根据不同的标准，可以把非关税措施进行分类。

(一) 按照非关税措施的影响方式分类

按照非关税措施的影响方式，可分为直接性的非关税措施、间接性的非关税措施和溢出性的非关税措施3种。

对于非关税措施的分类，英国学者David Greenaway将非关税措施分为了直接性和间接性两种。直接性的非关税措施是指明显用于限制和影响贸易的措施，诸如数量限制（配额）、自愿出口限制、有秩序的市场安排、出口和出口信用补贴、政府采购和进口许可证等。间接性的非关税措施是指那些表面上是为了达到其他政策目标而实际对进出口贸易的模式和商品的流动产生影响的措施，诸如对部分地区和企业的补贴、安全健康和环境法规、海关估价、原产地标记等。这种分类方法对理解和分析非关税措施是有帮助的。由于间接手段的非关税措施大都隐蔽在公开、合理的政策目标后面，因而更难以分辨和消除。溢出性的非关税措施是指进口国的政策一般来说并不是针对对外贸易，然而由于溢出效应对货物或服务的进口贸易产生了副作用。

（二）按照非关税措施制定的主体分类

按照非关税措施制定的主体，可以分为内生性非关税措施和外生性非关税措施。内生性非关税措施是指本国政府设立的，影响和限制外国商品进口的非关税措施。外生性非关税措施是指外国政府设立的，影响与限制本国商品出口的非关税措施。此种分类法主要出自一国对外贸易的角度。就全球贸易而言，由于一国的出口必然是另一国的进口，内生性非关税措施和外生性非关税措施的区分没有特别的意义。

（三）按照非关税措施的作用机制分类

按照非关税措施的作用机制，可以分为价格费用型的非关税措施、数量限制型的非关税措施和技术标准型的非关税措施。

价格费用型的非关税措施直接影响进口商品的成本，进而影响这些商品的最终价格，或者直接影响国内商品的价格，改变国产商品与进口商品的价格差，从而达到限制进口、增加国内生产和利润的目的。

数量限制型的非关税措施，它是通过限制进口商品的数量或进口总额，从而达到直接有效地限制商品进口的作用。

技术标准型的非关税措施，主要是通过制定各种规定、标准来达到限制进口的目的。

另外，在价格费用型非关税措施中的外汇管制是指成本型的外汇管制，如国家外汇管理机构对外汇买卖实行复汇率制度，利用买卖成本的差异，间接影响商品的进出口。数量限制型非关税措施中的外汇管制是指数量型的外汇管制，如国家外汇管理机构规定外汇供应额度，只有在获得足够的外汇额度的前提下才能进口商品。

四、政治营销策略在国际市场的产生和发展

企业营销的政治化首先与企业营销环境的非经济化因素的滋长有着直接关系。"二战"以后，由于国际经济关系和国际政治格局相对稳定，西方国家的经济快速发展，企业也在这种比较有利的条件下取得了良好的营销成果。虽然政府干预经济的能力和力度都有很大程度的加强，但主要是表现在宏观经济调控方面，企业基本上不受政治因素的影响。在20世纪70年代以前，西方国家的市场结构是一对一（供应者对需求者）的单纯形态，企业面对的交易对象（顾客、供应商、投资者）都以经济利益最大化作为行动准则，企业只要运用纯经济手段（如价格、质量、品种和服务等）就可以满足交易对手的需求，达成交易并实现自身的目的。因此，早期的企业营销手段不包括非经济手段，而非经济手段一般是被看作外部制约因素。但是，20世纪70年代以后，企业营销环境日益复杂化，影响企业营销的因素也日趋多样化，特别是非经济性因素滋长很快，纯粹的经济手段已经无法应付复杂的形势，企业营销中非经济因素随之产生。

企业营销中的非经济性因素由多种渠道产生。

（1）市场交易对手的需求目标超越了纯经济范畴。他们在要求经济利益的同时还附加上其他非经济性要求，如消费者在选购商品时不仅要考虑价格、质量等经济因素，还要关心环保和社会进步等非经济因素。例如，美国1998年4月的一项调查表明，有78%的被调查顾客表示愿意购买致力于废除不公正劳动（如使用童工或工资过低）企业的商品；有84%的被调查者表示，如果能保证商品是在公正劳动环境下制造的，那么他们愿意以21美元购买价值20美元的商品。

（2）大量的非经济主体介入市场活动，与企业之间的摩擦日益加剧。70年代以前市场主体均是经济团体或个人，如竞争者、供应商、分销商、消费者、投资者等，经济性市场主体当然以经济目的而存在，与他们交易也以经济手段为主。但是，随着西方国家经济日益成熟，社会不平衡和矛盾日益突出，很多社会性、地区性、政治性团体和组织日益壮大，如消费者组织、环保组织、地区性社团、民族主义团体等社会组织。这些社会组织经常给企业营销活动设置种种障碍，甚至破坏企业的生存条件，对企业的影响不亚于竞争威胁。而简单的经济手段解决不了社会矛盾，传统的营销思想受到挑战。

（3）各国政府和国际组织对企业的影响日益加深。20世纪70年代以后各国政府不仅干预宏观经济，而且通过多种途径影响企业的营销活动，典型的事例如70年代石油输出国组织引发的石油危机；20世纪80年代一些国际组织利用某些国际条款对违规企业进行制裁；20世纪90年代美国执行的企业联合与分解政策等。在这种形势下，企业如果只有经济力量，只能处于十分被动的地位。

政治手段在企业营销中的应用还与西方企业实施的营销战略有着直接的关系。从20世纪60～90年代，西方企业分别执行了规模经济战略、范围经济战略、国际化战略、联盟经济战略，这些战略虽然服从于企业的经济利益，但在执行过程中都离不开政治力量的作用，单纯的经济手段不可能实现上述战略目标。

规模经济效应虽然是很早就被经济学揭示的一项基本原理，但由于受技术和设备等因素的限制，直到20世纪60年代以后才明显发挥作用；到了70年代，发达国家已经形成了很多规模庞大的企业集团，企业实力显著增加。这些大规模的企业集团利用自身的供应能力，市场占有能力以及在技术、开发、宣传等方面的实力，将经济规模扩展为"政治"规模，他们的政治风险已高于经济风险，集团的正常运转也离不开政治力量。20世纪70年代以后由于市场日趋成熟化，规模经济达到了极限，范围经济战略在西方国家流行。在范围经济战略下，企业普遍发展多角化业务，这就使很多企业超越了个别产业和局部市场的范围，行业与行业之间、企业与企业之间、市场与市场之间的经济摩擦日益加剧，相互之间争夺市场的利益冲突单靠经济手段难以解决。在跨行业经营中，企业之间的关联性加强，直接冲突的可能性增加，一家企业的生存主张只有与其他企业的生存主张相互协调才能求得共存。在这种背景下，企业从经济共存发展到政治共存。80年代以后国际化营销成为西方企业新的发展方向，国际化引发的经济摩擦很容易演变成政治摩擦，例如日美之间的贸易摩擦从20世纪70年代的化纤工业开始，80年代扩展到钢铁、家电、汽车、半导体等，这些贸易摩擦的核心问题已经不仅仅局限于经济方面，经济行为伴生着政治行为，政治解决是开辟国际市场的主要途径，企业对政治手段的依赖日益加深。美国营销学家科特勒在进行国际营销研究时指出："你是美国的家电生产厂家，如果把产品销到日本，就不得不采用4P之外的手段，这是大市场营销问题。因此，构成市场营销的环境发生了很大的变化。"他进一步指出："我们相信以适当的价格、适当的场所、适当的方法销售优良的产品就能取得成功，但实际上并非如此，即使尝试了所有的方法也可能失败，简单地创造购买欲望是不充分的，即4P是不充分的。"科特勒为此补充了公共关系和权力这两个新的2P因素，政治力量已正式介入微观营销活动。

五、政治营销策略的作用

由于国际市场营销的特殊性，企业进入外国市场，必须掌握谈判技巧，得到外国立法部门和政府官员的支持，才能取得预期效果。同时企业需要争取本国政府的力量与其他国家打交道，才能有效地克服相关国家的壁垒。

我国加入WTO后，企业面对的市场环境发生了变化，中国出口企业能否抓住机遇，趋利避害，使加入WTO的正效应得到最大限度的利用，负面影响降低到最小程度，是中国对外贸易出口继续保持快速增长的关键。近年来，中国的外贸出口高速增长，同时也遭遇大量的国外非关税壁垒。通过有效的政治力量营销策略，成功突破和有效应对国外的非关税壁垒，对于提高中国国际竞争力和扩大产品出口具有重要意义。

企业政治营销策略的作用包括以下方面：

（1）实施政治营销策略，可以为企业内部营造一种良好的氛围，有利于企业的长期稳定和健康发展。企业内部无论是个人还是部门都有一定的政治利益和政治愿望，大多数企业内部的组织冲突都是由于政治摩擦引起的。因此，成员和组织之间的政治协调是必要的。现代企业的组织结构仍然模仿行政管理的框架，有等级、职位、权利、责任等政治性需求层次，营销者必须利用经济手段之外的政治手段制定用来约束成员行为的规范，传统的集权与分权、职责明确化，以及命令统一等都是常用的政治协调手段。

（2）实施政治营销策略，有助于企业减弱甚至消除政治壁垒，为企业的发展创造一个和谐的外部环境。改变企业对其与政府、议会等政治机构或权力机构之间关系的认识。企业应该改变传统的与政府关系的看法，化被动为主动，积极实施政治营销策略，影响政府决策，从"政府引导企业"转为"企业引导政府"，并与政府建立共赢互惠的合作关系。

第二节 国际市场中的政企关系

一、政府是企业国际营销的监管者

在国际市场营销中，企业的所有营销活动都必须是合法的，这是任何企业经营与发展的前提条件。企业在国际市场营销中所受到的政府监管，主要表现在以下三个方面：

（1）政府是一个拥有权力的公众，与企业之间的关系是领导与被领导、管理与被管理的关系。政府有利的政策干预，有助于企业顺利发展，而不利的政策干预，可能会将企业置于困难的境地。

（2）政府能够限制对某产业的进入，如通过许可证的要求和限制获取原材料的方法加以控制，同时政府对进入的约束，也可以通过控制诸如空气和水的污染标准、产品安全性能和效能的条例而巧妙地表现出来。

（3）政府能通过法规、补贴或其他方法影响企业现有产品相对于替代产品的处境。

出于对国家利益的考虑，政府要通过立法、行政和经济等手段对国民经济进行宏观调控。因此，企业的营销活动必然要受到政府行为的影响。一方面，企业必须和政府积极合作帮助政府实现良好的宏观经济管理，以取得政府的信赖和支持；另一方面，除了获得本国政府的支持和帮助以外，还要求开拓国际市场的企业必须协调与其他国家政府的关系，遵循东道国的法律法规，加强与政府部门的沟通和联系，以树立和赢得企业的信誉和形象。

政府限制产业的进入的典型例子如下：

（1）1918年11月，第一次世界大战停战协定墨迹未干，德国染料制造商便开始与当时美国负责发放化工产品进口许可证的国务院战时贸易委员会谈判，试图以提供纺织业所急需、而美国尚不能进行大规模生产的"还原染料"为敲门砖，重新进入美国的有机化工产品市场。德国人的迅速行动引起了美国染料生产厂家的恐慌。他们担心战时对敌国的贸易禁运和美国所实行的高关税政策一旦解除，德国等外国的染料产品将涌入美国市场，那么，他们在战时刚刚发展起来的弱小的有机化学工业必然遭到毁灭性打击。为了避免这种厄运的出现，美国染料协会开始在国会进行游说，要求制定一项能够体现出禁止性关税原则的长期性的关税法，同时寻求将战时的贸易禁运措施至少延长到和平条约签订之后。

（2）1919年5月，来自俄亥俄州的共和党国会众议员尼古拉斯·朗沃思提出了一项议案，主要内容为：将染料产品及半成品的关税从其价格的35%提高到50%；对这些产品按其进口的每磅重量征收附加税；使战时贸易委员会发放进口许可证的制度永久化。1920年12月，美国染料协会立即抓住这个机会，极力敦促国会通过一项临时性的"紧急关税法案"。该法案要求继续延长战时对德国染料的禁运政策；同时，以议案中的关税建议为蓝本，规定了临时性的美国关税结构。杜邦公司的宣传部门则配合这项行动，通过新闻、出版、报刊等媒介宣传染料在军事上的重要意义，以及英、法、日等国保护本国有机化学工业的具体做法。这样，1921年5月，国会终于通过了《紧急关税法》。美国国会通过的《紧急关税法》，曾使德国染料制造商在美国的营销活动困难重重。

行政监管是国际营销中需要重点考察的一个部分，这与企业跨国营销的一些特殊性有关。政府对企业的监管职能是公众赋予政府的一种强制性权力。因此，从本质上来讲这种关系是非对抗性的，也是必须服从的。所以，企业需要在国际营销中时刻关注有关的政府监管行为，在把握市场机遇的同时减小和规避政治风险。

二、政府是企业国际营销的顾客

政府是企业国际营销的重要顾客，构成了企业国际营销的一个重要细分市场。政府采购者有许多不同于其他市场客户的特点：

（1）政府采购的规定和规则，要求企业提供大量书面材料。对于企业来说，就应该尽可能地了解、掌握这些规则；而对于政府部门来说，他们也经常对潜在的供应企业给予详细指导，提供给他们一些如何把产品卖给政府的指南。

（2）政府采购的第二个特点是经常要求供应商竞价投标。多数情况下政府采购者选择开价最低者，有时也选择那些能提供优质产品或具有及时履约信誉的供应企业。例如，1994年，马来西亚政府决定招标修建新的吉隆坡国际机场，结果是一家日本企业以"最实用的技术"和"最精确的价格计算"而中标。

（3）政府采购者往往倾向于购买本国企业的产品和服务。因此，许多跨国企业总是与东道国的企业联合投标。由于政府部门在采购政策中规定了价格标准、产品特征等营销因素，企业在政府市场上的营销往往受到限制，但是有些公司已经开始建立专门针对政府部门的营销机构。例如，新加坡的惠普公司以及一些大银行都把政府部门作为一个单独的目标细分市场，并设专门人员负责管理。这些公司都积极了解政府部门的需求和项目，参与其产品规格设计过程，加强沟通和联系，树立公司形象和信誉。有人说，在企业的营销关系中，企业与政府的关系是企业同外部最为重要的关系之一。这种说法是颇有道理的。因为企业的许多重大决策和重大活动往往都要得到政府部门的批准和支持才能进行。

政府预算中的一部分是用于采购私人部门生产的产品和服务，产品采购的范围从高技术的核潜艇到极普通的打印纸。对于关键性的国防产业来说，如航空航天、电子、军械和造船，政府市场的重要性是显而易见的。在国家层面，对私人产业的军事合同依然是从私人企业采购的主要种类；相反，地方政府机构的采购合同主要是道路、学校建筑以及各类办公用品。此外，对于主要面向军需和空间市场的企业来说，政府绝对是一个垄断的购买者。1996年美国政府市场的规模达到6600亿美元。

三、政府是企业利益的维护者

企业的生存和发展往往对当地政府作出重大贡献。这主要表现在两个方面：一方面，企业行为繁荣了地方经济，政府会希望企业能够做大做强，甚至于会主动为企业的发展解决困难；另一方面，企业的存在提供了现实的就业机会，如果企业经营不景气，甚至申请破产，则政府还将面对劳动力就业不足的难题。

例如，1979年夏季，美国克莱斯勒公司经济状况越来越坏，处境十分险恶。为了走出厄运，公司向政府提出了十几亿元的贷款保证计划。为了取得政府的支持，克莱斯勒公司强调企业发展对国家发展的影响，阐述了挽救公司可以避免公司的工人、汽车商和材料商共60万人失业的危险，唤起政府部门的同情心。当时的美国总统卡特授权财政部去处理这个公司案，他本人公开支持公司。没有最高行政的支持，这项法案是绝不会通过的。众议院最后以三分之二的多数通过了"贷款保证法案"，表示对克莱斯勒公司的支持。政府的支持使克莱斯勒公司一步步地走出了困境。

第三节 国际市场政治营销策略

一、企业与政府建立良好关系的基础

(一) 企业要树立良好的企业形象

企业同政府确立良好关系,首先要做的事情就是树立良好的企业形象,这在同政府的关系中有着重要的意义。这一点主要在于:政府是公众利益的最高代表,因此不可避免地要同公众的喜好挂上钩。而企业形象主要的接收者和品评者就是公众。这样一来,通过公众媒介,企业形象的设计和树立就同政企关系的建立和保持联系起来了;而且,企业树立起来的良好形象又会通过政府认可并且反馈给广大公众,这就又起到了一石两鸟的作用。

企业形象设计理论主要包括理念识别、行为识别和视觉识别三个方面。

1. 理念识别

理念识别包括经营哲学、宗旨、信念、理想、价值观等,大凡世界上经营出色的机构,都有自己出色的理念系统。鲜明的企业特色,不仅正确地指导了企业的行动方向,而且成功地影响了社会公众的态度,树立了良好的企业形象。如我国的联想、海尔、长城等企业,就树立了很好的经营理念,从而成功地树立了企业形象。

2. 行为识别

针对企业整体形象中的具体行为进行设计策划,通过对企业的战略决策、行为方式、管理效率、机构设置、产品或服务的开发方向、促销手段等措施的具体化,把抽象的理念系统融合到企业的行为、员工的行为、管理者的行为之中,使企业理念变为公众视之可见、触之即感的实实在在的具体行动。

3. 视觉识别

视觉识别是企业能向外界传达的全部视觉形象的总和。企业标识不仅仅是一个企业的外表装饰,更重要的是它能显示企业的本质,能给公众一种直观的、具体的感觉,具有强烈的形象感染力,是企业整体形象中不可缺少的组成部分。一个企业从它的名称到徽记,从它的代表色到交往工具,乃至环境布置,等等,无一不是在向外界传递着信息。一个成功的企业标识,可以通过引人喜爱、易于识别的企业名称、鲜明的图文色彩等加以渲染,能给公众以强烈的视觉效果,增强对企业特有形象的辨别与记忆的能力,从而留下深刻的印象。

总而言之,良好的企业形象的树立,不仅能为企业在市场上赢得声誉,从而有助于企业和政府、社区、公众等建立良好的关系,而且也是企业进入目标市场的途径之一。

(二) 企业要迎合政府的价值观和取向

随着营销理论的发展,营销的重点已经从消费者的利益最大化逐步转移到了整个社

会利益的最大化方面。而政府代表着社会公众的最大利益，这样一来，迎合政府的价值观和价值取向在很大程度上就代表了迎合社会公众的价值观和价值取向。而且作为社会公众利益的代表，政府的价值观和价值取向更容易观察、把握和满足。

政府代表公众的价值观就是公众的利益最大化。政府代表公众利益行使维护市场公平和诚信体系、保护公共权力和利益（如环境保护、卫生防疫等方面）和保证国家长远利益（如产业和产品的更新换代等方面）。在这些方面，企业的利益应当服从政府代表公众的利益并全力给予支持。

（三）企业要承担社会责任

企业不是孤立的个体，它也是社会的公共成员。而且，企业从社会得到的各种资源，如原材料、雇员、社区服务的支持、社区成员的帮助等。企业得到政府提供的服务，如消防、治安、公共设施与公共事业、高速公路、环境卫生等各方面的服务，为企业创造了良好的生存环境。既然企业从社会得到了帮助，也就理应对社会给与回报。因此，企业必须承担社会责任。

具体来说，政府和社区为企业的生存与发展提供了以下一些主要的社会资源。

1. 丰富的劳动力资源

企业要想在一个地方取得长远的发展，雇佣本地劳动力为其工作是非常重要的，尤其是对于跨国公司在海外的发展更是如此。雇佣本地的劳动力可以节省一部分费用，便于管理和组织。并且这些员工在企业同本社区的沟通上，将发生不可估量的作用。同时获得当地政府支持以及社区公众的好感，为社区提供了就业机会，解决了社区一部分就业问题，为降低当地失业率做出了贡献。

当今的企业已经越来越清楚地认识到，只有保持友善的社会环境，企业才可能健康、稳定地发展。

2. 可靠的后勤保障

企业生产所需的某些原材料可能就来自于所在社区，尽管本社区不可能提供生产所需的全部原材料，但是，企业生产经营所必需的水、电、气、运输、通讯等，则必须从社区所提供的后勤服务中得到。

后勤保障的稳定，使得企业可以专心于生产经营活动，提高劳动效率。而企业通过与所在地的政府和社区保持良好的关系，可以促使企业的后勤服务工作更加可靠、细致、周全。

3. 良好的员工生活环境

企业的大部分员工都生活在社区之中。他们的衣、食、住、行等日常生活都发生在社区里，他们除了要在社区中购买生活用品，还要同社区中的其他人发生交往，并参加社区中的各种活动。

企业的员工是企业发展的最重要的因素，员工的效率将影响整个企业的效率，员工的工作是企业获得效益的基础。如果员工有一个良好的生活环境，他们在工作时的效率会更高；反之，如果企业与当地政府和社区关系处理不好，员工日常的生活必然要受到影响，从而影响员工对企业的向心力和工作干劲。

二、国际市场政治营销策略的基本方法

(一) 捕捉政治机会

世界政治形势的变化，必然会给企业带来大量的市场机会，这就要求企业以深邃的洞察力，先人一步去把握住这些机会。企业需要抓住任何现场活动的机会，扩大企业在政府部门中的信赖和影响，通过各种方式增强政府部门对企业的信息的了解和对企业的重视程度，从而表现自己的存在及自己存在的价值，以便得到政府的认可。

东、西德统一，是20世纪重大的政治事件，在一般人眼里，政治事件就是政治事件，而在日本西铁城公司眼里却是一次难得的营销契机。他们分析认为，柏林墙在规定时间开工拆除，因而人们需要一个准确的钟表来确定时间，于是日本西铁城公司想方设法让西铁城钟表成为德国统一、推倒柏林墙的指定正式计时钟表，从而将小小的一只钟表与这一重大历史事件联系在一起。当全世界人都坐在电视机前观看这一重大政治事件时，西铁城钟表也进入了千千万万人的脑海之中，带来的是知名度和滚滚财源。

(二) 进行政治公关

在企业的国际市场营销中，要善于借助本国政府的力量，开拓国际市场。主要是将本企业的营销问题作为国家经济活动的重要一环展示给政治当局，从而将企业的个体经济活动与国家的政治活动结合起来。

现介绍美国波音公司进行政治公关的做法。

波音公司1992年销售额为303亿美元，是美国最大的出口商之一，也是世界民航业的老大。但由于种种原因，近几年产量猛跌，领导地位开始动摇。得到政府支持的欧洲空中客车公司已经在客机市场抢占了30%的地盘，麦道公司也咄咄逼人。为走出困境，波音公司新班子在实施市场渗透战略的同时，开展了空前的政治公关，使"波音"又昂首飞向了全世界。

首先，波音公司的高层领导利用波音在美国的特殊地位，对克林顿总统开展公关活动。在美国，波音是工业化的象征，美国人引以为自豪，并已构成美国文化的重要部分。波音的困境引起了全美的关注。同时，由于在短短的12个月内，公司解雇了16000名员工，而且还打算继续裁员，这必将增加失业人口，给政府造成巨大压力。根据上述状况，公司多方游说，以吸引克林顿总统的关注和关怀。波音总裁富兰克·雪朗兹多次指出："假如我们有了一定的订货，就可稳定生产，并向社会提供更多的就业机会。"最后，克林顿总统出面为波音说话了。最为明显的是经过克林顿总统的政治努力，使沙特阿拉伯订了一笔价值60亿美元的货物，从而把波音的主要对手欧洲空中客车公司挤出了沙特市场。

(三) 通过政府官员的出访活动促进营销

综观当今世界发展趋势，政治斗争更多地以经济斗争作为表现形式。例如，各国首脑出访，往往伴随着大批订单，经济使命成为国际交往的主流。只要企业能抓住这一

点，就能巧妙地进入国际市场。

（四）企业自身开展"政治外交"

企业不仅要依靠政府进行政治营销策略，还要主动举起政治大旗，以推动其营销。1992年，万宝路公司特聘英国前首相撒切尔夫人为客籍资政，以沟通与世界政治、经济界的广泛联系。这次政治活动为万宝路占领中东市场起到了重大作用。为了扩大波音客机在中国市场的占有量，值1993年11月亚太经济合作组织成员国首脑会议在波音公司所在地西雅图召开之际，波音高层领导千方百计邀请江泽民主席到公司参观、访问。这次访问引起了世界舆论的关注，各大通讯社都作了报道，不少报刊还刊登了江主席坐在波音机舱内招手的大幅照片。波音公司通过"政治外交"及密切与中国政界的良好关系，进一步拓展了中国市场。1994年4月，中国订购了波音公司21架飞机，价值8亿美元。

（五）政治营销策略的公益化

2006年4月份，温总理在重庆考察时说："我有一个梦，让每个中国人，首先是孩子，每天都能喝上一斤奶。"蒙牛在得到这个消息之后以迅雷不及掩耳之势进行了一次声势浩大的捐奶工程，将免费给全国的一些农村贫困学校提供价值上亿元的新鲜牛奶。提出"每天一斤奶，强壮中国人"的口号，并以极快的速度加以传播。据蒙牛内部人士消息，短短2个月时间，蒙牛便完成1亿多元的销售额。蒙牛的捐奶工程是借助于政治人物的一句话而策划和实施的，即政治营销策略的公益化。

本章小结

本章介绍了政治营销策略的概念、企业政治营销策略的产生背景、发展历程以及企业实施政治营销策略的基本方法；阐述了政治营销策略的影响范围，企业要与政府保持良好关系，要借助政治权力和政府的政治行为来进行企业的营销活动，以达到营销目的。

关键概念

政治营销策略　政治公关　政治活动　非关税壁垒　社会责任

思考题

(1) 企业政治营销策略的作用主要有哪些？
(2) 企业与政府建立良好关系的基础有哪些？
(3) 简述国际市场政治营销策略的基本方法。

案例　"中国的超级推销员"——李克强

从哈萨克斯坦首都阿斯塔纳到塞尔维亚首都贝尔格莱德，再到泰国首都曼谷，国务院总理李克强2014年12月的亚欧之旅，行程逾两万公里，在北半球画出一个巨大的三角形。

透过2014年中国领导人的这次外交收官之旅，外界得以窥见李克强作为中国"超级推销员"的行销能力。从中哈产能合作框架到中欧海陆联运快线，再到中泰铁路合作协议，他成功地把中国装备和制造产能推介给当地。

李总理精湛的外交"营销术"，既扩大了中国与这些国家的合作、增进了彼此友谊，也为消化中国业已形成的巨大产能找到了一条互利共赢的新路。继中国产品远销海外之后，中国装备和制造业产能正在成为新一轮走出去的生力军。

一、一顿早餐与180亿美元大单

一顿早餐的价值会多高？
答案：可以是180亿美元的大生意。

"早餐大单"发生在哈萨克斯坦，哈总统纳扎尔巴耶夫将这个合作称为"李计划"。早餐的地点，是位于哈首都阿斯塔纳市中心的北京大厦，这是当地的一座标志性建筑。登高望远，站在23层的旋转餐厅，阿斯塔纳尽收眼底。

2014年12月15日一大早，东道主哈总理马西莫夫为到访的李克强特意安排了这次共进早餐的私人活动。

这是一顿中西合璧的简单早餐，面包、酸奶、沙拉、粥、咸菜，搭配平淡无奇的餐食，完全不妨碍两位领导人欢笑相谈。现场只有翻译，轻松气氛让他俩可以敞开交流。

一名优秀的推销员，必须善于找准需求。谙熟经济的李克强对此的把握敏锐而精准。

就在一个月前，哈萨克斯坦政府推出一份名为"光明大道"的新经济计划，基础设施建设是该计划主要内容。对哈萨克斯坦来说，发展经济需要加强基础设施建设，而基础设施建设需要大量的钢铁、水泥、平板玻璃等建筑材料以及电能等。

哈萨克斯坦大量需要这些产品，而这些正是中国企业的优势所在。按照李克强的思路，中国这个全球第一大出口国不再只满足于把产品输送到国外，而是凭借自身积累的高水平装备能力，参与当地基础设施项目建设，以多种方式建设哈方需要的钢铁、水泥、平板玻璃生产以及火力发电等设施，带动中国装备走出去。

这个早晨，就在餐桌上，李克强提议，中哈可以充分展开产能合作，同样是经济学博士的马西莫夫非常高兴。他后来对媒体说："哈萨克斯坦完全支持中方提出的有关向哈国境内转移产能的计划。将转移的是非能源领域的产能，涉及数十家企业和数十亿美元投资。这将是个好开头，未来可推广到上合组织其他成员国。"

一份总价值180亿美元的合作计划就这样诞生了，涉及基础设施、公路、住房等多个领域。按照初步规划，180亿美元资金将主要由哈方筹集，部分缺口中方愿以贷款等形式提供融资支持，主要用于帮助双方企业参与这项计划，由此撬动的合作"蛋糕"远非180亿美元。

对中国来说，合作的意义也非同一般。这不仅会带动中国产品走出去，更可以带动中国的装备制造业走出去，从产品出口到产能输出，中国找到一条与外部经济互动的新路径。

被李克强总理说动的哈萨克斯坦领导人，心甘情愿地当起中国对外产能合作的推销员。

当李克强提出，能否在15日举行的上海合作组织总理会上宣布中哈产能合作计划，以显示中哈合作的示范意义时，马西莫夫当即表示完全赞同。他说，中方宣布这一计划后，哈方立即表态支持。

"李计划"——纳扎尔巴耶夫总统当天在集体会见上合组织成员国总理、秘书长和地区反恐机构执委会主任时，套用"马歇尔计划"来形容中哈产能合作这种新模式。在他看来，这一计划将不仅使中哈两国受益，还将惠及地区国家，为各国经济发展注入新的活力。

在当天的上合组织总理会上，李克强总理还宣布，欢迎与会的其他中亚国家也同中国开展类似的产能合作。他说道，上合组织成员国现在都处在发展的关键时期，各国市场需求大，"中国基础设施建设经验丰富，装备制造能力强，产品性价比高，愿与成员国加强在冶金、建材、交通、电力、电信、汽车组装和食品加工等方面合作，实现优势互补、互利共赢"。

李总理提出了一系列可以合作的工业领域：各方要加强在冶金、建材、交通、电力、电信、汽车组装和食品加工等方面合作，还要深化石油炼化、成品油加工、煤化工等能源加工领域合作，同时推进风能、太阳能、水电等新能源项目。

"中方提出的丝绸之路经济带与上合组织有关国家的发展战略是相衔接的。中方愿同各方加强磋商与合作，共同促进产业转型升级。"李克强总理真诚地说。

二、架起亚欧联通之"桥"

12月18日，贝尔格莱德，一座跨多瑙河大桥顺利竣工。这座东南欧名城近70年来修建的第一座跨河大桥，以塞尔维亚著名科学家米哈伊洛·普平之名命名，当地人也亲切地叫它"中国桥"。

在竣工仪式现场，《环球》杂志记者看到，热情的贝尔格莱德市民大声欢呼着，向出席仪式的李克强挥手致意。

这座承载着中塞两国深厚传统友谊的大桥，正是中国与中东欧扩大合作的一个缩影。中国路桥工程有限责任公司在2011年承建了这座大桥，合同总金额2.6亿美元。塞方提供15%预付款，其余部分利用中方贷款。

让贝尔格莱德市民高兴的是，大桥的建成，将有效缓解该城的交通出行压力；让贝尔格莱德和塞尔维亚政府高兴的是，这座大桥连接了多瑙河北岸经济较为落后的博尔查居民区与南岸发达的泽蒙工业区，对于促进塞区域经济协调发展将起到积极作用。

这也是中国基建企业在欧洲市场建设的第一座大型桥梁，被一些业内人士称为中国企业进入欧洲基建市场的"第一张名片"。

这种"名片效应"，以及"超级推销员"的成功营销，使得中国与中东欧国家在基础设施建设领域的合作稳步推进，从而也为中国装备和中国产能走出去开辟了另一块重要市场。

12月16日，在贝尔格莱德举行的中国—中东欧国家经贸论坛上，李克强总理在演讲中指出，中国企业在基础设施建设方面有成熟经验和技术，"铁路、电力、港口等装备质量优良，性价比高，在国际市场上具有竞争力，也适应中东欧国家的需求。""把中国装备制造与中东欧国家投资建设有机衔接起来，不仅可以促进中东欧国家经济发展，也可以充分利用中国装备产能，实现共赢。"他说，"中国政府还愿与各国政府一道，为双方企业合作发展搭建平台，提供信息、签证、居留等便利，营造更加公平、透明、稳定的投资环境。"

对中东欧国家来说，由于经济发展水平相对落后，加大基础设施建设对自身经济发展至关重要。中国在基础设施建设方面拥有丰富的经验和充足的产能。从铁路等基础设施入手，为中国和中东欧国家找到了最佳利益契合点。

时间回到2013年11月26日，罗马尼亚首都布加勒斯特议会宫展览厅迎来了一批特殊"参观者"——李克强总理与16个中东欧国家领导人或其代表，他们共同参观了正在这里举行的中国铁路等基础设施及装备制造展。这是李克强第一次出席中国-中东欧国家领导人会晤期间举办的重要配套活动。

参观期间，李克强总理客串起了讲解员。当各国领导人被"和谐号"高速动车组模型吸引时，李克强总理不失时机地介绍："中国高铁技术装备成熟、施工经验丰富、竞争优势明显，完全能够适应各国情况，满足市场的需求。"

李总理信心满满地说："中国制造已经风靡全球，中国装备也将享誉世界。"

今年的中国-中东欧国家领导人会晤在贝尔格莱德举行，正是在这次会议期间，在李克强总理的推动下，一条以匈塞铁路为基础向南延伸的中欧陆海快线呼之欲出。

这条快线南接希腊比雷埃夫斯港，途经希腊雅典、马其顿斯科普里，同匈塞铁路衔接，将成为连通欧亚的又一条运输大动脉，且海陆联运的运输成本相对较低。为促使快线早日建成，12月17日，李克强总理与塞尔维亚、匈牙利和马其顿总理举行了四方会晤，推动三国和希腊与我就打造中欧海陆快线达成共识。

目前，中欧之间已开通了数条货运铁路线，除"渝新欧""汉新欧""郑新欧"等较早开通的中欧货运铁路线外，上个月，由浙江义乌开往西班牙首都马德里的"义新欧"铁路国际货运班列又正式全线运行。

欧盟智库"欧洲之友"专家莎达·伊斯兰说，中东欧国家的地缘位置决定了，其将是建设丝绸之路经济带的关键枢纽，互联互通对于中东欧国家经济发展非常重要。

但中国与中东欧国家的合作，在欧盟内部也引起了一些疑虑。在12月16日出席中国-中东欧国家经贸论坛时，李克强总理作出正面回应：中国与中东欧国家深化合作，是一个三赢的结果，"不仅有利于中国和中东欧国家，也有利于整个欧洲"。"正像在欧债危机中最困难的时候，中国毫不犹豫地提供了支持。中国是欧债长期、负责任的投资者，这有利于欧洲平衡发展。同样，现在中东欧国家推进基础设施建设，与中国富余而先进的装备制造业产能相互对接，也有利于欧洲平衡发展。"

欧洲议会国际发展委员会副主席尼吉·德瓦就此评价说，中国和中东欧国家的互联互通必将推动双方的共赢共荣。交通基建投资将为中东欧国家注入发展动力;而健全的交通网络则会拓展中国对中东欧国家的商品出口,和在中东欧国家打造面向西欧的贸易门户。这种互利共赢将会进一步夯实中国与中东欧国家的关系。

三、推动中泰铁路合作峰回路转

再优秀的推销员,也难免遭遇变局。中泰铁路合作便是峰回路转的经典案例。

在李克强总理赴曼谷出席大湄公河次区域经济合作第五次领导人会议期间,他和泰国总理巴育签署了两份谅解备忘录,分别涉及铁路合作和农产品贸易合作。而在12月4日,一份有关中泰铁路合作的谅解备忘录草案就获得了泰国国家立法议会的批准。按照计划,中国将参建泰国第一条双线标准轨铁路,并帮助泰国进行铁路系统升级。

泰国交通部部长巴津介绍说,按照这份谅解备忘录草案,中国将参建两段铁路,总长800多公里。这将是泰国第一条1.435米标准轨距的铁路,整个工程需要3500亿泰铢(约合106亿美元)的投资额。此外,这条铁路最终将与即将修建的中国—老挝万象铁路相连,有利于实现东盟一体化后泰国与东盟其他国家的互联互通。

泰国目前铁路均采用米轨铁路,列车时速仅为50公里,而标准轨铁路可允许时速为160~180公里的列车行驶,未来还有可能升级为高速铁路。

这意味着一度被搁置的中泰铁路合作重新启动。

2013年10月,李克强总理访问泰国期间,与时任泰国总理英拉一同出席中国高速铁路展,并努力说服泰国国会议员通过了中泰两国的高铁合作项目。彼时,他用英语呼吁议员们"为中泰友谊投票"。

不料此后泰国政局生变,随着英拉下台,中泰铁路合作一度被搁置。

从搁置到重启,李克强为中泰铁路合作可谓煞费苦心,做了大量幕后推动工作。

2014年10月,在意大利米兰出席亚欧峰会期间,他专门和泰国新总理巴育举行会谈,耐心阐明中泰铁路合作会给双方带来的好处,赢得了巴育的理解。

在那次会谈后发表的新闻稿中有这样的表述:李克强说,中方愿同泰方保持高层交往,落实好两国已经达成的共识和协议,统筹推进高铁等基础设施、农产品、经贸、金融等领域务实合作。巴育则表示,将落实好双方达成的合作共识,继续推进农产品、高铁等合作项目。

有知情人士透露,会谈中,李克强晓之以理、动之以利,指出中泰铁路合作是两国政府达成的协议,不该因为泰国政府更迭而被搁置,军人出身的巴育觉得完全在理。

2014年11月,当巴育来到北京出席亚太经合组织领导人非正式会议时,李克强再次与他会面,最终达成了合作共识,为恢复双方铁路合作铺平了道路。

在会后的新闻稿中,巴育的表态增加了"坚定"二字。他说,将坚定落实双方达成的合作协议和共识,推进铁路、农业、经贸等领域合作。

中泰铁路合作,只是李克强总理这个"超级推销员"一系列"铁路外交"的一个章节。它所带动的不止于中国装备和中国产能"走出去",更为重要的是中国标准的输出。中国正在把自身强大的基建能力和富余产能,转化为互利合作的新机遇和对未来规则的主导权。

从亚洲到欧洲,再到非洲,自上任以来,李克强总理马不停蹄地向世界推销中国。从中国装备到中国产能,再到中国标准,如今,越来越多的人开始读懂:这位"超级的推销员"和他的同事们,正在为中国的未来发展进行前所未有的全球布局。

(资料来源:中央政府门户网站 www.gov.cn,2014-12-27。)

案例讨论

(1) 试述李克强总理外事活动中的"营销术"。

(2) 对于企业来说,应该如何创造和把握政治营销的机会?

第十三章　国际市场公关营销策略

本章学习目标

通过本章的学习，要求学生掌握以下内容：①了解公关营销的概念、特点；②了解公关营销的基本原则；③了解公关营销的基本职能；④了解公关营销计划的制定程序；⑤了解公关营销策略的传播方式。

第一节　公关营销概述

一、公关营销的概念

公关是公共关系的简称。

所谓公关营销，是指以增进公众对企业营销的整体了解、信任和支持，扩大其知名度，塑造起良好企业形象为目的而展开的一系列营销活动。公关营销旨在对内增强企业的内聚力、鼓舞员工的士气；对外吸引更多的资金和人才，向公众推销高品位的企业形象、企业观念、企业服务和企业名牌产品。

现代营销是以市场经济充分发展为社会背景的。随着市场经济的发展和人民群众消费水平的提高，人们已经不只满足于商品营销所提供的单纯的产品使用价值，而且渴望了解生产该产品的企业组织的厂牌品位、管理水平、精神风貌等等更多、更详细的信息。公关营销的特殊属性和管理职能顺应并满足社会公众的要求，能给企业的发展带来巨大的经济效益和社会效益，显示其存在的价值和永葆魅力的强大生命力。

具有国际影响的麦当劳快餐的成功是公关营销的典范。麦当劳是当今世界上最成功的快餐连锁店之一。究其原因，主要是麦当劳从创始起，就确立了公关营销观念，提出了 QSCV 的经营信条：Q 即 Quality 的缩写，意为高品质的产品；S 即 Service 的缩写，意为快捷微笑的服务；C 即 Clean 的缩写，意为清洁优雅的环境；V 即 Virtue 的缩写，意为物有所值。QSCV 的经营信条给消费者塑造了一个完整的美好的麦当劳形象，很快赢得了消费者的了解、信任和支持。1984 年，麦当劳成立了"麦当劳叔叔基金会"，已向全世界各地帮助儿童的慈善机构捐赠了 5000 多万美元。北京王府井麦当劳餐厅开业之际就向儿童福利院等单位捐了 1 万美元。麦当劳长安餐厅开业，设立奖学金，赞助白云路小学的学生。此外，他们经常组织员工到公园参加绿化，到地铁进行清扫，在新区维持卫生，等等。这些活动既树立了麦当劳的经营形象，也培养了员工的公关参与意识。麦当劳形象的塑造，不仅提高了自身组织的经济效益，更重要的是赢得了社会公众的理解、信任和支持。

公关营销是一项长期性的促销活动。在国际营销中，企业面临的国外市场环境与国内截然不同，不仅要与当地的顾客、供应商、中间商、竞争者打交道，还要与当地政府保持良好的关系。企业要通过公关营销与东道国公众建立联系，熟悉当地法律，以求得企业经营活动的长期发展。

二、公关营销的发展

17世纪，工业革命的发展，机器大生产逐渐代替手工生产，使封闭的小生产逐步转变成开放的社会化大生产，从而促进了越来越专业化的社会分工。此后，商品的丰富和扩展使人们的分配和交换更加复杂化了，商品流通的频率几十倍甚至几百倍于以前。凝聚在商品流通过程中的人与人之间的相互关系呈现出高度的立体化和复杂化，必然会引起人们对认识和处理社会关系状态的关注。在商品经济最为发达的美国，首先开始有意识地研究和有计划地调整各个方面的社会联系。这样，既为企业在社会中树立良好形象，同时又促进社会稳定发展的公关事业就应运而生了。

1903年，艾维·李在美国创立了世界上第一家公关顾问公司，专门为企业和其他组织机构提供传播和宣传服务、协助客户建立和维持公关和与新闻界的联系。他的早期顾客中，有美国的电话和电报公司、铁路公司、公平人寿保险公司和当时的纽约市长余时·罗等。艾维·李力图使他的客户们相信，凡是有益于公众的事情必有益于企业和组织。在美国的企业中，美国的电话与电报公司是少数几个首先意识到公关重要性的企业之一。这家公司于1908年开始由一位副经理主管公共关系工作。并专门设置公关部，聘用公共关系顾问。但是，当时美国社会中大部分企业家对公共关系尚缺乏认识，认为私有企业的所作所为与公众无关。

20世纪20年代末30年代初，由于从"卖方市场"向"买方市场"的转变，以厂商为中心，工厂生产什么顾客就购买什么的"生产中心论"才被以顾客为中心的"市场中心论"所取代；市场的观点被引入企业的经营管理当中，最终导致企业门户开放，与市场及整个社会联成一体。在这种情况下，企业的生存和发展均有赖于良好的公共关系和社会舆论，企业的社会形象和社会声誉成为获得企业利润的必要条件。公关营销作为一种经营管理方法也就日益职能化了。

公共关系学传入我国的时间并不长，20世纪60年代开始传入我国的香港和台湾地区。20世纪70年代，公关在香港的发展甚为迅速，尤其在酒店业和新闻传播机构中，几乎全部设有公关部和专职公关职员。

20世纪80年代初，随着我国改革开放、搞活政策的推进，公关首先传入深圳和广州。

1981年公关作为经营管理技术首先在深圳的一批中外合资酒店等企业中出现，深圳、广州一批中外合资企业设立公关部门，第一次在中国用了"公关先生"或"公关小姐"的称谓。

1984年，珠海、佛山、汕头和北京等地大批中外合资企业和广州白云山制药厂等少数国有企业开始开展公关营销。同年10月，世界第二大公关公司——"希尔·诺顿"公司在北京设立办事处。

1985年我国公关事业开始向广度和深度迅速推出,出现了第一次"公关热"。1985年1月深圳市总工会举办了国内第一个公关培训班。4月,北京师范大学开设公关讲座。《深圳工人报》5月8日至8月8日刊登了"公关系列讲座"。6月,北京大学研究生院举办公关讲座。1985年下半年,中山大学成立国内第一个公关研究会。8月,我国第一家应用传播学研究所在珠海经济特区创办,下设公关等三个研究室。8月3日,世界最大的公关公司——博雅公司与中国新华社中国新闻发展公司签订协议,共同为在中国从事贸易的外国机构提供公关服务。中国新闻发展公司为此特别设立中国环球公关公司,独家代理博雅公司及其客户在中国国内的公关事务。同时,博雅公司也可通过环球公共关系公司的介绍代理中国企业的海外公关事务。同年9月,深圳大学开设公众传播专业。

1986年1月,广州成立了民间团体广东地区公关俱乐部。同年11月,内地第一个公关协会——上海公关协会成立。1987年以后公关书籍报刊开始大量涌现。1987年6月22日,中国公关协会在北京成立。

三、公关营销的特点

公关营销的特点主要是利益性、协作性和互动性。

(一) 利益性

企业是独立经营、独立核算的经济组织。在市场经济中,企业与国家、与其他企业、与顾客之间的利益分配关系,本质上是商品交换关系。企业要维护自己合法的经济权益、要谋求营利,企业的利益与其公众的利益始终是一对矛盾。企业公关策略的利益性,是指在利益均衡的前提下,协调企业与其公众之间的利益矛盾,共同发展,互利互惠。开展企业公关营销活动,须在不损害企业及其公众利益的前提下,通过各种方式尽可能满足公众合理的要求,缓解企业与公众之间的利益冲突,为企业的生存和发展创造良好的环境,以实现企业的经营目标。

(二) 协作性

企业公关营销的协作性,是指通过企业与其公众之间的沟通和协调、发挥润滑剂的作用,尽可能减少各种摩擦,在企业的内部和外部,建立起良好的协作关系。企业是生产社会化的产物,社会分工的发展导致社会化大生产,它既是企业产生的直接原因,又使企业成为整个社会生产长链条中的一个环节。企业不是万能的。由于企业行为的个体性和社会生产的整体性之间的矛盾,从而使得协作成为社会经济和企业发展的重要条件。就企业而言,协作关系表现在企业的外部环境要求和内部环境要求两个方面。外部环境要求,是指社会生产整体性要求企业之间协调一致,有计划按比例地进行生产,以适应社会经济稳定发展的需要。内部环境要求,是指企业内部专业化分工细密,要求员工之间同心协力,才能使企业机体正常运转,以实现企业经营目标。

（三）互动性

互动是社会心理学的一个基本概念，是指人们通过不断地交换意见、交换对情景的感受，以逐步达到相互间理解的过程。企业是一个开放系统。企业这个系统的运行机制要求，无论从企业内部来讲、还是从企业外部来讲，都希望实现互动。企业开展公关营销活动时，既要有信息输出，又要有信息输入和反馈。企业公关营销的互动性，是指通过企业与公众的信息沟通，实现企业与公众的相互理解。企业内部互动，以增强企业的凝聚力，促使企业子系统协调，实现生产要素的优化组合，提高企业的经济效益、企业外部互动，以赢得外部公众的理解、支持和信任，形成良好的外部环境。企业最佳的公关营销状态，也就是企业内部和外部互动均达到了理想的程度。

四、公关营销的原则

进入国际市场的众多企业，为了取得国际市场竞争的胜利，纷纷开展国际公关营销活动，采取措施树立自己的美好形象，率先争取企业所在国企业界、群众团体和顾客的支持。

对于如何开展国际公关营销，有关学者提出了一些见解。例如，要选用和训练当地人、熟悉所在国的风俗习惯等。美国培可顿公司的唐纳·克兰默在介绍他们如何推行国际公关营销时，提出了以下的基本原则：①充分了解作为公关营销对象的所在国人民，了解他们的需要和习惯；②尽快将海外的公司交由当地人控制；③随时按照子公司所在国的特点修改有关的政策措施；④像对待本国同僚一样平等地对待外国同僚及一切有商务来往的人士。

当然，我们不能机械地搬用上述原则，因为企业国际营销中可能遇到各种具体的情况，在实践中还需因地制宜，才能实现公关营销的目标。

公关营销的原则主要有以下方面。

（一）服务社会原则

商务公关营销活动以传播信息来展开，其目的是使企业与其公众相互了解与适应。这种"了解与适应"的共同基础是最佳社会效益，商务公关营销只有以此为依据，方能获得社会的认可。

社会效益既包括了企业的自身利益，也包括了社会公众的利益，这两种利益相互影响、休戚相关。一方面，作为企业，它的工作目标就是努力推进本组织发展，在维护或塑造本组织的社会形象的基础上，追求组织的经济效益；另一方面，企业作为社会成员的一分子，它的发展离不开社会的发展，因而它在追求自身效益之时，首先应考虑社会整体效益是否得到了实现。

企业如能对社会效益予以关注，那对争取公众舆论、扩大组织影响、树立组织形象是大有裨益的。虽然这方面的作用表现得不是那么直接、明显、具体、迅速，但它所蕴含的潜在效能却非常可观。这方面的社会效益主要指与大众生活有关的一些公益活动或设施。如参加社会公益劳动、关心城市建设及环境保护、支持社区公共事务、从事社区福利事业、开展社会性的文体活动，促进文化教育事业的发展及良好的社会风气的形成等。企业要提高参与社会的自觉性与主动性，增强社会责任感，真诚地服务于社会，不失时机地主办或开展一些受人欢迎的公益活动，这对提高组织的知名度、增加经济效益是很有作用的。

(二) 真实信用原则

真实信用原则是公关营销原则的组成部分，是公关营销活动成败的关键。真实与信用是并存的，没有真实就没有信用，是真实创造了信用。公众只相信真话，为了生存和发展，企业的经营和发展都要以诚为基础，树立自己真实的形象。真诚信用的原则是指从事公关营销工作，要以利国利民为宗旨，以真实为基础，以信誉为目标，尊重客观事实。"诚能生信，金石为开。"

某公司上海办事处（以生产空气换气机为主），准备配合禁烟日，斥资30万元策划一项公关营销——全价购烟，即让市民将手头余烟交给该公司（按上海百货一店零售价格），然后再当众销毁。他们未曾想的是，从当日上午10点开始，许多市民拿着烟，要求该公司全价收购。由于资金不足，及未对假烟制定收购办法，到下午2点，公司活动资金已经用完，可后来的市民仍不肯罢休，双方在僵持中，出现了撕扯、推搡的混乱现象。最后，在保安及闻讯赶来的巡警协助下活动才匆匆宣告收场，而留给市民的却是一种对该公司不讲信用的无情埋怨和斥责，原本想利用这次公关营销扩大本组织在上海市场影响力的目标也完全破灭了。应该说对活动策划不周是导致这次活动失败的主要因素，但一旦推出就应信守诺言。

(三) 平等互利原则

任何组织在社会实践中，都希望得到对方的尊重与信任；同时，也都希望在平等的交往中满足自己的需要，即所谓平等互利。平等互利是所有公关营销实践活动都必须遵循的基本原则。企业处理与消费者关系时，尤其要坚持这一原则。

在市场经济不断发展和完善的今天，消费者的权益绝不能被忽视。以日本三菱公司帕杰罗V31越野车质量事件为例。从2000年9月我国发生第一起因该越野车刹车制动质量而引起事故起，到2001年2月1日国家出入境检验检疫局发表紧急公告：自即日起吊销三菱帕杰罗V31、V33越野车进出口商品安全质量许可证，并禁止其进口（中央电视台《新闻联播》节目随即播出）。2000年9月，国家检验检疫局通知三菱公司，要求对其产品进行质量检验，同年11月，三菱公司通知中国特约维修站，对帕杰罗V31、V33进行检查（已拖了2个月），"发现刹车管磨损的进行更换，没有磨损的调整刹车管和感载阀位置"，三菱公司同时也以中国的路况不好为由，为其质量问题辩解。2001年2月23日，三菱公司以"甲方配合不力"为由公布，仅对受害者陆慧提供"道义上支持"12万元人民币，更激起了民愤。3月6日，国家进出口商品检验局等四部门公告，停止进口三菱帕杰罗两车型。与此同时，有1800辆V31、V33的云南帕杰罗用户开始向三菱公司索赔。3月9日，西安消费者刘文红等四人以损害赔偿为由正式向北京市第二中级人民法院递交诉状，将三菱汽车工业株式会社告上法庭。这一事件的后果是三菱公司被迫退出中国汽车市场。

（四）长期努力原则

企业凭借公关营销在公众中塑造良好形象，进而达到让组织获益的目的，绝非一日之功，必须经过长期而艰苦的努力。如果说，广告和推销大量地考虑到眼前效益的话，公关营销则更多的是着眼于未来。公关需要精心的策划和持续的努力。

对一个组织而言，公关营销活动不是某一项具体的工作任务、工作目标，而是一个长期的、有计划的、充满艰辛与坎坷的系统性工程。每一次具体的公关营销都必须经过周密细致的准备，踏实而稳健的行动，都要做到着手于现在，着眼于长远。任何短视的和急功近利的行为都是要不得的。

（五）全员公关原则

全员公关是商务公关营销的又一个重要原则。它强调公关营销工作决不仅仅是公关专业人员的专利，任何组织，上至最高领导，下至普通员工，也都应把自己看作公关营销的工作者。因为公关营销不是抽象的，而是具体的；不是神秘的，而是实实在在的。一个组织要想在公众中树立美好形象，仅凭公关机构策划几次专题公关活动是远远不够的。它要求组织的全体成员自觉具有"公关意识"，通过自己的一举一动、一言一行，很自然地进入公关角色，大家共同努力，塑造本组织的美好形象。

第二节　公关营销的职能

公关营销是企业经营管理的重要组成部分，作为一种职业和一门艺术，公关营销在企业经营管理的各个环节上都肩负着重要的职能。概括地讲，公关营销的职能就是传播沟通、协调关系、咨询决策和塑造形象。

一、传播沟通

企业公关营销的一个重要职能，就是进行传播沟通。通过传播沟通，增进公众对企业的了解，广结人缘，为企业创造良好的外部环境，达到塑造企业良好社会形象的目的。它的基本内容是通过积极主动、及时的宣传沟通，不失时机的交往，将企业的有关信息有效地输出，增强社会公众对组织的了解、信赖、好感，让公众舆论向有利于企业的方向发展。

传播沟通的目的是多种多样的，概括起来无非是分享信息、融洽感情、改变态度、引起行为。传播沟通的途径也很多，主要利用各种媒介，即报纸、电台、电视、杂志等，不仅可以运用演讲、学术会议、展览、信息交流会、赞助活动等传播手段，还可以借助直接的交往，如日常接待、走访、各种联谊活动以及各种专门活动等，进行传播沟通。

公关营销的传播沟通对企业具有十分重要的作用。首先，它是塑造企业形象的重要手段。美国企业家万纳曾为公共关系下了一个通俗的定义:"Do good, tell them",即"做好,告诉大家"。对于一个企业而言,"做好"就是要求有优质的产品和优良的服务。但是只局限于"做好"还不够,如果不设法使自己优质的产品和优良的服务得到公众的了解,公众就不会对你的产品和服务发生兴趣。所以,还必须"告诉大家"。其次,它是改变公众态度、消除公众误解的好方式。一些企业常常存在着这样两种倾向:一是封闭型,这种企业对外既不收集信息,也不向外传播自己的信息;二是停留在单向的信息传播阶段,只注重把企业的信息传播出去,向社会公众"灌输"有利于自己的思想。这两种倾向很容易引起公众对该企业的怀疑和误解。只有通过广泛的信息传播沟通,促进公众和企业的相互了解,才能有效地改变公众的态度,消除公众的误解。

二、协调关系

协调关系,是指在长期开展公关营销工作的基础上,搞好企业内部和外部的各种关系,使企业内部各部门的活动趋向同步化与和谐化,使企业与周围环境相适应,为企业的发展铺平道路。

公关营销的协调主要包括以下几个方面的内容。

(一)协调企业与外部环境和外界公众之间的关系

企业要生存、发展和壮大,必须依赖与各类外部公众的联系。企业的生产与产品销售离不开银行、原材料供应者、经销商和消费者;企业作为社区的一员,又与社区公众发生各种联系。所以,较之企业的内部公关营销,外部公关营销涉及的面更广,由于各种原因而产生的公共关系纠纷更多,因而对这种关系的协调就更为重要。

公关纠纷具有极大的危害性。对于企业来说,它会降低企业的信誉,影响产品的生产和销售,甚至危及企业的生存和发展;对于公众来说,企业内部的公共关系纠纷,不仅会影响职工的团结,挫伤职工的积极性,降低管理人员的威信,还会导致企业经济效益下降,使职工蒙受物质和精神的双重损失。企业外部的公共关系纠纷,则会损害外部公众的利益;对于社会来说,公关纠纷,往往涉及社会各界,如新闻界、法律界、政府部门等。有的纠纷还会引起地方的、全国的及至世界的关注,造成广泛的社会影响,使某一地区甚至某一国家的形象遭受损害。总之,公关纠纷一害企业、二害公众、三害国家。因此,必须引起企业的高度重视,对它加以认真防范和妥善处理。

(二)协调企业内部领导与职工的关系、职工与职工的关系以及企业内部各管理职能部门的关系

在企业内部,公共关系的纠纷往往是不可避免的,而导致这些纠纷产生的原因又是错综复杂的,这些原因主要有:地位上的差别、认识上的差异、利益上的冲突、信息沟通上的障碍、体制上的缺陷等。对于企业而言,如果领导和职工关系处理得不好,就不会有良好的团结精神和高昂的士气,也就不能产生有效的协同作用。由此,公关营销人员要努力做好这方面的协调工作:企业的各个管理职能部门,如计划部门、生产部门、销售部门、人事部门等,应当相互配合,才能产生出最佳的管理效果。这些部门的

协调工作主要应由领导者去做，但是公关营销部门也应起一定的配合作用，如沟通信息渠道，加强部门之间的联系等，使各部门之间形成一种相互支持、相互信任、相互谅解的团结合作气氛。在企业内部，由于职工之间在思想水平、社会阅历、经验、业务能力、生活习惯、兴趣爱好、组织纪律、利益分配等方面存在着差异，必然发生矛盾和纠纷，影响生产和工作，也影响生活情绪。因此，公关部门和公关人员应当善于发现问题，努力协调职工之间的关系、化解矛盾，求同存异，变消极因素为积极因素以实现企业目标。

三、塑造形象

企业形象，是指社会公众对一个企业机构的全部看法和评价，即个人或群体对一个企业机构的整套信念。这种看法和评价，可以通过知名度和美誉度两项指标反映出来。知名度表示社会公众对一个企业知道和了解的程度；美誉度表示社会公众对一个企业信任和赞许的程度。一个企业形象的好坏，取决于它所具有的知名度和美誉度的高低。良好的社会形象是企业的立足之本，塑造企业形象是公关营销的基本职能。

在现代经济社会中，一个企业机构美好的社会形象，是一项重要的无形资产。例如对于一个企业来说，如果它在社会公众中信誉卓著、形象美好，它就能因此而吸引众多的顾客，能招揽到优秀的人才，能增强职工的凝聚力和归属感，能比较容易地吸引股东投资，能得到便宜可靠的原材料供应，能获得销售系统的优势，还可以成为所在社区的中坚分子，受到社区公众的拥护。而塑造并维护企业的美好形象，正是公关营销工作的中心所在。

公关人员在塑造企业形象之前，要了解企业的自我期望形象，了解领导层和全体员工对所属企业的形象有何期望。同时，还要通过分析社会舆论和进行民意测验等方式，分析企业的实际社会形象，找出企业存在的问题，找出企业实际形象与自我期望形象之间的差距，进而明确要塑造什么样的企业形象，怎样塑造良好的组织形象，制定公关营销的目标和策略。

四、决策咨询

所谓决策咨询，是指公关营销人员要向企业决策层和各管理部门提供有关公关营销方面的情况和意见，以作为企业决策的依据。就这种职能来说，公关营销人员在一定程度上成为企业的"智囊"，起着决策参谋的作用。公关营销的决策咨询的职责主要有两大方面的内容：一是向企业最高决策层提供全面决策的公关咨询服务。二是向企业其他的管理职能部门，如企业中的计划、生产、销售、财务、人事等部门，提供部门决策的公关咨询服务。

公关营销咨询在企业决策中占有很重要的地位，并且在很大程度上影响决策，是直接关系到公关营销的协调功能是否能实现、能实现到何种程度的关键因素。由于现代社会的复杂性，决策过程中谋与断的分离变得不可避免，这就决定了决策者在决策过程中必须依赖咨询，如果不依靠咨询，就有可能凭自己的经验来进行决策，企业在决策过程中就易犯主观片面性的错误。因此，现代决策者必须把公关营销咨询作为科学决策不可分割的组成部分。在一个企业中,公关营销人员应针对一些诸如企业形象问题(含企业的整体形象、产品形象、管理者形象)、公众消费意向问题、企业外部环境状况(含政治环境、经济环境、文化环境、竞争环境、法律环境)等一些主要问题为企业领导者提供咨询服务。日本丰田汽车公司在确立决策目标时十分注意公关营销策略的运用。公司在20世纪70年代已成为日本汽车行业第一大企业,但该公司领导者却看到汽车噪音、废气污染给社会带来公害,公众反应强烈,决定从根本上加以解决。经过研制,该公司于1972年推出符合高标准限制废气型汽车,结果深受消费者欢迎,市场占有率一再提高。

第三节 公关营销计划的制定

企业公关营销策略需要在充分进行公关营销调查的基础上,对公关目标、公关专题活动项目和具体公关操作进行系统规划。公关营销计划制定的主要内容包括以下方面。

一、明确公关营销目标

明确公关营销目标是公关计划的首要内容,合理、有效的公关目标可以指导公关营销的实施,避免方向性错误。

公关目标体系包含以下不同类型的目标。

(一)单项目标

单项目标是指围绕长期目标制定的具体实施的目标。其内容具体,对公关营销有着实际的指导作用。其时间幅度通常在5年以下。其中,较常见的是年度工作目标,它依据每一年度的日常工作、定期活动、专题活动的内容,确立年度工作目标和步骤,这是实施长期目标的基础。

(二)矫正性目标

矫正性目标是指改变公众对企业的形象的固有看法的目标,主要是针对那些与企业目标、信念、发展以及利益相同或相近的公众的特殊要求而制定的。特殊目标具有特殊指导性,例如某酒店为了提高客房入住率和增加营业利润,决定改变顾客结构,把经商的企业家和商人作为主要的服务对象,制定了"中外通商之途,殷勤待客之道"的特殊目标,从而成功地塑造了企业的特殊形象。

(三)建设性目标

建设性目标是指针对创办、改制、联合时或在经济技术发展过程中的公众,树立企业形象而设立的公关目标。

（四）一般性目标

一般性目标是指根据各类或几类公众的要求、意图、观念或行为的共性而制定的，是构成企业总体形象的要素。例如，增加某企业产品的销售量是企业员工、政府、股东、顾客等公众权益要求中的一个共同点，因此"促进产品销售量的增加"就成为公关营销的一般性目标。

企业公关目标还有其他分类方法，比如按照公关发挥的作用划分成对内进攻型目标和对内防守型目标等。这样的分类方法有助于确定具体的工作目标。

二、确定公关营销目标的内容

（一）认知度

认知度表述的是一个社会组织被社会公众所认识和知晓的程度，包含被认识的深度、被知晓的广度两个方面。例如，一个企业的企业名称、产品商标、行业归属、历史沿革、主要产品、产品特征、经营状况、法人代表等诸多具体信息在多深的程度上被公众所认识，在多大范围内被公众所知晓，合起来则为这个企业的"认知度"。

"认知度"与"知名度"相比，其内涵更加丰富。它不仅可以指企业的名称在多大范围内被公众所知晓，而且指企业有多少信息被公众所认识。一般来说，如果公众只闻企业其名，即"知名"，对企业的意义并不很大；而在知名的基础上，公众对企业的认识越多、越深，对企业的意义或作用就越大。例如，海尔是一个大型的跨国公司，如果某公众群只知道"海尔"，这就是"海尔"在该公众群中拥有知名度。但该公众群如果还对"海尔"的产品（电冰箱、洗衣机、空调等）、"海尔"的产地（青岛）、"海尔"的内部管理理念（日清日毕、日清日高、零缺陷）、"海尔"的当家人（张瑞敏）、"海尔"的发展历史（砸不合格冰箱的故事、"琴岛·利勃海尔"向"海尔"的演变）、"海尔"的深层文化（"真诚到永远"）等都有较高认知，那么，对企业发展的意义显然就比前者重要得多。因此，任何企业开展公关营销工作，其目标之一就是追求较深、较高的认知度。

认知度的确定要取决于企业被认知的广度，其广度的确定宜建立在企业被公众认知的一定区域的级别之上。而且，认知度的确定还要建立在公众对企业信息认识、知晓的深度上。一个企业在运行过程中，其产生的信息量是很大的。对于一般公众来说，当然不可能对任何企业的任何信息都有深入的了解。这就需要把企业各方面的一些最基本的信息要素按照由浅入深、由表及里的顺序列举出来，通过对公众的调查，来确定企业被公众认知的深度。

（二）美誉度

美誉度，是指对一个企业获得公众赞美、称誉的程度，是企业形象受公众美丑、好坏评价的舆论倾向性指标。美誉度与认知度不同的是：认知度是中性的，不存在道德价值的判断；而美誉度则是有褒贬倾向性的统计指标，是对企业道德价值的判断。

(三) 和谐度

与"美誉度"一样,"和谐度"也属对于企业道德价值判断的范畴,但却是美誉度在目标公众中的延伸,即一个企业在发展运行过程中,获得目标公众态度认可、情感亲和、言语宣传、行为合作的程度,是企业从目标公众出发,开展公关营销工作获得回报的指标。

美国著名公共关系学专家卡特利普和森特在《有效公共关系》一书中对公共关系的定义为:"公共关系是一种管理职能,它确定、建设和维持某个企业与决定其成败的各类公众之间的互利关系。"在客观世界中,关系无所不在,而关系的最佳境界就是和谐。

三、确定公关营销的对象

公众是公关营销活动的对象或客体,从某种意义上说,公关营销就是针对公众所进行的活动。在实际生活中,一个企业所面对的公众可能是极为广泛的,但是某一次公关策划、某一项具体问题,一般都是针对某一部分公众而进行的。只有明确公关营销的对象,才能使我们的公关营销有重点,做到有的放矢;只有确定了公众对象,才能更好地选择传播媒介和工作技巧;只有确定了公众对象,才有利于搜集准备那些既能被公众接受,又有时效的信息。因此,对公众对象的确定和分析的问题是公关营销计划务必要加以考虑的。对公众对象了解和认识的水平,是决定公关成败的关键要素之一。

(一) 分析判断对象公众对企业的期望和要求

确定公关对象首先需要分析判断对象公众对企业的期望和要求。比如,对于一个企业来说,它的对象公众有:员工、股东、顾客、竞争者、协作者、社区公众、政府公众及新闻媒介公众等。通过社会调查,分别了解这些公众对企业的期望和要求。

(二) 分析各类公众对企业的期望和要求的异同点

首先要分析列出各类公众的期望和要求的共同点和共性问题,把满足各类公众的共向愿望和要求作为制定公关总体的目标、策划总体形象、制定公关计划的重要依据。其次,要分析各类公众特殊的期望和要求,那些带个性的问题,是制定针对特定对象公众的具体公关方案的依据,可以避免由于公关目标太广泛,缺乏针对性而效果不佳。

(三) 确定公众对象及公关营销方法

公关营销的对象公众是由企业所面临着的公关问题所确定的。它指的是直接地涉及这一问题的,或对这一问题能够产生影响的,或已受到以及将受到这一问题影响的公众。如,企业经常要针对某个特定的问题来开展公关营销,这时企业公关营销的对象公众就是与这一问题有关的,或涉及这一问题,或受这一问题影响的公众。在确定对象公众时,一般可以用以下简单的办法,即回答是谁被涉入这一问题?谁影响这一问题?谁受这一问题的影响?谁将受这一问题的影响?当然,确定对象公众还需紧紧地依靠公关调研所提供的有关公关问题的调研资料，特别是对于更复杂的问题。确定了目标和对象之后，制订公关计划方案的第二个步骤就是选择恰当的公关模式开展公关营销。所谓公关模式就是指一定的公关营销方法。常用的方法有以下几种。

1. 社会型公关

这种公关模式以各种有企业参与的社会性、公益性、赞助性活动为主，如开业庆典、周年纪念酒会、主办传统节日活动、赞助文体事业、救灾捐款、主办电视晚会等。社会性公关不同于广告，它不是赤裸裸地推销商品，而是为了获得一种关心公众事业的良好形象。

由于公关目标和对象不同，公关营销的模式和方法也就不同，从而使公关营销各具特点，在公关实践活动中取得不同的效果。

2. 宣传型公关

这种公关模式主要利用各种宣传媒介向外传播，直接目的是向公众表白自己，以求最迅速地将企业内部信息传输出去，形成有利于自己的社会舆论。这是最常进行的公关营销，包括发新闻稿、广告、板报、演讲、记者招待会、新产品展览会、印发公关刊物、制作视听材料等。宣传性公关是一种单向的传播活动，特点是主导性强、时效性强、范围广；缺点是传播层次浅，无反馈，效果停留在认知层面。

3. 交际型公关

这种模式是以无媒介的人际交往为主，目的是建立人与人之间的直接交往，为企业广结良缘，建立社会关系网络，包括座谈会、招待会、工作宴会、茶会、慰问、专访、接待、应酬、个人信函、电话、电传等。在电子媒介空前发达的时代，势必造成人际关系的冷漠，交际型公关就显得特别灵活和富有人情味，使公关营销直达情感层次。但这种模式范围很小，不适于针对大量的公众。

4. 服务型公关

这种公关模式是以提供各种实惠性服务为主，目的是以实际行动博得社会公众的好评，给企业树立良好形象。如，售后服务、消费引导、便民服务、义务咨询等。有鉴于提供完善服务对企业公关具有的重要作用，许多著名的跨国公司都把服务提高到赢得公众情感的高度来对待。

四、选择传播渠道

在确定了公关目标、对象公众以及分析了不同的公关模式以后，就要针对公关目标和公众的特点，选择能实现公关目标的传播渠道。

对传播渠道及方式的选择，将在本章后文再做详细介绍。此处不再赘述。

五、编制公关营销预算

企业国际公关营销计划的制定，必须要加强预算的约束，这将使工作有保障，也更符合国际公关习惯。公关部门在界定公关营销基本问题、确定了公关营销的目标之后，必须根据项目和目标，对所需人员、费用和时间进行预算。不搞好这种预算，就很难从人力、财力和时间上保证公关营销的正常进行，就很难对公关营销实行很好的监督管理，从而造成人力、财力和时间上的浪费，同时也不利于从成本上对公关营销效果进行评价。

公关营销预算，是指一个组织机构的公关部门预测该组织在一定时期内从事的公关营销所有可能需要的费用，在公关营销规划中将时间、资金、人力等进行合理分配，以便有效地开展公关营销工作。

（一）公关营销预算的基本原则

1. 承担合理

公关营销预算要以公关实际需要和本机构经济承受能力为依据。同样类型、同样大小的组织机构由于其公关状态的不同，其开展公关营销的需要可能有很大差别，甚至完全不同。同一家公司每年的公关需要也可能不一样。进行公关预算一定要以本单位的实际需要为依据，不可盲目或机械进行，特别是采用比率抽成预算的企业，应随实际变化，不断调整比率，要做到合理承担。此外，在根据实际需要做预算时，还得考虑到本机构的实际承受能力，这样才能使预算真正切实可行。

2. 标准适度

从行为科学角度及目前企业内外环境来看，预算的编制采用动态的参与模式比较有利于预算的有效性和合理性。但是，在预算的编制过程中，还应特别关注预算标准的适度性。因为预算的一个功能就是确定一个企业在财务上所要达到的目标。而要达到这些目标的困难程度对企业内各员工的行为有重大影响。如果无论公关人员如何努力也没法达到的一个目标，那么这个目标就没有实际意义，且会影响公关人员的士气。为了降低目标的困难程度，可以在目标上加一些额外预算。

3. 留有余地

公关营销预算要有弹性，留有余地。这是由于公关形势变化多样，人们很难料及半年以至几个月后公关的确切需求，紧急的问题随时可能发生，不可预料的机会随时都可能出现。管理者应随形势变化而改变公关的重点和方向，做预算时应规定设置临时费用，以备不时之需。此外，预算时还应考虑到一年内或一段时间内人工费、物价等因素的变化，适当留有余地。

4. 机动灵活

机动灵活是指变通，通俗地说就是黑白分明和灰色的方法。公关营销所指的预算是以完成预定目标为依据的，故其预算拨款仅能用于公关，其他部门或事项不可随意留用。用于产品推销和产品广告的费用应另有专款，公关营销范围应有较明确的划定，这可使预算做到黑白分明。但是，如果依实际需要本部门支付不起预算，或在执行预算时出现短缺，那在执行预算时，就要采用灰色的办法，即就一些有所侧重的公关营销项目请求各职能部门协助分担。例如，有关消费者关系的活动可请市场部门协助，有关股东关系的活动可请总务部门支持，涉及产品问题的可请生产部门帮助，等等。这样既可避免庞大预算的压力，又便于在同样预算的情况下，开展更多的公关营销。

（二）公关营销预算编制的方法

1. 提成确定法

提成确定法，是指按照销售量提成来确定预算的方法，即从过去或将来本机构的产品或服务的销售毛额或净额中，抽取一定百分比的余额作为预算的方法。例如，广州白云山制药厂就曾以1%的产值作为信誉投资，这种预算方法虽已广为人们所采用，但是在公关营销工作上却并不理想。这种提成唯一的好处是作为依据的销售额可在组织的记录中查出，预算可以毫无困难地很快决定下来。唯一需要解决的就是决定提成比例问题。按提成比例所得到的预算量是否能适合实际的需要，却是个大问题。不少企业确定提成比例后就一成不变地执行，这会造成与实际需要脱节。此外，用同样的提成比例，销售收入好的部门比差的部门制定出来的预算要多得多，这就可能和实际的经费需求相背离。即使是提成合理，也常会使人觉得这种预算方法缺乏弹性，公关部门想临时修改一下核定的预算是十分困难的。

2. 目标作业法

目标作业法是指按照任务、目标作业的需要来确定预算的方法，即先订出期望达到的公关目标，然后估计达成这些目标所需进行各项活动的用工、物资的费用，再加上本部门日常的活动费用和临时机动费用，核定估计这些费用的总和作为预算的极限。按照任务确定的方法弹性较大，但需要慎重周详地计划和预测，预算是否能切合需要，依赖于预测的精确性，需要较丰富的专业知识。

按照任务、目标进行预算的方法也涉及许多难以掌握的因素。这些不确定的因素最主要有两大方面：一是预算人主观上过分的乐观或悲观的因素，影响对预算的科学控制；二是公关状况常常是瞬息万变、难以预知的，特别是在特殊时期和特殊情况下，如遇到危机或发生大变动、大事件等，常常使得一项计划刚刚开始，就不得不改变重点或方向，或改变某些做法，使原计划无法原原本本地执行，这也在很大程度上影响预算的准确性。

这种决定公关营销计划的拨款方法，比起根据销货百分比而决定的拨款方式，要科学得多。进行公关营销预算必须注意根据实际情况合理安排，使之富有弹性、便于协调，同时又要遵循节约的原则。

3. 参与预算法

参与性预算是指为企业员工和管理人员提供在企业管理中表达自己意见的机会，是满足组织成员受尊重和自我完善需要的方法。同时，对参与者来说，通过参与预算实际上将"自我"融入工作，而不仅仅是因为完成上级强加的任务才去工作，有助于提高士气，引发组织成员的创造性，增强企业的凝聚力。另外，参与性预算能加强部门内和部门间的合作，使各部门对部门内所存在的问题及部门间相互依存的关系更为了解，从而有利于企业各部门的协调一致。

4. 动态预算法

动态预算法将预算视为开放系统的方法，任何内在及外在因素的改变均将影响预算体系及员工行为。开放系统范畴的预算体系与员工本身的行为及其互动关系必然是复杂而多变的，因企业环境不断变化，需要有弹性预算的编制，用以显示各种营运水准下的不同预算额度；又因现代预算必须符合环境需要，因而需要有零基预算以摆脱上一年度预算的有利或不利影响，以工作或计划需求作为预算的独立考虑因素。因为动态预算能切实反映环境的变迁，可对员工行为产生正面增强效果；又因为员工的正面行为，可使预算的编制与环境变迁同步，形成良性循环，使动态预算成为最佳的营销计划方法之一。

5. 宽松预算法

宽松预算法，是指在一个原有的目标上低估收入、高估成本、高估制造一件产品或提供一项服务所需的投入（含原料和工资）的预算方法。预算宽松对员工的行为会有正面的影响。因为每个公关人员都不可能长年累月保持最佳状态，有些阻碍公关营销顺利进行的事偶有发生，而这些事情都不为人们预知。因此，少许宽松能使公关人员感到更有意义和公平，并可促使他们更努力地去充分实现所定的目标。但如果太宽松，对公关人员的行为却会产生负面效应，因为所定的目标太易达到，令员工无须全力以赴，就会使企业现有资源不能充分地发挥出经济潜能。在考虑宽松预算时，只有把目标的困难程度定为中上，才能使对人员行为的正面促进最为有效。同时，这些目标必须不断更新，以求适应环境的变化而使该目标保持合理。

第四节　公关营销策略的传播方式

一、"媒介"宣传

（一）新闻宣传

新闻宣传是指通过大众传媒的新闻报道，使组织的有关信息被公众所知晓，从而达到扩大组织社会影响、提高组织知名度的目的。

广播、电视、杂志、报纸等大众传媒是新闻宣传常用的手段。由于大众传媒的巨大社会影响力，新闻宣传对组织有着特殊的作用。一则对组织有利的宣传报道可以使组织起死回生，而一则不利的新闻报道也可能置组织于困境甚至使之破产或倒闭。新闻宣传与其他的宣传形式相比，企业无法控制新闻报道的方向和内容。但是另一方面，新闻宣传的巨大社会影响力又是其他任何宣传形式无法比拟的，因此一项公关营销要取得满意的经济效益和社会效益，必须受到新闻媒介的重视和报道，形成舆论热点。

新闻宣传主要包括以下四种活动形式。

1. 安排和接受新闻界人士的采访

传播策划中很重要的就是做好与媒介公众的联络沟通工作，组织公关人员要积极主动配合新闻界人士，安排适合的时间、地点并准备好相关的采访资料。不仅要了解采访者的性格、爱好并向其作适当的介绍，同时也要向来访者介绍受访者的背景。这种活动形式便于及时反馈意见，得到的信息比较可靠。

2. 新闻发布

新闻发布的形式有举行新闻发布会和记者招待会，必要时也可以举行有针对性的"答记者问"。这三种发布信息的形式有一个共同点，就是把各种媒介的记者召集起来，进行强化性的信息传递活动。

新闻发布会的重点是公布信息和回答记者提问，记者招待会还要加上一些招待活动，以便同记者联络感情。至于"答记者问"，一般由专职新闻发言人回答记者提问，并不主动发布什么信息。新闻发布活动的最大优点是所公布的信息真实、可靠度高，记者可根据自己感兴趣的问题进行提问，容易使组织和新闻界达到相互理解和沟通的良好效果。新闻发布活动花费记者和组织者的时间较多，对组织工作、新闻发言人、主持人的要求也高。

3. 新闻稿

它是指公关人员向媒介发送的新闻报道稿。这也是组织新闻宣传的一种形式。写新闻稿是公关营销人员必须掌握的基本技能，也是与新闻界人士保持联络的有效手段，它方便了新闻界人士的工作。但新闻稿要符合媒介的刊发要求，具有一定的新闻价值，这样刊播的可能性才会较大。要注意针对不同口味的媒介发送侧重点不同的新闻稿，并随附相关材料。

4. 制造新闻

制造新闻，是指公关人员在真实的、不损害公众利益的前提下，有计划地策划、组织、举办具有新闻价值的活动，以吸引媒介和公众的兴趣，争取被报道的机会，以达到提高知名度并扩大社会影响的目的。制造新闻不是自发、偶然产生的，而是经过公关人员精心策划安排；它比一般新闻更富有戏剧性，更能迎合新闻界和公众的兴趣；相对而言制造新闻能提高组织的知名度。

制造新闻在传播策划中具有特殊的意义，它是一种极为有效的新闻宣传方法。它是专门"演给"新闻界看的，往往能够吸引媒介主动的关注和报道。

制造新闻的切入点有很多，可以是社会公众最关注的话题，可以就某些权威人士或重要、知名人士来制造新闻，也可以利用节假日或对组织有特殊意义的日子搞专题活动，等等。要使制造新闻取得预期的效果，除了做到新、奇、特外，还要善于进行舆论准备，使公众产生好奇感和期待感。例如，奥运会召开之际，举办城市和有关机构往往提前一年就在媒介上大做文章，以增强其影响力。社会组织要通过巧妙策划，去参与或为其提供场地、人员、设备等方面的服务，使社会组织成为整个活动的有机组成部分之一，进而成为新闻报道的基本内容。这样，也可以借助大众传播媒介，达到特定的宣传目的。这种制造新闻的行为，成功的关键是选择参与的社会事件本身要具有极大的新闻价值，同时社会组织要有机地参与到活动之中。

(二) 公关广告宣传

公关广告的目的不在于直接劝说人们购买某种特定的商品，而是唤起人们对组织机构的注意、兴趣、信赖、好感和合作。它与一般的商业广告相比，具有不同的传播特征。

公关广告是一种声誉性广告，并不是以盈利为直接目的。如果说商业广告是为了介绍产品，公关广告则是为了推销一个组织。北京印象广告公司于母亲节前夕推出公益广告"回家"，令无数观者怦然心动。"回家"以夕阳余晖中母亲孤独的形象为视觉主体；鹅黄色调温馨慈爱，表达母亲对子女的牵挂和期盼；红色标题"回家"相当醒目。广告词义动人："曾几何时，我们因为奔波事业，陶醉爱情，照顾子女而冷落了终生操劳的母亲，回家，看看母亲最欣慰的笑容吧！哪怕只是打个电话。"该广告没有任何说教，却以其不可阻挡的情感震撼着每一个观者，虽然没有宣传自己组织的画面和文字，却在公众心目中留下了广告公司的良好形象。

公关广告往往选一个很小的切入点着重于宣传组织在某个问题上的观点、看法，例如上面提及的"回家"，显示了组织对社会问题的关心，重在感情上与公众进行交流沟通，引发公众的共鸣。公关广告作为一种宣传方式同时又是一种广告手段，由于广告的诉求主题、广告内容、广告形式、表现手法及广告文稿等的不同，可以划分为以下几种主要的类型：实力广告、观念广告、祝贺广告、谢意广告、歉意广告、倡议广告、公益广告、信誉广告等。组织可根据自身宣传的需要采用相应的广告形式，并加以创新。

公关广告的宣传方式主要是出资购买大众媒介的使用权，有偿开展公关营销宣传，大众媒介具有"高额投入，超高额回报"的作用。因此，社会组织为了使用媒介虽然支付了大笔费用，但是只要策划成功，必然能取得巨大的反响，投入与收益相比，仍将是极其合算的。在方式上，有偿租用大众媒介的使用权，与广告相似，但是在内容上，两者是有区别的，即公关营销宣传的信息是关于社会组织整体形象方面的内容，而广告信息则只涉及产品。

（三）组织自控媒介的宣传

公关传播活动，除了可以利用大众传媒进行公关新闻宣传和公关广告宣传外，还可以充分利用组织自控媒介做宣传；这种宣传形式成本低廉，并且可以由组织直接控制和发放，往往能够比较方便灵活地配合公关营销的需要。

组织自控媒介的宣传方式有以下几种。

1. **印刷媒介宣传**

成功的印刷品可以广泛宣传和普及有关组织和产品的各类信息。因为印刷品的一个重要特点是可以有目标、有针对性地宣传某些产品，如附在包装盒内的说明书。它还可以不受时空的限制，进行产品的普及教育，有保存的价值，供公众随时查阅。印刷品还可以其生动的语言、形象的画面和活泼的形式直接诉诸公众心理，引起公众情感的共鸣。

组织自己的印刷宣传品主要有组织刊物（包括内部刊物、对外刊物），组织报纸（如大学学报、墙报以及通讯简报等），以及宣传小册子、产品说明书、产品手册、专项服务手册、年报、海报、传单、卡片、各种宣传活页和组织自行印刷的首日封、纪念封、明信片、挂历、画册等。

2. **电子媒介宣传**

组织可以通过与新闻媒介合作或自编自导，利用视听设备把组织的各种重要活动和重要产品的相关情况拍摄下来,制成影片、录像带、录音带、幻灯片及图片等,在特定的场合向特定的公众播放。

3. 以消费品为沟通媒介

消费品是组织与顾客之间联系的纽带,也可以作为沟通媒介而发生作用。因此,重视组织形象的生产企业,无一不把好质量关,以便通过优质消费品,传播有利自身的信息;比如德国奔驰汽车可以保证用15年不出大毛病。它的广告说:"如果有人发现我们的奔驰汽车发生故障,被修理车拖走,我们将赠送您一万美金。"而参观奔驰车生产车间的人无不感叹:"奔驰车的每一个零件都是一件精美的工艺品,仿佛给皇家使用一般。"所以,奔驰每一辆汽车都是一个活广告,向顾客传播着其公司的信息与形象。

4. 以消费环境为沟通媒介

消费环境可以向公众展示企业的整体形象。例如,商场建筑与装潢、陈设,饭店的建筑风格与内部设施、布置,企业的整体环境与接待室小环境,旅游景点优美程度及交通、饮食条件,等等。这些都可以显示出一个企业组织的经济实力、文明程度以及理念的追求。因此,进行消费环境的策划设计,能有效地传播组织的整体形象。例如,北京香山饭店地处风景优美的香山景区,是由世界著名的美籍华人建筑设计师贝聿铭进行了因地制宜的设计,加上富有高格调的内部装潢布置,使饭店营造出了一个如诗如画的环境氛围,自然也就有效地树立了饭店的美好形象。

(四)人员宣传

员工在公关传播活动中不是代表本人而是代表组织与公众打交道,其一言一行无不影响组织在公众心目中的形象。通过训练有素的公关人员在日常事务和公关实务活动中与公众作面对面的沟通交流,如公开演讲、组织发言人在电视上讲话、在新闻发布会上发言、接受记者访问、与公众进行交流座谈、引导公众参观、现场服务、发放宣传资料、示范表演等。这些都是人员宣传的具体表现形式。人员宣传除了有组织员工参与的宣传外,还包括与外部公众的交流沟通。例如,一位公众得知某组织赞助了某项体育比赛,他常常会与其家庭成员或同事、朋友讨论这件事,无形之中把有关组织的信息传达到更多的公众,起到宣传组织的作用。

人员宣传往往成本较低,并且面对面的接触易于及时对所接受的信息作出反应;但信息的受众面小,且受宣传者自身素质的限制,传递的信息较容易带上感情色彩而失真。

(五)公关专题活动

公关专题活动是组织以一个明确的主题为中心而与公众开展的某一方面的交流。它通过主题鲜明、富有特定内容的活动形式将组织的某一方面形象展现在公众面前。虽然公关专题活动只能从一个特定的侧面展现组织在某一方面的面貌,但若干次不同的公关专题活动积累起来,就可以形成强烈的宣传效果。

（六）自媒体公关营销

自媒体又称个人媒体，它以现代化、电子化的手段，传递规范性及非规范性信息。自媒体平台包括博客、微博、微信、论坛等。

二、"活动"宣传

公关营销宣传可以通过举办与社会组织相关、能够吸引公众积极参与的社会文化活动、商业文化活动、公众生活活动，来宣传社会组织，并由此带动大众传播媒介的报道，达到公关传播的目的。这种活动宣传方式，由于具有较强的娱乐性和新奇性，公众参与感强，宣传效果理想，因此在传播策划中具有比较特殊的地位。

公关营销活动是一种有效的宣传方式，其具体形式多种多样。甚至可以说，凡是公众乐于参加的活动，都是公关营销活动的策划原型。"活动"宣传有以下几种形式。

（一）体育活动

随着人们生活水平和体育运动水平的提高，以及体育文化的扩散，人们对体育运动越来越感兴趣。因此，以体育运动尤其是体育比赛为原型，精心创意，巧妙策划，开展源于体育运动而又不同于一般体育活动的公关营销型体育活动，不仅可以吸引公众，而且容易引起新闻公众的关注与报道。

（二）生活情趣活动

这是指以现实生活中的情趣性活动（如过生日、结婚仪式、结婚周年纪念等）为原型，或以生活中带有美好意味的典故、传说为素材，策划出具有情趣色彩和象征意义的活动，以此为"媒介"，开展传播策划。

（三）文化娱乐游戏活动

把社会组织的宣传内容巧妙地融入文化、娱乐、游戏活动之中，开展娱乐、游戏性公关营销活动，可以有效地吸引公众参与到活动之中，在娱乐、游戏中接受公关营销宣传。此外，商业文化节活动、公司形象展示活动、专题庆典活动、知识比赛活动、生活技能比赛活动等，只要精心策划，都可以有效地宣传社会组织。

三、"明星"宣传

明星宣传，是指根据社会组织的形象定位、公众定位、公众的明星崇拜潮流等，聘邀合适的体育明星、文艺明星、政府要人、社会功臣、公众领袖等知名人士来宣传社会组织的方式。明星是人们心目中的偶像、崇拜者，对公众尤其是青少年公众具有巨大的感染力，所以利用明星进行公关营销宣传，在提高知名度、扩大影响范围、改变社会组织形象和产品形象方面具有重要的作用，具有较强的公关营销效能。

当代社会，如果产品有优等质量和服务作保障的前提下，邀请明星宣传是产品走向市场的捷径。名人，是策划主体提高知名度的重要对象；文艺界、体育界的明星，往往成为企业宣传的对象。例如，耐克公司生产的"乔丹"鞋拿 NBA 巨星迈克尔·乔丹做文章，为该公司带来滚滚财源。

"明星"宣传包括以下几种具体的方式。

（一）让名人使用你的产品

百事可乐进军苏联，巧妙利用赫鲁晓夫的公关案例是这方面的典型。1959 年美国博览会在莫斯科举行。为进军苏联市场，百事可乐公司董事长唐纳德·肯特，他凭着当时和美国副总统尼克松的私交，要求尼克松在陪同苏联领导人参观时，想办法让苏联总书记喝一杯百事可乐。赫鲁晓夫在路过百事可乐的展台时，拿起一杯百事可乐品尝，顿时成为新闻记者报道的热点。这个难得的广告，使百事可乐因此比可口可乐领先一步，在苏联市场站稳脚跟。

（二）组织以名人为核心的活动

这方面的代表是商之都商场利用名人效应打开市场的例子。在 1996 年元旦前夕，安徽商之都商场借开业之机，邀请了北京商业委员会的商业"劳模"团，在它开业的时候帮助商场进行现场示范，塑造国有企业的形象。中央电视台《新闻联播》节目组对这个策划活动也表示了极浓厚的兴趣，决定推出这个典型，做重点报道来配合。策划者在商之都开业时，从北京带了一个新闻团下去，当地的新闻界也做了很好的配合，在商之都开业的三天之中，很多消费者蜂拥而至，大家都看"劳模"服务。根据统计，顾客中有 80% 都是买东西的，"劳模"服务的柜台更是挤得水泄不通。

（三）利用名人的评价

名人的评价往往会成为商品最好的广告。美国一出版商将一滞销书送给总统并三番五次去征求意见。总统便回了一句："这本书不错。"出版商便大做广告："现任总统喜爱的书出售。"于是，这些书一抢而空。

（四）利用名人的消费习惯

美国一家生产天然花粉食品"保灵蜜"的公司，利用里根总统爱吃花粉食品的习惯策划了全方位的宣传攻势，使全美国都知道，美国历史上年纪最大的总统之所以体格健壮，精力充沛，是因为常服天然花粉的结果。于是"保灵蜜"走俏美国市场，出现人人争食"保灵蜜"的状况。

（五）利用"假名人"的策划

利用"假名人"进行提高知名度的策划也是一种特殊的名人效应。一家濒临破产的商场老板想出了一个办法，找了一位长相酷似黛安娜的模特，经过一番化妆和包装，以一辆极其豪华的轿车载着假的"黛安娜"来到这个商场，并且请来许多记者拍照和录像："黛安娜"在商店里挑选了各种商品，在录像后并在电视台上播放了其过程，但全过程没有解说，只是播放现场。此举致使崇拜黛安娜的人蜂拥而至，抢购"黛安娜"

所买过的商品，商场仅一天就获得很高的利润。

四、"赞助"宣传

"赞助"宣传，是指社会组织通过赞助一些以公益性、慈善性、服务性、娱乐性、大众性为主题的社会活动来开展公关营销宣传的方式。由于这些活动本身对公众具有较大的吸引力，公众会"爱屋及乌"、"知恩图报"，对社会组织产生好感，达到公关营销宣传的目的。

这种宣扬方式正越来越多地被海内外企业采用，他们本着"赞助即投资"的思想，力求"以最小的投入，获得最大的报酬"，积极探索出了一些新的形式。这对我们策划公关营销赞助性宣传活动，是极有借鉴意义的。

"赞助"宣传有以下几种方式：

(1) 社会组织联合多家企业，共同捐资组建赞助性基金会。这种方式以少量投入获得长期的、具有规模效应的宣传效果。

(2) 强化公益赞助。这种方式积极参与社会问题的宣传与解决，以此建立社会组织—公众—市场的联系纽带，树立良好的企业公德形象，表达关心社会命运的经营信念，进而开拓出自己的市场。

(3) 注重赞助的一贯性与长期性。这种方式寻找相对稳定的赞助对象，长期开展多方位赞助，建立"赞助工程"，追求赞助活动的"名牌效应"，以扩大公关营销的影响范围。

(4) 寻找热点赞助项目。这种方式积极寻找亟待发展、高度敏感而又鲜为人知的社会团体和社会问题，作为自己的赞助项目，以赞助"热点"项目达到宣传企业的目的。

本章小结

所谓公关营销，是指以增进公众对企业营销的整体了解、信任和支持，扩大其知名度，塑造起良好企业形象为目的而展开的一系列营销活动。公关营销的职能主要有传播沟通、协调关系、塑造形象和决策咨询。本章重点介绍了公关营销计划的制定方法和公关营销策略的主要传播方式。

关键概念

公关营销　公关广告　公关营销计划　公关营销策略　公关营销的传播方式

思考题

(1) 公关营销策略的基本原则有哪些？
(2) 公关营销的职能有哪些？
(3) 试述公关营销计划的主要内容。
(4) 试述公关营销的主要传播方式。

案例　让微信真正服务于企业

微信最让人期待的一个消息是5.0版将加强"扫一扫"功能,这导致微信作为一个"广适入口"的身份更加明显。形成强烈对照的是,很多企业及其一线代理公司对微信的理解依然是:"它能在品牌传播上为我做些什么?"这个问题告诉我们,提问者对微信的认识,依然停留在两年前自媒体刚刚成为风潮时代的水平。

以下介绍让微信真正服务于企业的有关问题。

一、微信为何不能只是自媒体

在微博最火热的时代,我听到某安全套的传播案例,讲述者以及听讲者都如醍醐灌顶,因为那个案例被理解为"自媒体营销真谛"。我当时有一个疑惑:在一个账号下聚集这么多人,最终目的是什么?对品牌以及营销产生的真正价值到底在哪里?你怎么知道关注了这个品牌账号的粉丝在线下一定会使用这个品牌的安全套?

这就是自媒体面对企业销售原驱力时的常见问题,它可以聚集人群,也可以做得很热闹,却很少能让这些人群发挥"热闹"之外的更多营销效果。以自媒体运营为第一诉求的企业,在这种市场投入中获得的最大收获,是市场部亮点纷呈的报告,和一份沾沾自喜的晕眩感。

你可以将微信做成自媒体,并且要求它尽可能聚集粉丝,但绝对不要停步于此,要让自己的粉丝群更忠实于你的最重要步骤,是真正将微信平台与企业运营结合起来,让粉丝得到看看笑话、听听心灵鸡汤之外的更实惠的好处。

二、微信功能化

微信最大的企业营销价值,是以入口加上各种应用开发,实现企业运营中的各种功能化价值。比如,无线的产品库,无线的服务中心,无线的客户调查系统,或者无线的企业协同工作平台,以及任何一种可能想象的企业运营功能,等等。

我们以产品库为例来设想一下这种微信功能化平台的使用场景。产品库的使用,无非是三种情况:前端销售使用、营销推广中使用,以及用户查询中使用。一个根植在微信平台上的产品库对于前端销售人员来说,意味着不需要多么大的线下店面,就可以展示无尽的产品资源;不需要多么专业的产品培训,就可以向咨询客户提供最准确的产品说明——一切只需要一个基于微信平台的产品库后台,一部屏幕不要太小的智能手机,最好再有一个无线网环境(一个WIFI路由器就解决了)——当然,3G网络也一样给力,只是需要流量费用罢了。拥有产品库功能平台的销售进行产品演示时有两个选择:店面里面有的产品,可以直接介绍给客户,同时使用微信平台做更详尽的参数介绍;店面里面没有的产品,可以用手机展示给客户。开发得好的产品库,并做三维立体图展示、功能化应用场景展示(也就是将产品放进模拟的使用空间中,展示其视觉效果),这会让客户感觉到超强的科技感体验,大大提高消费中的愉悦感。

当然,客户即使看上了某款产品,可能也不会立刻下单,那么销售人员需要做的仅仅是请客户关注官方微信账号，并且告诉客户一个自行搜索该产品的方法，回去慢慢琢磨。针对这种客户，一个产品库将成为他回想、对比的重要依据，并且成为促成采购的重要基石。

所以，微信决不仅仅是一个聚集人群的工具，它的功能化想象空间极为巨大，甚至可以说，即使没有粉丝，一个功能化的微信公众号一样可以发挥巨大的运营、营销支持能力。但是，更可确信的是，有一两个或者更多功能化应用的微信公众号，将更容易获得并留住粉丝。

三、微信 CRM

但是，有一个功能，却无论如何是需要在微信上聚集人群的，那就是微信 CRM 功能，或者更准确一点说，是微信 SCRM（社交化客户关系管理）功能。

微信 SCRM，实际上是将微信粉丝从关注、查询产品信息、接受服务咨询、参与调查或营销活动的信息，通过智能分析，形成用户的特征描述，并基于这些特征将粉丝加以分类，存入 CRM 数据库，形成后续传播、营销的基础。从这一描述可以看出，如果微信平台上没有粉丝，我们是无法实现这种行为跟踪、归类以及后续营销活动中的反向触及的。

SCRM 的价值，在于将营销行为的设计、针对人群的选择做得更加精准，减少对低目标价值人群的骚扰，提高对高价值目标人群的影响力和转化率，这是企业精准营销中追求的最高境界。在微信平台上实现这一功能的优势，还是要提到随时随地随身营销，以及更高的转化率。

唯一需要说明的是，腾讯为微信所提供的 CRM 功能，是一个非常基础的 CRM 功能，也就是说，是一个一维的粉丝（用户）群分群能力，如果想要实现真正复杂的 CRM 功能，需要专业公司提供的底层开发技术和用户分群触及技术。

（资料来源：石岩：《让微信真正服务于企业》，载于《国际公关》2013 年第 4 期）

案例讨论

（1）微信如何服务于企业的营销活动？
（2）企业利用微信开展营销时要注意的事项有哪些？

第十四章 国际市场服务营销策略

本章学习目标

通过本章的学习,要求学生掌握以下内容:①了解服务的概念以及服务营销的产生与组合;②了解国际市场服务营销的概念与特征,了解刺激国际市场服务营销的动力因素;③了解国际市场服务营销的方式,了解国际市场服务营销中存在的问题;④了解国际市场服务营销策略。

第一节 服务营销概述

一、服务与服务营销

(一)服务的概念与分类

1. 服务的概念

有关服务概念的研究首先是从经济学领域开始的,最早可追溯到亚当·斯密的时代。不过,由于服务产业包罗万象,很难界定其范围的大小。曾经有学者试图通过规定服务不是什么而来定义它,如奎恩和伽格诺(Quinn and Gagnon)是这样定义服务的:服务实际上就是指原始产出既不是产品也不是结构物的一切经济活动。

科特勒(Kotler)给服务下了一个更加确切和真实的定义:服务是一方可以提供给另一方的,本质上无形但不导致参与者和所有权转移的一切行为或利益。这个定义暗示了服务以无形性为中心。

格朗鲁斯(Gronroos)给服务下了一个更具普遍性的定义:服务就是发生在消费者、服务业雇员、物质资源或商品、为消费者提供问题解决方案的服务提供者所在的系统之间的,通常(但不必须)多多少少具有些无形性的一项或一系列行为。

从以上定义我们会发现,服务是以无形性和同时性为特征的一种过程和行为。因此,我们也可以这样定义服务:服务是一切无形的且意味着实现服务提供者与消费者之间交互作用的经济活动。

众多学者在拓展对服务内涵的认识进而推动服务市场营销学的发展方面作出了重要贡献。这些定义都从不同的侧面揭示出服务的一些共同特点,如无形性、不可感知性等,这就为其他学者从基本特征的角度研究服务奠定了基础。

2. 服务的基本特征

为了将服务与有形商品区分开来,自 20 世纪 70 年代末至 80 年代初,市场营销学界的许多学者从产品特征的角度来探讨服务的本质。

格隆鲁斯认为,服务的基本特征包括这样的几个方面:①服务是非实体的;②服务是一种行为或过程(一系列行为);③服务的生产、销售与消费(在某种程度上)同时发生;④服务的顾客(在一定程度上)参与服务的生产过程;⑤提供给不同顾客的同一种服务具有差异性,并且服务是不可储存和没有所有权转移的。

科特勒提出服务具有无形性、不可分性、易变性和时间性四个特征。

英国服务营销学家阿德里安·佩恩(Adrian Payne)的看法与科特勒相近,认为服务具有无形性、不可分性、不一致性和不可储存性四个特征。

法国服务营销学家皮埃尔·艾利尔(Pierre Eiglier)和埃里克·郎基尔德(Eric Langeard)认为,服务有三个基本特征:①服务是非实体的;②服务机构与顾客之间存在着直接关系;③服务生产过程有顾客参与。

通过比较发现,学者们对服务的基本特征的看法基本相同,只是在表述上有所差别,有些特征是从其他特点中衍生出来的。无形性、差异性、不可分离性和不可储存性四种特征被公认为服务的共同特征。

为了更简明了解服务的特征,现以商品与服务对比加以说明(如表 14-1 所示):

表 14-1 服务的特征

商品	服务	相应的含义
有形	无形性	服务不可储存 服务不能申请专利 服务不容易进行展示或沟通 服务难以定价
标准化	差异性	服务的提供与顾客的满意取决于员工的行动 服务质量取决于许多不可控因素 无法确知提供的服务是否与计划宣传相符
生产与消费相分离	不可分离性	顾客参与并影响交易 顾客之间相互影响 员工影响服务的结果 分权可能是必要的 难以进行大规模生产
可储存性	不可储存性	服务的供应与需求难以同步进行 服务不能退货或转售

资料来源:Bernasrd H. Booms and Mary J. Bitner. Marketing Strategies and Organization Structures for Service Firms in James Vices. Chicago:American Association.

（1）无形性（Intangibility）。各种涉及商品与服务区别的著作都经常会提及服务的无形性。它的含义可以从两个不同的层次理解。首先，若与有形的消费品或工业用品相比，服务的特质及组成服务的元素往往是无形无质的，让人不能触摸或眼见其所在。其次，它还指服务不仅其特质无形无质，甚至使用服务后的利益也很难被察觉，或者是要等一段时间后，享受服务的人才能感觉到利益的存在。因此，在购买之前，服务是不可感知的。购买服务前必须参考其他顾客的意见和态度等方面的信息，再次购买则主要依赖前一次购买的经验。例如，汽车出现故障，车主将车子交由汽车修理服务企业修理。但车主在取回车子时，对汽车维修服务的特点及修理后的汽车部件是否全部恢复正常都是难以察觉并做出判断的。必须要在使用一段时间，或者中间服务商经常关心或询问才能感受到。

服务的无形性增加了服务营销的难度。首先，服务不能像产品那样被储存起来，因此很难管理需求的波动。如餐馆在不同时间就餐的顾客需求量是不同的，然而店主所拥有的就餐桌椅和服务人员却是相同的。其次，服务的无形性导致新的服务概念可以被竞争对手轻易地模仿。最后，服务不容易向顾客展示或轻易地交流沟通，因此，顾客难以评估其质量，多数时候只能相信服务提供者的介绍和承诺。这些都需要营销人员运用4P之外的技巧，才能有效地在市场竞争中确保顾客获得最大的满足感。

由于服务种类不同，其无形性程度也不同。就像很少存在100%完全有形的商品一样，也很少存在100%完全无形的服务。很多服务需要有关人员利用有形的产品，才能正式生产，才能真正提供及完成服务程序。例如，餐饮业的服务中，不仅有厨师的烹调服务过程，还有菜肴的物质加工过程。随着企业服务水平的日益提高，很多消费品或工业用品是与附加的顾客服务一同出售的，而且在多数情况下，顾客之所以购买某些有形商品如汽车、家电等，只不过因为它们是一些有效载体，对顾客而言，更重要的是这些载体所承载的服务或者效用。由此看来，无形性并不是服务所独有的特征。

（2）差异性（Heterogeneity）。服务行业是以人为中心的产业，由于人类个性的存在，对于服务质量的检验很难采用统一的标准。而且，根据雇员不同、消费者群的特殊性、外部环境不同甚至是在一天中的不同的时间段，服务也有很大程度的不同。

差异性对企业进行服务营销最大的挑战就是如何既能确保服务质量的一致性，又能根据顾客的要求差别化。因为服务质量往往取决于许多不能完全控制的因素，如顾客对其需求清楚表达的能力、员工满足顾客需求的能力和意愿以及其他顾客对服务需求的程度。因此，如何帮助顾客更好地表达自己的需求，提高员工的服务技巧和应变能力，是服务企业需要努力的方向。

（3）不可分离性（Inseparability）。服务的第三个普遍特征就是生产与消费具有同时性，也就是说，在服务人员向顾客提供服务的同时，顾客也完成了对服务的消费，二者在时间上不可分离。服务的生产和消费发生重叠意味着在服务传递过程中存在人员接触：服务人员与消费者在服务传递过程中发生交互作用。商品的生产和消费可以分离，所以商品在交付过程中就不存在人员接触。服务的同时性特征使人的因素在服务中尤为重要。因此，对企业而言，必须密切关注与消费者直接接触的雇员，因为他们代表公司的形象，他们的言行举止直接与公司形象挂钩。对于某些特定的服务，例如娱乐与职业性服务，消费者不仅期望享受到高品质的服务，而且对服务的提供者也有强烈的兴趣。消费者希望为自己提供服务的是高级会计、大厨或顶尖教授、主任医师，而不是"任何合格的人"。

在另一些情况下，某些服务的好坏不仅取决于服务提供者的表现，还取决于消费者本身的配合能力，因为顾客是参与服务生产过程的。这就要求服务企业的管理人员要正视如何有效地引导顾客正确扮演他们的角色、如何鼓励和支持顾客参与生产过程、如何确保顾客获得足够的服务知识以达成生产和消费过程的和谐进行。如果企业管理人员忽略这些问题，就可能导致因顾客不了解其自身的职责而使服务质量无法达到他们的要求。但在这种情况下，顾客通常并不会检讨自己的失误，反而归罪于企业，认为该企业的服务水平低，进而丧失日后与之打交道的兴趣和信心。

（4）不可储存性（Perishability）。服务的无形性以及生产与消费同时进行的特性，使得服务不可能像有形的消费品和行业用品一样被储存起来以备销售。而且，大多数情况下，顾客亦不能将服务购买后储存起来。不可储存性的特征要求服务企业必须解决由缺乏库存所引起的产品供求不平衡，如何制定分销战略来选择分销渠道和分销商，以及如何设计生产过程和有效地、弹性地处理被动的服务需求等问题。

3. 服务的分类

经济学家倾向于将产业划分为：第一产业，指农业、林业、畜牧业和渔业等；第二产业，指工业（包括制造业、建筑业、电力、水利等）；第三产业，指服务业。

本书提及的服务业，实际上包括了全部服务部门。一般来讲，可以分为以下服务类别：

（1）配送服务，包括交通运输、通信、贸易等。
（2）厂商服务，包括投资银行、保险、工程、会计、簿记、法律服务等。
（3）社会服务，包括医疗护理、教育、非营利性组织、政府机构等。
（4）个人服务，包括旅游业、洗衣、娱乐服务、家政服务等。

（二）服务营销的产生与组合

1. 服务营销的产生

1966年，美国的约翰·拉斯摩（John Rathmall）教授首次对无形服务与有形产品进行区分，提出要以非传统的方法研究服务的市场营销问题。1974年由拉斯摩撰写的第一本论述服务营销的专著在美国出版，标志着服务营销学的产生。在该著作中，作者明确之处是仅把市场营销的概念、模型、技巧应用于服务领域显然是行不通的，必须建立服务导向的理论架构。不过，当时认真领会这些问题的重要性并开展相关研究的学者甚少。直到20世纪70年代中后期，陆续有市场营销学者正式开展服务营销学理的研究。

自20世纪60年代以来，服务营销学的发展大致上可分为以下几个阶段：

第一个阶段（20世纪60—70年代）为服务营销学的脱胎阶段。这一阶段是服务营销学刚从市场营销学中脱胎而出的时期，理论界众多学者纷纷提出经典性论述，于是，无形性、不可分离性、差异性、不可储存性以及缺乏所有权被归为服务所独有的五大特征。

第二阶段（20世纪80年代初期至中期）为服务营销学的理论探索阶段。主要探讨服务的特征如何影响顾客的购买行为，尤其集中于顾客对服务的特质、优缺点以及潜在的购买风险的评估，同时市场营销学者们试图回答这样的问题，即服务营销学是否有别于消费品或行业用品市场营销学。

第三阶段（20世纪80年代下半期）为理论突破阶段。有关服务营销学理论的研究获得了突破性的进展，营销学者更加集中于研究传统的营销组合是否能够有效地用于推广服务，服务营销需要有哪些营销工具。营销学者逐步认识到"人"在服务的生产和推广过程中所具有的作用，并由此衍生出了两大领域的研究，即关系市场营销和服务系统设计。

第四个阶段（20世纪80年代后期至今）为进一步发展阶段。从80年代后期开始，越来越多的学者逐渐认识到有效的服务市场战略应包括七种变量，即在传统的产品、价格、分销渠道和促销组合之外，又增加了有形展示（Physical Evidence）、人（People）和服务过程（Process），从而达到7P组合。这也标志着服务营销学的发展开始步入第四个阶段，随着7P的提出和广泛认同，服务营销理论的研究开始扩展到内部市场营销、服务企业文化、员工满意、顾客满意和顾客忠诚、全面质量管理、服务企业核心能力等领域。这些领域的研究正代表了20世纪90年代以来服务市场营销理论发展的新趋势。

2. 服务营销组合

任何营销策略的一个基础要素便是营销组合，服务营销组合是服务企业依据其营销战略对营销过程中的构成要素进行配置和系统化管理的过程。

服务营销人员认为4P营销组合模型对服务的营销存在缺陷，因此，在传统营销组合产品、价格、促销、渠道的基础上，服务营销组合增加了人、有形展示、过程三要素，如此一来服务营销组合就变成了七要素（7P），以适应企业进行服务营销的需要。

表14-2 服务营销组合（7P）

要素	内涵
产品（Product）	领域，质量，水准，品牌名称，服务项目，保证，售后服务
定价（Price）	水准，折扣，付款条件，顾客的认知价值，质量/定价，差异化
渠道（Place）	所在地，可及性，分销渠道，分销领域
促销（Promotion）	广告，人员推销，销售促进，宣传，公关
人（People）	人力配备，训练，选用，投入，激励，外观，人际行为，态度，其他顾客行为，参与程度，顾客/顾客的接触度
有形展示（Physical）	环境，装潢，色彩，陈设，噪音水准，装备有形产品，实体性线索
过程（Process）	政策，手续，机械化，员工裁量权，顾客参与度，顾客取向，活动流程

资料来源：Bernasrd H. Booms and Mary J. Bitner. Marketing Strategies and Organization Structures for Service Firms in James Vices. Chicago：American Association.

（1）产品（Product）。产品是企业向市场提供的实体产品部分，它与服务质量、包装、保证和其他附属物共同构成了服务产品。服务产品管理是关于提供什么样的服务、什么时候提供、如何提供、在哪里提供以及由谁来提供方面的管理决策。服务产品决策有服务要素、服务形式和服务水平三个方面。

服务产品可以概括为核心产品（与基本实体产品一起组成服务概念）、期望产品（以最少的付出就可满足的需求）、扩展产品（与竞争对手的产品层次差异，包括独特的销售主张）和潜在产品四个层次。

服务是基于承诺的复杂价值体系，消费者为满足需求、获得价值以及达到特定目的购买服务。

（2）价格（Price）。价格是市场营销组合中的一个重要因素，它反映了服务价值与顾客感知价值。服务企业用于价格政策的定价方法与技巧有很多，不同要素都会影响企业的总体价格战略，如企业目标与利润导向。其他要素还有成本、竞争对手的价格、需求水平、需求弹性、行业规则、定位层次等。

给无形的服务定价显得特别重要，价格是服务质量的一个信号，对及时递送的服务与具有重要实用价值的服务，则可以采用特殊定价方法。

（3）渠道（Place）。渠道包括企业所采取的不同行动，使目标顾客能接近或购买到产品或服务。服务的不可接近性意味着要进行服务交易，服务必须能够接近顾客，因为顾客是服务递送过程的一部分。由于服务不可储存性，不可能将其储存起来卖给批发商，然后卖给消费者。基于这些原因，服务企业的渠道选择与实物销售有所不同，服务地点也成为重要的渠道决策。

许多服务企业选择直销，不使用中介机构与代理商。影响服务企业采用直销的实际问题有服务类型、市场的地域分布、政治及法律因素、顾客偏好及公司目标。中介商在服务营销中所起的作用不同于实物营销，服务营销中的主要渠道类型是代理商和经纪人以及特许经营。

（4）促销（Promotion）。促销包括该企业对目标市场进行的沟通与促进产品和服务的所有活动。目标顾客在购买前必须有实物和服务产品信息，才能考虑是否购买。随着服务无形性的增加，这一点显得越来越重要。

促销计划的主要任务是合适的媒体选择，媒体选择范围是广泛的，这方面的根本控制要素是预算状况与目标顾客。有效的促销活动涉及各种促销组合要素以最适当的方法结合起来，迎合企业的沟通目标。促销管理是在结合企业的营销计划的基础上，对促销计划的调整与执行。

（5）人（People）。服务递送过程中所有的参与者都是"人"的要素，人的要素包括提供服务的员工、服务环境中的顾客与陪客。所有企业都意识到对顾客关心的重要性，以及对企业生存发展的重要作用。顾客对服务的期望越来越高，要求也越来越多，而服务质量却依赖于服务员工的表现。因此，服务人员在服务中的作用也变得更加重要了，他们的衣着、外表、态度及理解力都会影响顾客对服务的感知。服务的不可分离性决定了人的要素是服务的固有部分。

（6）有形展示（Physical）。有形展示指服务递送环境和顾客与企业互动的地点，以及促进服务性能与服务交流的无形部分。

(7) 过程 (Process)。创造并递送给顾客的过程是服务营销组合的主要要素,因为顾客经常感知到自己是服务递送系统的一部分。服务过程包括步骤、任务、计划、机制、程序及服务递送给顾客的活动。由于服务过程不能储存,所以过程管理就更加重要了。如果支持服务递送的过程效率不高,就会对服务企业产生负面影响。在服务管理过程中,运作人员与营销人员间应该保持良好的合作。

过程也依赖于市场细分、定位决策和顾客需求。过程选择也可以成为服务企业的竞争优势。在过程的作用方面,有两方面的问题值得我们关注:一是如何将过程看作可变动的机构要素,以实现定位战略;二是如何管理营销与运作,以实现相互间的协同。

影响顾客的有形展示要素包括外部特征(如标记、停车场、外部环境)和内部特征(如设计、布局、设备、装修)等。有形展示还包括服务的有形表达,如宣传册子、商务名片、印有抬头的信笺和其他设施。对酒店、度假胜地、银行等行业,有形展示更加重要。当顾客用不适当的信息评价服务质量时,他们会依赖于明确的提示,有形展示为企业传达服务本质与服务目的方面的信息提供了良好的机会。

二、服务营销理念

理念是企业行为的指南,只有新的理念才能产生新的行动,企业营销的成败受营销理念的支配。服务营销理念包括关系营销、顾客满意等理念。

(一) 关系营销

关系营销也称为资源推销、关系管理、人际管理市场营销,是指企业与顾客、分销商、经销商、供应商等通过互利交换及共同履行诺言,使有关各方实现各自的营销目的。关系营销理念,是指企业以关系营销的理论来指导自己的行动所形成的指导思想及经营哲学。

关系营销的核心是促使顾客愿意与同一服务提供机构保持已有关系,而不是为寻求价值不断转换和游走于服务供应者之中。一般来说,客户与服务机构进行大量业务往来的机会越多,越有可能成为老客户(即忠诚的商业伙伴)。老客户使服务成本降低,在一定范围内对价格不敏感。

很多服务机构频繁地关注于获得顾客交易行为,之后却很少关注于应该怎么做才能保留顾客维持行为。一个著名的"营销水桶理论"可以形象地描述关系策略的作用:如果将顾客看成水的话,营销则可看作一只大水桶,所有的销售、广告和促销计划都可看作造桶,并使水更多更快从桶口倒入桶里,只要这些方案计划是有效的,水桶就可以盛满水。而服务问题就相当于"桶上有一个洞"。当服务者按承诺提供服务,生意状况很好时,这个洞很小,很少的顾客流失。当运营管理不善,顾客对服务感到不满,洞大了,水就会从洞中大量流失,流出的比倒进来的还多。如果解决了问题,水桶不漏了,水桶是可以装满水的。关系营销策略就相当于给营销水桶补漏洞。

(二) 顾客满意

顾客满意是指一种心理活动,是顾客的需求被满足后的愉悦感。菲利普·科特勒指出:"满意是指一个人通过对一个产品和服务的感知效果与他的期望值相比较后所形成的感觉状态。"因此,满意水平是感知效果和期望值之间的差异大小。如果感知效果低于期望,顾客就不满意。如果感知效果与期望相匹配,顾客就满意。如果感知效果超过期望,顾客就会高度满意、高兴或欣喜。通常的顾客抱怨是一种满意程度低的最常见的表达方式,但没有抱怨也不一定表明顾客满意。即使顾客的要求是适宜的并得到满足,也不一定确保顾客很满意。因此,与顾客沟通,获得他们满意程度的信息,是顾客满意管理的基础工作。

顾客满意是服务组织战胜竞争对手的最好手段,是取得长期成功的必要条件。满意的顾客往往也是忠诚的顾客,他们会更多、更经常地选购令其满意的服务,甚至愿意为这些服务付出比其他服务更高的价格。可以说没有什么其他的方法能像"令顾客满意"一样在激烈的竞争中为服务组织提供长期的、起决定作用的优势。

顾客满意的意义在于以下方面。

1. 获得更高的长期盈利能力

(1) 减少浪费。服务组织会经常与顾客沟通交流,从而越来越了解顾客,准确地预测到顾客的需求和愿望,不用花更多的时间和金钱去做市场研究,新产品的研制和生产也会少走弯路。

(2) 价格优势。满意的顾客往往愿意为满意的服务额外付出。联邦快递由于隔夜递送的服务承诺,使得它的价格即使比竞争者高,顾客也接受。

(3) 更高的顾客回头率。满意的顾客比不满意的顾客有更高的品牌忠诚度,更可能再次购买该服务。如果与上述的价格优势结合,回头客的重复购买率将带来更多的收入。

(4) 交易成本低。每个销售人员都知道,一次重复购买比说服客户初次购买容易得多。越高的顾客忠诚度意味着销售的花费越低。

(5) 沟通成本低。满意的顾客乐于将自己的感受告诉别人,诸如朋友、亲戚、同事甚至其他的顾客。这种口头宣传的广告比其他沟通方式更加有效,并且几乎不需要成本。

2. 在竞争中得到更好的保护

满意的顾客有可能形成对企业的忠诚,从而不大可能转向其他服务,或为了更低的价格抛弃原来的服务商。即使在服务企业出现困难时,这些顾客也会在一定范围对企业保持忠诚。这给企业提供了喘息的机会和缓冲的时间,能够在困境中有效地保护自己,最大限度降低困境对企业产生的影响。

(1) 顾客不会立即选择新服务。由于服务购买决策的复杂性和服务的高感知风险,顾客对经实践证明令人满意的服务会有很强的依赖性,所以顾客在竞争对手强大的促销诱惑面前会表现出很强的坚定性。

(2) 顾客不会很快转向低价格产品。满意的顾客不大可能仅仅由于低价格的诱惑而转向新的服务商。因为价廉的服务质量到底如何不得而知,在没有可信赖人告知的前提下或没有特殊原因的情况下,不愿意去作尝试。

3. 足以应付顾客需求的变化

顾客的需求随着时代的发展而不断变化,如何抓住这一变化并去满足不断产生的新需求是许多服务组织在发展中遇到的问题。以顾客满意为目的的服务组织,由于平时的积累能够预测到顾客需求的变化,而且满意的顾客一般也会给企业足够的时间,等它改变原有服务,创造新的顾客满意。

三、国际市场服务营销的概念与特征

(一)国际市场服务营销的概念

国际市场服务营销是国内服务营销的延伸和扩展,是指企业以国外消费者的服务消费需求为中心,在国际市场上对无形服务产品的创意、定价、促销、分销,以及对服务人员、服务过程和服务有形展示等进行的营销活动。国际市场服务营销在本质上与国内服务营销是一致的,都是致力于满足消费者对服务产品的消费需求,通过定价、促销和有形展示等活动,实现服务产品的价值,使企业获得预期的利润。

(二)国际市场服务营销的特征

与国内市场服务营销不同的是,国际市场服务营销是跨越国界的经营活动,企业的活动范围有所扩大,这种地域范围的扩大使得国际市场服务营销与国内市场服务营销相比,具有以下一些特征。

1. 营销环境的差异性

国际市场服务营销的环境包括政治、法律、经济、技术、自然条件和社会文化环境等诸多因素,在不同的国家,这些因素往往存在较大的差异,有时甚至大相径庭。所以,企业在国际市场服务营销中要面对的服务需求与国内市场相比往往有更大的需求差异,服务营销的环境具有明显的差异性。

2. 营销工作的复杂性

各国营销环境和消费者服务需求的差别,使企业国际市场服务营销的活动变得更加复杂。例如,企业在制定服务营销的战略计划时,既要确定具体的营销组合策略,又要研究对不同国家的市场的选择以及进入该市场的方式,既要考虑国内市场消费者的服务需求情况,又要关注国际服务市场的消费需求。

3. 营销过程的高风险性

企业在国际市场服务营销中,往往对国外市场不太熟悉,难以准确把握国外消费者的服务需求特性。同时,国际服务贸易政策的变化,投资环境和东道国政治上的不稳定等因素,都会对企业的国际市场服务营销活动产生重要的影响,加大国际市场服务营销的经营风险。

4. 营销活动的高难度性

从事国际市场服务营销的企业要满足的是国外消费者的服务需求,需要比在国内市场付出更大的努力。因为一方面,企业的国际市场服务营销活动可能会受到国际市场上政治、法律和文化等方面的因素的阻碍;另一方面,国际市场服务营销环境的差异性和营销工作的复杂性,也会导致企业营销活动的难度加大。

第二节 国际市场服务营销

一、国际市场服务营销的动力

（一）市场扩张

一些服务企业发展迅速，它们有时可能感受到其在自己本国市场的增长机会很少了，原因可能是由于本国市场规模或是来自竞争者的压力。在这种情况下，企业就会倾向于进入其他相对小的国家或还没有某种特定服务的市场，谋求新的发展。

（二）跟随顾客

很多服务企业选择跟随顾客进行自己的服务营销，如在海外开设办事机构，这种机构并不是为了服务当地市场的，而是为了跟随它们的海外客户并继续为他们提供服务。很多国际航空公司在世界各地设立办事机构，使得航空公司可以接近顾客，以此开拓新的市场并建立良好的形象。

（三）跟随竞争者

竞争动力对许多服务行业有很大影响。一些企业由于看到在全球开展经营活动的顾客很重视服务的全球供给，就可能被迫使跟随它的竞争者进入新市场，以维护其在现有市场上的地位。

（四）技术动力

对于以信息为基础的服务而言，能够以很快的速度传送大量数据的互联网正在为开拓新市场方面发挥重要作用。亚马逊在全球范围内开展网上服务业务就是很典型的例子。

（五）抢占市场先机

当一个服务企业的竞争对手开始将市场扩展到其他的国家时，这个企业就要寻求进入到一个不同于竞争对手的市场，以此争取抢占市场先机。例如，日本的IT服务企业现在已经完全国际化。

（六）树立专业化形象

在国际市场中，一些市场在某领域是处于世界领先地位，因为这些市场无论在技术还是在战略制定上都要早于其他市场。如美国市场就引领许多服务领域。所以，企业希望通过在这些领先市场经营，或是联合这些市场中已有的供应商，以此来获得管理经验和技术，并最终将其反馈到他们的本国市场中。

二、国际市场服务营销的方式

很少有企业能够迅速从一个单纯经营本国业务的组织向一个全球经营的组织转变,一般情况下,这种转变需要多年的时间。在开始的时候企业可以首先向经过选择的市场拓展。国际市场服务营销的方式主要有以下几种。

(一) 以信息为基础的服务

在日常生活中,经常会看到诸如娱乐、软件和数据库这样国际化的服务。这是一种把服务工作捕获在某种存储媒介(录像带、磁带或光盘),然后通过邮递或当地分销商出口这些有形商品。顾客会通过放映设备或计算机获取他们需要的价值,这是一个自我服务的过程。这样的服务还能够通过卫星、互联网、电影院或广播电台等渠道传播。

(二) 以电子商务和物流为主的服务

近年来,随着全球经济一体化深入发展,与电子商务、物流、金融融合发展为显著特征的电子商务,正以前所未有的速度在全球范围迅猛发展。全球互联网人口已经占到世界人口的三分之一,有近几十亿人进行网上购物,中国的跨境电子商务的零售也是高速成长。我国还要打造更多像阿里巴巴、亚马逊那样的企业,要打通既销售又能直接向海外运输的物流环节,争取早日将中国的网络购物势头扩展到世界各地。

(三) 依靠第三方

通过与特许代理、经纪人、特许经营和少数股权合资这样的第三方建立联系。对于服务的多地点扩张,特许经营是一种便捷的方法。使用这种方法,服务产品可以迅速进入不同的市场,麦当劳、联邦快递、迪斯尼、假日酒店等都使用这种方法。若服务类型属于需要顾客来到服务设施场所的,依靠第三方这种扩张战略最合适不过了。这种服务营销的方式就是瞄准了行为上有一定多样化程度的顾客。因此,通过在不同地点重新创造服务体验,将服务出口到不同的地方。考虑到不同国家间的文化差异,服务产品必须满足当地的需求。遍布世界的麦当劳就是如此来满足不同地方的需求的。麦当劳在印度的分店里出售汉堡与咖啡,在其他国家则出售汉堡和啤酒。这种多国扩张最适合用标准化的服务,同时要注意文化适应性。

(四) 全面控制

全面控制的方式可以是直接投资新企业或收购一个现有企业,通过这种方式,成效往往非常快;当然,前者花费的时间和精力相对会长一些,而后者相对快一些。收购或并购当地企业,对熟悉市场、了解行情、掌握客户有相当大的帮助。为了进入国际市场,国际性的银行使用过这种途径。如果企业的目的是要迅速留住老客户、获取新的客户资源和那些已经能够熟练地为这些顾客服务的人员,最好采用收购现有企业的这种方式,而不是追随现有的客户进入新的市场。

三、国际市场服务营销存在的问题

随着国际市场服务营销变得日益重要,企业进行国际市场服务营销的过程中也出现了很多问题,这些问题的存在严重影响着营销活动的效果。

(一) 信息收集问题

很多国家的企业都会碰到收集信息的难题,这是由于这些企业缺乏信息收集分析系统或是不愿在此花费更多的资金所导致的。由于服务是无形的,这就造成服务信息收集上的困难和错误。

(二) 网络安全问题

网络安全问题是电子商务营销的一大困惑,造假、泄漏、被骗等在国内的电子商务营销中屡见不鲜。如何把好这一关,是当前电子商务的重要课题。不仅要在技术上把好这一关,而且对相关人员的道德教育、技术培训等也不容忽视。

(三) 政府法规与限制问题

1. 边界约束

大多数国家对进口服务和随同货物征收关税,而且不同国家有着不同的关税,这些关税会经常变动。配额是另一形式的边界约束,很多国家尤其是第三世界国家会对国外服务供应商的进入建立很多障碍。在美国就有很多关于赶走某些服务来源地的贸易流程的争论。

2. 法律歧视

保护国内服务业的常用方法是允许外国公司进入本地市场,但不允许它们进行同一层次的贸易。常见的例子就是金融服务业,许多国家限制外资参股。

3. 财政补贴

使用更多的限制方式是政府对国内服务供应商进行财政补贴,使得国内服务供应商相对于国外竞争者更具竞争力。大多数的第三世界国家都对国有传统服务业提供财政补贴。如电信、水陆运输、公共医疗、教育、水电供应等方面。这就阻止了国外服务供应商进入本地市场。

4. 知识产权

并不是所有国家都严格保护知识产权,本地竞争者对产品、工序和技术的仿制就影响服务供应商的利益。最受打击的行业是软件业、音乐和出版业。

(四) 文化差异问题

文化渗透于国际营销活动的全过程,企业在国际市场营销调研、市场细分和市场定位以及产品、价格、渠道和促销策略的决策和人员管理中,都要受到所在的社会文化环境的影响和制约。国际市场服务营销活动也是文化的一个组成部分,因为企业在国际市场上服务营销活动的不断进行,会导致不同国家消费者的消费文化和生活方式发生改变,从而推动不同国家之间文化的交流和融合,所以,国际市场服务营销的发展过程也是国际文化的发展过程。

国际市场服务营销能否顺利进行,在很大程度上就取决于国际市场的文化特性,不同目标市场之间的文化差异较小,或者东道国的文化开放性和稳定性越强,企业在国际营销的过程中所遇到的文化障碍就越少,国际市场营销的进程就越顺利。国际性杂志《电子世界》在20世纪90年代,曾就"什么是全球市场经营的最大障碍"在全球范围内向国际营销人员询问。结果,在所得出的文化差异、法律法规、价格竞争、信息、交货、外汇和时差等障碍中,文化差异被列在榜首,国际营销工作人员普遍认为文化差异是国际市场服务营销的最大障碍。

第三节 国际市场服务营销策略

一、品牌经营策略

(一)实施品牌经营策略的意义

品牌营销作为一种有效的战略手段已在国际上得到了广泛的运用,以品牌为核心的企业重组和资源配置已成为一种趋势。因此,实施品牌经营策略具有以下意义。

1. 品牌经营是服务企业增强竞争力的有力武器

随着市场竞争的加剧,越来越多的企业认识到品牌的重要性,品牌声誉日益成为一种潜在的竞争优势。可以想象,如果一个企业没有自己的品牌产品,是很难在激烈的竞争环境中生存下去的。

2. 实行品牌经营有助于树立企业形象

品牌是一个企业的象征,它代表了企业整体形象。在激烈的市场竞争中,各企业都试图以品牌声誉来赢得目标顾客的信赖,通过品牌树立企业形象,提高其竞争力和市场占有率。

3. 品牌经营可以为企业创造更多利润

一个好品牌不仅可以为企业赚取更多的利润,还可以使企业在产品的延伸及利用品牌进行资本营运等多方面得到利益。因此,创名牌永不失为企业长期发展的一项重要策略。

4. 品牌经营有助于企业提高市场占有率

品牌是开启市场之门的钥匙,品牌管理是企业营销管理乃至整个企业管理的一个核心。企业品牌是增强顾客购买信心的重要因素,好的品牌不仅会使老顾客忠实于该品牌,还会不断吸引新顾客,其市场占有率将会随着品牌声誉的提高而不断提高。同时,品牌是企业的无形资产,必将为企业发展提供足够的发展空间。

（二）实施品牌经营的步骤

1. 品牌的命名
品牌的命名应该遵循好听、好记、好认、好理解、好传播的原则。

2. 品牌定位
品牌定位是建立目标市场，将品牌的功能、特征与消费者心理上的需要联系起来。服务企业通过市场细分和消费需求群体细分，再结合服务产品本身的特点，以及细分市场上的竞争对手的状况和同类产品品牌的竞争态势，把品牌定位在有潜在消费者的市场空当上，设计出与市场上同类产品有明显差异、具有自身特点和竞争优势、能刺激消费的产品策略，为营造品牌优势打下良好基础。在市场定位的基础上赋予品牌的核心概念。例如，香格里拉代表优雅的世外桃源，希尔顿代表家的感觉，等等。这种核心概念往往代表了品牌赋予顾客的核心利益点，并能引起顾客的共鸣。同时，还应该注意塑造品牌形象，使品牌人性化。

3. 创名牌
创名牌首先要提高品牌的知名度。目前，最重要的工具是整合营销传播，最大限度地调动媒体力量。通常的做法是进行媒体分析，了解哪些渠道可能使信息最有效地传递给顾客，然后用同一个声音说话，此时的注意力应该放在与顾客的沟通上。至于美誉度的建立，要求在服务整体产品质量上下功夫，服务质量是构成品牌的中心环节，离开了质量，品牌难以成为名牌。没有质量的品牌最终是没有出路的，服务质量对员工来说是工作质量，对用户来说是满意程度。因此，服务企业应将用户的利益体现到整个营销过程中。

最困难的是保持顾客对品牌的忠诚度，人们通常把品牌看作企业的资产，而实际上真正的资产是品牌中包含的顾客忠诚度。要维持顾客忠诚，就需要满足其不断变化的要求，让他们体验新的价值。此时，广告宣传是建立忠诚度的一个很好的方式，目标在于加强已经建立的顾客与品牌的关系，增强他们的忠诚度。实践证明，成功的品牌是那些始终牢牢抓住顾客并赢得他们持久忠诚的品牌，因此，维持忠诚的顾客，已经成为企业提升品牌价值的关键。

4. 品牌危机的处理
如果企业与顾客发生矛盾，应该按照企业的危机管理程序冷静处理，与顾客对簿公堂是下下之策。如果该品牌在顾客心目中的形象已经无法挽回，或者解决危机的成本超过新建品牌的投资，企业就应该采用品牌撤退策略，重新建立新的品牌。

5. 品牌改造
一个品牌经历了一定的发展后，可能面临改造的局面。品牌改造通过市场营销创新、技术创新、管理创新等方面来进行，如改变视觉形象广告、推出新产品、赋予新价值等，使品牌保持活力。一些具有悠久历史的服务企业往往容易忽视这一点。

（三）实施品牌经营的几种策略

1. 质量策略
质量是服务企业的生命线，服务企业质量要有质量战略，牌子的软硬，皆以其质量为标准，这是获得品牌的决定因素。品牌的基础是质量，品牌是高质量的代名词，市场竞争已进入质量竞争和品牌竞争阶段。许多世界著名企业的高层管理都对服务质量进行承诺，像新加坡航空公司、迪斯尼和麦当劳这些公司都有对质量的全面承诺。服务企业进行质量管理的关键是满足或超过目标顾客的预期服务质量要求。顾客在接受服务后，会把感知的服务水平和预期的服务进行比较，如果感知的服务达不到预期的服务水平，顾客便失去对提供者的兴趣；如果感知的服务达到或超出他们的预期，他们就会再次光顾，这样，服务企业便会以质量赢得顾客的信任。

2. 文化策略

品牌也是文化的象征，品牌战略实质上是品牌的灵魂。品牌文化的中心就是要在树品牌、保品牌的取向下，形成一种良好的市场信誉和建立企业良好的整体形象。品牌所采用的名称、图案、文字都应包含丰富的文化内涵，这是企业文化的集中表现。服务产品中凝聚了历史、伦理、民俗等文化内涵，服务企业可通过店堂的外观设计、大堂装潢、室内装修、员工服饰礼仪等方面来体现。企业文化水平越高，品牌产品形象越佳，声誉越好，也就越能深得人心。

3. 广告策略

广告宣传为树立品牌起着巨大的推动作用。创名牌必须打好"广告牌"。世界著名品牌的产生，皆和大量的广告投入联系在一起。麦当劳、肯德基等品牌刚进入中国市场时就进行了大量的广告宣传。现今生活在大中城市里的儿童无不对这些食品偏爱有加，一方面是这些洋品牌食品迎合了这些儿童的口味；另一方面这些企业通过广告媒体进行大量宣传，帮助顾客了解其服务的特点，引起顾客的兴趣，刺激顾客的购买欲望。广告宣传可帮助树立企业信誉和形象，提高其知名度，使其真正达到家喻户晓。总之，广告在企业创造品牌过程中的作用不可低估。

4. 规模策略

服务企业具有生产、消费的相连性，其产品具有不可贮存性。品牌企业可以通过连锁店、联营、合作等方式，充分利用品牌这一无形资产开展营销，不断扩大其规模，实现规模经营。像巴斯、万豪、希尔顿等世界著名饭店集团均以全世界为目标市场，实现跨国经营。利用其全球范围内的内部一体化的开发、生产和销售体系，在全球范围内有效地配置资源，开拓市场，使企业的生存和发展空间由一国或几国拓展到全球，从而达到全球性的最大化利益要求，获得巨大的竞争优势，使其品牌价值得以最大限度实现。

5. 人才策略

服务业是以"人"为中心的行业，具有高度接触性，服务行业员工的素质、业务水平及工作能力甚至工作态度都影响到企业的形象。品牌与人才密不可分，人才是关键，没有人才就创造不出名牌，一流的人才创造一流的服务。加强服务业的员工队伍建设，全面提高员工素质，在员工中进行多种形式的培训教育，努力提高员工的工作能力和业务水平是一项长期的工作。

二、文化适应策略和文化变迁策略

曾经有一家美国的制鞋公司，先后派了两名推销员去一个非常偏僻、落后的岛国进行市场考察，两名推销员回来后，一个汇报说该岛国的居民都不穿鞋子，所以那里没有市场；另一名推销员则说该国是一个值得开发的、潜力巨大的市场，因为那里的居民还都没穿上鞋子。美国的这家公司碰到的问题，正是企业在国际市场营销中常常会遇到的情形——文化冲突，而两个推销员不同的反应，也正代表了企业在面对目标市场的文化差异时的两种不同的态度。被动地顺应对方或者主动地改变对方，这也是企业在国际服务营销中面对目标市场的文化差异的两种基本的态度，即基于文化差异的国际服务营销的两种不同的基本策略（文化适应策略和文化变迁策略）。

（一）文化适应策略

文化适应策略是指企业在国际服务营销的过程中，充分考虑目标市场的文化特征，尊重当地消费者的风俗习惯、宗教信仰、价值观念，制定适应目标市场文化要求的营销组合，在产品、价格、营销渠道和促销方式、人员管理等方面最大限度的本土化。采用文化适应策略时，企业对于遇到的文化差异，往往首先想到的是进行文化适应，即调整自己的营销策略，使其与目标市场的文化相一致，减少自己的服务被目标国家的消费者接受的阻碍。所以，文化适应策略是企业在国际服务营销中常用的、非常重要的策略。

（二）文化变迁策略

文化变迁策略是指企业采取各种手段，使目标市场上消费者的文化顺应自身的需要发生一定程度的变化，营造和企业的营销活动相适应的新的文化环境。文化所具有的变动性的特征，决定了企业在国际服务营销中可以采用文化变迁的策略；但文化同时还具有一个重要特征就是保守性，即对外来文化的抵制和排斥。因此，企业实施文化变迁策略来实现国际营销的目标是有较高的风险和难度的，需要在推动目标市场的文化发生变迁的过程中注意解决以下几个方面的问题。

1．科学地进行市场定位

对不同人群，传统文化产生的影响是不一样的，具有不同的控制力，并且，不同人群对异域文化的态度也有差异。所以企业在选取文化变迁策略时，应该首先对目标市场进行市场细分，以受传统文化影响较小的、比较容易接受异域文化的消费群体为企业的目标消费者。如在不同的目标市场，麦当劳会以受本土的传统文化影响较小、容易接受外来新生事物的人群作为自己的目标消费者。当麦当劳在全球开始把目标市场转向了年轻人，从避免文化冲突的角度来看，这也是非常成功的。因为不同国家的年轻人在价值观和消费文化上的差异较小，有更多的共同兴趣和爱好，并且对具有异域文化色彩的产品和品牌比较欢迎，这对于推动麦当劳代表的快餐文化的变迁非常有利。

2．采用体验营销的方式

体验营销是指企业以服务为重心，以商品为素材，在营销推广的过程中，塑造感官体验以及思维认同，以此抓住消费者的消费行为。在国际服务营销中，体验营销的方式能够营造一种独特的文化氛围，使顾客在不知不觉中受到这种文化的感染，从而实现文化的变革。从美国西雅图起家，现已风靡全球的星巴克咖啡连锁店，就是以体验营销制胜的成功典范。

3. 积极协调与消费者的关系

企业在追求文化变迁的过程中，应积极协调和目标市场的消费者的关系，在消费者心中树立良好的企业形象，赢得消费者的信任和好感，使他们改变因文化差异而导致的对企业的不利态度。如麦当劳就以"取之于社会，用之于社会"作为公司的长期承诺和经营宗旨，自进入中国以来，麦当劳一直致力于积极支持中国的多项公益事业，在很大程度上赢得了中国消费者的好感。

4. 以文化作为服务产品的"卖点"

随着人们生活水平和受教育程度的提高以及企业产品的同质化，消费者对产品在心理效用上的需求日益明显，产品是否具有文化吸引力成了很多人购买时的主要决策依据。所以，在国际服务营销中，企业可以突出自身的产品或服务所具有的独特文化魅力，强调与目标市场的文化差异，以与目标市场有差异的文化作为产品的卖点，并通过长期的营销推广，使目标市场的大部分消费者的文化发生变化。如星巴克成功的秘诀之一正是"挂咖啡卖文化"。

5. 把握好文化变迁的时机

把握好文化变迁的时机非常重要，从美国的沃特·迪斯尼的营销就可见一斑。

1984年美国的沃特·迪斯尼集团走出了国际服务营销的第一步，在日本建造东京迪斯尼乐园，乐园开业以后大获成功，利润远远超出了迪斯尼集团的预期。1992年，迪斯尼集团又在巴黎开办了第二个设在国外的迪斯尼乐园，然而巴黎的迪斯尼乐园经营业绩并不理想，第一年就亏损。而就文化环境来说，巴黎和美国同属欧美文化体系，比起属于东方文化体系的日本来说，有更多的相通之处，但为什么迪斯尼在东京取得了成功，在巴黎反而失败了呢？究其原因，我们可以发现，迪斯尼在东京和巴黎的经营业绩的差异，和其所选择的进入这两个目标市场的时机有十分密切的关系。1984年，开办东京迪斯尼乐园时，正值日本经济腾飞之后，日本国内的消费者开始有了较多的闲暇时间和较高的收入水平，但他们的休闲度假习惯又尚未形成，还没有固定的休闲消费模式，所以东京迪斯尼乐园的开办，正好与日本消费者寻找新型娱乐方式的欲望相切合，迪斯尼所代表的卡通文化、娱乐文化就得以迅速地被日本的消费者接受。而巴黎迪斯尼开办的时候（1992年），巴黎和周边国家的经济发展水平已经很高，消费者打发闲暇时间的习惯已经形成，相对就较难以被迪斯尼的营销活动所吸引了。

（三）文化适应策略与文化变迁策略的选择

文化适应和文化变迁策略是现代企业在国际服务营销中的两种完全不同的策略模式，但文化变迁对企业国际服务营销的意义重大，而且通过企业的努力，推动目标市场的文化发生变迁的可能性很大，所以企业应该投入资源大力推动变迁的发生，采取文化变迁的策略。企业在实施该策略时可根据以下因素进行决策。

1. 企业自身的实力

要改变目标市场上既有的文化，绝非一朝一夕的事，企业既要能够投入大量的人力和物力，又要能经得起长时间的考验，甚至要承担较长时间的亏损。所以，一般来说，只有实力强大的大公司、大企业，制定了长远的国际服务营销的战略目标时，才适合采取文化变迁的策略。当今国际市场上，倾向于选择文化变迁策略的企业，也多为一些规模很大的跨国公司。

2. 目标市场上文化体系的开放性

开放性程度不同的文化对于异文化的接纳难易程度是不一样的，一个文化开放性强的社会对各种文化思想是开放的，允许它们竞争，也允许社会成员对不同的文化思想进行选择，容易与异文化进行融合和沟通。所以，在开放性强的文化背景下，消费者对异域文化的排斥心理不会太强烈，当企业的产品或品牌文化与消费者的文化有较大的差异时，消费者也能理解和接受。针对这些国家，企业适合采用文化变迁的策略；而在进入文化结构比较紧密，对外来的文化思想比较排斥的国家时，企业就适宜选择文化适应策略。

3. 推动文化变迁可能产生的社会影响

一个社会的文化在变化的过程中，有时候会朝好的方向发展，即文化变迁会产生积极的社会影响，而有时候会朝不利于人们身心健康的方向发展，即文化变迁的影响是消极的。在国际服务营销的进程中，如果企业引入到目标市场的文化能推动该市场的文化体系往积极、健康的一面变迁，往往就更加容易赢得当地消费者的支持，成功地推动文化变迁。在这种情况下，企业就适合选择文化变迁策略来进行推广。

4. 文化差异的内容

文化是由诸多要素组成的一个整体，可以划分为物质层文化、规范层文化、观念层文化等不同的文化层面。不同层面的文化对人们的影响力是不同的，观念层文化是文化的核心，往往有高度持续性，根深蒂固，代代相传，难以发生改变。所以，如果目标市场上的文化差异是属于观念层的文化差异，企业要采用文化变迁策略，推动当地消费者的文化发生变迁的难度是很大的，应该选择文化适应策略；而如果只是对目标市场的物质层面的文化，即经过人的主观意志加工改造过的事物产生影响和冲击，采用文化变迁策略则比较容易取得成功。

5. 文化差异的影响

目标市场上的文化差异，在不同情况下对企业国际服务营销活动的影响是不一样的。如果与目标市场上存在文化差异，企业的服务就不可能进入这一市场。在这种情况下，就要看目标市场的开放性是否够大，大的话文化变迁对企业就十分重要，企业只有选择文化变迁策略才能获得成功。如果目标市场上的文化虽然有差异，但这种文化差异的存在并不会从根本上阻碍企业国际服务营销活动的进行，企业就没有必要花大力气去改变目标消费者的文化特性，而可以适当地调整自己的营销策略，采取文化适应策略进入目标市场。

另外，文化适应策略和文化变迁策略并不是完全对立的，企业有时候可以将这二者结合起来。例如，麦当劳在全球市场上就既采取了文化变迁的策略，让目标市场的消费者逐渐接受其快餐文化，促使目标市场上消费者的饮食文化发生变化；又关注不同目标市场的消费者在饮食文化上的差异，在各地分别提供不同的菜单，采取文化适应的策略。

三、目标市场策略和顾客管理策略

（一）目标市场策略

企业在选择国际服务营销的目标市场时，还要考虑是先从与企业原有市场文化比较接近的市场入手，还是从文化差异较大的市场入手，即目标市场策略的问题。根据所跨进的目标市场与公司原有文化环境的差异大小，国际服务营销的目标市场策略有相近文化目标市场策略和相异文化目标市场策略两种类型。

1. 相近文化目标市场策略

相近文化目标市场策略，是指企业在选择国际服务营销的目标市场时采取步步为营的方法，先从在文化上与企业原有市场相似或者相近的市场开始，在这些市场取得成功以后，再向和这些市场文化相似的其他目标市场进军，即按照文化差异的阶梯，由易到难，逐步推进，不断拓展目标市场。

（1）相近文化目标市场的优点。由于采用了步步为营、谨慎推进的方式，相近文化目标市场策略中企业遇到的文化差异的障碍较小，进入具有文化差异的目标市场的成功率较高，因而适合大多数开展国际服务营销活动的企业。

首先，降低企业的营销风险。企业在开展国际服务营销活动的初期，既要适应目标市场在经济、技术、文化和政治法律等宏观环境方面的差异，又要面对目标市场上竞争对手的激烈竞争，因而面临的营销风险巨大。如果从文化相近的市场着手，企业在每一次进入新的目标市场时都不会遇到很大的文化差异，国际服务营销的过程会比较平稳。而且，在文化相近的市场上的成功，不但能给企业积累国际服务营销的经验，还可为企业向文化差异更大（母公司的文化环境）的市场进军提供支撑，为进入下一个相近文化的市场奠定了基础，从而使进占全球市场的巨大风险在这一步一步的发展中得以分解和释放。

其次，有利于企业更好地接近目标市场的消费者。企业原来所在市场企业的经营理念和企业文化等与目标市场上消费者的价值观具有一致性，企业与消费者之间的文化冲突小，能够减少顾客对企业的反感和排斥心理。也因为文化相近，国际服务营销过程中企业能够更好地理解和把握目标市场上消费者的需求特征，不会因为文化差异而对消费者的真实购买动机和消费行为产生误解。最重要的是文化体系的相似形也保证了企业在国际服务营销的进程中能够与顾客进行有效沟通，并且避免企业内部人员在管理中的文化冲突，提高企业跨文化管理的效率。

最后，有利于保持营销策略的稳定性。采用相近文化进入策略时企业在市场扩张中有较强的连续性，因为在文化相近的不同市场上，企业面对的市场环境与消费者的需求特性会有很大的相似性，可以将原有的成功经验延续到新的市场上，使企业的产品策略、渠道策略、促销策略、价格策略和人员管理策略等保持相对稳定。这既有利于塑造统一的企业形象，又可以降低企业国际服务营销的难度，使企业不必忙于针对不同的市场不断推出新的营销策略。

（2）相近文化目标市场策略的缺点。尽管相近文化目标市场策略有以上优点，但是在运用它时，我们也应该看到它的不足之处：

首先，发展速度缓慢。相近文化目标市场策略采取的是走一步看一步的策略，在全球市场的开发上，选择这种按照文化差异的阶梯加以推进的目标市场策略时，每一次确定新的目标市场，都是在上一个市场的基础上进行的，因而市场开发的进程相对比较缓慢。这对于想要快速发展的企业而言，是不太有利的。

其次，企业在与旗鼓相当的竞争对手争夺同一市场时，相对缓慢稳健的市场开发还可能会让企业错失先机。

最后，目标市场有限。相近文化进入策略强调从文化接近的市场入手，而有些国家和民族的文化独特性非常明显，因此企业在选择目标市场时就会受到一定的限制，有时候可能会出现难以找到文化相近的目标市场的情况，这就使企业在全球内拓展市场的经营战略受到了制约。

2．相异文化目标市场策略

相异文化目标市场策略，是指企业在国际服务营销中一开始就选择与原有市场相比在文化上具有较大差异的市场作为目标市场，在这些市场取得成功以后，再过渡到其他的目标市场。一般来说，文化差异较大的这一目标市场往往是对开展国际服务营销的企业具有较大的吸引力的，即有很大的盈利空间、消费需求尚未得到满足的目标市场，或者对企业的发展具有重要的战略意义，有助于树立企业形象的目标市场。选择相异文化目标市场策略时，企业需要面对较大的文化差异，其经营活动要承受极其艰难的考验，风险极大。但是，如果企业能够在有很大文化差异的目标市场获得成功，以后在其他市场的开发和推广中就会信心倍增，得心应手，得到更快的发展。

（1）相异文化目标市场策略的优点。尽管风险巨大，相异文化目标市场策略仍然具有它独特的优点，主要表现在以下两个方面：

首先，有利于提高企业的竞争能力。因为在文化差异较大的市场上，企业既要克服文化差异的障碍，又要面对非常激烈的市场竞争，与众多实力雄厚的大公司一起争夺市场，这既可以使企业获得"比附效应"，提升企业在国际市场的整体形象，又可以刺激企业迅速提高国际服务营销的能力，锤炼国际服务营销的优秀队伍。

其次，有利于加速企业的成长。尽管要占领具有很大文化差异的目标市场十分困难，但是这些市场往往对国际服务营销的企业来说都是具有很大的发展空间的，企业一旦能够成功地进入这些目标市场，将能获得非常丰厚的利润。

选择相异文化目标市场策略，使企业能够超越文化环境的局限寻找目标市场，这对于企业的迅速扩张是非常有利的。同时，在文化差异较大的市场的成功，又能推动企业向其他的市场迅速扩张，从而使企业得到更加快速的成长。

（2）相异文化目标市场策略的缺点。相对于相近文化目标市场策略来说，相异文化目标市场策略主要有以下不足之处：

首先，难度高、风险大。采用相异文化目标市场策略时，企业一进入国际市场就要面对很大的文化差异，而要成功地跨越文化差异的营销障碍，对于缺少国际服务营销的经验、对国际服务市场还不是很了解的企业来说，难度是非常大的。而且，企业之所以要选择具有文化差异的目标市场，往往是因为该市场有很高的利润空间，对企业有很强的吸引力，这也决定了会有很多实力强大的竞争对手也会看中这一目标市场，该目标市场的市场竞争必然十分激烈，所以，企业要在这样的目标市场开展国际服务营销活动，势必是有很高的难度和风险的。

其次，管理费用和营销成本高。目标市场与企业原有市场文化差异巨大时，企业往往需要加大在市场调查、新产品的研发、促销推广、人员管理和服务的有形展示等方面的投入，以保证向目标市场的消费者提供适合其需求特性的服务，并使企业的其他营销组合策略能够与目标市场的文化体系相适应。所以，企业所需的管理费用和营销成本比相近文化目标市场策略下的费用和成本要高得多。

最后，要求对营销组合有较大的改变。选择相异文化目标市场策略时，企业往往要依据目标市场上的文化特征调整自己的营销组合策略，如服务设计、市场定位、广告风格、有形展示等，从而很难保持企业营销组合策略的连续性，这既会加大企业营销工作的难度，又不利于在全球范围内塑造统一的品牌形象和企业形象。

3. 相近文化目标市场策略与相异文化目标市场策略的选择

从上述分析中可以看到，相近文化目标市场策略与相异文化目标市场策略各有利弊，所以企业在国际服务营销的进程中应对其加以科学选择。

首先，企业应考虑自身的经营战略和综合实力，重视稳健经营的企业应选择相近文化目标市场策略，以减少企业在国际服务营销中的经营风险。强调快速成长并具有冒险精神的企业，或者在全球具有领导地位、抗风险能力很强的大公司，可尝试选择相异文化目标市场策略来拓展市场，以抢占市场先机，占领能够获取丰厚的利润回报的目标市场。

其次，企业应考虑所经营的服务产品本身的特点，对受文化差异的影响较小、不会因文化差异而产生很大的营销障碍的服务产品。例如，交通运输服务或可以文化差异作为产品独特的"文化魅力"的服务产品、国际旅游等，可以考虑使用相异文化目标市场的策略。而对于大多数企业和大多数服务产品而言，风险较小和比较稳妥的相近文化目标市场策略可能会更适合一些。当然，企业还可以根据实际情况把两种策略结合使用。因为相近文化目标市场策略虽然推进较慢，但可以为企业积累国际服务营销的经验和竞争能力，一旦企业积累到具有一定实力后，就可以考虑使用相异文化策略，抢占具有更大盈利能力的市场，使企业获得更快的成长。

（二）顾客管理策略

在服务行业中，顾客参与服务过程的特性决定了服务企业的管理人员必须妥善地引导顾客参与服务的生产过程，并及时沟通服务人员与顾客的关系，促使顾客在服务的生产过程中扮演好自己的角色。因为顾客的知识水平、爱好等都会直接影响服务产品的质量和服务的效果。例如，到相同的目的地去旅游，有人会乐而忘返，有人则可能败兴而归，正如美国学者福克斯所言："消费者的知识、经验、偏好和动机，影响着服务业的生产力。"所以，与有形产品的营销管理不同，服务营销中人员管理的对象除了公司内部的员工外，还包括外部的顾客。而在国际服务营销中，企业面对的顾客来自不同的国家，具有文化背景的差异，所以尤其应该加强对顾客的管理，重视如何与顾客取得充分的沟通，促使顾客全面认知企业所提供的服务产品，引导顾客正确扮演他们的角色，以确保服务的生产和消费过程和谐并行。

1. 加强对顾客的跨文化营销调研

跨文化营销调研是国际服务营销中顾客管理的基础，是企业准确了解不同国家的顾客对服务产品的需求特征的前提，走好这一步对企业来说至关重要。在跨文化营销调研的过程中，企业除了按照营销调研的一般方法和手段，对不同目标市场上消费者的语言、非语言沟通行为、宗教信仰、社会组织和价值观念等方面的文化差异进行调查和了解之外，还应注意文化差异对营销调研活动本身的影响，在调查的过程中注意以下问题：

（1）定义上的文化差异。不同文化环境中顾客对同一事物可能有不同的定义，企业在跨文化营销调研的过程中必须对此有所了解。例如，对于"城市"这一概念，日本人认为是指5万人以上的居民居住的地区，印度人认为是指5千人的居民居住区，挪威和瑞典人认为有200个居民居住区就可称城市，等等。企业在这些国家对涉及"城市"的有关问题进行调查时，就应注意到不同国家的差异。

（2）调查方法的科学选择。在具有文化差异的不同目标市场，企业往往需要采用不同的调查方法，才能取得调查对象的配合。例如，日本人喜欢面谈，人员访问的调查方法比较容易被他们接受；沙特阿拉伯人认为家是陌生人的禁地，往往不愿接待上门进行访问调查的调查人员。因此，企业必须结合不同目标市场的文化差异来选择与之相适应的调查方法。

（3）调查结果的科学分析。由于存在着文化差异，不同目标市场的调查对象在回答被调查的问题时，往往在思维方式和态度上也会有一定的差异。如有些被调查对象对关于自身个人评价方面的问题的回答，一般会比较低调，而有些被调查对象则会给出较为夸大的回答。所以，对在不同目标市场收集到的信息，企业应加以科学的分析和研究，不能只看到调查结果的表面。

（4）调查样本的代表性。企业在营销调研的过程中，往往需要采用抽样调查的方法，抽取一定数量的样本进行调查。抽取的样本是否具有代表性、典型性，会直接影响调查结果的真实性。而在具有文化差异的目标市场抽取样本时，如果采用的抽样方法不合理，则极容易导致选取的调查对象都来自相同的文化环境，使企业了解到的信息不全面，并因此做出错误的决策。

2. 增进与顾客的跨文化理解

（1）必须加强对本土文化的理解。要理解他文化，必须先理解本土文化，国际服务营销中企业必须先理解自己的文化体系，加深对自己的文化模式、文化背景、文化精华和糟粕以及文化演变过程的理解，树立动态的和关联的文化观，意识到本土文化与他文化之间存在的文化异同。同时，还要努力消除"本文化中心主义"，即不能认为自己的文化优于他文化，不能用本土文化的范畴和价值观念去判断评价他文化，对他文化存在偏见和歧视，要在理解本土文化的基础上，认知、理解、接受和尊敬他人的文化和文化差异，并保持文化中立，认识到文化没有好与坏、对与错之分，不应有所谓"文化优劣"的观点。

（2）应避免"自我参照标准"的影响。在国际服务营销中，如果参照自身的文化体系，以自身的价值观、知识和经验，作为分析和评价目标市场上消费者的依据，认为"如果我喜欢并使用一种产品，那么别人也喜欢"，这是十分错误的。所以，自我参照标准往往使我们意识不到文化差异的存在，或者认识不到文化差异的重要性，就不能很好地理解目标市场上的顾客。

（3）应加强与顾客的跨文化沟通。跨文化沟通，是指源自一种文化的人与源自另一种文化的人之间的沟通活动。在国际服务营销中，服务的生产过程和消费过程是同时进行的，服务人员为顾客提供服务的过程也是顾客消费、享受服务的过程。所以加强与顾客的跨文化沟通是影响企业服务质量的重要因素。

3．引导顾客对国际市场服务营销的感知

（1）注重顾客的感受。顾客感受是使企业了解自己的一面镜子，也是企业对顾客的需求进行研究的核心，企业只有对顾客的感受有了充分的认识之后，才能采取相应的措施去引导顾客产生有利于推广自身服务产品的感知。在国际市场服务营销中，关注顾客感受、领略顾客感受、认知顾客感受是企业走向成熟的标志，注重顾客感受也是很多跨国公司取得成功的重要原因。

（2）推出合理的有形展示。有形展示是科学引导顾客感知的重要手段，一方面有利于企业有效地加深消费者对服务产品的认知、理解，提高消费者的消费素质；另一方面，又能有效地排除外来干扰，在顾客面前更好地展示自己的服务产品。企业在国际服务营销中，要充分考虑不同目标市场的文化特性以及企业服务产品的市场定位，推出合理的有形展示。

（3）对顾客进行教育。除有形展示外，国际市场服务营销的企业还可以通过多种途径对顾客进行教育，使顾客能够跨越文化差异的障碍，全面感知企业的服务内涵。

本章小结

世界经济环境的深刻变化及经济要素的激烈竞争，促成了国际市场服务营销的产生与发展。就某些服务而言，各国市场之间的差异性正在逐步甚至将完全消失。企业要想在激烈的优胜劣汰竞争中赢得生产发展，就必须以世界市场为导向，应对服务全球化的挑战。国际市场服务营销是服务企业通过全球性布局和协调，使其在世界各地的服务一体化，以便获得竞争优势。越来越多的企业都在进行跨国界的营销活动，管理层需要对其服务的国家进行选择。选择的依据不仅考虑该国市场的吸引力，还必须考虑市场对更大范围的利益作出贡献的潜力。国际市场服务营销要求在全世界采用统一的营销方法。

关键概念

服务　服务营销组合　关系营销　国际市场服务营销　文化适应策略　文化变迁策略

思考题

（1）国际市场服务营销具有哪些特征？

(2) 试分析国际市场服务营销与经济全球化的互动关系。

(3) 国际市场服务营销策略有哪些？

案例　联邦快递的服务营销

总部位于美国田纳西州孟菲斯市的联邦快递公司成立于1973年，在此之前，还没有一家公司对包裹、货物和重要文件提供门对门翌日送达服务。经过30多年的发展，联邦快递的业务现在遍及世界211个国家和地区，这些国家的国内生产总值占全球国内生产总值的90%。

联邦快递的创始者佛莱德·史密斯有一句名言："想称霸市场，首先要让客户的心跟着你走，然后让客户的腰包跟着你走。"由于竞争者很容易采用降价策略参与竞争，联邦快递认为提高服务水平才是长久维持客户关系的关键。长期以来，联邦快递以其可靠的服务，在客户中赢得了良好的声誉。

联邦快递可向客户提供24~48小时内完成清关的门对门服务。快速、准时、可靠是这家著名的速递公司的特色。该公司在世界设有43000个收件中心，聘用员工约14万人。每个工作日，它都在全球的211个国家运送近300万个快件。为了保证名副其实的"快递"，该公司拥有一个庞大的机队，总共615架货机；此外，还订购了50架Ayres LM200飞机服务于世界325个机场。

联邦快递非常注重利用科技进行开发与创新。早在1978年，当联邦快递每日的货件处理量尚不足4万件时，他们就购买了两部IBM大型主机电脑，其资料处理容量是当时业务需求量的几倍。1980年，联邦快递又引进了数码支援分发系统，为车队的每部汽车配备了小型终端机，这样，可以用数码技术将资料传到每辆车的终端机上，使速递员迅速到下一个目的地取邮件。从1986年开始，联邦快递采用条码技术，以电子讯号追踪处理中的货物状况，每个速递员都配有条码扫描器，这样，他们可同时肩负起分发处理员和资料收集员的任务，提高了工作效率。而且，一旦有邮件被运送到错误的地方，联邦快递能在几分钟内查出货件位置，改正运送途径。此外，联邦快递首创了轮辐式包裹传输系统，并利用它将货物汇集运送到位于美国、欧洲和亚洲的分拣中心。在那里，货物被快速搬卸和分拣，再被转运到飞机上，以便在第二个工作日的早8：00之前送到。每天晚上11点到第二天凌晨3点，约有180架飞机在这里起降，相当于平均每1.5分钟1架次。中心的包裹分拣能力和文件处理能力分别为每小时16万件和32.5万件。

互联网的发展推动了货运技术的变革。联邦快递及时运用这一资讯科技的最新成果，与自己已建立的全球速递服务网络结合，推出了一系列方便客户的软件和服务，为客户打开了通往电子商务世界的大门。联邦快递于1998年推出电子商务业务。通过网络，联邦快递与世界各地建立了更加广泛的联系，从而令其业务更快更新。在现今这个技术高速发展的时代，一家公司要想更加富有创造力、具有更好的灵活应变能力，就必须严格控制订货，对所订产品进行跟踪，加快其运输速度。联邦快递的电子商务就是要帮助客户缩短产品投入市场的循环时间，不仅要为客户运送货物，还要向他们传送信息，帮助客户进行原材料的购买、产品的分销并尽量减少库存，从而降低成本。例如，一家半导体公司分别在不同的地方进行制造、测试、组装及分销，过去产品从制造到运抵分销中心需要经过60～120天，而到达分销中心以后还要等待顾客的订货，如果有订单则还需要45天才能到达客户的手中。现在通过联邦快递则大大缩短了从一个地点到另一个地点的运送时间，即从制造、测试、组装到运抵分销中心只需不到30天的时间。由于顾客可以通过联邦快递公司网页看到产品的情况，因此产品到达后无需等待订货，这就有效减少了库存。而且，公司还可以通过这一系统跟踪查询货物状况和运输情况并处理包裹，要求信使上门取件和提醒收件人接收货物，从而保证货物能按时到达客户手中。目前，有近100万人在使用这一系统。

1999年10月，联邦快递在国内推出了业内首个简体中文网页。2002年，他们在上海研发了全新通关处理系统，大大缩减了货物处理时间。客户可上网随时查询自己的货物情况。目前，由联邦快递运送的货物，使用电子清关系统的已占80%，每个工作日都有成千上万批货件抵达孟菲斯、安克雷奇和巴黎，其中绝大多数的清关都是在同一天完成。

联邦快递每年投资16亿美元用于信息技术基础建设，并使之成为主要竞争优势之一。

2003年，联邦快递在亚洲推出汇聚崭新功能的"数码笔"（Anoto Pen），当中采用了瑞典高科技公司Anoto的精湛技术，成为首家为亚洲客户提供该项崭新技术的航空速递运输公司。联邦快递全球服务中心的速递人员在收取和运送包裹时，均会使用数码笔，从而为客户提供更方便快捷的服务。

联邦快递亚太区首席信息总监Linda Brigance指出："虽然在亚洲以至全球各地，已有很多客户采用联邦快递的电子工具安排速递服务，但仍有不少客户选择或须要手写空运提单或其他文件。全新的数码笔是一项重要的发明，让联邦快递的速递人员将手写资料实时转化成数码数据，过程非常简单，协助客户延续沿用已久的书写习惯。收集到的数据可实时传送到联邦快递的转运中心，无须以人手再行复制，因此能够精简信息流程、大幅减少废纸，并为员工和客户提高服务效率。"

除了数码笔外，联邦快递同时在亚洲推出FedEx Power Pad。FedEx Power Pad为一部采用微软系统的袋装型计算机，能在包裹经过扫描后，实时将资料上传至联邦快递的网络。通过FedEx Power Pad的触控屏幕上的签署扫描功能，可以将客户收到快件后签署的签名也上传到网络内，让联邦快递人员确认货件已被签收。FedEx Power Pad可担当个人网络门户的角色，能在数分钟内，直接在联邦快递的内部网络上存取资料。速递人员无须回到货车上，或查阅服务手册，就能将包裹的资料上传，充分提升速递人员的工作效率，以及包裹的透明度。

2004年6月，联邦快递宣布即将推出全新网上全球货运时测（GTT）系统，协助客户查询货件的运送时间，以选择最合适的货运方式。客户只需登录联邦快递网站即可运用GTT系统，计算出货件来往联邦快递网络内两个或两个以上地点所需的运送时间。新的GTT系统联通互联网，使用方便，能协助客户确定货件的类别，并就运送时间作出估计。GTT系统会根据所输入的资料，并考虑所有可能导致货件延误的因素，计算出货件的运送时间。

  2004年7月，联邦快递又全面启动全球性服务提升计划，推出"掌上宝"——无线掌上快件信息处理系统，用于追踪包裹递送状态，以缩短取件时间。中国是联邦快递公司内部首个运用此项先进技术的国家。联邦快递"掌上宝"集成了安全控制、将信息上传下载至联邦快递信息库的多项功能，该信息中心实时监控每一个快件的处理过程。通过无线传输，"掌上宝"可保证实时扫描并上传信息，可取代车载电台、寻呼和手机短信。"掌上宝"还能够加强联邦快递快件取送及查询的服务。通过升级，联邦快递有望将目前1.5个小时的取件时间缩短为1个小时，将业界标准提升到了一个新的高度。"掌上宝"的使用令联邦快递成为业内首家可以满足客户实时运送信息需求的公司。

  除了重视科研的投入外，联邦快递还非常重视客户关系的管理，它称之为ECRM。作为一个服务性的企业，客户服务管理体现在客户和联邦快递接触的每时每刻。当客户打电话给联邦快递的时候，只要报出发件人的姓名和公司的名称，该客户的一些基本资料和以往的交易记录就会显示出来。当客户提出寄送某种类型的物品时，联邦快递会根据物品性质向客户提醒寄达地海关的一些规定和要求，并提醒客户准备必要的文件。在售前阶段联邦快递就已经为客户提供了一些必要的支持，以减少服务过程中的障碍。

  联邦快递的速递员上门收货时，采用手提追踪器（Super Tracker）扫描货件上的条形码，而这些条形码是从FedEx Power Ship自动付运系统或FedEx Ship软件编制，说明服务类别、送货时间及地点。所有包裹在物流管理的周期内，至少在货件分类点扫描六次，而每次扫描后的资料将传送到孟菲斯总部的中央主机系统。客户或客户服务人员可利用Power Ship自动化系统及FedEx Ship软件发出电子邮件或查看互联网上联邦快递的网页，即时得到有关货件的行踪资料。这项技术不仅方便公司的内部管理，而且大大提升客户满意度和忠诚度。

  联邦快递还拥有良好的客户服务信息系统：首先是一系列的自动运送软件。为了协助顾客上网，联邦快递向顾客提供了自动运送软件，有三个版本：有DOS版的Power Ship、视窗版的FedEx Ship和网络版的Fedinter Net Ship三个版本。利用这套系统，客户可以方便地安排取货日程、追踪和确认运送路线、列印条码、建立并维护寄送清单、追踪寄送记录。而联邦快递则通过这套系统了解顾客打算寄送的货物，预先得到的信息有助于运送流程的整合、货舱机位、航班的调派等。其次是客户服务线上作业系统（Customer Operations Service Master On-line System，COSMOS）。这个系统可追溯到20世纪60年代，当时航空业所用的电脑定位系统备受瞩目，联邦快递受到启发，从IBM、Avis租车公司和美国航空等处组织了专家，成立了自动化研发小组，建起了COSMOS，在1980年，系统增加了主动跟踪、状态信息显示等重要功能。1997年又推出了网络业务系统Virtual Order。

  联邦快递通过这些信息系统的运作，建立起全球的电子化服务网络，目前有三分之二的货物量是通过Power Ship、FedEx Ship和Fed Exinter Net Ship进行，主要利用它们的订单处理、包裹追踪、信息储存和账单寄送等功能。

（资料来源：http://bbs.tianya.cn/post-152-665786-1.shtml）

案例讨论

（1）如何理解"首先要让客户的心跟着你走，然后让客户的腰包跟着你走"的含义？

（2）科技进步对服务创新有着什么样的作用？请举具体的实例来说明。

（3）如何理解企业服务和客户关系管理有机结合才能真正提高客户的满意度和忠诚度？

（4）通过联邦快递的案例，你对服务营销有什么新的认识？

第十五章 国际市场营销管理

本章学习目标

通过本章的学习,要求学生掌握以下内容:①了解国际市场营销组织的设计原则;②了解国际市场营销组织结构的类型和结构选择因素;③国际市场营销计划的内容、制定和协调;④了解国际市场营销控制的含义、内容、模式和过程;⑤了解国际市场营销的控制系统。

国际市场营销管理,是指企业依据国际市场调研的信息,行使计划、组织和控制职能,对产品开发、定位、销售渠道、促销等国际市场营销活动进行最佳组合以满足国际市场需要的行动过程。

第一节 国际市场营销组织

一、国际市场营销组织的设计原则

（一）目标原则

组织是实现组织目标的有机载体,组织的结构、体系、过程、文化等均是为完成组织目标服务的,达成目标是组织设计的最终目的。实施国际化战略的企业,根据其国际化的程度、目标和倾向,可以分为本国中心主义、多中心主义、地区中心主义和全球中心主义四种管理导向。不同的管理导向,构成了企业国际营销战略的差异。不同的国际化战略决定了与之匹配的营销组织的结构。国际营销组织设计必须明确企业的管理导向,营销组织结构与企业的国际化战略相适应并紧随企业国际化战略而调整。

（二）效率原则

组织的目标是追求利润,同时将成本降低到最低点。效率原则是衡量任何组织结构的基础。组织结构,如果能使人们（指有效能的人）以最小的失误或代价（它超出了人们通常以货币或小时等计量的指标来衡量费用的含义）来实现目标,就是有效的。

由于国际市场的形势瞬息万变,竞争激烈,各项经营活动的效率至关重要,营销目标能否高效率地完成取决于工作效率的高低。营销组织机构的设置应该体现效率原则。要求组织营销活动反应迅速,制定决策和策略安排要果断,组织内上下传递信息要快捷等。

(三) 有效控制原则

国际市场营销是在本国以外的市场上进行市场开拓、商务往来甚至是跨国经营，所以面临着很多变数，为适应市场或获得订单，时有发生背离母公司经营理念或战略目标、母公司失控的情况，因此国际营销组织设计时更需要体现有效控制原则。

在设计国际营销组织结构时应做到如下两点：一是设计有效管理幅度，应注意命令统一、权责利对等；二是制定规范可行的政策、制度，职能部门加强计划、预算、核查等工作，业务部门加强事前的协调、事中的过程控制、事后的经验总结。这样才能促使营销组织在国内总部战略规划框架下积极主动地完成各项任务。

(四) 专业化原则

对象专业化是建立业务单元的基础，业务单元是企业事业发展的基石，产业实体划分应充分考虑企业的现状、资源以及市场、客户、产品特点等，明确权限与责任。职能专业是指组织整体目标实现需要完成多种职能工作，应充分考虑劳动分工与协作，包括战略规划、人力资源、控制、审计、资源配置等。对于以事业发展、提高效率、监督控制为首要任务的业务活动，应以此原则为主，进行部门划分。在一个企业中，为了实现其目标，必须按专业性质，即按不同的职能、不同的地区、不同的产品销售，进行管理工作的划分，明确各个部门的管理职权和范围，协调好它们之间的关系，从而构成一个有机的组织体系，更好地发挥组织的功能。

二、国际市场营销组织结构的类型

(一) 出口部门

在间接的或被动的产品进出口阶段，产品出口在企业全部业务中所占比重很小，出口业务主要是委托给中间商（专门的外贸企业）来进行的，企业的战略重点基本上还属于母国中心。企业没有必要设立专门的出口机构，仅需在营销部门内部成立一个专门小组，就可处理一些如出口商品的报关、结算、外汇、运输、保险等业务。

随着出口业务在全部业务中所占比重的增大，企业对国际市场更加依赖，对国际市场的变动更为关注。企业便会将出口业务从国内销售业务中独立出来，设置专门的机构如国际业务部、进出口部或进出口科来专门处理进出口业务，成为与其他职能部门同等地位的机构。如果企业实行的是事业部制组织的话，这时的出口部就会作为一个独立的事业部，与其他的事业部具有同等的地位。

(二) 独立的海外子公司组织

企业开始由出口战略转向海外直接投资和海外生产的初级阶段。为减少贸易摩擦，减少产品的运输仓储成本，提高产品的市场竞争力，更好地满足市场需求，企业开始去海外投资，设立专门机构（如商业性企业），收集市场信息，直接在海外市场上开展营销活动，加强对海外市场的控制；或将生产基地开始向海外转移，实行当地生产当地销售。

企业往往会授予海外子公司以相当大的经营自主权，海外子公司可以根据自身所在市场的具体情况自主地开展经营活动，子公司和母公司的关系仅局限在一般的业务联系和红利的汇回，在母公司也没有一个专事管理和控制海外子公司的机构，最多只是在财务部门或总经理室设置专门的管理人员而已，这种组织结构形式又称为"母子结构"。

目前，各国对母、子公司概念的法律规定和解释不尽相同。例如，按照《美国模范公司法》的规定，若某一公司的一类股份中，至少有90%已公开发行，并且售出的股份为另一家公司所拥有，前者为子公司，后者为母公司。日本公司法规定，如果某公司拥有另一公司半数以上之股本，前者为母公司，后者为子公司。我国理论界通常认为，所谓母公司，是指拥有另一公司一定比例以上的股份，能对另一公司实行实际控制的公司，与此相对应，其一定比例以上的股份为另一公司所控制的公司即为子公司。

这里存在一个容易混淆的问题，即子公司与分公司之间的差别。分公司的概念是相对总公司而言的。许多大型企业的业务分布在不同的地区，甚至遍布全世界，直接从事这些业务的是企业所设置的分支机构或附属机构，这些分支机构或附属机构就是分公司。而企业本身则被称之为总公司或本公司。分公司同总公司的关系虽然同子公司与母公司的关系有些类似，但分公司的法律地位与子公司完全不同。分公司既没有独立的法人地位，又不具备法人资格，而子公司则是完全独立的法人。

子公司和分公司的区别是：①主体资格不同。子公司是独立的企业法人，享有法人主体资格；而分公司仅仅是总公司的分支机构，不具有法人资格。②财产关系不同。子公司拥有自己独立的财产，而分公司的财产则全部属于总公司，是总公司财产不可分割的一部分。③意志关系不同。子公司是独立的法人，其意志具有独立性，母公司对子公司的经营活动不能直接进行命令指挥；而分公司是总公司的分支机构，其人事安排、业务执行、资金使用完全受控于总公司，它们之间是管理和被管理的关系。④法律责任不同。子公司作为独立的法人，自主经营，自负盈亏，独立核算，其一切经营活动所产生的法律责任完全由自己承担。而分公司不具有独立的法人资格，其经营活动所产生的法律责任最终要由总公司承担。

（三）国际市场业务部组织

海外业务比重的不断提高使海外市场对企业的意义显得更为重要。企业就会考虑设置一个统一负责管理和控制海外业务、独立于其他管理部门的管理机构，这一机构通常被称为"国际业务部"或"国际部"。国际业务部专心于海外市场信息的收集和海外市场的开拓。它最主要的职能就是通过协调海外子公司的活动来提高企业的经营效率，对海外业务活动实行集约化管理，协调分散在不同国家、地区的海外经营活动，进行资源的综合配置，以获得协同效应。

国际市场业务部接受企业参谋部门从企业总体角度对海外经营活动提出的建议，同时得到其他国内业务部门的支持，在许多企业中往往都由副总经理兼任国际业务部的负责人。国际市场业务部一般适合于产品品种较少、产品标准化程度较高、技术稳定、地区分布不是很广的企业。国际市场业务部组织结构如图15-1所示。

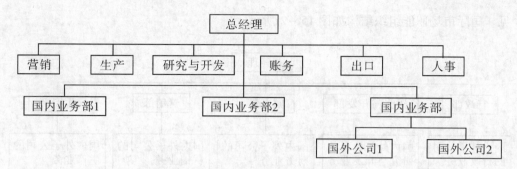

图 15-1　国际市场业务部组织结构示意

（四）全球性组织结构

全球性组织结构就是企业不再把全部业务活动区分为国内业务和国外业务，而把整个世界市场视为一个统一的大市场，对分散在世界各地的子公司的营销活动进行统一管理和开展营销活动的一种组织结构形式。企业最高管理层在从全球视野制定企业战略规划的同时，也对分散在世界各地的子公司的营销活动进行强有力的控制，使企业在全球范围内来考虑其资源配置。通过这种全球性的组织安排，可以实现企业资源在全球范围内的优化配置，实现企业总体利益的最大化。

三、影响国际市场营销组织结构的选择因素

（一）国际市场营销组织结构的分类与特点

根据划分和设置管理部门的基准不同，国际市场营销组织结构可以分为国际市场职能组织、国际市场产品组织、国际市场矩阵组织和国际市场地区组织四种形式，其中又以国际市场产品组织和国际市场地区组织最为常见。这四种国际市场营销组织结构形式各有其长处和短处，并分别适用于不同的企业。

1. 国际市场职能组织结构

国际市场职能组织结构以管理的职能分工为基础，把相同或相近的职能组合在一起设置为一个管理部门，组织全球范围内的生产经营活动。国际市场职能组织结构的特点是集权程度较高。

国际市场职能组织结构的主要优点：专业性强。由于每个职能部门都只担任某一职能方面的管理，可获得规模效益。各部门的规模相对较大，内部可进一步进行分工，获得专业化分工的利益，可以减少管理层次，避免机构和人员的重叠，同时还可以加强公司的统一成本核算和利润的考核。

国际市场职能组织结构的主要缺点：①专业化分工所形成的不同思维方式使相互独立的专业管理部门之间的沟通和联系存在一定的困难；②高级管理层内部协调的负担很重；③发生问题时容易出现各部门相互推责任的现象。

国际市场职能组织结构较多地适用于企业规模相对较小、产品品种不多、市场不确定性较低、高级管理层能力较强的企业，目前在各国的跨国公司中，这种组织结构已较

少见。国际市场职能组织结构如图15-2所示。

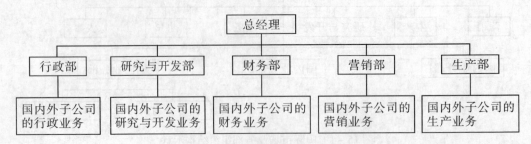

图15-2 国际市场职能组织结构示意

2. 国际市场产品组织结构

国际市场产品组织结构以产品类别作为分工基础,把市场特征相同或相似的产品组合在一起设置为一个部门(也称产品事业部),分别负责该类产品在全球范围内的开发、生产、营销等全部经营活动。

国际市场产品组织结构的主要优点:①实现了产品的专业化,分权程度较高,在这种结构下,公司总体的战略规划和控制仍由最高管理层来进行。②而具体某种产品的计划或经营活动的控制则由各个产品事业部来进行;每个产品事业部都是一个利润中心,具有较高的独立性和有较大的经营决策权,拥有一套完整的职能机构,各部门的负责人对该种产品的生产营销活动有独立自主决策的权力,并直接向总经理汇报。③一种产品的营销、生产和财务等可以在全球范围内进行资源整合。④高级管理层内部协调成本降低。

全球产品组织结构的主要缺点:①职能机构重复设置;②对事业部负责人的要求较高,必须是既懂得特定产品的生产经营活动又懂得国际业务的综合性人才;③实行的是专业化管理,容易出现本位主义,资源难以共享;④事业部间协调和区域协调的难度较大。

国际市场产品组织机构一般适用于规模较为庞大、产品系列复杂、产品生产和营销等技术特性差异较大的企业。国际市场产品组织结构如图15-3所示。

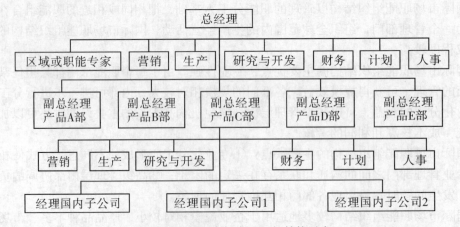

图15-3 国际市场产品组织结构示意

3. 国际市场矩阵组织结构

国际市场矩阵组织结构是以职能、产品、地区等要素中的某两个要素结合在一起，构成的一个二元矩阵组织结构模式，或以三个要素作为划分部门、设置机构的基准，从而形成一个立体式控制的组织结构，如地区和产品等纵横结合，实现产品、业务与地区的有机配合，增加企业的灵活性，以一种组织结构形式的优点去弥补另一种组织结构的缺陷。矩阵组织结构本质上是一个二元或多元命令系统，矩阵组织结构要能够有效地运行，关键是不同管理部门间的职权和责任分配必须合理和明确。主要适用于那些多元化经营程度较高，产品品种较多，同时经营地域范围也较广泛的大型跨国公司。国际市场矩阵组织结构如图15-4所示。

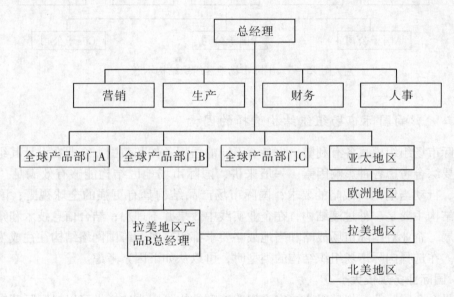

图15-4 国际市场矩阵组织结构示意

4. 国际市场地区组织结构

国际市场地区组织结构以世界各地生产经营活动的区域为分工基础，根据企业经营的地区范围，将其在全球的业务划分为若干个地区事业部。每个地区事业部都是一个利润中心，具有较高的独立性，负责管理该区域范围内所有产品的生产经营活动以及各项职能工作。国际市场地区组织结构也是一种分权程度较高的组织结构形式，各地区事业部负责人直接向总经理汇报，并参与企业总体计划的讨论和制定。

国际市场地区组织结构的主要优点：①减少了公司总部协调和管理的工作；②地区范围内的企业资源共享；③自主决策权使企业市场反应速度加快。

国际市场地区组织结构的主要缺点：①专业性较差；②对具有国际经营经验和高度综合能力的高管人才需求增加；③地区本位主义给总部转移价格的运用和全球战略的实施带来困难，规模经济可能会受影响。

国际市场地区组织一般适用产品多样化程度较低，主要是以生产少数几种产品为中心的专业型企业。同一种产品在不同地区的差异程度较大，以地区为基本单位就能实现规模经济,同时地区间的企业内部交易、产品转移程度较低的企业。国际市场地区组织结构如图15-5所示。

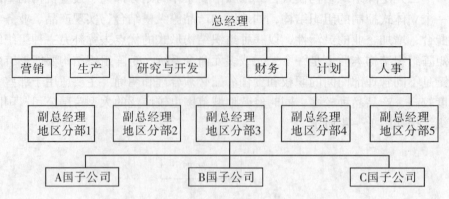

图15-5 国际市场地区组织结构示意

(二)影响国际市场组织结构选择的因素

国际市场组织模式各有利弊,也各有不同的适用条件和范围,企业在设计其组织结构中需要综合考虑各种影响因素。一般来讲,国际市场地区结构能够有效满足"思维全球化,行动当地化"战略的要求;国际市场产品结构具有更强的全球视野;国际市场矩阵结构主要是一种过渡结构,在企业实践中效果并不理想;结合信息技术和知识管理的发展,企业对国际市场战略和当地战略要求都很高时,跨国网络结构往往成为了理想选择。在选择国际市场组织结构的类型时,可以从如下因素考虑。

1. 国际业务规模大小

如果企业国际业务规模很小,宜采用职能型结构,因为这样做可以对国际营销活动进行集中管理;反之,宜采用地区型结构、产品型结构或矩阵型结构。

2. 产品系列复杂程度及产品的生产、营销等技术特性差异的程度

产品大类的生产和市场差异性较大,市场的地区分布较集中,而产品技术要求高的可采用产品式结构,企业的产品大类较少、市场分布广泛的可考虑地区型结构,企业的产品比较单一,市场也比较集中的可采取职能型结构。

3. 同一种产品在不同地区的差异程度

如果企业面对的国际市场较多,而且不同国家或地区在文化、经济、政治、法律等方面存在较大差异,需要不同的营销技术和人才,这时企业宜选用地区型或市场型为主的分权式组织结构,而不宜对各国市场或区域市场的营销活动进行集权管理。反之,如果企业面对的不同国别市场之间差异较小,就可以对这些市场进行相对集中的营销管理。如果企业经营产品种类繁多,而且市场差异化程度也高,则适宜建立矩阵型结构。

4. 企业的国际营销管理导向

如果高级领导层强调向外发展并能够大胆使用外籍员工,则适宜建立和使用矩阵型组织结构。

5. 企业的国际营销经验和高管人才的储备

如企业储备大量同时拥有顾客知识、地区知识和产品知识的综合型营销管理人才就可以选择与之匹配的营销组织结构方案。

6. 技术特征

技术的形态决定生产的类型，对于大批量生产而言，需要的是专业化的技术，产品的生产实行专业化和流水作业，适合采用集权式组织管理形式；而对于小批量生产而言，使用的是变化的技术，产品生产专业化程度低，适合采用分权式组织管理形式。此外，生产技术本身的特点也决定组织结构的形式，例如，化工产业对生产过程的连续性要求较高，适合采用集权式的组织管理形式。

国际营销企业组织结构的选择还受公司最高管理阶层的态度、所在国政府的法律制度和规定、东道国政府的工业产权保护、审判权以及反垄断法等的限制和影响，而在有的国家，国际营销企业组织的变更还需要得到政府的同意。总之，一个企业组织结构的选择，最重要的原则是根据企业资源、产品特点和外部环境灵活应用。

综上分述，可以认为：①当企业初进国外市场时，国内营销远大于国际营销，限于人力、经验和国际活动水平，可先选择出口部组织形式。②当外销业务扩大到一定规模时，企业就应成立独立核算的国际事业部，或设立母子公司的组织形式。③当产品比较单一，但市场环境差别大，销售渠道各不相同时，地区属性就显得极为重要，全球分区性组织成运而生。④当企业的产品种类众多，最终用户市场差异甚大时，为了使供应、生产、销售呈一条龙管理，企业可考虑全球产品性组织结构。为了使企业既保持多产品种类的特色，又要适应各种不同的地区环境，许多企业选择了有高度适应能力的矩阵式组织结构。

四、国际市场营销组织结构的调整

（一）传统国际市场营销组织结构变化及案例

跨国经营与营销的组织机构是随着企业战略、业务和市场变化而不断进行调整的。20世纪七八十年代以来，由于科学技术的快速发展，交通运输、通信和金融市场等方面的技术进步，已使世界市场发生了诸多变化。面对这些变化，企业应如何迎接挑战和提高应变能力，国内外众多学者和企业进行着不断的探索。综合起来看，近年跨国公司在组织管理结构形式等方面出现了一些新的趋势，如强调企业组织的质量和活力，调整企业规模、扬长避短、集中力量发挥优势，从"金字塔"型管理模式向"合作网络"型管理模式转变，企业组织由"定型"向"灵活型"转变。其典型的案例如下。

1. 西门子的德国事业部体制

西门子公司于1874年成立，它在德国电气工业史上发挥着核心作用，并成为德国工业最具声望的品牌。其早期历史与德国工业的发展是密切联系在一起的，西门子公司是多国多分部管理最初的代表之一。"二战"后该公司经历了两次重大的结构变化，两次的目的都是为了加强分权化和运营的灵活性，同时保持和发展组织协调的能力。第一次结构变化发生在1966—1969年，起初组建了6个事业部，后来增加到了7个。公司组建了5个总部职能部门，分别是计划/组织、财务、人事、RD和分配。这一结构实行到1989年，由于规模的扩张以及电气和电子市场的快速变化，西门子于1989年采纳了一种修正结构，即引入更小、更为专业化的"事业部"。值得注意的是，和许多其他组织（如奔驰）不同的是，这种事业部大多数不具有独立的法律地位。

2. 联合利华公司的组织结构

英—荷联合利华是一家国际食品和家庭及个人卫生用品集团。该集团在20世纪90年代经过了彻底重组。在过去，联合利华实行高度分权化的组织结构，各国的子公司均享有高度的自治权。在20世纪80年代后期和90年代初，公司开始引入创新的战略流程，同时清理其核心业务。同时，1996年启动的杰出绩效塑造计划也造成了公司结构的实质性改变。直到1996年，由荷兰和英国的董事长以及他们的代表组成的一个特别委员会和一个包括职能、产品和地区经理等15人的董事会一直独揽着公司的决策大权，整个结构是矩阵式的，其中产品"协调人"（经理）负有西欧和美国的利润责任，地区经理则负有其他地区的利润责任。杰出绩效塑造计划废除了特别委员会和地区经理这一层级，代之以一个8人（后变为7人）的董事会，由董事长加上职能和大类产品（即食品、家庭和个人卫生用品）的经理组成。向他们报告的是13位（后来是12位）负有明确盈利责任的业务集团总裁，后者在特定地区对其管理的产品类别负有完全的利润责任。全球战略领导被明确的至于执委会一级；运营绩效则是业务集团的直接责任。在这种正式结构调整之后，国际协调是由许多正式和半正式的网络组成的。研究和发展由国际网络创新中心负责实施，其领导责任通常属于中心的专家而不是自动的属于英国或者荷兰的总部机构。产品和品牌网络——国际业务小组——在全球范围内协调品牌和营销。同时，职能网络也开展一系列计划以便就一些关键问题，如录用和组织效能，实现全球协调。所有这些网络均很大程度上依赖于非正式的领导和社会过程，同时也依赖于电子邮件和内部网络等方面投入的增加。是否参与这种协调在很大程度上是由业务集团而非公司总部确定并资助。

3. 英国钢铁公司从职能组织到多分部专业化

英国钢铁公司成立于1967年，由14个国有化钢铁生产商组成。在此之前的几十年内，公司尝试过多种组织形式，或按地区或者按产品构造，但为了整合其凌乱的业务，一直在加强中央的控制。到1983年，英国钢铁公司拥有了"事业部"，但权力仍牢固地保留在总部，贸易、购买和工业关系职能都是集中化的。在缺乏对事业部投入和产出政策控制的情况下，英国钢铁公司实际是以职能模式进行组织的。1988年，公司进行了私有化改造，因而转向一种更注重盈利的组织形式。1990年该公司收购了英国主要的钢铁批发商Walker Group，随之组成了批发事业部。1992年英国钢铁公司进行了名为"组织、深度变革、风格"的重组。该计划旨在大幅度地消减总部职能和成本，并将管理责任分散到12个业务单位。其中关键的一条是业务领导不再在董事会任职，而是向相对独立的执委会成员报告。

上述案例虽然是几十年前的事，但十分典型，至今对企业界有借鉴意义。

（二）跨国网络组织结构

通过对以上几种组织模式的比较分析可以发现，国际市场产品结构的主要好处是效率的提高，而国际市场地区结构的主要好处则是更及时地对本地市场做出反应。但是，当跨国公司要求各地单位必须具有对当地市场的敏锐反应能力和有效利用全球规模经济的能力时，传统的国际事业部结构和国际市场功能性结构则明显不能满足这一要求，因此一些企业尝试采取一种新型的组织模式，即跨国网络组织结构。如ABB公司、联合利华公司、宝洁公司和飞利浦公司等。网络组织是借用了神经生理学和计算机科学中网络的概念，它是基于IT应用而发展起来的一种新型的组织形式。

网络组织以IT为工作平台，以企业与社会组织之间以及企业内部各功能单元之间的跨边界资源整合过程中所形成的各种经济性联接为纽带，由活性结点网络连结而构成的协作系统。而跨国网络组织则是跨国公司内外部各单位之间基于某种机制形成的网络型组织。它在全球范围内把企业分为许多不同类型的中心或经营单位，以自由市场模式替代传统的纵向层级组织，按照"弹性集中化"原则运作。

在通常意义上，一个完整的跨国公司全球组织架构，必须是有某个区域中心作为总部，而且这个总部往往设立在欧美等发达市场，然后再向其各个分支机构发号施令，来协同开发市场和客户。但现在，更进一步的做法是，淡化中心总部的作用，或干脆将某个业务、职能总部迁到中国、印度这样的新兴国家市场，以真正发掘和利用全球性资源。

IBM已不再是20世纪跨国公司的代表。在旧组织结构下，"蓝色巨人"完全依靠分布在不同国家或地区的160多个小型IBM运行，它们各自植根于当地市场，彼此鲜有关联。但现在IBM将全球服务交付中心放在了巴西的圣保罗市；将全球采购总部迁往了中国深圳（这是IBM成立90多年以来，首次将负责全球某一项具体职能的部门迁移到美国之外的地区）；人力资源总部在菲律宾的马尼拉；客户支持总部在澳大利亚的布里斯班；技术销售支持总部在马来西亚的吉隆坡和印度的班加罗尔。来自任何一个国家的客户需求都可能被交付到其他国家和地区处理，IBM将选择最适合完成该项目的地方，因为那里有最匹配的人才、最合适的成本，或两者兼而有之。英特尔曾在去年将渠道平台事业总部迁移到上海。除了IT行业，而另一家全球知名的制造业公司霍尼韦尔，于2007年11月宣布将其全球电子材料总部迁移到上海。

第二节 国际市场营销计划

国际市场营销计划是企业实现国际市场营销的桥梁，是营销人员工作的行动准则和企业目标的最终体现。它规定了预期的经营要求，减少了在市场活动中的盲目性；预先测算了成本和费用开支，有利于充分利用企业的资源；明确了各个部门的目标和工作方法，使市场营销人员工作有方向，使企业的战略得到有效执行。

一、国际市场营销计划的含义

（一）国际市场营销计划的含义

所谓计划，是指对未来的规划，它涉及人们拟在未来所要达到的既定目标以及实现这些目标的方法和途径。广义的国际市场营销计划，是指管理者对未来一定时期内的某种活动所要达到的目标及实现这些目标的原则与步骤等完整方案所进行的谋划、设计、确定、调整等管理活动，也就是预先决定做何事（What）、为何做（Why）、何人做（Who）、何时做（When）、何处做（Where）、如何做（How）。

狭义的国际市场营销计划，是指营销战略、策略决策方案的具体实施计划。国际市场营销计划不是单纯的产品销售计划，而是企业营销活动的计划，可分为：战略和战术计划，长期、中期和短期计划，年度、季度和月度计划，综合性和单项（专项）计划，国内和国际营销计划，营销调研，产品开发，市场开拓，品牌发展，产品销售，顾客服务，渠道建设，广告，公关，营销人员培训，营销费用效益，等等。

国际市场营销计划是企业总体计划的一个重要组成部分。总的来说，国际市场营销计划的任务是通过计划的编制、执行和检查，充分挖掘和利用企业的各项资源，制定与国际环境相适应的最优方案，并对企业内部各部门、各环节的工作从时间和空间上进行统筹安排，从而使企业的国际营销工作有节奏地协调进行，以获得更多利润和实现企业的战略目标。国际市场营销计划大体上包括国别市场计划，即发展特定地区市场并为之服务的计划、产品项目计划和营销行动计划。其中，国别市场计划又可以按区域分为美国市场开拓计划、西欧各国市场计划或东南亚各国市场计划等。

国际市场营销计划按照期限的长短，可分为短期计划和长期计划。短期计划规划是指企业近期内（通常为1年）的目标以及行动计划，又称营业计划；长期计划是指1年以上的计划（包括3年、5年、10年甚至更长的时间），规划的内容一般为计划期内企业国际市场营销发展的趋势或者战略构想，又称为战略计划。

（二）国际市场营销计划的作用

制定国际市场营销计划是企业实现跨国营销战略的重要手段，使企业的市场营销工作有条不紊地进行，并使企业在错综复杂、变幻莫测的国际营销环境中避免或减少损失。

具体来讲，国际市场营销计划的作用有如下几个方面：

（1）国际市场营销计划规定了企业在一定时期内要达到的营销目标和营销成果。这些规定是在科学预测的基础上制定的，有利于企业在错综复杂、变幻莫测的国际市场营销环境中避免或减少失误，发现并抓住机遇，明确自己的发展方向，减少国际市场营销活动的盲目性，从而减少企业风险。

（2）国际市场营销计划规定了达到营销目标所要采取的经营策略，便于企业管理人员进行任务分工，明确营销人员的职责。企业决策者可以减少日常业务的安排，致力于长期战略计划的研究。

(3) 国际市场营销计划既规定了计划期内整个企业的目标和策略,又规定了各个职能部门的具体目标和策略,有利于组织协调各部门、各环节的相互关系,使各项工作协调地开展。

(4) 国际市场营销计划规定了计划期内营销活动所需要的资源,企业能够预先测算出费用支出,有利于有计划地控制和节约企业的人力、财力和物力资源,取得较理想的经济效益。

二、国际市场营销计划的制定

制定国际市场营销计划是企业根据自身所处的营销环境整合营销资源、制定营销战略和营销策略的过程。营销计划包括两个部分:一是营销战略的制定,包括营销战略目标、战略重点和实施步骤的确定;二是营销策略的制定,包括进行市场细分、选择目标市场、产品定位和营销组合的确定。

企业国际市场营销计划的编制工作,是指该计划形成的整个过程,亦即从国际市场营销调研信息的掌握和应用,到所要的各种市场营销计划的输出的整个过程。

(一) 国际市场营销计划编制的程序

国际市场营销计划的编制程序如图15-6所示:

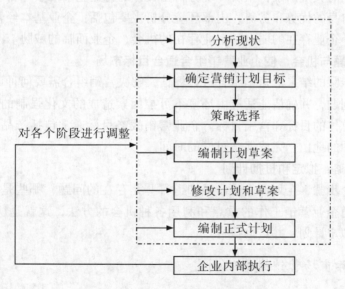

图15-6 国际营销计划的编制程序

分析现状是为编制计划做好充分准备;确定目标主要指确定营销战略目标,是为具体活动程序指明方向;目标确定之后,就要选择营销策略;编制计划草案,交由有关部门讨论;如果讨论后没有疑义,则可进入下一步;如果讨论后有异议,则要在规定时间内修改计划草案。编制正式计划并获得相关部门和人员的认可,即组织企业内部执行。编制营销计划,要选择合理的计划期限,安排好计划进度;要抓住关键性因素,并搞好方方面面的综合平衡;要从实际出发、量力而行,遵循"木桶原理",不留"缺口";计划指标要适当留有余地,使计划具有一定程度的弹性、灵活性和应变性。

(二) 国际市场营销计划编制的具体步骤

按照国际市场营销计划的编制程序,国际市场营销计划的编制人员具体工作步骤如下。

1. 综合分析调研取得的分析现状所需要的信息

综合分析调研取得的分析现状所需要的信息,使企业与东道国的需要相符合。

分析现状所需要的信息来源于调研,其内容常常有最低的市场潜力、最低利润,可以对付的竞争程度、政治稳定状况、需遵守的法律及其他适合于企业产品的措施等等。一旦建立了评估标准,就等于对企业计划进行营销的环境做出全面的分析。出口企业打算营销的各个国家都有不同的环境限制,故在计划管理工作中,国内和国际市场营销计划的最大差别就发生在这一步。

现状分析是制定营销战略的依据,主要包括外部环境分析和内部环境分析。外部环境分析的主要目的是找出外部环境中的机会和威胁,可以分为宏观、中观和微观三个层次。宏观环境分析涉及国家有关经济产业政策;中观环境分析指行业环境分析,这是制定企业营销活动的关键因素;微观环境分析指具体的行业竞争对手分析。内部营销环境主要是指企业自身的优势和劣势,内部环境分析主要包括:企业基本经营状况分析、企业具备的优势、企业存在的弱点、企业存在的机会、企业面临的威胁。

2. 确认问题与机会,使企业营销组合适合目标市场

根据前一步骤的结果对营销组合进行评估,解决营销组合需要何种调节才能满足目标市场需要的问题,并确认能适应由环境不可控因素造成的文化强制的一种营销组合,以便达到企业总体的目标和营销目标。企业营销战略目标通常包括产品的市场占有率、企业在同行业中的地位、完成战略目标的时间。

3. 产生策略,拟定和贯彻计划

通过前两个步骤,企划部人员已经知道哪些是存在的问题,哪些是可利用的机会,从而也应该知道企业营销工作的重点和利用各种机会的方法,这就是所谓的策略的出现。然后据此拟定计划,并贯彻执行。

(三) 国际市场营销战略的制定

企业的国际市场营销战略主要包括如下内容。

1. 企业市场营销目标的确立

经过内外环境分析,企业确定自身的基本战略模式,并可根据企业的现有条件如市场占有率、品牌、经销网络确定企业的营销战略目标。

2. 企业国际市场营销战略的重点

通常根据企业已确定的市场营销战略目标结合企业的优势如品牌优势、成本优势、销售网络优势、技术优势、形象优势等确定企业的营销战略重点。

3. 企业国际市场营销战略的实施步骤

为实现保持当前市场和开发新市场双重目标，可以把企业的营销战略实施分为以下三个步骤：

（1）短期战略要点包括保持传统市场不被挤出及扩大新市场潜入能力。

（2）中期营销战略要点包括扩大新市场潜入能力和开辟未来市场、开发新产品可行性、克服竞争威胁。

（3）长期市场开发战略要点包括调整企业的产品结构和改变市场组成、预测潜在的竞争对手和潜在机会、通过大范围搜集意见和建议的方式寻求市场机会。

对市场机会的评价，一般包括：①评审市场机会能否成为一个拥有足够顾客的市场；②当一个市场机会能够成为一个拥有足够顾客的现实市场时，要评审企业是否拥有相应的生产经营能力。

三、国际市场营销计划的内容

国际市场营销计划的内容通常包括战略计划、计划概要、现状分析、预期目标、营销策略、行动方案、费用预算和控制方法等部分。

（1）战略计划是企业的长期计划，有3至5年和5至20年等，前者编制公司的目标和应采取的重大行动，后者拟订公司的发展战略和远景规划。

（2）计划概要是对营销计划的内容作简要介绍与说明，以便于企业管理人员了解计划的要点。

（3）现状分析是分析目标市场的营销环境、企业的资源条件，以及企业在目标市场上的竞争态势。

（4）预期目标是指企业在计划期内所要达到的总体目标，包括企业在计划期内所要达到的总体目标以及各项具体指标，如产品销量、市场占有率、品牌知名度、销售利润以及预期收益率等。

（5）营销策略是指企业为达到预期目标可能采取的营销策略，如市场定位、竞争策略以及产品、定价、渠道、促销等营销组合策略等。

（6）行动方案是指依据预期目标和营销策略制订的具体行动方案，包括营销活动的具体分工、营销人员的组成、行动的时间与地点，以及行动的路线等。

（7）费用预算是指在营销行动方案的基础上，进行营销费用的预算，确定达到预期目标所需的费用。

（8）控制方法是指规定计划执行的监督与控制手段、奖惩方法以及应变措施等。

第三节 国际市场营销控制

一、国际市场营销控制的概念与内容

(一) 国际市场营销控制的概念

国际市场营销控制,是指按照企业营销计划所决定的标准来衡量营销活动的过程,通过衡量和评估营销策略与计划的实施,以及采取纠正措施以确定营销目标的实现。

国际市场营销控制是十分重要的,其必要性有如下方面:

(1) 应对环境变化的需要。控制总是针对动态过程而言的。从营销管理者制订目标到目标的实现通常需要一段时间,在这段时间里,企业内外部的情况可能会发生变化,尤其是面对复杂而动荡的市场环境,每个企业都面临着严峻的挑战,各种变化都可能会影响到企业已定的目标,甚至有可能需要重新修改或变动以符合新情况。高效的营销控制系统,能帮助营销管理者根据环境变化情况,及时对自己的目标和计划做出必要的修正。一般来说,目标的时间跨度和地域跨度越大,控制也越重要。控制系统的作用在于帮助管理者看到形势的变化,并在必要时对原来的计划做出响应和修正。

(2) 及时纠正执行过程中的偏差的需要。在计划执行过程中,难免会出现一些小偏差,而且随着时间的推移,小错误如果没有得到及时的纠正,就可能逐渐积累成严重的问题。营销控制不仅是对企业营销过程的结果进行的控制,还必须对企业营销过程本身进行控制,而对过程本身的控制更是对结果控制的重要保证。因此,营销管理者必须依靠控制系统及时发现并纠正小的偏差,以免给企业造成不可挽回的损失。

在国际市场营销中,控制的必要性取决于企业分权管理的程度。如果企业采用了高度民主分权的管理方法,那么公司总部对各国子公司进行严格控制的必要性就不大,但各子公司本身对其下属的控制就变得比较重要了。反之,如果企业采取的是高度集权化的管理方法,则公司总部就有必要而且有可能对各国子公司的营销活动进行严密的控制。当然这并不意味着子公司本身应放松对下属营销活动的控制。

(二) 国际市场营销控制的内容

1. 销售控制

销售额的多少取决于市场营销的努力程度,也是各种市场环境因素对销售量综合影响的结果。检查评价销售目标实际实现的情况,可以用来判断各种因素对销售量的影响;对不同时期销售量的差异进行分析,有可能找出造成差异的原因;对不同国家市场和不同产品销售量差异进行分析,可以帮助我们辨别出最有潜力的市场和最有发展前途的产品。对实际销售资料的分析也要与促销的费用与推销强度联系起来,以便决定市场的潜力。对销售量的控制不仅要对本企业的绝对销售量进行检查评价,也要对市场占有率进行分析,这就需要对公司销售利润情况进行检测。如果本公司的市场占有率在下降，即使绝对销售量在增加也说明公司的经营业绩并不佳。

2. 价格控制

尽管一个企业的产品在不同国家的实际价格允许有一定的差异，但定价过高过低都会危害公司的市场竞争力。因此，公司管理部门对自己产品在各地的价格在任何时候都应当进行控制。通过价格控制避免各分公司或本公司的中间商在价格方面自相竞争。一般来说，总公司管理部门可以为国外市场规定一个价格范围，这样既能让分支机构拥有一定的定价自主权，又可以确保总公司的有效控制。

3. 产品控制

国际营销中的产品控制主要包括质量控制和形象控制。质量控制要求对产品精益求精，在任何国外市场上都不能降低要求，要通过质量控制把产品质量风险减少到最小程度。形象控制远比产品质量本身更为重要，要保持产品良好的形象除了要求达到质量控制的标准外，还要控制销售服务所要达到的标准，以及广告和公关的效果等。

4. 促销控制

国际市场营销必须对广告宣传、人员推销与营销推销等促销活动进行有效的控制。国际市场营销企业的广告，不管是实行标准化的策略还是实行多样化的策略都需要受到控制，以确保各个市场的广告促销活动都与公司的总目标协调一致。各地区市场上的人员营销工作可能完全由总公司指挥，但是国际营销部门也应当关心、检查和评价各个国外市场人员推销工作的情况，以便及时改进。

5. 销售渠道控制

销售渠道是否合理，其效率的高低如何都直接影响国际营销的成败。衡量中间商绩效的主要标准是看它的订货量，但订货量并不能反映出它是否维持了合理的价格，所提供的服务是否令人满意。由于中间商不会提供关于他们自身工作状况的客观信息，因此公司必须不断地对用户进行调查，以便真正了解这些中间商的销售情况、所提供的服务以及是否按合同规定的范围经营，避免经销地区的重叠，提高销售渠道的经销效率。

二、国际市场营销控制的模式

（一）国际市场营销的控制模式

国际市场营销控制有模式：年度计划控制、盈利能力控制、效率控制和战略控制四种类型。

1. 年度计划控制

年度计划控制主要是检查营销活动的结果是否达到年度计划的要求，并在必要时采取调整和修正措施。年度计划控制的目的是确保企业实现年度计划中所确定的销售额、利润和其他目标。

2. 盈利能力控制

盈利能力控制主要是衡量各种产品、地区、顾客群、分销渠道和订单规模等方面的获利能力，以帮助管理者决定哪些产品或者营销活动应该扩大、收缩或取消。

3. 营销效率控制

营销效率控制主要是对企业在销售人员、广告、促销和分销等方面的工作绩效进行评估，并找出提高其管理工作效率的途径的活动过程，主要从销售人员效率、广告效率、促销效率和分销效率等四个方面的控制。

4. 营销审计

营销审计是指市场营销管理者采取检查及绩效评估，使实际市场营销工作与已定的计划尽可能一致。营销审计是国际市场营销控制的一个重要工具。

（二）国际市场营销控制模式的方法

1. 年度计划控制的方法

年度计划控制是由企业高层管理人员负责的，旨在检查年度计划目标是否实现，一般可用以下四种方法进行：

（1）销售差异分析。衡量并评估企业的实际销售额与计划销售额之间的差异情况。进一步查明各地区销量减少或增加的原因。

（2）市场占有率分析。衡量并评估企业的市场占有率情况。根据企业选择的比较范围不同，市场占有率一般分为三种：一是全部市场占有率：企业的销售额（量）占行业销售额（量）的百分比；二是目标市场占有率：企业的销售额（量）占其目标市场总销售额（量）的百分比；三是相对市场占有率：企业的销售额（量）和几个最大竞争者的销售额的百分比。

（3）营销费用率分析。衡量并评估企业的营销费用对销售额的比率，还可进一步细分为人力推销费用率、广告费用率、销售促进费用率、市场营销调研费用率、销售管理费用率等。

（4）顾客态度追踪。企业通过设置顾客抱怨和建议系统、建立固定的顾客样本或者通过顾客调查等方式，了解顾客对本企业及其产品的态度变化情况，进行衡量并评估。

2. 盈利能力控制的方法

盈利能力控制一般由财务部门负责，旨在测定企业不同产品、不同销售地区、不同顾客群、不同销售渠道以及不同规模订单的盈利情况的控制活动。

盈利能力指标包括资产收益率、销售利润率和资产周转率、现金周转率、存货周转率和应收账款周转率、净资产报酬率等。

企业要取得较高的盈利水平和较好的经济效益，一定要对直接推销费用、促销费用、仓储费用、折旧费、运输费用、其他营销费用，以及生产产品的材料费、人工费和制造费用进行有效控制，全面降低支出水平。

3. 营销效率控制

当发现企业在某些产品、地区或市场方面的盈利不佳，接下来就要解决寻找更有效的方法来管理销售队伍、广告、促销和分销问题。

（1）销售人员效率。销售经理可用如下指标考核和提高销售人员的工作效率：一是销售人员日均拜访客户的次数；二是每次访问平均所需时间；三是每次访问的平均收益；四是每次访问的平均成本；五是每百次销售访问与定购的百分比；六是每月新增客户数目；七是每月流失客户数量；八是销售成本对总销售额的百分比。

（2）广告效率。为提高广告宣传的效率，经理应掌握如下这些统计资料：一是每种媒体接触每千名顾客所花费的广告成本；二是注意阅读广告的人在其受众中所占的比率；三是顾客对广告内容和效果的评价；四是广告前后顾客态度的变化；五是由广告激发的询问次数。

（3）营业推广效率。为了提高促销效率，企业应注意的统计资料有：一是优惠销售所占的百分比；二是每一单位销售额中所包含的成本；三是赠券回收率；四是因示范引起的询问次数。

（4）分销效率。主要是对分销渠道的业绩、企业存货控制、仓库位置和运输方式的效率进行分析和改进，以提高分销的效率。

4. 营销审计

营销审计是对一个企业或一个业务单位的营销环境、目标、战略和活动所进行全面和独立的检查，其目的在于决定问题的范围和机会，提出行动计划，以提高企业的营销业绩。营销审计可由企业内部人员来做，也可聘请外部专家进行。完整的营销审计包括以下六个大的方面：

（1）营销环境审计，包括宏观环境如人口统计、经济、生态、技术、政治、文化、任务、环境、顾客、竞争者、经销商、公众等方面审计。

（2）营销战略审计，包括对企业使命、营销目标和目的、战略等方面审计。

（3）营销组织审计，包括对组织结构、功能效率、部门间联系效率等方面审计。

（4）营销制度审计，包括对营销信息系统、营销计划系统、营销控制系统、新产品开发系统等方面审计。

（5）营销效率审计，包括盈利率分析、成本效率分析等方面审计。

（6）营销职能审计，包括对营销的各个因素如产品、定价、渠道和促销策略的检查等方面的审计。

三、国际市场营销控制的过程

国际营销控制过程，是指国际营销控制的实际操作过程，也称为国际营销控制程序，它一般由以下七个步骤组成。

（一）设定控制目标

控制目标是控制的核心和起始点，即有了目标才能开始进行控制。企业长期计划目标或短期计划目标一般多为抽象或综合的。要进行有效的国际市场营销控制，必须使目标明确化，没有明确的目标就无法实现对计划的控制，控制目标必须是量化的、具体的、可操作的。因此，应把企业的目标分解为具体指标，如对某个市场应占有多大份额，应实现多少销售额或利润等，也可以包括一些软指标，如提高产品知名度、开拓分销渠道等。目标明确以后，应及时通知各地的分支机构，让各分支机构也明确了有关的目标，企业各个层次、各个部门的目标明确无误，而且还应指明各项目标的种种细节。

（二）选择控制方法

国际营销企业要选择在特定环境中最有效的协调和控制方法，国际市场营销企业对国外营销机构的控制有直接控制和间接控制两种基本方法可供选择：

（1）直接控制包括与海外营销机构签订合同以及以股东身份参与管理。利用合同进行直接控制时，常常采用限额和颁发许可证两种办法进行控制。在以股东身份参与管理的办法中，即使总公司在海外分公司的股份很少，但通过股权也能直接参与管理。

（2）间接控制是指企业总部有关管理人员通过各种杠杆机制干预调节下属机构的经营活动。间接控制包括下达各种指令性或指导性计划指标，制定和实施一整套完善的规章制度，投入或撤回部分资金，制定并下达各项政策，组织企业竞赛等等。间接控制具有明显的灵活性，比较适合国际企业的管理，但难度比较大，间接控制法依赖于相互沟通或者让竞争发挥作用。

（三）设置控制标准

标准就是根据职权、习惯或科学的方法，建立的一种管理上可用来衡量工作实际绩效的尺度。国际市场营销的控制标准应当在表述上尽可能明确具体，不能受资金及成本费用等的限制。衡量标准一般包括：利润、销售额、销售渠道的建立、开发国外市场的进程等。制定的标准有时需要进行修正，使之符合实际情况。特别是如果对营销计划进行修订时，营销控制的标准也应随之改变。

确定国际营销的控制衡量标准时应注意三点：一是要数量化，比如金额、数量要明确，并要确定相应的等级范围；二是要充分考虑国外企业当地的经营环境，如不同的币种及其汇率，当地政府的税收、价格、金融等方面政策；三是要顾及某些比较抽象的目标，如进入某一国家或地区市场对企业全球战略的意义、改进产品和公司形象等等。

（四）明确责任

制定标准后要明确各部门及领导人的责任和应该达到的目标，并要让他们有权对其他人的工作进行协调。指定责任人必须遵循责、权、利三者结合的原则，即无论是控制者或是被控制者都必须有明确的责任、权力和利益。尽可能地将基本职责、权利和利益落实到具体人。

（五）建立反馈系统

建立反馈系统是企业收集信息并发布行动指令所必需的。包括定期的业务报告、财务会计报表及其分析报告、某项业务发展情况报告、经营情况现场调研报告等。还需要建立必要的情报机构，收集竞争者的有关资料，了解科技发展与市场的动态，征询客户的意见，以提高自己的控制水平。

（六）对结果进行评估

评估就是在占有详尽资料的基础上，依据制定的标准，将被控制单位的经营业绩与企业的有关目标进行比较，再对被控制单位的工作做出评估。确定被控制单位的业绩是否达到了预期的水平，并结合实际情况做出偏差原因分析。

（七）纠正偏差

对于经过评价未能达到预期计划目标的分支机构或海外分公司，企业就需要采取必要的行动。分支机构的经营业绩偏离计划目标的原因通常有三个：一是市场发生变化；二是竞争力量比较发生变化；三是企业本身的失误、企业决策或人员决策的失误、营销计划本身的问题。营销业绩与计划目标之间的偏差也可能是营销计划本身的问题。例如，营销目标订得过高、控制标准选择不当或者目标市场环境发生变化而营销计划未能及时修正，这时企业应对营销计划进行修改。即使对于无法预计的干扰，控制系统也要采取有效措施，尽可能地减少计划目标与实际结果的偏差，以达到控制的目的。

在纠正过程中，常常会遇到技术和人员的难题。技术上的困难主要体现在认识偏差同实施修正措施之间往往存在着时滞，修正措施的改变速度远远低于偏差的变换速度。纠正偏差需要现时的成本和投入的增加，而纠正偏差带来的收益却是预期发生的，如果纠正偏差带来的收益同其花费的成本大体相当，则这一偏差的纠正是毫无意义的。

鉴于国际市场营销活动距离遥远、文化不同、组织复杂，从着手纠正到完成纠正工作往往要有一段时间，必须以一种连续的、定期的、不间断的方式来评价结果并采取纠正措施。

国际市场营销控制程序如图 15-7 所示。

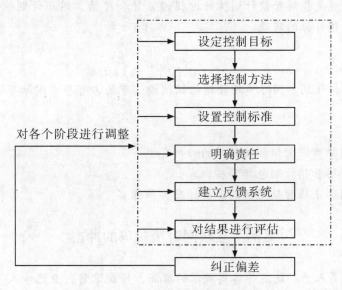

图 15-7　国际市场营销控制程序示意

国际市场营销控制是一个动态的运行过程。上述七个步骤按照顺序不断重复，每次重复都在一个更高层次上进行，使企业战略和策略的实施绩效不断得以提升。

本章小结

计划的过程首先是战略模式的选择过程。企业的国际市场营销战略，根据国际化的程度可以分为本国中心主义、多中心主义、地区中心主义和全球中心主义四种。

国际市场营销战略计划制订的程序大致可以分为现状分析、目标确定、策略选择以及计划编制等四个主要步骤。

一个完整的国际市场营销计划是企业总体计划的一个重要组成部分。它应当包括企业总体营销计划、产品计划、品牌计划、国别市场计划等几方面的内容。

有效的国际市场营销组织应具有灵活性、协调性、能够实现国际营销的目标和按规定期限完成任务等特征。

对应于企业国际市场营销战略的四种模式，企业的国际市场营销机构开始从国内营销组织中分离出来，在企业整个组织中的作用也由小到大，涉及国际市场营销的程度也由浅入深。企业的国际营销组织本身也不断发展，依次经历了出口部、国际部、海外分公司、全球性的组织结构四个阶段。

国际市场营销组织结构包括四种最基本的形式，即职能组织、产品组织、矩阵组织和地区组织。企业通过制定国际营销计划，确定了企业在海外营销活动的目标及达到目标的策略；通过组织结构的设计确定了权力和责任的划分。为了监督和指导营销策略的实施，保证营销目标的实现，企业还应对海外营销活动进行有效的控制。只关注计划和组织而没有必要的控制，就难免会在计划执行时出现偏差，甚至导致营销目标的落空。可见，营销控制就是指对营销计划执行过程的监督和评估，纠正计划执行过程的偏差、旨在保证既定营销目标的实现。

关键概念

国际市场营销计划　　国际市场营销组织结构　　市场占有率　　国际市场营销控制

思考题

（1）简述国际市场营销组织结构的四种类型。
（2）国际市场营销计划包括哪些内容？
（3）简述国际市场营销控制的必要性及其步骤。

案例　互联网对沃尔玛的冲击

近年来，随着人力、物流等各类成本的提高，传统零售行业已步入"微利时代"。

与此同时，中国零售业的增长开始放缓。德勤报告显示，传统零售业发展速度连续七年下滑，2013年零售百强销售额增幅更首次跌破两位数，达到9.9%。下滑原因除了宏观经济增速放缓，电子商务渠道分流、消费升级及成本持续高企等亦是主导因素。

普华永道中国零售及消费品行业主管合伙人王笑分析认为，中国消费市场正在经历转型，电子商务和社交媒体的迅速崛起，促使消费者消费方式呈现出智能、互联、自主的趋势。

即使身处于一个像沃尔玛这样有数十年骄人业绩的企业，变化也正一点点渗透到沃尔玛（中国）大卖场。营运副总裁钟世丹认为，首先是人才流失问题，沃尔玛培养一个总经理需要五年时间。正如前沃尔玛亚洲部门总裁兼首席执行长贝思哲（Scott Price）2013年年底在投资者会上所说，过去几年人才的连续流失已使沃尔玛本地人才枯竭。

沃尔玛一直是竞争对手包括线上电商和线下零售商攫取人才的"黄埔军校"，今天尤甚。在沃尔玛中国老总部深圳洪湖公园东南三公里处，就是华润万家在中国的总部，后者刚刚挖走了沃尔玛中国的几位中高层。

更大的挑战来自互联网。接受《财新》记者采访前一天，钟世丹召开运营会议，讨论对员工的培训如何更好适应消费者需求的变化。讨论结果是：沃尔玛购物中心要加大两公里免费配送服务，并将配送服务变成沃尔玛非常重要的一块，纳入到培训体系中去，此外，沃尔玛联合供应商着手推出"堪比电商价"活动。

不过，钟世丹不承认这是为了应对互联网的冲击，她说沃尔玛这么干更多是出于自身需求。这种看起来有些矛盾的表态可以代表沃尔玛整体对于互联网的态度，即已经开始把电商作为对手纳入研究范围，也在实际上开始应对由电商带来的商业氛围和用户习惯的改变，但几乎所有沃尔玛高层对外表态时都强调电商对沃尔玛构不成挑战。沃尔玛早在1996年就开通了自己的电商平台，但直到2007年才开通配送到店的服务——顾客可以网上下单，到邻近的店取货。而真正把电商提升到战略高度则要到2010—2011年之后。

沃尔玛中国总裁兼CEO柯俊贤（Seán Clarke）接受《财新》记者采访时，强调自己是一个很传统、很老派的人。在他看来，顾客还是喜欢去实体店买东西，这对家庭是一件很重要的事。"我不知道电商能不能改变人们的这个习惯。"柯俊贤说，线上网购在整个零售市场的占比在10%左右，这意味着，对传统零售商来说，市场的蛋糕还有很大一块没被分走。

但是，线上的电商正以远快于线下的速度在分食这块"蛋糕"。过去两年，沃尔玛的销售额增幅分别为3.6%和24.5%，但是京东2013年的销售增幅是67.6%，销售额693.4亿元，已逼近沃尔玛的722.15亿元。而通过阿里巴巴卖出的东西总额高达1.54万亿元，阿里巴巴藉此获得了491.47亿元的年收入，因本身并不直接售卖商品，而只是为商家提供服务，其利润率高达45%。

消费者正在迅速迁移。普华永道最新的调查报告显示，中国消费者在网购方面尤其领跑全球，每天都有七分之一的消费者在网购，每星期的网购比例超过60%，而全球范围来看，这一数字分别仅为5%和21%。来自艾瑞咨询的数据，今年三季度线上购物规模达6914.1亿元，市场占比超过10%，去年底这一数字占比为8%。

2014年"双十一"，淘宝天猫一天的交易规模为571亿元，赶上沃尔玛2012年一整年在华不含税的销售总额（580亿元）。针对这一数字对比，柯俊贤笑谈这一天不仅是线上零售商的狂欢节，实体零售商也是，"当然我们的零售不像淘宝天猫那么大、那么壮观"。

沃尔玛当然知道中国的情况不一样。沃尔玛全球CEO董明伦（Doug McMillon）在接受《财新》记者采访时表示，他们正在积极改造门店以拥抱未来，其中包括提供送货上门服务，虽然目前门店内购物的人群比例仍然占到了 90%，但他承认，在中国"这个比例可能不同"。

除了线上市场冲击，沃尔玛还遭遇线下竞争对手的反攻。根据市场研究机构 Euromonitor International 的数据，过去几年沃尔玛在中国的市场份额处于下降状态，以大卖场销售计算的占有率由 2009 年的 11.6% 降至 2013 年的 10.9%。

零售增长放缓为外资企业带来挑战，但也同时催生一些本土零售企业快速扩张。尤其是近年来，随着一二线城市日趋饱和，三四线城市的转战搏杀中，本土零售企业表现出了地域优势，其中尤以大润发和永辉的崛起最引人注目。相反，家乐福则已停滞不前。现在，沃尔玛的对手不再是家乐福，而是京东、大润发、华润万家和永辉了。

2013 年以来，一些大型连锁超市因深受异地发展困境之苦，开始纷纷关闭三、四线城市的门店。

刘鲁鱼是深圳综合开发研究院企业与市场研究中心主任，18 年前，受沃尔玛委托撰写了第一份沃尔玛进驻中国可行性研究决策报告。在其 20 多年的行业观察中，中国商超行业的选址一向竞争激烈。"一个新店址十几家盯着，根本抢不到，哪有关店一说？"刘鲁鱼这样说。

据不完全统计，2014 年上半年，主要零售企业（不含家居、电器）共计关店 158 家，是 2013 年全年关店数的 5 倍。刘鲁鱼将频繁关店解释为"零售商的理性行为"，以主动关店应对行业困顿。

过去两年，沃尔玛在华开新店的同时也在关店。仅 2013 年，就有 15～30 家店被关，涉及多个城市。

这种规模性关店也是沃尔玛中国有史以来的第一次，沃尔玛（中国）公共事务高级副总裁博睿（Raymond Bracy）解释，关店原因有很多，最重要一条是"其财务经营没有达到我们的目标"。中国区 CEO 柯俊贤则强调，随着转型结束，关店活动业已画上句号。

柯俊贤表示，沃尔玛已经转变了公司策略，不再轻易新开门店，而将主要精力投入在做精做强现有门店，实现有质量的增长。有质量的增长具体表现在降低运营成本、提高单个门店营业额。2013 年，沃尔玛在华年销售额排在华润万家、大润发之后。其中大润发单店营业额平均为 3.03 亿元，几乎是沃尔玛单店平均营业额 1.77 亿元的 2 倍。

2013 年年底，沃尔玛内部高层会议提出消费者忠诚度的问题。他们发现，中国消费者缺乏忠诚度，西方国家消费者可以在 3～5 年时间固定在沃尔玛一家店消费购物，中国消费者则根据不同商场的活动促销力度而转换他们的购物场所。

随着互联网和智能移动设备的普及，消费者对传统零售渠道的忠诚度进一步被消解，越来越多的消费者向网络零售渠道分流。柯俊贤说："面对不断变化的顾客需求，如何更好地给予满足，如何提升自身发展速度，以便和顾客的需求保持同步，这对我们来说是一个很大的挑战。"

（资料来源：中国服装网 http://news.efu.com.cn/newsview-1090919-1.html）

案例讨论

（1）互联网对沃尔玛在华业务产生了哪些冲击？
（2）为了应对互联网的冲击，沃尔玛应该如何调整自己的国际营销管理方式？

参 考 文 献

[1] Christopher Lovelock. Services Marketing [M]. Tsinghua Press, 2001.
[2] Gharles W. L. Hill, Gerath R. Jones, Changhui Zhou. 战略管理（英文第 7 版）[M]. 孙忠，译. 北京：中国市场出版社，2007.
[3] Michael R. Czinkota, Ilkka A. Ronkainen. International Marketing [M]. Peking University Press, 2007.
[4] Warren J. Keegan. 全球营销管理（英文第 5 版）[M]. 段志蓉，译. 北京：清华大学出版社，1998.
[5] 阿克等. 营销调研（第 7 版） [M]. 魏立原，译. 北京：中国财政经济出版社，2004.
[6] 达娜－尼科莱栽塔·拉斯库. 国际市场营销学 [M]. 赵颖，译. 北京：机械工业出版社，2010.
[7] 巴特·范·路易，保罗·格默尔，洛兰德·范·迪耶多克. 服务管理 [M]. 北京：中国市场出版社，2006.
[8] 蔡新春，何永祺. 国际市场营销学 [M]. 广州：暨南大学出版社，2001.
[9] 陈虹，邓新明，余珮. 国际商务营销 [M]. 北京：清华大学出版社，2014.
[10] 陈文汉. 国际市场营销 [M]. 北京：机械工业出版社，2010.
[11] 陈兆祥. 政治营销巧施招 [J]. 北京物价，2002（2）：34～35.
[12] 陈志友. 国际贸易功能的宏观化、长期化 [J]. 上海立信会计学院学报，2003，17（4）：14－18.
[13] 陈祝平. 国际营销理论与实务 [M]. 上海：立信会计出版社，2003.
[14] 程小永，李国建. 微信营销解密 [M]. 北京：机械工业出版社，2013.
[15] 德尔.I·霍金斯，罗格.J·贝斯特. 消费者行为学 [M]. 符国群，等，译. 北京：机械工业出版社，2000.
[16] 邓胜梁，徐绍素. 市场营销管理：理论与策略 [M]. 上海：上海人民出版社，1997.
[17] 董灯珍，胡芬. 服务营销的品牌战略 [J]. 武汉理工大学学报，2001，14（4）：41－43.
[18] 菲利普·科特勒. 营销管理（第 10 版）[M]. 北京：中国人民大学出版社，2001.
[19] 冯光明. 国际市场营销学 [M]. 北京：经济管理出版社，2011.
[20] 冯卫红. 解读绿色营销 [J]. 中国企业报，2002－07－09.
[21] 符国群. 消费者行为学 [M]. 北京：高等教育出版社，2001.
[22] 甘碧群. 国际市场营销学 [M]. 武汉：武汉大学出版社，2001.
[23] 甘碧群. 国际市场营销学（第二版）[M]. 武汉：武汉大学出版社，2004.

[24] 甘碧群. 国际市场营销学 [M]. 北京：高等教育出版社，2006.
[25] 甘碧群，黄沛. 国际市场营销学（第二版）[M]. 武汉：武汉大学出版社，1999.
[26] 龚振，荣晓华，刘志超. 消费者行为学 [M]. 大连：东北财经大学出版社，2002.
[27] 顾春梅. 国际市场营销管理学 [M]. 杭州：浙江人民出版社，2002.
[28] 郭国庆，刘彦平，刘伟萍. 服务营销管理 [M]. 北京：中国人民大学出版社，2005.
[29] 韩宗英. 国际市场营销 [M]. 北京：化学工业出版社，2008.
[30] 胡晓涓. 商务公共关系 [M]. 北京：中国建材工业出版社，2003.
[31] 金润圭. 国际市场营销 [M]. 北京：高等教育出版社，2001.
[32] 景奉杰. 市场营销调研 [M]. 北京：高等教育出版社，2000.
[33] 克里斯托弗·洛夫洛克，约亨·沃茨. 服务营销 [M]. 北京：中国人民大学出版社，2007.
[34] 李泊溪. 跨世纪科学技术发展趋势及其对社会经济的影响 [J]. 冶金经济与管理，1997（4）.
[35] 李东进. 消费者行为学 [M]. 北京：机械工业出版社，2007.
[36] 李品媛. 消费者行为学 [M]. 大连：东北财经大学出版社，2000.
[37] 李世嘉. 国际市场营销 [M]. 北京：高等教育出版社，2002.
[38] 李世嘉. 国际市场营销理论与实务 [M]. 北京：高等教育出版社，2005.
[39] 李亚雄，张启明，徐剑明. 国际市场营销学 [M]. 杭州：浙江大学出版社，2007.
[40] 梁云. 国际市场营销学 [M]. 重庆：重庆大学出版社，2005.
[41] 林建煌. 国际营销管理 [M]. 上海：复旦大学出版社，2012.
[42] 刘仓劲，罗国民. 国际市场营销 [M]. 大连：东北财经大学出版社，2007.
[43] 刘路生，鲍颖，何春燕. 国际市场营销 [M]. 北京：中国石化出版社，2008.
[44] 刘新，刘铁明，程艳菲. 国际市场营销学 [M]. 北京：中国商务出版社，2006.
[45] 卢泰宏. 消费者行为学 [M]. 北京：高等教育出版社，2005.
[46] 吕维霞. 案说公共关系 [M]. 北京：对外经济贸易大学出版社，2002.
[47] 马尔霍特拉. 市场营销研究：应用导向（第4版）[M]. 涂平，等，译. 北京：电子工业出版社，2006.
[48] 迈克尔·津科特，伊尔·卡朗凯恩. 国际市场营销学（第六版）[M]. 北京：电子工业出版社，2004.
[49] 尼密·乔杜里. 服务管理 [M]. 上海：上海财经大学出版社，2007.
[50] 彭瑶，周玉泉. 国际市场营销 [M]. 北京：中国轻工业出版社，2007.
[51] 庞鸿藻. 国际市场营销 [M]. 北京：对外经济经贸大学出版社，2006.
[52] 企业国际化管理研究课题组. 中小企业公共关系国际化管理方法 [M]. 北京：光明日报出版社，2005.
[53] 秦波. 国际市场营销学教程 [M]. 北京：清华大学出版社，北京交通大学出版社，2007.
[54] 萨克·翁克维斯特，约翰·J. 萧. 国际营销学 [M]. 北京：清华大学出版

社，2013．

[55] 沙献玉．企业公共关系学［M］．开封：河南大学出版社，1988．

[56] 邵劼．浅谈社会文化对国际市场营销的影响［J］．河北大学成人教育学院学报，1999（1）．

[57] 史辰宇，谢忠明．企业国际直邮营销策略［J］．商场现代化，2013（15）：94-95．

[58] 石岩．让微信真正服务于企业［J］．国际公关，2013（4）：78．

[59] 孙明贵．国外企业的"政治经营"及其效果分析［J］．外国经济与管理，2002（1）：7-12．

[60] 孙忠群．国际营销精要［M］．北京：中国经济出版社，2007．

[61] 田祖海．跨国公司的品牌扩张战略与中国企业的对策［J］．武汉理工大学学报：社会科学版，2001（5）．

[62] 汤定娜．国际市场营销学［M］．北京：高等教育出版社，2006．

[63] 汤正如．国际市场营销学［M］．大连：大连理工大学出版社，1995．

[64] 汪涛．组织市场营销［M］．北京：清华大学出版社，2005．

[65] 王方华．市场营销学［M］．上海：上海人民出版社，2007．

[66] 王曼，白玉苓，王智勇．消费者行为学［M］．北京：机械工业出版社，2008．

[67] 王淑萍．浅论文化环境对国际市场营销的影响［J］．北方经贸，2000（2）．

[68] 王涛生，黄志红，瞿林．国际市场营销［M］．长沙：国防科技大学出版社，2005．

[69] 王霆．关系营销［M］．北京：中国纺织出版社，2003．

[70] 王晓东．国际市场营销（第二版）［M］．北京：中国人民大学出版社，2007．

[71] 王雅梅．国际市场营销［M］．成都：四川大学出版社，1996．

[72] 吴泗宗，罗婉容．国际市场营销［M］．太原：山西经济出版社，1994．

[73] 肖慈方．国际贸易学［M］．成都：四川大学出版社，2006．

[74] 小卡尔迈克·丹尼尔，罗杰盖兹．当代市场调研（第四版）［M］．范秀成，等，译．北京：机械工业出版社，2000．

[75] 谢洁萍．商业基础设施对商业产业发展的推动作用［J］．商业经济与管理，1995（5）．

[76] 邢伟．国际市场营销［M］．杭州：浙江大学出版社，2004．

[77] 严翔．中小企业新媒体营销现状调查分析［J］．市场研究，2013（10）．

[78] 杨念，鲁建敏．公共关系与企业文宣策划［M］．北京：中国经济出版社，2003．

[79] 杨晓燕，王卫红．国际市场营销教程［M］．北京：中国对外经济贸易出版社，2003．

[80] 叶明海．市场研究［M］．上海：同济大学出版社，2003．

[81] 叶万春．服务营销管理［M］．北京：中国人民大学出版社，2003．

[82] 袁晓丽，雷银生．国际市场营销学［M］．北京：清华大学出版社，2007．

[83] 约翰·E·G·贝特森，K·道格拉斯·霍夫曼．管理服务营销［M］．北京：中信出版社，2004．

[84] 张丁，卫东. 国际市场营销理论与实训［M］. 北京：电子工业出版社，2007.
[85] 张桂华. 基于文化差异的国际服务营销策略［D］. 长沙：湖南农业大学，2007.
[86] 张桂华. 国际服务营销的顾客管理策略探讨［J］. 商业时代，2007（21）.
[87] 张静中，曾峰，高杰. 国际市场营销［M］. 北京：清华大学出版社，北京交通大学出版社，2007.
[88] 张香兰，郭迈正. 企业公共关系［M］. 北京：中国物价出版社，2003.
[89] 张新国，等. 关系营销［M］. 北京：经济管理出版社，2000.
[90] 赵国柱. 国际市场营销［M］. 北京：中国物资出版社，2004.
[91] 中华人民共和国商务部. 国别贸易投资环境报告2007［R］. 2007.
[92] 周婷. 公司转移定价实施策略研究［J］. 辽宁广播电视大学学报，2008（1）.
[93] 周祖城，赵银德，等，译. 国际市场营销学［M］. 北京：机械工业出版社，2003.
[94] 庄德林. 国际市场营销学［M］. 大连：大连理工大学出版社，2007.
[95] 邹海涛. 国际市场营销［M］. 北京：中国铁道出版社，2011.

后　记

　　本书从国际市场分析、国际市场营销战略、国际市场营销策略、国际市场营销管理等四个层面对国际市场营销的理论和实务问题进行系统而深入的阐述，内容翔实，案例丰富。每章都有学习目标、问题提出及案例讨论，有利于提高读者理论联系实际的能力。

　　本书适合高等院校电子商务、市场营销、国际经济与贸易、工商管理、商务管理等专业的学生做教材，也可作为企业经理和营销管理人员的参考用书。

　　本书由上海海事大学甘胜军和肖祥鸿任主编，上海电力学院安艳、上海海事大学赵永全和张晓燕、上海财经大学王丹任副主编。各章编写分工如下：肖祥鸿撰写第一章、第二章和十四章；张晓燕撰写第六章、第七章；赵永全撰写第十二章和第十三章；安艳、任声策撰写第四章、第五章；甘胜军撰写第八章；甘胜军、卢长利撰写第九章、第十章；王丹、甘胜军撰写第十一章；迟晓英、甘胜军撰写第三章、第十五章；最后由甘胜军、肖祥鸿对全书进行修改和审定。

　　本书在编写过程中，参考了有关的教材和专著，并收入了最新的案例，在此对这些作者表示诚挚的感谢。同时，也感谢西安交通大学经济与金融学院郝渊晓教授、西安邮电大学经济与管理学院院长张鸿教授、中山大学出版社蔡浩然编审给予的大力支持和帮助。本书尚存不足之处，希望得到同行专家及读者的批评与指正，以便今后修改和完善。

甘胜军　肖祥鸿

2015年5月于上海